하루 3문장 영어일기

무작정 따라하기

기본서

무작정 따라하기 시리즈

지은이 장재성, 김은혜

하루 딱 3문장, 한 달만 연습하면 누구나 영어일기를 쓸 수 있다!
31개 영작 공식으로 원하는 문장을 만들고,
5,000개 문장이 담긴 표현사전에서 필요한 문장을 찾는다!

길벗
이지:톡

독자의 1초를 아껴주는 정성!

세상이 아무리 바쁘게 돌아가더라도
책까지 아무렇게나 빨리 만들 수는 없습니다.
인스턴트 식품 같은 책보다는
오래 익힌 술이나 장맛이 밴 책을 만들고 싶습니다.

길벗이지톡은 독자여러분이
우리를 믿는다고 할 때 가장 행복합니다.
나를 아껴주는 어학도서,
길벗이지톡의 책을 만나보십시오.

독자의 1초를 아껴주는
정성을 만나보십시오.

미리 책을 읽고 따라해본 2만 베타테스터 여러분과
무따기 체험단, 길벗스쿨 엄마 2% 기획단,
시나공 평가단, 토익 배틀, 대학생 기자단까지!
믿을 수 있는 책을 함께 만들어주신 독자 여러분께 감사드립니다.

홈페이지의 '독자마당'에 오시면
책을 함께 만들 수 있습니다.

(주)도서출판 길벗 www.gilbut.co.kr
길벗 이지톡 www.eztok.co.kr
길벗 스쿨 www.gilbutschool.co.kr

하루 3문장 영어일기 무작정 따라하기

하루 3문장 영어일기

무작정 따라하기

장계성, 강윤혜 지음

하루 3문장 영어일기 무작정 따라하기
The Cakewalk series – English Diary

초판 1쇄 발행 · 2013년 10월 30일
초판 5쇄 발행 · 2019년 10월 20일

지은이 · 장계성, 강윤혜
발행인 · 김경숙
발행처 · 길벗
출판사 등록일 · 2000년 4월 14일
주소 · 서울시 마포구 월드컵로 10길 56(서교동)
대표 전화 · 02)332-0931 | **팩스** · 02)323-0586
홈페이지 · www.gilbut.co.kr | **이메일** · eztok@gilbut.co.kr

기획 및 책임 편집 · 신혜원 (madonna@gilbut.co.kr) | **본문 디자인** · 강은경 | **표지 디자인** · 윤석남
제작 · 이준호, 손일순 | **영업마케팅** · 박성용, 한준희 | **웹마케팅** · 이승현, 고은애 | **영업관리** · 심선숙
독자지원 · 송혜란

편집진행 및 교정 · 강윤혜 | **일러스트** · 김영진 | **전산편집** · 연디자인
CTP 출력 · 예림인쇄 | **인쇄** · 예림인쇄 | **제본** · 신정제본

▶ 잘못된 책은 구입한 서점에서 바꿔 드립니다.
▶ 이 책에 실린 모든 내용, 디자인, 이미지, 편집 구성의 저작권은 길벗 이지톡과 지은이에게 있습니다.
   허락 없이 복제하거나 다른 매체에 옮겨 실을 수 없습니다.

ISBN 978-89-6047-706-3 03740 (길벗 도서번호 000569)

정가 22,000원

독자의 1초를 아껴주는 정성 길벗출판사

(주)도서출판 길벗 | IT실용, IT/일반 수험서, 경제경영, 취미실용, 인문교양(더퀘스트) www.gilbut.co.kr
길벗이지톡 | 어학단행본, 어학수험서 www.gilbut.co.kr
길벗스쿨 | 국어학습, 수학학습, 어린이교양, 주니어 어학학습, 교과서 www.gilbutschool.co.kr

페이스북 · www.facebook.com/gilbutzigy
트위터 · www.twitter.com/gilbutzigy

독자들의 한마디

오랜 시간 꾸준히 독자들의 사랑을 받아온 《영어일기 무작정 따라하기》가 빠르게 변화하는 시대의 새로운 고민과 현실을 반영해 새로이 개정판을 내놓게 되었습니다. 다음은 《영어일기 무작정 따라하기》로 공부하면서 느끼고 배운 것을 어필한 독자들의 한마디입니다. 《영어일기 무작정 따라하기》를 아껴주시는 독자 여러분께 진심으로 감사드립니다.

현실감이 살아 있는 영어 표현!

어색한 상황과 식상한 표현이 아닌 내가 평소에 자주 하는 말, 정말 써먹을 수 있는 표현들을 많이 배울 수 있어요. 혜린이와 준호의 일기를 훔쳐보는 것도 흥미를 자극하네요. 연애와 취업 등 요즘 사람들이 관심 있어 하는 주제를 다뤄서 더욱 실용적이네요.

★★★★★ 조인영

일기 쓰는 방법과 표현사전이 한 권에!

이 책의 앞부분은 일기 쓰는 방법을 현재, 과거, 미래를 표현하는 방법으로 나누어 설명하고 있습니다. 그리고 뒷부분은 이 책의 백미인 표현사전! 상황에 따라 분류한 주옥같은 표현들이 사전 형식으로 정리되어 있어요. 일기를 쓸 때 쉽게 떠오르지 않는 문장을 찾아볼 수 있죠. 한 문장 한 문장이 유용하고 회화 공부를 하는 데도 도움이 되는 거 같아서 일석이조네요!

★★★★★ 김성은

매일매일 영어로 일기를 쓰고 있어요~

어학연수 할 때는 튜터가 매일매일 검사하고 틀린 부분도 고쳐줬는데 혼자서 쓰려니까 막막해서 영어일기를 포기한 지 오래였습니다. 그러다가 발견한 이 책! 주인공 혜린이와 준호의 일기를 훔쳐보는 재미도 있고, 뒤에 상황별로 표현을 정리한 표현사전도 좋았습니다. 하루에 세 줄씩 꾸준히 쓰다보니 영어로 일기 쓰는 습관이 들었어요. 단 몇 줄만 써도 뿌듯하답니다! 이제 게으름 피우지 않고 계속 영어로 일기를 써보려고요!

★★★★★ 박정은

머리말

왜 영어일기인가?

초등학교 시절 방학숙제로 항상 있었던 일기쓰기, 기억나세요? 일기장을 선생님께 냈다가 다시 받으면 빨간펜으로 항상 선생님께서 무언가 감상을 써주시곤 하셨죠. 아무리 아이들이라지만 선생님들이 일일이 검사하는 건 좀 너무했다는 생각이 들기도 합니다. 그럼 왜 초등학교 선생님들은 일기쓰기를 강조하는 것일까요? 원래 말이라는 게 상대방의 얘기를 듣고(혹은 읽고) 이해하는 데 그치는 것이 아니라, 나 자신이나 내 주변에 대해서도 제대로 표현할 수 있어야 100% 그 힘을 발휘할 수 있습니다. 그러다 보니 말을 배우는 초등학교 시절 일기쓰기는 꼭 필요한 필수 코스였던 것입니다.

영어 역시 마찬가지예요. 문법을 다 안다고, 단어를 많이 안다고 영어 공부를 다 한 것은 아닙니다. 나에 대해, 내 주변에 대해, 내가 하고 싶은 말을 제대로 표현할 수 있어야 영어를 잘한다고 말할 수 있는 것입니다.

이렇게 영어일기는 하루 동안 자신에게 있었던 일과 주변에 대해 글로 표현하는 것이기 때문에 일상 영어를 자연스럽게 익힐 수 있습니다. 또한 자신이 표현하고 싶은 상황에 알맞은 단어나 표현을 찾아쓰게 되기 때문에 훨씬 효과적으로 공부할 수 있습니다.

무엇을 어떻게 써야 하나?

그런데 막상 오늘부터 영어로 일기를 쓰자니 무엇부터 어떻게 써야 할지 모르겠다고요? 뭔가 대단한 느낌이 들고 어려울 것 같아서 무지 부담스럽다고요?

우리말로 일기 쓸 때 주로 쓰게 되는 것들이 뭐죠? 세세하게 따지고 들면 쓸거리야 아주 무궁무진하겠지만, 크게 보면 오늘 있었던 일에 대한 회상과 느낌, 지금 하고 있는 일에 대한 설명, 계획하고 있는 혹은 나중에 하게 될 일에 대한 기대와 예상이 전부잖아요. 그러니까 결국은 현재와 과거, 미래, 이 세 가지 경우에 벌어지는 일과 느낌을 한 문장 한 문장 표현할 수 있다면 일기를 쓰는 것도 그다지 두려운 일이 아니라는 거지요.

그래서 이 책에서는 BOOK 1 기본서를 첫째마당 지금을 쓴다!(현재), 둘째마당 지나간 일을 쓴다!(과거), 셋째마당 다가올 일을 쓴다!(미래)의 세 파트로 구성하여, '영어일기에 꼭 필요한 영작 기술 31가지'를 익힐 수 있게 했습니다. 매일 Diary를 하나씩 보면서 책이 시키는 대로 따라하다 보면, 어제 있었던 일, 지금 하고 있는 일이나 기분, 앞으로 계획하고 있는 일 등 자신에 대한 표현부터 일상생활의 묘사까지 자유자재로 표현할 수 있게 될 거예요.

BOOK 2 표현사전에서는 생활하면서 표현하고 싶었던 생생한 단어와 문장들만 골라, 찾기 힘든 고리타분한 분류가 아니라, 정말 찾기 쉬운 직관적인 분류, 상황 및 감성의 흐름이 이미지로 형상화되는 이야기가 담긴 분류로 묶었습니다. 영어일기에 쓰고 싶은데 어떻게 표현해야 할지 모르겠다거나, 일기에 어떤 얘기를 써야 할지 모를 때 찾아보면 많은 도움을 받을 수 있을 거예요. 베껴 쓰는 것은 영어 실력에 도움이 되지 않는다고요? 절대로 그렇지 않아요. 자신이 표현하고 싶었던 문장을 찾아서 쓰는 것이기 때문에 훨씬 기억에 오래 남습니다.

하루 단 세 줄, 5분씩 한 달이면 영어 실력이 달라진다!

하루에 세 줄만 쓰면 되니까 초보자도 부담 없이 시작할 수 있습니다. 오늘부터라도 단 세 줄, 매일 5분씩 영어일기를 써보세요. BOOK 1 기본서의 31가지 영작 기술로 영어일기 쓰는 방법을, BOOK 2의 영어일기 표현사전으로 다양한 표현을 익히면서 한 달만 공부하면 '매일'의 힘이 얼마나 대단한지 저절로 알게 될 것입니다. 자, 그럼 이제 '매일 영어일기 쓰기의 힘'을 느껴볼까요?

> **개정판을 내며**
>
> 《영어일기 무작정 따라하기》가 세상에 나온 지 어느덧 5년이 훌쩍 넘었습니다. 그간 인터넷 및 SNS, 스마트폰 문화가 급속도로 퍼졌으며, 나날이 경쟁을 강요하고 강요받는 분위기 또한 급속도로 퍼지면서 상대적 박탈감과 빈곤을 느끼는 인구도 급증한 것 같습니다. 이러한 시대의 흐름과 변화를 곳곳에 반영해 《영어일기 무작정 따라하기》 개정판을 내놓습니다. 기쁠 때보다 울적하거나 갈 길이 막막할 때 어느 누구보다 좋은 친구가 되어주는 나의 자화상이 바로 '일기'이죠. 《영어일기 무작정 따라하기》가 이러한 여러분의 숱한 고민과 고통, 외로움 등을 해소할 수 있는 도구가 되길 바랍니다.

2013. 9. 장계성 · 강윤혜

# 이 책의 활용법

BOOK 1
영어일기에 꼭 필요한 영작 기술 31

BOOK 1 기본서의 본 내용은 첫째마당부터 셋째마당까지 총 3개로 이루어져 있으며, 각 마당은 영어일기의 기본 구성인 '지금 하는 일(현재) → 했던 일(과거) → 앞으로의 일(미래)'을 쓰는 법을 순서대로 보여주고 있어요.

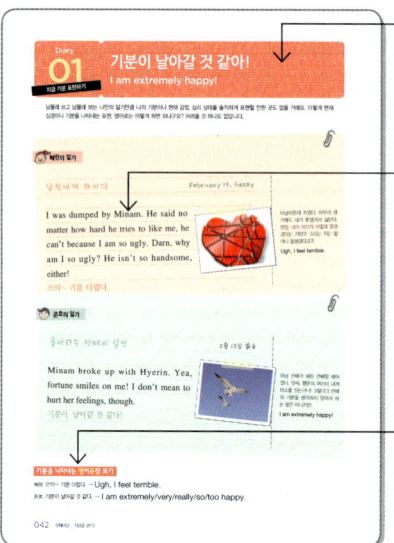

주제 보기
이번 Diary에서 배우게 될 주제랍니다. 편안한 마음으로 스윽~ 읽어보세요.

일기 훔쳐보기
24살의 엉뚱하고 철없는 혜린이와 22살의 성실하고 귀여운 순정파 준호의 일기예요. 다른 사람의 일기를 훔쳐보는 것도 꽤 재미있는 일이죠? 다른 표현은 신경 쓰지 말고 오늘 배울 표현인 한글로 된 부분만 주의 깊게 살펴보세요.

영어문장 보기
혜린이와 준호의 일기 중 이번 Diary에서 다루게 될 부분만 똑 떼어냈어요.

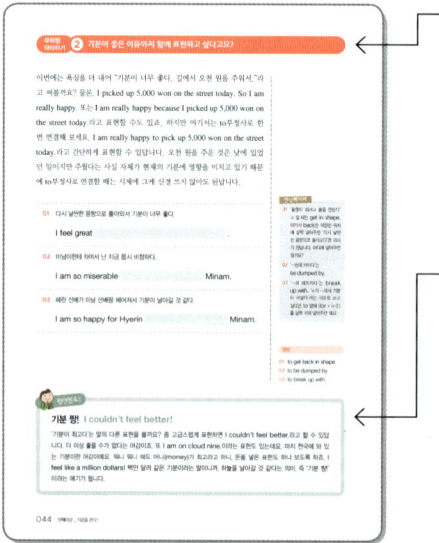

무작정 따라하기 1 & 2
이번 Diary에서 다루는 주제를 영어로 쓸 때 필요한 표현법이 상세하게 설명되어 있어요. 가벼운 마음으로 설명을 읽어본 후, 아래에 나온 예문의 빈칸을 채워보세요. 어렵다고 느껴지면 〈컨닝 페이퍼〉를 보면서 베껴 써도 됩니다.

잠깐만요
이번 주제와 관련해서 알아두면 좋은 상식들, 혹은 이제껏 잘못 알고 있었던 내용들이 재미있게 설명되어 있답니다.

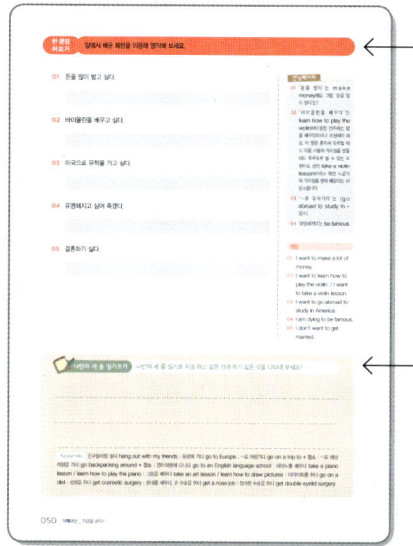

한 문장 써보기

앞에서 배웠던 표현법을 제대로 쓸 수 있는지 확인하는 코너입니다. 맘 편히 갖고 써보세요. 오른쪽의 〈컨닝 페이퍼〉도 참고하면서 문장을 만들다보면 자신도 모르게 영어 실력이 쑥쑥 향상됩니다.

나만의 세 줄 일기쓰기

앞에서 배웠던 것을 이용해 오늘 하루의 일기를 딱 세 줄이라도 직접 써보는 습관을 들이세요. 습관은 그 어떤 불가능한 일이라도 가능하게 만들어 주니까요.

BOOK 2
영어일기 표현사전

BOOK 2 표현 사전은 총 14개 파트로 이루어져 있으며, 각 파트는 상황별로 일목요연하게 분리되어 있답니다. 내가 쓰고 싶은 말을 찾아 일기장에 베껴 써보세요.

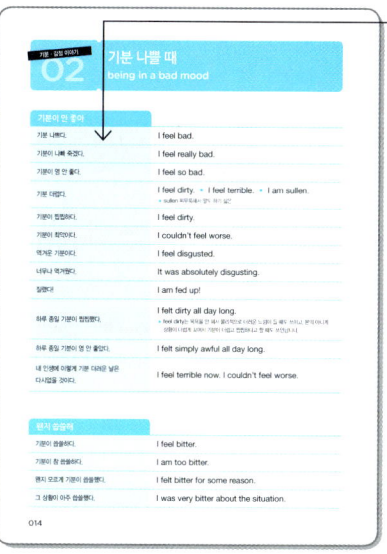

표현 찾아보기

왼쪽의 우리말을 보며 내가 원하는 문장을 찾으면 돼요. 영어 문장 속의 표현과 함께 문화적인 내용도 해설되어 있답니다.

≪영어일기 표현사전≫의 자세한 활용법은 BOOK 2를 참조하세요!

 **어떻게 공부할까?**

🙋 영어일기 한 번도 써본 적이 없어요~

난생 처음 영어로 일기란 걸 써보려고 한다고요? 써보긴 써보고 싶은데 겁부터 나서 어떻게 해야 할지 모르겠다고요? 문법도 모르고 단어도 아는 게 없는데 어떻게 하냐고요? 걱정 마세요. 우리말도 문법을 많이 안다고, 사자성어 같은 걸 많이 안다고 글을 잘 쓰는 건 아니니까, 염려 말고 백지 상태에서 이 책에 실려 있는 모든 것을 야금야금 먹고 흡수할 생각만 하세요.

31일간 하루도 빠짐없이 일기 쓰기 작전

1 우선 BOOK 1 기본서를 펼치세요. 혜린이와 준호가 쓴 일기가 각각 31편씩 수록되어 있답니다. 혜린이와 준호의 일기를 매일 하나씩 훔쳐보며 조금씩이라도 일기를 써보세요.

2 처음부터 모든 걸 다 쓰려고 하지는 마세요. 그날그날 Diary에서 다루는 주제에 관한 걸 딱 세 문장만 써보는 거예요. 첫날, 기분에 관한 일기를 세 문장 썼다면, 다음날은 내가 원하는 것에 관한 일기를 세 문장 써보는 거죠. 혹시라도 하고 싶은 말이 떠오르지 않을 때는 BOOK 2의 《영어일기 표현사전》에서 원하는 표현을 찾아서 베껴 써도 좋아요.

3 일기를 쓰기 전에는 우선 그날의 〈무작정 따라하기 1과 2〉를 통해 연습하는 것, 잊지 마세요. 그리고 연습할 때는 〈컨닝 페이퍼〉를 참고해서 써도 좋아요. 베껴 써보는 것도 아주 좋은 학습이 되거든요.

4 31일 동안 하루도 빠짐없이 일기를 써보았다면, 작은 노트를 하나 준비하세요. 이제부터는 준비한 작은 노트에 영어로 일기를 쓰세요. 일기를 쓰다 막힐 때는 BOOK 2의 《영어일기 표현사전》을 활용해 그때그때 원하는 표현을 찾아 쓰면서 표현력을 키워가세요.

5 준비마당의 〈일기 쓸 때 궁금한 23가지〉는 BOOK 1 기본서를 한 번 다 본 후에 봐도 되고, 심심할 때 혹은 필요하다 싶을 때 하나씩 골라 봐도 돼요. 가벼운 마음으로 읽어보며 이해하고 넘어가면 되는 거죠.

영어일기를 자주 쓰긴 하는데~

영어일기를 자주 쓰긴 하는데 제대로 쓰고 있는 건지도 모르겠고, 매번 쓰고 싶은 말이 턱턱 막혀서 속이 답답하다고요? '기분이 나쁘다'는 쓰겠는데 '기분이 꿀꿀하다'는 못 쓰겠고, '누구누구 선배가 어떻다'고 쓰고 싶은데 '선배'는 어떻게 써야 할지 모르겠고, 또 '풍물패', '사물놀이' 같은 건 도대체 어떻게 써야 하냐고요? 안심하세요. 일단 마음을 편안히 먹고 이 책의 준비마당부터 펼치세요.

처음부터 끝까지 완전 독파하기 작전

1 우선 BOOK 1 기본서의 준비마당을 펼치세요. 평소 일기 쓸 때 막혀서 궁금했던 것들이 바로바로 눈에 띌 거예요. 그냥 소설책을 읽는 기분으로 처음부터 끝까지 죽 읽어보며 이해하면 된답니다.

2 자, 이제 본격적으로 BOOK 1 기본서의 본론으로 들어갑니다. 첫째마당부터 셋째마당까지 혜린이와 준호가 쓴 일기가 각각 31편씩 수록되어 있어요. 혜린이와 준호의 일기를 매일 하나씩 훔쳐보며, 〈무작정 따라하기 1과 2〉를 통해 설명도 읽고 문장도 만들어보며 연습해 보세요. 연습할 때는 〈컨닝 페이퍼〉를 보고 해도 괜찮으니까 너무 혼자 힘으로만 하려고 힘들이지 마세요.

3 이렇게 〈무작정 따라하기 1과 2〉, 그리고 〈한 문장 써보기〉까지 다 했다면, 이제 본격적으로 자신의 일기를 써보세요. 이때는 그날 다뤘던 주제를 활용해 문장을 3개 더 만들어 보도록 해요. 즉, 첫날엔 기분에 관한 문장을 세 문장 써보고, 다음날은 내가 원하는 것에 관한 문장을 세 문장 써보는 거죠. 혹시라도 쓰고 싶은 말을 어떻게 써야 할지 모르겠다면 BOOK 2의 《영어일기 표현사전》에서 원하는 표현을 찾아 베껴 써도 됩니다.

4 BOOK 1 기본서를 따라가며 31일 동안 무사히 일기 쓰기를 마쳤다면, 이제 한 단계 높여 BOOK 2 표현사전을 펼치세요. 그리고 매일 한 페이지면 한 페이지, 두 페이지면 두 페이지씩 보면서 표현을 그대로 써보세요. 이렇게 계속 써나가다 보면 자신도 모르게 어감이나 문화의 차이까지 느끼며 일기를 쓸 수 있게 된답니다.

5 물론 평소 일기를 쓰다 막힐 때는 언제든 BOOK 2의 《영어일기 표현사전》을 활용해 그때그때 원하는 표현을 찾아 쓰면 됩니다.

BOOK 1 | 31 Skills for an English Diary

한 달에 끝내는
영어일기에 꼭 필요한 영작 기술 31

준비마당 일기 쓸 때 궁금한 23가지

첫째마당 지금을 쓴다! | Diary 01~15

둘째마당 지나간 일을 쓴다! | Diary 16~26

셋째마당 다가올 일을 쓴다! | Diary 27~31

차례

독자들의 한마디	005
머리말	006
이 책의 활용법	008
어떻게 공부할까?	010
준비마당 | 일기 쓸 때 궁금한 23가지	016

첫째마당 | 지금을 쓴다!

Diary 01	지금 기분 표현하기	기분이 날아갈 것 같아!	042
Diary 02	지금 원하는 것 표현하기	혜린 선배가 보고 싶어 죽겠다.	046
Diary 03	지금은 진행 중	난 지금 미남이한테 메일을 보내려 한다.	051
Diary 04	다른 사람에 대한 생각 표현하기	그 녀석 참 귀엽기도 하지!	056
Diary 05	아픔 표현하기	하루 종일 골치가 아프다.	061
Diary 06	좋아하는 것 표현하기	나는 세상에서 네가 제일 좋아!!	066
Diary 07	계절·날씨에 대한 단상	오늘 바람 무진장 부네.	071
Diary 08	소원 빌기	참한 남자 하나 내려주시와요!	075
Diary 09	존재하는 것 표현하기	세상에 널린 게 남자고 여자야!	080
Diary 10	내게 있는 것과 없는 것	나에겐 꿈이 하나 있습니다.	085
Diary 11	지금까지의 경험 쓰기	이 나이가 되도록 누굴 사랑해본 기억이 없다.	090
Diary 12	할 수 있는 것과 할 수 없는 것	난 할 수 있어!	095
Diary 13	해야 하는 것과 할 필요 없는 것	노트북을 새로 사야 해.	100
Diary 14	이런저런 의문점 표현하기(1)	취업을 꼭 해야 하는 걸까?	106
Diary 15	이런저런 의문점 표현하기(2)	대체 네가 어디가 못생겼다는 거야?	111

둘째마당 | 지나간 일을 쓴다!

Diary 16	오늘 했던 일 쓰기	인터넷 게임을 했다.	118
Diary 17	오늘 갔던 데 쓰기	오늘 혼자서 공포영화를 보러 갔다.	123
Diary 18	오늘 본 것 표현하기	오늘 강아지를 보았다.	128
Diary 19	오늘 느꼈던 것 쓰기(1)	완전 감동 먹었다!	133
Diary 20	오늘 느꼈던 것 쓰기(2)	스티븐 킹이 얼마나 대단한 작가인지 알게 되었다.	138
Diary 21	하고 있었던 순간을 표현하기	도서관에서 자고 있었는데~	143
Diary 22	오늘 들었던 일 쓰기	으~ 미남이가 예쁘니랑 사귄댄다.	148
Diary 23	지나간 일 후회하기	담배를 끊었어야 했는데.	153
Diary 24	남이 한 말 인용해서 표현하기	준호가 내가 좋단다.	159
Diary 25	그리운 전성시대	나도 왕년에는 한 몸매 했지.	165
Diary 26	눈에 비쳤던 모습 표현하기	오늘따라 준호가 아주 멋져 보였어.	169

셋째마당 | 다가올 일을 쓴다!

Diary 27	앞으로의 결심 표현하기	새해에는 요가라도 시작해야지~	176
Diary 28	내일 할 일 쓰기	우리는 내일 첫 데이트를 할 예정이다.	181
Diary 29	미래의 소망 쓰기	오늘 같은 날엔 휴강되면 좋을 텐데.	186
Diary 30	마땅히 하기로 되어 있는 일	내일부터 영어학원에 아침 7시까지는 가야 한다.	191
Diary 31	미래의 일 가정하기	내일 세상이 끝난다면 오늘 뭘 하지?	196

준비마당

일기 쓸 때
궁금한 23가지

Q 01 날짜와 날씨 쓰기
Q 02 간단하게 메모하기
Q 03 선후배 및 동기를 영어로
Q 04 우리 음식이나 문화를 영어로
Q 05 hang out과 go out으로 놀기
Q 06 하이킹은 두 다리로 걷는 것
Q 07 문장 중간에 Mom/Dad 쓰기
Q 08 자취방·하숙집을 영어로
Q 09 골치 아픈 친척명
Q 10 동사 뒤에 또 동사원형?
Q 11 책 제목 영화 제목 쓰기
Q 12 잔치를 영어로
Q 13 복수형도 되고 a도 붙는 요일명
Q 14 상대방을 가리키지 않아도 You
Q 15 '어쩐지'를 영어로
Q 16 a coffee, a beer?
Q 17 동창 및 동문을 영어로
Q 18 맘에 안 드는 사람 욕할 때
Q 19 '~(하는) 김에'를 영어로
Q 20 별명 및 작전명 만들기
Q 21 줄줄이 하이픈 표현들
Q 22 드라마도 show?
Q 23 '하여간 뭐 그런 것'을 영어로

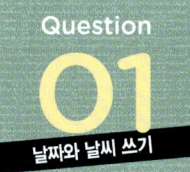

Question 01 날짜와 날씨 쓰기
일기 쓸 때 날짜와 날씨는 어떻게 쓰나요?

초등학교 시절 일기를 쓸 때는 항상 날짜와 요일, 날씨를 맨 앞에 썼었잖아요. 그래서 방학숙제로 선생님이 내주신 일기를 방학 끝나기 전날 몰아서 쓸 때는 날씨를 쓰지 못해 애를 먹기도 했었죠.

사실 영어권에서는 일기에 날짜와 날씨를 틀에 맞춰 쓰지는 않는답니다. 자신의 필요에 따라 쓰고 싶은 것만 쓰는 경우가 대부분이죠. 하지만 이제부터 마음잡고 영어일기를 써보려고 하는 것이니만큼 제대로 형식을 갖추어 써보기로 하죠.

자, 그럼 '2014년 1월 1일 일요일, 날씨 맑음'이라고 적어볼까요?
우선, 요일인 Sunday를 쓰고 그 다음에는 날짜 January 1, 그리고 연도인 2014를 적으면 되지요. 마지막으로 Sunny라고 하면 되는데, 사이사이에는 쉼표를 넣어 구분해주면 된답니다.

Sunday, January 1, 2014, Sunny 2014년 1월 1일 일요일 맑음

날씨는 다음과 같이 형용사나 명사를 사용해서 간단히 써주면 되죠.

일기장에 날씨 쓸 때 참고하세요!

맑음	Sunny	맑고 따뜻함	Sunny and warm
흐림	Cloudy	맑고 추움	Sunny and cold
더움	Hot	맑고 더움	Sunny and hot
습함	Humid	습하고 더움	Humid and hot
무더움	Sultry	흐린 뒤 비	Cloudy and rainy
선선함	Cool	흐리고 바람	Cloudy and windy
눈	Snow	비바람	Rainy and windy
비	Rainy	다소 더움	Somewhat hot
소나기	Showers	약간 추움	A little cold

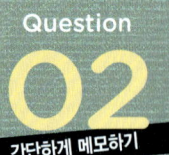

Question 02 간단하게 메모하기

하고 싶은 일이나 내일 할 일 등을 간단하게 메모해두고 싶을 땐 어떻게 하면 되죠?

몇 년 전에 상영되어 잔잔한 감동을 주었던 〈버킷 리스트: 죽기 전에 꼭 하고 싶은 것들〉이란 영화를 기억하고 있는 분들도 있겠죠? 이 영화의 원제는 *The Bucket List*입니다. bucket이란 흔히 '빠께쓰'라고 하는 '양동이'죠. 예전에는 bucket 위에 올라가 목을 매고는 bucket을 차서, 즉 kick the bucket해서 목숨을 끊었기 때문에 kick the bucket이 '죽다(die)'라는 숙어로 쓰이게 된 것이죠. 불치병에 걸려 살날이 얼마 남지 않은 영화의 주인공이 The Bucket List를 만들죠. 죽기 전에 꼭 해보고 싶은 일들을 적어놓은 것이랍니다. 그래서 '죽기 전에 꼭 하고 싶은 것들'을 the bucket list라고 표현하는 것이죠. 영화 때문에 표현이 하나 늘어난 셈입니다.

이 bucket list에는 laugh till I cry(눈물이 날 정도로 웃어보기), kiss the most beautiful girl in the world(이 세상에서 제일 아름다운 여자애와 키스하기), witness something truly majestic(진정으로 장엄한 것을 보기) 등이 들어 있는데, 주인공은 우여곡절을 겪으며 이것들을 모두 이루고 눈을 감습니다.

자, 우리도 bucket list는 아니더라도 '내일 할 일(what to do tomorrow)' list를 일기나 수첩에 간단히 적어볼 수 있지 않겠어요? 위에서 본 것처럼 주어고 뭐고 다 빼고 동사로 시작하면 간단하고 편하겠죠? 그래서 미루고 미뤘던 요가에 등록하고 싶으면 sign up for the yoga class라고 적으면 되고, 세금 폭탄을 맞지 않으려면 내일까지 소득세 신고를 해야 되니까 file my income tax return이라고 적어 놓읍시다. 조금 거창하게 '올해 할 일 (what to do this year)' list도 적어볼까요? read the whole series of Harry Potter라고 적어놓으면 올해 해리 포터 시리즈를 독파하겠다는 의지를 나타낼 수 있고, learn how to play the electric guitar는 올해에는 전기 기타를 배우겠다는 원대한 꿈을 펼치는 것이죠.

Question 03 선배, 후배, 동기는 어떻게 써야 하죠?

선후배 및 동기를 영어로

지금은 많이 달라졌지만, 전통적으로 한국 사회에서는 위계질서를 중요시하는 경향이 있습니다. 그래서 학교에서나 직장에서나 선배나 후배라는 호칭을 많이 사용하죠. 그런데 영어권에서는 이런 개념이 없어요. 모두가 다 friend로 통하는 거죠. 그러다 보니 우리나라 사고방식으로는 선배를 senior, 후배를 junior라고 부를 것 같지만 이런 경우는 없답니다. 그냥 아무 거리낌 없이 이름을 부르거든요.

하지만 그래도 굳이 선후배를 가리고 싶다면, 학교에서 학년이 나보다 높다는 말은 She is an upperclassman.으로, 낮다는 말은 She is an underclassman. 정도로 표현할 수 있겠네요. 또한 직장에서 나보다 직위가 높다고 할 때는 She is in a higher position.이라고 하면 되고, 낮다고 할 때는 She is in a lower position.이라고 하면 되죠. '동기'라는 말은 결국 같은 직장이나 학교에 다닌다는 말이니까 We work together. 또는 We go to the same school.이라고 하면 된답니다.

자, 그럼 학기 초 신입생을 맞아 '좋은 선배가 되고 싶다'는 소망은 일기장에 어떻게 쓰면 될까요?

'~이 되고 싶다'는 I want to be ~ 구문 뒤에 '좋은 선배'를 이어주면 될 텐데요. 이때 좋은 선배란 후배에게 도움이 되는 선배를 의미하는 거니까, helpful upperclassman 정도로 표현하면 아주 훌륭하겠네요.

I want to be a helpful upperclassman. 좋은 선배가 되고 싶다.

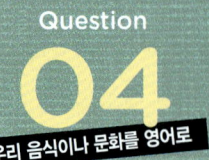

Question 04 우리 음식이나 문화를 영어로

삼겹살이나 떡볶이, 사물놀이 같은 우리 음식이나 문화는 어떻게 표현하나요?

'된장찌개'를 영어로 옮길 때는 발음 나는 그대로 알파벳으로 표기해 *deonjang-jjigae*라고 표현하거나, '된장'에 '찌개'를 뜻하는 stew를 붙여 *deonjang* stew라고 표현하면 됩니다. 하지만 이렇게만 쓰면 외국인들은 이해하지 못하는 경우가 생기겠죠? 그래서 *deonjang-jjigae*, soybean paste stew 또는 *doenjang* (soybean paste) stew 라고 하면 좀더 친절한 표현이 되는 거죠.

마찬가지로 '삼겹살'은 *samgyeopsal*, Korean-style bacon이라고 하면 되고, '떡볶이'는 *tteokbokki*, broiled dish of sliced rice cake with meat and hot seasoning이라고 하면 되고, '사물놀이'는 *samullori*, Korean traditional percussion quartet이라고 하면 되는 거예요.

이렇게 한국의 고유한 사물이나 문화는 한국어를 그대로 표기하는 것이 좋은데, 이해를 돕기 위해 뒤에 영어로 풀어서 설명하면 더 좋답니다. 하지만 kimchi처럼 세계적으로 유명해져 누구나 알 법한 말엔 굳이 뒤에 영어로 풀어 설명해줄 필요 없겠죠?

일기장에 쓸 때 참고하세요!

된장찌개	*deonjang-jjigae*, soybean paste stew
삼겹살	*samgyeopsal*, Korean-style bacon
떡볶이	*tteokbokki*, broiled dish of sliced rice cake with meat and hot seasoning
송편	*songpyeon*, crescent-shaped rice cakes
떡국	*tteokguk*, rice cake soup
사물놀이	*samullori*, Korean traditional percussion quartet

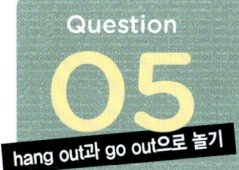

Question 05
친구하고 '놀았다'는 말을 하고 싶은데, play는 쓰지 않는다는 얘기를 들었어요. 왜 그런 거죠?

hang out과 go out으로 놀기

'놀다'라는 말을 들으면 자동적으로 play가 연상되죠. 그런데 이 play는 아이들이 놀 때 사용하는 말이지, 어른들이 play하면 좀 야릇한 일들이 연상되기 쉽습니다. 가령 어른이 I played with my friend.라고 하면, '나는 친구와 놀았다.'는 뜻이라기보다는 친구와 자위행위를 했다는 의미로 전달되기 십상이랍니다.

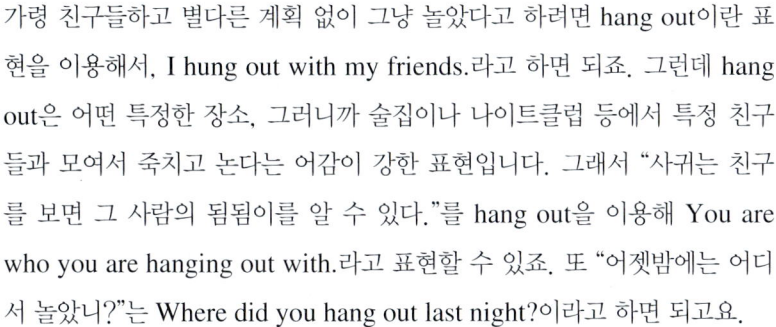

이런 오해를 피하려면 play 대신 다른 동사를 쓰는 것이 좋아요. 가령 친구들하고 별다른 계획 없이 그냥 놀았다고 하려면 hang out이란 표현을 이용해서, I hung out with my friends.라고 하면 되죠. 그런데 hang out은 어떤 특정한 장소, 그러니까 술집이나 나이트클럽 등에서 특정 친구들과 모여서 죽치고 논다는 어감이 강한 표현입니다. 그래서 "사귀는 친구를 보면 그 사람의 됨됨이를 알 수 있다."를 hang out을 이용해 You are who you are hanging out with.라고 표현할 수 있죠. 또 "어젯밤에는 어디서 놀았니?"는 Where did you hang out last night?이라고 하면 되고요.

hang out 이외에도 go out이란 아주 쉬운 말을 이용할 수도 있죠. 논다는 것은 주로 밖에 나가서 술을 마신다든가, 영화를 본다든가, 밥을 먹는다든가, 춤을 춘다는 것을 뜻하니까, '밖에 나간다'는 go out으로 '논다'는 의미를 자연스럽게 나타낼 수 있답니다. 그래서 친구하고 술을 마시며 놀았다고 하려면 I went out drinking with my friend.라고 하면 되죠. 친구들하고 춤을 추면서 놀았다고 하려면 I went out dancing with some friends.라고 하면 되고요.

그러면 "나는 어젯밤에 집에서 텔레비전을 보면서 놀았다." 할 때의 '놀았다'는 어떻게 표현하면 될까요? 여기서는 '놀았다'에 대해서 크게 신경을 쓸 필요가 없죠. 밖에 나가지 않고 집에 '있었다'라는 것이 중요한 일이 되는 거니까요. 그래서 이 경우엔 그냥 I stayed at home watching TV last night.이라고만 하면 원하는 의미가 전달된답니다.

Question 06

하이킹은 두 다리로 걷는 것

'자전거 타고 하이킹 갔다'는 말을 go hiking by bicycle이라고 하면 될까요?

hiking은 들판이든 산이든 장시간 다리로 걷는 것을 말하죠. 그래서 자전거를 타고 4대강 자전거 도로를 신나게 달리는 것을 hiking이라고는 하지 않는답니다. 우리말로 '자전거를 타고 하이킹을 갔다'라고 해도 누가 잡아갈 사람은 없지만, 영어로 go hiking by bicycle이라고 하면 좀 우스워지는 거죠. 이럴 땐 보통 ride by bicycle이라고 한답니다.

이왕 hiking이란 말이 나온 김에 짚고 넘어갔으면 하는 문제가 '등산'을 영어로 어떻게 옮기느냐 하는 것입니다. 등산을 climb이라는 동사를 사용해서 나타내면 엄청나게 험한 산을 밧줄 등을 사용해서 힘들게 올라간다는 어감이 강하게 드러나게 되죠. 그런데 서울에 사는 사람들이 북한산에서 '등산'을 한다는 것은 산길을 오래 걷는 것을 뜻하죠. 그래서 이 경우에는 hike란 동사를 사용하는 것이 더 적절합니다. 물론 climb이란 동사를 사용해도 누가 뭐라고 할 사람은 없겠지만, mountain trail(산길)이나 countryside(시골길)를 오래 걷는다는 뜻인 hike를 사용하는 것이 더 좋다는 거죠. 그래서 지난 여름에 에베레스트 산을 올라간 경우에는 물론 climb을 사용해서 I climbed Mount Everest last summer.라고 하면 되고, 어제 북한산에 올라갔으면, I hiked Mount Bukhan yesterday.라고 하면 된답니다.

> I **climbed** Mount Everest last summer. 지난 여름에 에베레스트 산을 올랐다.
> I **hiked** Mount Bukhan yesterday. 어제 북한산을 올랐다.

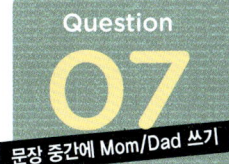

Question 07
문장 중간에 Mom, Dad, Mother, Father처럼 대문자로 쓰는 경우를 봤어요!?

'엄마'는 my mom이고, '아빠'는 my dad라고 하면 되죠. 좀 어른스럽게 말하고 싶다면 my mother, my father라고 하면 되고요. 그러나 자신의 엄마를 부를 때 My mom!이라고 부르지는 않죠. 그냥 Mom!이라고 합니다. 이것은 자신의 엄마나 아빠는 이 세상에 한 사람밖에 없다고 생각해 고유명사로 취급하기 때문입니다.

다시 말해 글을 쓸 때도 자신의 엄마나 아빠는 고유명사로 취급해, my를 빼고 그냥 Mom, Dad, Mother, Father라고 쓸 수 있는 거죠. 고유명사니까 당연히 첫 자는 대문자로 하는 거고요.

Dad gave me a brand-new smartphone for my birthday.
아빠가 내 생일에 최신 스마트폰을 선물해 주었다.

There are three people in my family: **Mom**, **Dad**, and me.
우리 가족은 엄마, 아빠, 그리고 나, 이렇게 3명이다.

My baby son called me "**Mommy**" for the first time.
아들 녀석이 오늘 처음으로 나를 "엄마"라고 불렀다.

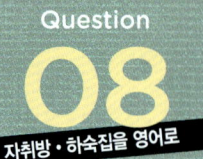

Question 08
자취방이나 하숙집은 영어로 어떻게 쓰나요?

식사비를 포함해서 월세로 방값을 내고 사는 방을 하숙집이라고 하죠. 이것을 영어로는 boarding house라고 해요. 그런데 이런 하숙집은 영어권에서도 한국에서도 점차 사라져가는 추세잖아요. 그 대신 타지에 나와서 혼자 사는 사람들은 대부분 그냥 자취를 하는데, 이 자취가 영어로 옮길 때는 문제가 좀 됩니다.

자취는 자신이 밥을 끓여먹는다, 즉 자신이 식사를 준비해서 먹는다는 뜻이고, 자취방이란 스스로 밥을 해먹고 사는 방이란 뜻이잖아요. 그래서 이 말에는 궁상스럽다, 처량하다, 쓸쓸하다 등의 어감이 내포되어 있습니다. 아마도 한국 사회에서는 부모와 떨어져서 사는 것이 비정상적이라는 생각이 지배적이라 그런 어감이 들어가게 된 것 같아요.

하여간 '자취방'은 영어로는 그냥 my apartment (room) 또는 my place라고 할 수밖에 없어요. 영어권에서 apartment란 자신이 돈을 주고 산 아파트를 말하는 것이 아니라 월세로 빌린 집이나 방을 의미하고, my place는 내가 먹고 자고 생활하는 공간을 의미하거든요. 쓸쓸한 자취방이란 어감을 살리고 싶다면 my lonely apartment room이라고 하면 된답니다.

I hung out at **a friend's place** after school.
수업 마치고 친구네 자취방에서 놀았다.

I felt lonely when I got back to **my place** and found no one there. 아무도 없는 자취방에 돌아오니 쓸쓸했다.

I usually eat breakfast at a small restaurant near **my apartment**. 나는 주로 자취방 근처 분식점에서 아침을 먹는다.

Question 09
골치 아픈 친척명

큰아버지, 작은아버지, 사촌오빠, 사촌동생 등등, 친척들을 쓰려면 골치 아파 죽겠어요.

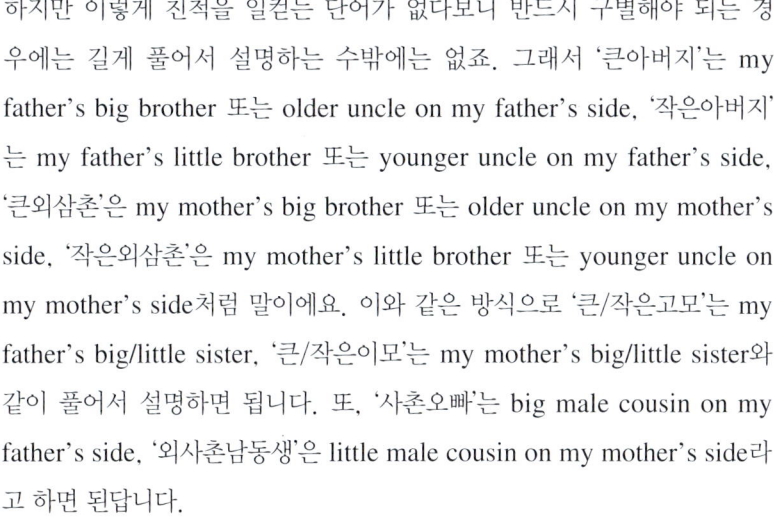

우리나라에서는 친척들을 부르는 말이 정말 각양각색이잖아요. 하지만 영어권에서는 아주 간단히 정리됩니다. 우선 3촌 관계에 있는 사람, 즉 아버지나 어머니의 형제는 모두 uncle이라고 하고, 부모의 자매는 모두 aunt라고 하면 됩니다. 그리고 4촌 관계에 있는 사람, 즉 부모의 형제자매의 자식은 모두 cousin이라고 하면 되지요. 그리고 웬만한 경우가 아니면 더 이상은 구체적으로 언급하지 않습니다. 자신의 형제자매 역시 손위냐 손아래냐를 따지는 경우가 거의 없어서, 남자면 무조건 brother, 여자면 무조건 sister로 표현하면 돼요.

하지만 이렇게 친척을 일컫는 단어가 없다보니 반드시 구별해야 되는 경우에는 길게 풀어서 설명하는 수밖에는 없죠. 그래서 '큰아버지'는 my father's big brother 또는 older uncle on my father's side, '작은아버지'는 my father's little brother 또는 younger uncle on my father's side, '큰외삼촌'은 my mother's big brother 또는 older uncle on my mother's side, '작은외삼촌'은 my mother's little brother 또는 younger uncle on my mother's side처럼 말이에요. 이와 같은 방식으로 '큰/작은고모'는 my father's big/little sister, '큰/작은이모'는 my mother's big/little sister와 같이 풀어서 설명하면 됩니다. 또, '사촌오빠'는 big male cousin on my father's side, '외사촌남동생'은 little male cousin on my mother's side라고 하면 된답니다.

풀어서 설명하려니 복잡하죠? 꼭 구별해야 하는 경우가 아니라면 간단하게 uncle과 aunt, cousin으로 표현하세요.

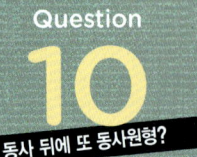

Question 10
동사 뒤에 또 동사원형?

go see a doctor라는 표현을 자주 접하는데요. 동사 뒤에 바로 동사원형이 와도 되나요?

go and see 또는 go to see를 go see라고 표현하는 것은 영국에서는 원래 고어 또는 방언으로 취급되던 것이죠. 그러나 현대에도 구어체에서는 속어적인 용법으로 계속 사용되고 있습니다. 그런데 이 표현이 미국 영어에서는 구어체로 흔히 사용되고 있으며, 또한 표준적인 어법으로 인정되고 있죠.

그런데 여기서 한 가지 주의할 것이 있어요. 이런 식의 표현은 go가 원형일 때만 사용된다는 점이죠. 즉 goes, went, gone 등 다음에 동사원형이 바로 오지는 않습니다. 이런 경우에는 and나 to로 연결하고 동사를 사용해야 하는 거죠.

I have to **go see** a doctor tomorrow.
내일 병원에 한번 가봐야겠다.

I am going to **go see** the movie, "The Berlin File" tomorrow.
내일 영화 〈베를린〉을 보러 갈 거다.

Question 11 영화 제목이나 책 제목을 영어로 옮기자니 참 골치 아파요.

책 제목 영화 제목 쓰기

영화나 책, 학교, 단체 이름 등은 모두 고유명사죠. 고유명사를 영어로 옮길 때는 우선 해당 주체가 어떤 영문명을 사용하고 있는지 확인해봐야 해요. 예를 들면, 우리 영화 〈베를린〉을 영어로 옮길 때는 영화제작사에서 어떤 이름을 붙였는지 인터넷으로 알아보면 된다는 뜻이죠. 〈베를린〉은 The Berlin File, 〈관상〉은 The Face Reader 라고 하는군요.

영어권 영화 역시 마찬가지랍니다. 우리나라에서 〈몬스터 대학교〉란 제목으로 개봉한 이 영화의 원제는 Monsters University로, 몬스터를 복수형으로 써야죠. 또, 〈컨저링〉은 The Conjuring으로, 영어 원제엔 정관사 The가 붙네요. 우리말엔 단복수의 구분이 없고 관사에 대한 개념이 없기 때문에 곧잘 나타나는 현상이랍니다.

학교나 시설 이름도 예를 들어볼까요? 고려대학교는 Goryeo University 라고 하지 않고, Korea University, 이화여자대학교는 상식적으로 생각하면 Ewha Women's University라고 할 것 같지만, 무슨 이유에서인지 Women's가 아닌 Womans를 써서, Ewha Womans University라고 하죠. 또, 예술의 전당은 Seoul Arts Center라고 한답니다.

만약 영문 이름이 없는 경우에는 의미를 최대한 살린 말로 표현하면 되죠. 그러나 요즘은 거의 모든 고유명사의 영어 이름을 짓기 때문에 크게 걱정할 필요는 없어요.

Question 12 잔치를 영어로

돌잔치, 회갑잔치, 결혼잔치 같이 우리말의 '잔치'는 영어로 어떻게 표현하나요?

한국에서는 첫 번째 생일과 예순 번째 생일에 특별한 의미를 두고 있기 때문에 돌잔치와 회갑잔치라는 특별한 표현이 있지만, 영어권에서는 특별한 의미를 부여하지 않기 때문에 별다른 표현이 없어요. 그래서 '우리 아들의 돌잔치'는 my son's first birthday party라고 하면 되고, '우리 아버지의 회갑잔치'는 my father's sixtieth birthday party라고 하면 되죠. '결혼잔치'는 특별한 표현이 있는데, wedding reception이라고 한답니다. '결혼피로연'이라는 말이죠. 기본적으로 우리말의 '잔치'는 영어권에서는 party에 해당된다고 생각하면 되겠어요.

We had **our son's first birthday party** today.
오늘 우리 아들 돌잔치를 했다.

My family and I plan to go to Taiwan to celebrate **my father's sixtieth birthday**.
아버지 환갑을 맞아 가족끼리 대만여행을 가기로 했다.

Question 13
복수형도 되고 a도 붙는 요일명

간혹 on Saturdays라든가 a Monday 같은 표현을 봤어요. 맞는 말인가요?

먼저 요일 이름에 -s를 붙여 복수형으로 쓰는 경우를 보기로 하죠. 가령 on Saturdays라고 하면 '매주 토요일에'라는 의미로 every Saturday와 같은 말이랍니다.

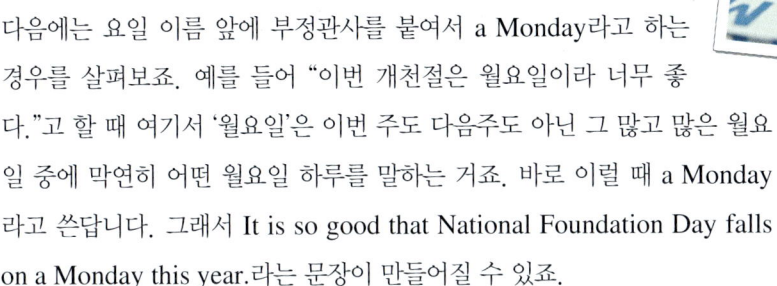

다음에는 요일 이름 앞에 부정관사를 붙여서 a Monday라고 하는 경우를 살펴보죠. 예를 들어 "이번 개천절은 월요일이라 너무 좋다."고 할 때 여기서 '월요일'은 이번 주도 다음주도 아닌 그 많고 많은 월요일 중에 막연히 어떤 월요일 하루를 말하는 거죠. 바로 이럴 때 a Monday라고 쓴답니다. 그래서 It is so good that National Foundation Day falls on a Monday this year.라는 문장이 만들어질 수 있죠.

I go to work **on Sundays** even in this age of a five-day workweek. 요즘 같은 주 5일 근무 시대에 난 일요일에도 출근한다.

I play soccer with my club members **on weekends**.
난 주말마다 동호회 사람들이랑 축구를 한다.

It is so good that National Foundation Day falls on **a Monday** this year. 올해는 개천절이 월요일이라 너무 좋다.

Question 14

특별히 어떤 상대방을 가리키는 것이 아닌데, 주어가 You로 되어 있는 건 왜 그런 거예요?

상대방을 가리키지 않아도 You

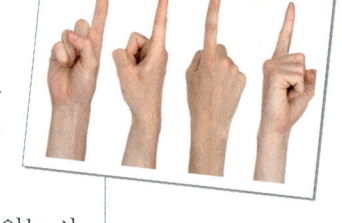

뚜렷하게 누군가를 가리키는 것이 아니라, 막연하게 세상 사람들을 나타낼 때 you, we, they, one 등을 사용하는 경우가 많습니다. 이 중에서 one은 약간 문어적인 어감, 즉 좀 딱딱한 느낌이 들죠. we는 말하는(쓰는) 사람도 포함해서 말한다는 어감이 강하고, you는 상대방에게 직접 말하는 기분이 느껴지기 때문에 친밀한 어감이 있죠. 그리고 they는 말하는 사람이나 듣는 사람을(쓰는 사람이나 읽는 사람을) 제외한다는 느낌일 때 사용하게 됩니다. 특히 어떤 회사 등 단체를 받아서 말할 때나 소문을 전할 때 they를 사용하는 경우가 많습니다.

It's better to live even if **you** do nothing.
아무것도 안 해도 살아 있는 게 나아.

They say **we** should fight fire with fire!
이열치열이라고 했던가!

Venting **one**'s anger violently has created another tragedy.
화가 막 올라온다고 분노를 폭력으로 방출하면 또 다른 비극이 생기고 만다.

Question 15 '어쩐지'를 영어로

'어쩐지, 왠지, 왠지 모르게', '어쩐 일로'라는 말은 영어로 어떻게 표현할 수 있나요?

'(정확한 이유는 잘 모르겠지만) 어쩐지'라고 표현하고 싶다면 somehow를 사용하세요. 예를 들어 "어쩐지 그건 좋은 생각이 아닌 것 같아."라고 하고 싶다면 Somehow, I don't think that would be a good idea.라고 하면 됩니다.

그리고 무슨 이유가 있겠지만 자신은 잘 모른다는 뜻으로 '왠지'라고 하고 싶다면, for some reason이란 표현을 사용하면 됩니다. 그래서 "왠지 모르겠지만, 그 남자와 함께 일하고 싶어 하는 사람은 아무도 없어."는 For some reason no one wants to work with him.이라고 하면 되지요.

매일 늦게 들어오던 가족들이 어쩐 일로 일찍 들어올 수 있잖아요. 이런 경우의 '어쩐 일로'라는 말은 상대방의 평소답지 않은 모습에 해가 서쪽에서 뜨겠다, 놀랄 노자다 하는 느낌으로 하는 말이니까, 이럴 때는 to one's surprise(놀랍게도)를 응용해서 Much to my surprise, all of my family came home early.(어쩐 일로 가족들이 모두 일찍 집에 들어왔어.)라고 하면 됩니다.

직접 써보세요!

어쩐지 그건 좋은 생각이 아닌 것 같아.
　　　　　　　, I don't think that would be a good idea.

왠지 모르겠지만, 그 남자와 함께 일하고 싶어 하는 사람은 아무도 없어.
　　　　　　　　　　 no one wants to work with him.

어쩐 일로 가족들이 모두 일찍 집에 들어왔어.
　　　　　　　　, all of my family came home early.

Question 16

a coffee, a beer라고 말하는 걸 봤는데요. 물질명사인데 이렇게 써도 되나요?

coffee, beer, ice cream 등은 모두 물질명사로 하나, 둘 하고 셀 수 없는 명사라고 배웠던 거 기억나요? 그런데 언제부터인가 그 일부를 가리킬 때 보통명사로 취급하기 시작하는 사람들이 늘어나면서 이제는 구어체에서 흔히 a coffee, a beer, an ice cream이라고 표현하고 있습니다. 말이란 항상 변화하는 것이잖아요.

자, 그럼 이제 "커피 두 잔 주세요."라고 말해볼까요? 고민할 것 없이 Two coffees, please.라고 하면 된답니다. 물론 Two cups of coffee, please.라고 해도 되고요. a beer의 경우에는 맥주 한 잔을 나타내기도 하고, 한 병을 뜻하기도 하죠. 그래서 He ordered two beers.는 맥주 두 잔이나 두 병을 주문했다는 뜻이 된답니다. 물론 잔인지 병인지 명확하게 밝히고 싶다면 two glasses of beer 또는 two bottles of beer라고 하면 되죠.

Two coffees, please. / Two cups of coffee, please. 커피 두 잔 주세요.

Two beers, please. 맥주 둘이요.

Two glasses/bottles of beer, please. 맥주 두 잔/병이요.

Question 17 '초등학교 동창이랑 만났다.'라는 말을 만들고 싶은데요. '동창'이란 말은 어떻게 하나요? 그리고 '동문'이나 '동문회'는요?

동창 및 동문을 영어로

우선 한국에서는 같은 학교를 나왔다거나 같은 지역 출신이라는 것이 인간관계에서 상당히 중요한 비중을 차지하고 있지만, 영어권의 문화에서는 그렇게 중요하게 생각되지는 않는다는 사실을 알 필요가 있을 것 같군요. 따라서 '동창'에 딱 맞아떨어지는 영어 표현은 없다고 보는 것이 좋아요.

그래서 '초등학교 동창'은 '옛날에 초등학교에 다닐 때의 친구'란 뜻으로 풀어서, an old elementary school friend of mine, 또는 좀더 간단하게 an old friend from elementary school이라고 하면 됩니다. 하지만 '동창회'는 reunion이라는 표현이 있답니다.

또, 대학에 들어가면 대학 내에서 같은 고등학교 출신들끼리 모여 '동문회'라는 걸 하잖아요. 영어권 문화에서는 역시 이런 모임이 없어요. 따라서 영어로 표현할 때는 풀어서 high school alumni meeting이라고 하고, '동문'은 a friend from high school이라고 풀어서 쓸 수밖에 없지요.

> I came across **an old friend from elementary school** on my way home from school. 학교에서 집에 오는 길에 우연히 초등학교 동창을 만났다.
>
> I went to my **high school alumni meeting** after school.
> 수업 마치고 동문회 정기모임에 나갔다.
>
> I went to a singing room with **some friends from high school** after we had a few drinks. 동문 사람들이랑 술 마시고 노래방에 갔다.

Question 18
맘에 안 드는 사람 욕할 때

맘에 안 드는 사람 욕을 일기에 쓰고 싶은데요. 미친 놈, 빌어먹을 놈, 찌질이 자식, 쪼다처럼 영어에도 사람을 비하해서 부르는 말들이 있나요?

남을 욕하는 표현을 일상적으로 사용하면 안 되겠지만, 들리는 말은 이해는 해야 되겠지요. 우선 아주 저질이어서 짜증이 나는 경우에는 jerk라고 욕을 하면 되고, 좀 머저리 같이 구는 아이는 dork라고 하면 된답니다.

그리고 일본에서 사용하는 표현인 오타쿠, 즉 컴퓨터나 뭐 그런 것에 푹 빠져서, 옷도 이상하게 입고 다니고, 머리도 비듬투성이고, 대인관계에는 전혀 신경을 안 쓰는 좀 괴상한 아이는 geek이라고 하면 아주 잘 어울리는 표현이 되죠.

저질 중의 저질이라서 상종도 하고 싶지 않은 놈이라면 son of a bitch 또는 bastard라고 하면 되겠고요. 욕 중의 최고봉이라고 할 수 있는 것에는 motherfucker가 있고, 여자에게는 '걸레'에 해당되는 slut이 최대의 욕설이라고 할 수 있답니다.

Question 19

'~하는 김에' …도 했다는 식의 말은 어떻게 하면 될까요?

'~(하는) 김에'를 영어로

'~하는 김에'는 두 가지 의미가 있죠. 어떤 것을 하는 김에 다른 것도 한다는 의미가 있고, '술김에, 홧김에' 등의 '~김에'가 있죠.

먼저 나가는 김에 쓰레기 좀 내달라는 말은 While you're at it ~이라는 표현을 사용하여 While you're at it, take out the garbage.라고 하면 됩니다. 또한 자동차를 손보는 김에 오일도 갈아달라는 말은 While you're at it, change the oil.이라고 하면 되죠. 우체국에 가는 김에 이 편지들을 부쳐달라는 말은 Please mail these letters for me while you're at it.이라고 하면 되고요. 이런 경우 while이 유용하게 쓰인다는 점, 기억해 두세요.

다음으로 '술김에'는 under the influence of alcohol이라는 표현을 사용하면 돼요. 그래서 "술김에 내린 결정을 후회한 적이 있느냐?"라는 표현을 하려면 Have you regretted decisions you made under the influence of alcohol?이라고 하면 된답니다. "홧김에 문을 쾅 닫았다."고 하려면 '홧김에'를 in a fit of anger라고 한 다음 I slammed the door를 살짝 붙여주어 In a fit of anger I slammed the door.라고 표현하면 되죠.

직접 써보세요!

나가는 김에 쓰레기 좀 내놔줘.	_____, take out the garbage.
가는 김에 이 편지들 좀 부쳐줘.	Please mail these letters for me _____.
술김에 내린 결정을 후회한 적 있어?	Have you regretted decisions you made _____?
홧김에 문을 쾅 닫았어.	_____ I slammed the door.

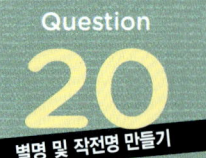

Question 20 별명 및 작전명 만들기

일기 쓸 때 별명이나 작전명 같은 것도 만들어 쓰고 싶어요. 알려주세요!

우선 신체적 특징을 이용해서 별명을 만들 수 있겠죠. 이런 별명으로 제일 흔한 것이 '뚱뚱보'라는 Fatso가 있고, '꺽다리'에 해당되는 Beanpole이 있습니다. '난쟁이'라고 흉을 보고 싶으면 Shortie 또는 Small-fry라고 하면 되고요. '곱슬머리'라고 부르고 싶으면 Curley라고 하면 되고, '대머리'라고 하고 싶으면 Cue Ball이라고 별명을 붙이면 된답니다. 안경을 쓴 사람을 놀리고 싶으면 우리말과 똑같이 Four-eyes라고 하면 되고, 치열 교정기를 낀 사람에게 별명을 붙이고 싶으면 Train tracks라고 하면 된답니다.

성격이나 버릇을 이용해서 별명을 만들고 싶다면, 우선 말이 많은 사람은 Motormouth나 Chatterbox라고 하면 되죠. 코를 후비는 버릇이 있는 사람에게는 '코딱지'라는 의미인 Booger라고 별명을 붙일 수 있죠. 괴짜에게는 Nerd나 Dork가 어울리고요. 머리가 좋은 사람에게는 Einstein이라는 별명이 안성맞춤이겠죠? 아는 게 많은 사람에게는 '백과사전'이라는 뜻인 Encyclopedia가 딱 맞겠죠? 추리력이 뛰어난 사람에게는 명탐정인 Sherlock이라는 별명을 붙여주기로 해요.

Mr.나 Ms.를 붙여서 별명을 만들 수도 있어요. 항상 폼을 잡고 거들먹거리기를 좋아하는 사람에게는 '거물씨'라는 어감이 팍 풍기는 Mr. Big이라는 별명이 딱 들어맞죠. 언제나 행복해 죽겠다는 얼굴을 하고 있는 여성의 별명을 한번 지어보면 Ms. Happy(행복양)라고 하면 된답니다.

그런가 하면 영어식 별명에는 Jack the Ripper 식의 작명법도 있어요. Jack은 사람이고, the는 정관사, Ripper는 사람을 찢어 죽이는 살인마라는 의미죠. 영국의 희대의 연쇄 살인마의 별명이 바로 Jack the Ripper예요. 이렇게 〈사람 이름 + the + 그 사람의 특징〉 패턴을 이용한 별명이 우리말에는 없는 영어 특유의 작명법이죠. '사자왕 리차드'를 Richard the Lionhearted

라는 별명으로 불렸던 사실을 아는 분들도 많겠죠? 여러분의 주위에 있는 사람에게 이런 식의 별명도 한번 지어보세요.

자, 그럼 다음으로 작전명을 영어로 어떻게 표현하는지도 잠깐 살펴볼까요? 군대의 작전명은 그 작전의 성격에 맞는 명사를 Operation 뒤에 붙이면 되는 거죠. 그래서 중동의 사막에서 벌어지는 작전은 Operation Sandstorm이라고 이름을 붙였던 것이고요. 그런데 작전명 중에서 특이한 것은 Operation 뒤에 문장을 붙여서 만들 수도 있다는 점이에요. 그래서 나중에 본문에도 나오지만, '혜린 선배 마음 뺏기 작전'은 Operation: Steal Hyerin's Heart라고 표현할 수 있는 거예요. '금고 탈취 작전'은 Operation: Steal the Safe라고 하면 되고요. 이 작전명은 실제로 TV series의 한 episode의 제목으로 등장했던 작전명이죠.

일기장에 별명 쓸 때 참고하세요!

뚱뚱보	Fatso	항상 조심하는 사람	Nervous Nellie
꺽다리	Beanpole	염세적인 사람	Sad Sack
말라깽이	Slim	지루한 여자	Plain Jane
난쟁이	Shortie / Small-fry	보통 남자	Average Joe
곱슬머리	Curley	독재적인 남자	Hitler
대머리	Cue Ball / Chrome dome	천재	Einstein
여드름쟁이	Pizza-face	명탐정	Sherlock
코딱지	Booger	이중인격자	Jekyll and Hyde
안경쟁이	Four-eyes	백과사전	Encyclopedia
치열 교정기를 낀 사람	Train tracks	괴짜, 돌아이	Nerd / Dork
수다쟁이, 기관총	Motormouth / Chatterbox	거물씨	Mr. Big
항상 졸린 눈을 하고 있는 사람	Sleepy	행복양	Ms. Happy

Question 21
줄줄이 하이픈 표현들

간혹 the 21st-century-type 같이 단어 사이사이에 하이픈을 넣어서 쓰는 걸 봤어요. 이런 말은 영영사전을 찾아봐도 없던데…

여러 개의 단어로 이루어진 어떤 표현을 한 덩어리로 보고, 그 덩어리가 어떤 단어를 꾸며주는 역할을 하게 할 때, 이 여러 단어를 하이픈(hyphen)으로 연결하는 것입니다. 간단한 예부터 들어보죠. 어떤 지역에 가뭄이 들어 비를 애타게 고대하고 있었습니다. 그런데 어제 그렇게 기다리고 기다리던 비가 왔지 뭡니까? 그러면 '기다리고 기다리던 비'를 어떻게 표현하면 좋을까요? 이럴 때 요긴하게 쓸 수 있는 게 바로 '하이픈'이랍니다. 즉 much-needed rain이라고 하면 우리말 어감을 제대로 나타낼 수 있는 거죠. 그래서 '그 지역에는 어제 기다리고 기다리던 비가 내렸다.'를 The region received some much-needed rain yesterday.라고 하면 손색없는 영어 문장이 된답니다.

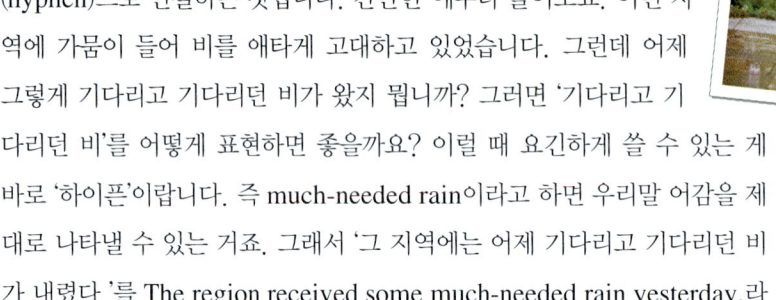

이번에는 좀 복잡한 예를 들어볼까요? '21세기형 경영'이란 표현을 하고 싶다고 합시다. 우선 '21세기형'은 21st century type이라고 할 수 있죠. '경영'은 management이고요. 그런데 이 21st century type이 management를 꾸며주게 하려면, 단어와 단어를 하이픈으로 연결하여 21st-century-type이라고 만든 다음 management를 꾸며주어야 하는 것입니다. 그래서 '21세기형 경영'은 맨 앞에 정관사를 넣어 the 21st-century-type management라고 할 수 있는 거죠.

이번에는 '그냥 퍼마시고 죽어보자 식'의 음주 문화를 표현해 보도록 하죠. '그냥 퍼마시고 죽어보자'는 let's drink ourselves to death라고 표현해 볼 수 있어요. '식'은 attitude로 표현할 수 있고요. 자, 꾸며주는 표현을 하이픈으로 연결하면 let's-drink-ourselves-to-death가 되고, 다음에 attitude를 붙여준 다음 맨 앞에 a를 넣으면, a let's-drink-ourselves-to-death attitude란 표현이 되는 거죠.

Question 22 드라마도 show?

드라마 보고도 show, 연극 보고도 show라고 하는 것 같던데… 명사 show의 정체는 도대체 뭐죠?

show라는 말은 근본적으로 다른 사람에게 보여주려고 하는 것을 뜻하죠. 그래서 radio나 TV의 드라마 및 오락 프로는 모두 show라고 할 수 있습니다. 따라서 "개그콘서트가 텔레비전에서 제일 재미있는 코미디 프로야."라고 하려면 GAG CONCERT is the funniest comedy show on television.이라고 하면 되는 것입니다. 또 "텔레비전에서는 퀴즈 프로나 게임 프로를 많이 한다."라고 표현하고 싶다면, There are a lot of quiz shows and game shows on television.이라고 하면 되죠.

또한 극장 등에서 하는 연극이나 콘서트, 무용 공연도 모두 show라고 할 수 있어요. 그래서 "나는 정동극장에서 새로 하는 공연을 볼 수 있는 티켓이 있었다."라고 하려면, I had tickets to see the new show at Chongdong Theater.라고 하면 된답니다.

GAG CONCERT is the funniest comedy **show** on television.
개그콘서트가 텔레비전에서 제일 재미있는 코미디 프로야.

There are a lot of quiz **shows** and game **shows** on television.
텔레비전에서는 퀴즈 프로나 게임 프로를 많이 한다.

I had tickets to see the new **show** at Chongdong Theater.
나는 정동극장에서 새로 하는 공연을 볼 수 있는 티켓이 있었다.

Question 23

'하여간 뭐 그런 것'이란 표현은 영어로 어떻게 하나요?

'하여간 뭐 그런 것'을 영어로

잘 기억이 안 나거나 더 이상 예를 들고 싶지 않으면, '하여간 뭐 그런 비슷한 거' 등으로 말하며 얼버무리는 경우가 있죠. 이런 경우에는 ~ or something (like that)이라는 표현을 사용하면 아주 편리해요. 그래서 "그 여자 이름은 혜숙인가 혜경인가 하여간 뭐 그런 비슷한 이름이었어."라고 하고 싶으면, Her name was Hyesuk or Hyekyeong or something (like that).이라고 말하면 된답니다. "그 남자는 변리사인지 뭔지 하는 사람이야."라는 말은 He is a patent attorney or something (like that).이라고 하면 되고요.

 직접 써보세요!

그 여자 이름은 혜숙인가 혜경인가 하여간 뭐 그런 비슷한 이름이었어.

Her name was Hyesuk or Hyekyeong   .

그 남자는 변리사인지 뭔지 하는 사람이야.

He is a patent attorney   .

> 첫째
> 마당

지금을 쓴다!
Diary 01~15

지금 기분이 어떠세요? 지금 하고 싶은 일이 있나요?
요즘 들어 좋아하게 된 사람, 혹은 맘에 안 들어서 욕 좀 해주고 싶은 사람은 없나요?
어릴 적 '하늘은 왜 파랄까?'로 시작한 세상에 대한 의문이 사춘기적 '나는 왜 살까?'라는 의문을 거쳐 이제는 '어휴, 일을 꼭 해야 하나? 그냥 놀고먹는 방법 없나?' 뭐 이런 생각이나 의문을 갖고 있진 않나요?

이렇게 지금 느끼는 기분이나 감정, 지금 원하는 것, 요즘 들어 갖게 된 의문점 같은 것들은 '동사의 현재형'을 써서 표현할 수 있습니다. 여기서 한 가지 잊지 말아야 할 것은 주어가 '나'도 아니고 '너'도 아니고 '그 사람들'도 아닌 '그 애' 한 사람일 때는 반드시 동사의 현재형 뒤에 -s나 -es를 붙여야 한다는 거예요. He likes me.(그 애는 날 좋아해.)처럼 말이죠.

이런 현재 시제를 좀 더 자세히 나누면 현재 시제와 현재진행 시제, 그리고 현재완료 시제로 나눌 수 있습니다. 지금 당장 눈앞에서 벌어지고 있는 일 혹은 요사이 내가 하고 있는 일은, 현재진행 시제인 〈be동사 + -ing〉를 써서 표현할 수 있고, 과거부터 지금까지 했던 행동이나 상태를 나타낼 때는 현재완료 시제인 〈have + p.p.〉로 표현할 수 있는 것이죠. 여기서 하나 더! 과거부터 지금 이 순간까지 '계속되고' 있다는 사실을 강조하고 싶을 땐 현재진행 시제와 현재완료 시제를 섞은 〈have been + -ing〉로 표현하면 돼요.

첫째마당에서 '지금 현재의 일'을 쓰는 데 기본적으로 알고 있어야 할 것은 이게 전부랍니다. 즉, 동사의 현재형을 써서 표현할 줄 알고, 진행형을 쓸 줄 알고 완료형을 쓸 줄 알면 현재에 관해 쓰고 싶은 것은 다 쓸 수 있게 된단 말이죠.

Diary 01 지금 기분 표현하기

기분이 날아갈 것 같아!
I am extremely happy!

남몰래 쓰고 남몰래 보는 나만의 일기만큼 나의 기분이나 현재 감정, 심리 상태를 솔직하게 표현할 만한 곳도 없을 거예요. 이렇게 현재 심경이나 기분을 나타내는 표현, 영어로는 어떻게 하면 되냐구요? 어려울 것 하나도 없답니다.

 혜린의 일기

남친에게 차이다   February 13, Sunny

I was dumped by Minam. He said no matter how hard he tries to like me, he can't because I am so ugly. Darn, why am I so ugly? He isn't so handsome, either!
으악~ 기분 더럽다.

미남이한테 차였다. 아무리 생각해도 내가 못생겨서 싫단다. 젠장, 내가 어디가 어떻게 못생겼다는 거야?! 그러는 지는 얼마나 잘생겼다고?!

Ugh, I feel terrible.

 준호의 일기

좋아하는 선배의 실연   2월 13일 맑음

Minam broke up with Hyerin. Yea, fortune smiles on me! I don't mean to hurt her feelings, though.
기분이 날아갈 것 같다!

미남 선배가 혜린 선배랑 헤어졌다. 앗싸, 행운의 여신이 내게 미소를 짓는구나! 그렇다고 선배의 기분을 생각하지 않아서 하는 말은 아니지만.

I am extremely happy!

기분을 나타내는 영어문장 보기

혜린: 으악~ 기분 더럽다. → Ugh, I feel terrible.
준호: 기분이 날아갈 것 같다. → I am extremely/very/really/so/too happy.

무작정 따라하기 1 지금 기분을 나타내고 싶을 때는 I am ~ 또는 I feel ~!

기분을 표현하는 가장 간단한 방법은 I am이나 I feel 다음에 기분이나 감정을 나타내는 형용사를 붙이는 겁니다. 지금 기분이 좋다고요? 그럼, I am happy.라고 하면 돼요. 기분이 찢어질 정도로 좋을 때는 happy 앞에 really를 넣어 I am really happy.라고 하면 되죠. really 말고 extremely나 very를 써도 되고, 경우에 따라서는 so나 too를 써도 되죠. so는 앞뒤 문맥이나 정황상 기분이 '몹시' 좋거나 나쁜 이유가 분명한 경우에 쓰이고, too는 '너무 많다든가, 지나치다'란 어감을 주고 싶을 때 쓰면 된답니다.

01	기분 좋다.	I feel _____ .
02	개운하다.	_____ relieved.
03	기분 최상이다.	_____ awesome.
04	기분 끝내준다.	I _____ .

컨닝페이퍼
04 '끝내준다, 너무 좋다'라는 뜻의 형용사는 terrific!
07 '기분 더럽다'는 말은 기분이 '완전 엉망진창에다 지독스럽게 안 좋다'는 의미. 이런 의미로 쓰이는 형용사로는 terrible이 있죠.
08 기분이 나빠도 너무 나쁠 때 (very bad or unpleasant) 우리는 '최악'이라고 하죠. 이를 한 마디로 나타낼 수 있는 형용사는 awful이죠.

지금 기분이 꿀꿀하다고요? '꿀꿀하다'는 것은 기분이 축 처졌다는 뜻이죠. 이런 기분을 나타내는 데는 down이 그만입니다. 그러니까, I feel 다음에 '꿀꿀한'이란 뜻의 down을 써서 I feel down.이라고 하면 된다는 말씀! 그런데, 뭐, 그렇게 꿀꿀한 것은 아니고, 조금 꿀꿀하다고요? 그럴 때는 down 앞에 a little bit을 넣어서, I feel a little bit down.이라고 하면 되죠.

05	기분 나쁘다.	I feel _____ .
06	우울하다.	I am _____ .
07	기분 더럽다.	I _____ .
08	기분 최악이다.	I _____ .

정답
01 good
02 I feel
03 I feel
04 feel terrific
05 bad
06 gloomy
07 feel terrible/dirty
08 feel awful

무작정 따라하기 ❷ 기분이 좋은 이유까지 함께 표현하고 싶다고요?

이번에는 욕심을 더 내어 "기분이 너무 좋다. 길에서 오천 원을 주워서."라고 써볼까요? 물론, I picked up 5,000 won on the street today. So I am really happy. 또는 I am really happy because I picked up 5,000 won on the street today.라고 표현할 수도 있죠. 하지만 여기서는 to부정사로 한번 연결해 보세요. I am really happy to pick up 5,000 won on the street today.라고 간단하게 표현할 수 있답니다. 오천 원을 주운 것은 낮에 있었던 일이지만 주웠다는 사실 자체가 현재의 기분에 영향을 미치고 있기 때문에 to부정사로 연결할 때는 시제에 크게 신경 쓰지 않아도 된답니다.

01 다시 날씬한 몸짱으로 돌아와서 기분이 너무 좋다.

I feel great _____.

02 미남이한테 차여서 난 지금 몹시 비참하다.

I am so miserable _____ Minam.

03 혜린 선배가 미남 선배랑 헤어져서 기분이 날아갈 것 같다.

I am so happy for Hyerin _____ Minam.

컨닝페이퍼

01 '몸짱이 되려고 몸을 만든다'고 할 때는 get in shape. 여기서 back만 적절한 위치에 살짝 넣어주면 '다시 날씬한 몸짱으로 돌아오다'란 의미가 된답니다. 어디에 넣어주면 될까요?

02 '~한테 차이다'는 be dumped by.

03 '~와 헤어지다'는 break up with. '누가 ~해서 기분이 어떻다'라는 식으로 쓰고 싶다면, to 앞에 (for + 누구)를 살짝 끼워 넣어주면 돼요.

정답
01 to get back in shape
02 to be dumped by
03 to break up with

기분 짱! I couldn't feel better!

'기분이 최고다'는 말의 다른 표현을 볼까요? 좀 고급스럽게 표현하면 I couldn't feel better.라고 할 수 있답니다. 더 이상 좋을 수가 없다는 어감이죠. 또 I am on cloud nine.이라는 표현도 있는데요. 마치 천국에 와 있는 기분이란 어감이에요. 뭐니 뭐니 해도 머니(money)가 최고라고 하니, 돈을 넣은 표현도 하나 보도록 하죠. I feel like a million dollars! 백만 달러 같은 기분이라는 말이니까, 하늘을 날아갈 것 같다는 의미, 즉 '기분 짱!'이라는 얘기가 됩니다.

한 문장 써보기
앞에서 배운 패턴을 이용해 영작해 보세요.

01 웬일인지 기분이 울적하다.

02 기분이 나빠 죽겠다.

03 정린에게 사과하고 나니 기분이 개운하네.

04 로또에 당첨되다니 너무 행복해.

컨닝페이퍼
01 '웬일인지'란 말은 '뚜렷한 혹은 특별한 이유도 없이'란 뜻이니깐 without any special reason이라고 하면 되겠습니다.

03 '누구에게 사과한다'고 할 때 〈apologize to + 사람〉, 또는 〈tell + 사람 + I am sorry〉로 표현해 보세요.

04 '복권에 당첨되다'는 win the lottery이고, '로또에 당첨되다'는 win the Lotto.

정답
01 I am gloomy without any special reason.
02 I feel really bad. / I feel very bad.
03 I feel relieved to apologize to Jeonglin. / I feel relieved to tell Jeonglin I am sorry.
04 I am so happy to win the Lotto.

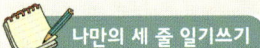 **나만의 세 줄 일기쓰기**   나만의 세 줄 일기로 오늘의 기분을 나타내 보세요!

Keywords 기분이 찝찝하다 feel dirty | 기분이 씁쓸하다 feel bitter | 꿀린다, 위축되는 느낌이 든다 feel small | 주눅 든다 feel timid | 기운 빠지다 feel weak | 마음에 켕기다, 찔린다 feel guilty | 아쉽다, 안타깝다, (가여워서) 마음이 아프다 be really sorry / feel really sorry | A가 안됐다, 불쌍하다 be sorry for A | 한심하다 be wretched | 불안하다, 초조하다 be nervous

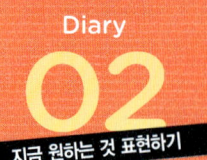

Diary 02
지금 원하는 것 표현하기

혜린 선배가 보고 싶어 죽겠다.
I am dying to see her.

세상에는 두 가지 종류의 일이 있습니다. 바로 '하고 싶은 일'과 '하기 싫은 일'이죠.^^ 우리가 하루 중 하는 일들에도 정말로 하고 싶어서 하는 일도 있고, 하기 싫은데 마지못해 하는 일들도 있을 거예요. 때문에 일기의 소재로도 빈번히 이용되죠. 이제부터는 영어로 하고 싶은 것과 하기 싫은 것들을 표현해 보자고요.

혜린의 일기

어차피 못생겼잖아

March 7, Sunny

What's the good of going to school and studying if I'm so ugly?
학교에 가기 싫다.

공부는 해서 뭣 하며 학교는 가서 뭣 하랴?! 어차피 못생긴 주제에. I don't want to go to school.

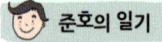
준호의 일기

혜린 선배가 학교에 안 왔다

3월 7일 맑음

Hyerin didn't come to school today. I wonder what she is doing now.
혜린 선배가 보고 싶어 죽겠다.

오늘 혜린 선배가 학교에 안 왔다. 지금쯤 뭘 하고 있는 걸까? I am dying to see her.

원하는 것을 나타내는 영어문장 보기

혜린: 학교에 가기 싫다. → I don't want to go to school.
준호: 혜린 선배가 보고 싶어 죽겠다. → I am dying to see her.

무작정 따라하기 ① 하고 싶은 것은 I want to do ~, 하기 싫은 것은 I don't want to do ~

지금 당장 부자는 아니더라도 부자가 되고 싶다는 마음을 표현하는 거야 자유 아니겠어요? 그럴 때는 I want to be rich.라고 하면 됩니다. 부자까지는 바라지도 않고, 소박하고 안정적인 공무원이 되어서 여생을 무난하게 꾸려가고 싶다고요? 그러면 I want 다음에 to be a government official을 넣어서 I want to be a government official.이라고 하면'공무원이 되고 싶다.'는 의미의 문장이 되죠. 먹고 사는 걱정보단 우선 유럽으로 배낭여행을 떠나고 싶다고요? 이것도 I want를 이용해서, I want to go backpacking around Europe.이라고 하면 됩니다. 이처럼 하고 싶은 것, 되고 싶은 것은 모두 I want 다음에 to부정사를 사용해서 구체적으로 밝혀주기만 하면 상황 끝~

>> 부드러운 여자, 부드러운 남자가 되고 싶은 분에게 권합니다! I'd like to do ~

I want to do ~는 경우에 따라서는 어감이 강한 표현이 되지요. 그래서 좀 부드럽게 표현하고 싶으면, I'd like to do ~를 쓰세요.

---

01 백만장자가 되고 싶다.

I _____ be a millionaire.

02 친구들과 맥주 한 잔 마시고 싶다.

I want to _____ with my friends.

03 지구를 떠나고 싶어라.

I want to _____.

04 소개팅을 많이 하고 싶다.

I _____ go on lots of blind dates.

05 여친을 만들고 싶다.

I want _____ a girlfriend.

커닝페이퍼

02 우리는 혼자서 마시든 여럿이서 마시든 습관적으로 맥주 '한 잔'하고 싶다고 말하지만, 영어에서는 여럿이서 마시는 거면 a glass of beer가 아니라 그냥 beer라고 써서 수를 맞춰주어야 해요.

03 괴로울 때나 우스갯소리로 곧잘 하는 '지구를 떠나고 싶다'는 말은 물리적으로 지구라는 행성을 떠나서 다른 행성으로 가겠다는 말이 아니라 '내가 살고 있는 이 세상을 떠나고 싶다'는 말이니까, 그 속뜻에 맞춰 영작을 해야겠죠?

05 우리말로는 올해는 여친/남친을 꼭 만들어야겠다는 식으로 쓰지만, 영어에서는 '찾는다'는 의미의 find를 써서 find a girlfriend/boyfriend로 쓴답니다. 꼭 알아두세요!

정답

01 want to
02 drink beer
03 leave this world
04 want to
05 to find

그런데 I want 다음에 반드시 to부정사를 사용해야 되는 것은 아니에요. 내용에 따라서는 간단하게 명사만 올 수도 있어요.

06 내 집을 갖고 싶다.　　　I _____ my own house.

07 스마트폰을 새로 장만하고 싶다.
　　　I want _____.

이 넓은 세상에 하고 싶은 것만 줄줄이 있는 것은 아니잖아요. 남자라면 군대에 가기 싫을 수도 있고, 여자라면 아이를 낳기 싫을 수도 있겠지요. 그렇게, 하기 싫은 것들을 표현할 때는 I want의 부정형인 I don't want를 이용하면 돼요. I don't want to join the military. / I don't want to have a baby.처럼 말이죠. 역시 I don't want 다음에는 to부정사도 올 수 있고, 내용에 따라서는 명사가 올 수도 있어요.

08 공부하기 싫다.
　　　_____ study.

09 경제학 시험을 치기 싫다.
　　　I _____ take _____ test.

10 일하기 싫다.
　　　I don't want _____.

11 아무것도 먹기 싫다.
　　　I _____ anything to eat.

12 그 애 없인 살고 싶지도 않다.
　　　I don't want _____ him/her.

> **컨닝페이퍼**
> **06** 보통 우리가 갖고 싶어 하는 '내 집'이란 '내 소유의 집'을 말하죠. 그래서 my own house라고 쓴 거예요. one's own ~는 '내 소유의 ~'란 의미.
> **07** 우리말을 1:1식으로 대입해서 '새로'에 해당되는 영어 단어를 찾고, '장만하다'에 해당되는 영어 단어를 찾지는 마세요. 전달하고자 하는 우리말의 본질적인 개념과 영어 표현의 개념을 알고 있는 것이 중요해요.

> **정답**
> **06** want
> **07** a new smartphone
> **08** I don't want to
> **09** don't want to, my economics
> **10** to work
> **11** don't want
> **12** to live without

무작정 따라하기 2 하고 싶어 죽을 지경이라면?!

욕구가 너무 강렬해서 단순히 I want to do ~로는 왠지 2% 모자라다고 느낄 때는, I am dying to do ~를 써보세요. 우리말과 어감이 똑같죠? 하고 있는 일이 지겨워서 때려치우고 싶은 마음이 굴뚝같다면 I am dying to quit this job!이라고 그 심경을 일기에 토해 보고요. 여자친구랑 진하게 뽀뽀하고 싶어 죽겠으면 I am dying to kiss my girlfriend.라고 하면 되죠. 그런데 I am dying 다음에 반드시 to부정사만 오는 것은 아니랍니다. 내용에 따라서는 I am dying for 다음에 명사를 넣어도 돼요. 가령 너무 피곤해서 잠을 자고 싶어 미치겠으면 I am dying for some sleep.이라고 하면 되는 거죠.

컨닝페이퍼

01 하는 김에 유용한 표현 하나 챙길까요? '독립해서 살다'는 말은 영어로 live on one's own이라고 합니다.

02 일을 '관두다, 때려치우다'라고 할 때는 quit이라는 동사를 씁니다. quit my/this job을 한 덩이로 묶어서 알아두세요.

01 독립하고 싶어 미치겠어.

                                                live on my own.

02 이놈의 일 때려치우고 싶어 죽겠다.

    I am dying   this bloody job.

03 내일 칠 시험공부 해야 하는데, 잠 와 죽겠다.

    I have to study for an exam tomorrow, but

                          some sleep.

정답

01 I am dying to
02 to quit
03 I am dying for

I am dying to do ~ vs. I can't wait to do ~

I am dying to do ~가 강렬한 욕구 자체를 나타내는 표현이라면, I can't wait to do ~는 이미 앞으로 하기로 되어 있는 일이지만, 한시라도 빨리 하고 싶어 미치겠다는 기분을 나타낸답니다. 그래서 여친을 한시라도 빨리 다시 만나고 싶은 기분은 I can't wait to see her again.이라고 나타내면 되는 거죠. wait for 다음에 명사를 넣어서 쓸 수도 있는데, 예를 들어 하루 빨리 방학이 되었으면 좋겠다고 표현하려면, I can't wait for my vacation.이라고 하면 돼요. can't wait to do는 can hardly wait to do라고 달리 표현할 수도 있답니다. 그래서 "한시라도 빨리 그대와 결혼하고 싶어요."라고 표현하고 싶다면, I can hardly wait to marry you.라고 하면 아주 훌륭하죠.

한 문장 써보기

앞에서 배운 패턴을 이용해 영작해 보세요.

01 돈을 많이 벌고 싶다.

02 바이올린을 배우고 싶다.

03 미국으로 유학을 가고 싶다.

04 유명해지고 싶어 죽겠다.

05 결혼하기 싫다.

컨닝페이퍼

01 '돈을 벌다'는 make money예요. 그럼, '돈을 많이 벌다'는?

02 '바이올린을 배우다'는 learn how to play the violin(바이올린 연주하는 법을 배우다)이라고 표현해야 해요. 이 말은 혼자서 독학할 때도 다른 사람의 가르침을 받을 때도 두루두루 쓸 수 있는 표현이죠. 반면 take a violin lesson이라고 하면 누군가의 가르침을 받아 배운다는 뉘앙스랍니다.

03 '~로 유학가다'는 〈go abroad to study in + 장소〉.

04 '유명해지다'는 be famous

정답

01 I want to make a lot of money.
02 I want to learn how to play the violin. / I want to take a violin lesson.
03 I want to go abroad to study in America.
04 I am dying to be famous.
05 I don't want to get married.

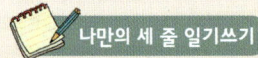 **나만의 세 줄 일기쓰기**   나만의 세 줄 일기로 지금 하고 싶은 것과 하기 싫은 것을 나타내 보세요!

Keywords 친구들이랑 놀다 hang out with my friends | 유럽에 가다 go to Europe | ~로 여행가다 go on a trip to + 장소 | ~로 배낭여행을 가다 go backpacking around + 장소 | 영어학원에 다니다 go to an English language school | 피아노를 배우다 take a piano lesson / learn how to play the piano | 그림을 배우다 take an art lesson / learn how to draw pictures | 다이어트를 하다 go on a diet | 성형을 하다 get cosmetic surgery | 콧대를 세우다, 코 수술을 하다 get a nose job | 쌍꺼풀 수술을 하다 get double-eyelid surgery

Diary 03 지금은 진행 중
난 지금 미남이한테 메일을 보내려 한다.
I am trying to write an e-mail to Minam.

비가 촉촉이 내리는 밤이면 '창 밖에는 비가 내리고 있고 어쩌고저쩌고~'하면서 이런저런 상념들을 끄적거리게 되지 않나요? 이럴 때 '비가 내리고 있다'처럼 지금 현재 벌어지고 있는 일이나 상태를 영어로는 어떻게 쓰면 되는지 궁금하죠?

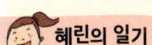 혜린의 일기

최미남! 잘~ 먹고 잘~ 살아   March 15, Cloudy and rainy

난 지금 미남이한테 메일을 보내려 한다.
Junho told me not to do that, but I am so upset. I can't help it. "Hey, Choe Minam! Find a hot girl and lead a very happy life!" Damn it! You think I can't live without you? Well, no problem!

I am trying to write an e-mail to Minam. 준호는 말렸지만 이대론 분해서 참을 수가 없다. "그래, 최미남! 이쁜 여자 만나서 잘 먹고 잘 살아!" 쳇, 내가 뭐 너 없으면 못 살줄 알고?!

 준호의 일기

비가 오면 생각나는 그 사람   3월 15일 흐린 뒤 비

일기야, 창밖에는 지금 비가 내리고 있고, 나는 혜린 선배를 생각하고 있어
It seems that she still can't forget Minam. Whenever Hyerin sees me, she speaks ill of Minam. However, that proves she still loves him! Alas!

Dear Diary, it is raining outside the window and I am thinking of Hyerin. 혜린 선배는 아직도 미남 선배를 못 잊고 있나봐. 나만 만나면 미남 선배 욕을 하지만… 그게 다 아직 애정이 남아 있다는 얘기가 아니겠니? 아~ 슬퍼라~!

진행 중 영어문장 보기

혜린: 난 지금 미남이한테 메일을 보내려 한다. → I am trying to write an e-mail to Minam.

준호: 일기야, 창밖에는 지금 비가 내리고 있고, 나는 혜린 선배를 생각하고 있어.
→ Dear Diary, it is raining outside the window and I am thinking of Hyerin.

무작정 따라하기 1 — 지금 또는 요즘 진행 중인 것을 나타낼 때는 〈be동사 + -ing〉

'혜린이는 얼짱에다 몸짱인 것 같다.'고 표현할 때는 I think that Hyerin is gorgeous.라고 하면 되죠. 평소에 그렇게 생각한다는 뜻이니까 현재형으로 표현하면 돼요. 그러나 지금 창밖에 내리는 비를 하염없이 바라보며 혜린을 머릿속에 그리고 있다는 표현을 하려면, I am thinking of Hyerin.이라고 해야죠. 즉, 지금 진행 중인 동작이나 상황은 〈be동사의 현재형 + -ing〉를 이용해서 표현하면 돼요. 또, '요즘 흥미진진한 책을 읽고 있다'거나 '영어학원에 다니고 있다'는 등과 같이 요사이 지속적으로 하고 있는 일을 언급하고 싶을 때도 〈be동사의 현재형 + -ing〉를 이용하면 되죠.

>> '~을 생각 중이다' 혹은 '~을 할까 생각 중이다'란 뜻의 I am thinking of ~는 통째로 기억해두면 아주 유용하게 써먹을 데가 많을 거예요.

01 나는 지금 음악을 듣고 있다.
　　　　　　　　　　 music.

02 여동생은 지금 화장실에서 큰일을 보고 있는 중이야.
My sister 　　　　　 number two in the bathroom.

03 난 밤이면 늘 미드에 푹 빠져 있다.
　　　　 always 　　　　 in American dramas at night.

04 요즘 자주 일본에 있는 친구랑 채팅을 하고 있어.
　　　　 frequently 　　　　 online to my friend in Japan these days.

컨닝페이퍼
02 화장실에서 '큰일을 본다'고 할 때는 do number two 라고 쓰고, '작은일을 본다'고 할 때는 do number one 이라고 쓰죠.
03 '~에 푹 빠지다'는 뜻으로 자주 쓰이는 영어 표현에는 be into 또는 indulge in 등이 있답니다.
04 채팅을 하는 것은 인터넷상, 즉 온라인으로 하는 것이니까 '채팅을 하다'는 chat online이라고 써야 의미가 명확해져요.

정답
01 I am listening to
02 is doing
03 I am, indulging
04 I am, chatting

현재 무엇을 하고 있지 않다고 하려면, be동사 다음에 not만 넣으면 돼요. 즉 〈be동사의 현재형 + not + -ing〉는 현재진행형의 부정형이 된답니다.

> **컨닝페이퍼**
>
> 05 '~할까 생각 중이다'는 I am thinking of + -ing이고, '~할 생각은 하지 않고 있다'는 여기에 not만 살짝 끼워넣으면 되죠.

05 그만둘 생각은 하지 않고 있어.

　　　　　　　　　　 of quitting.

06 딴 곳으로 이사할 생각은 하지 않고 있어.

　　　　　　　　　　 of moving anywhere.

07 지금 비가 내리고 있지는 않아.

　 It 　　　　　　　　 now.

> **정답**
>
> 05 I am not thinking
> 06 I am not thinking
> 07 is not raining

무작정 따라하기 2 이런저런 것들을 한번 시도해볼 생각이라고요?

머리가 나쁜 여자는 용서해도 못생긴 여자는 용서할 수 없다는 이 한심한 세상에 살려면 어쩔 수 없이 살을 좀 빼야겠죠? 이런 경우에도 현재진행형을 이용하면 세련된 표현을 할 수 있습니다. 바로 I am trying to ~를 이용하는 것이죠. 즉, I am trying to 뒤에 '살을 빼다'란 뜻의 lose weight만 갖다 붙이면 '살을 좀 빼려고 한다.'는 비장한 결심을 나타내는 표현이 된답니다. 〈be trying to + 동사원형〉은 일종의 숙어 표현으로 한 덩어리로 익혀서 활용하면 되겠습니다. 그래서 담배를 끊으려고 한다는 아주 건설적인 결심은 I am trying to quit smoking.이라고 하면 되죠.

01 내 남친에게 좀 더 다정하게 대할 생각이야.

　　_____ be nicer to my boyfriend.

02 술을 끊을 생각이다.

　　I am trying to _____ alcohol.

03 승진을 해볼 생각이다.

　　I am trying to _____ .

04 다시는 사랑에 빠지지 않을 생각이다.

　　I am trying _____ fall in love again.

> **컨닝페이퍼**
>
> 02 술이나 담배를 '끊는다'고 할 때는 give up이나 quit을 씁니다.
>
> 04 I am trying to의 부정형은 I am trying not to.

> **정답**
>
> 01 I am trying to
> 02 give up / quit
> 03 get promoted
> 04 not to

똑같은 잘못을 되풀이해서 짜증날 때도 현재진행형!

듣기 좋은 꽃노래도 한두 번이라고, 아무리 예뻐 죽겠는 여친이라도 만날 때마다 하품을 하면 정이 떨어질 수도 있겠죠. 이렇게 똑같은 짓을 매번 되풀이해서 짜증이 날 때도 현재진행형을 써서, She is always yawning whenever we meet.라고 하면 됩니다. 혜린이라는 이름을 까먹고는 항상 혜정이라고 하는 남친에게 왕짜증이 날 때면, He is always forgetting my name.이라고 표현하면 되고요. 이제 아셨죠? 되풀이되는 잘못이나 실수에 대한 짜증은 〈be동사 + always + -ing〉. 자, 그러면 자꾸 약속시간을 까먹는 여친에게 대놓고 짜증은 못 내겠고 성질은 나 죽겠다면, 일기장에 이렇게 분을 풀어보세요. She is always forgetting our dates!!!

한 문장 써보기
앞에서 배운 패턴을 이용해 영작해 보세요.

01 나는 지금 영어로 일기를 쓰고 있다.

02 라디오에서 감미로운 음악이 흘러나오고 있다.

03 남자친구랑 헤어질까 생각 중이다.

04 올 여름에는 번지점프를 해볼 생각이다.

컨닝페이퍼
01 '지금 일기를 쓴다'는 말은 '일기장에 쓰고 있다'는 얘기이므로, write in the diary 라고 하면 되겠어요. 단, 일반적으로 평상시에 '일기를 쓴다'라고 할 때는 keep a diary라고 한다는 점 주의하세요.

02 특정한 음악을 말하는 것이 아니니까, sweet music 앞에 관사는 필요 없습니다.

03 남자친구 혹은 여자친구랑 '헤어지다'는 break up with.

04 '번지점프를 하러 가다'는 go bungee-jumping.

정답
01 I am writing in the diary in English.
02 Sweet music is flowing from the radio.
03 I am thinking of breaking up with my boyfriend.
04 I am trying to go bungee-jumping this summer.

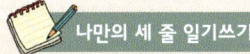 **나만의 세 줄 일기쓰기** 지금 또는 요즘 진행 중인 상황이나 상태를 나타내 보세요!

Keywords 만화책을 읽다 read comic books | 일본 드라마를 보다 watch Japanese TV dramas | 컴퓨터 게임을 하다 play computer games(computer games 대신 구체적인 게임명을 써도 됨) | 기사에 댓글을 달다 reply online to an article | 꾸벅꾸벅 졸다 doze off | 먹는 걸 줄이다 cut down on my eating | ~에 유학을 가려고 생각하다 think of going abroad to study in + 장소 | 피부 관리를 받으러 다니다 go to the esthetician | K-pop 스타 같은 오디션 대회에 나가다 enter a reality TV competition such as K-pop Star | 아이돌 가수가 되다 become a pop idol

Diary 04 그 녀석 참 귀엽기도 하지!
What a cute guy he is!

다른 사람에 대한 생각 표현하기

하고 싶은 말 다 하고 살 수 없는 게 세상 이치 아니겠습니까? 그렇다고 속에 담아두고만 있으면 병 된다고요. 누구는 어떻고 저떻고, 뭐는 어떻고 저떻고, 칭찬도 좋고 불만도 좋고 다 좋으니까, 일기에 몽땅 풀어내 보세요. 훨씬 후련해질 거예요. ^^

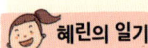 혜린의 일기

고마운 준호.   March 17, Sunny and cold

I had some drinks with Junho. 그 녀석 참 귀엽기도 하지! He even tried to console me by treating me to a few drinks. I feel upbeat for the first time in many days. Thanks a lot, Junho.

준호하고 술 한잔 했다. What a cute guy he is! 선배 힘들다고 위로주도 다 베풀고… 간만에 기분 업되네. 준호야~ 고마워.

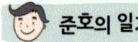 준호의 일기

혜린 선배는 둔탱이   3월 17일 맑고 추움

I wonder if Hyerin knows that I love her. 가끔 혜린 선배는 참 둔한 것 같다. ㅜㅜ However, that insensitivity of hers may be what appeals to me.

혜린 선배는 알까? 내가 선배를 좋아하고 있다는 걸. She sometimes seems to be very insensitive. ㅜㅜ 뭐 그게 혜린 선배 매력일지도 모르지만.

다른 사람에 대한 생각을 나타내는 영어문장 보기

혜린: 그 녀석 참 귀엽기도 하지! → **What a cute guy he is!**

준호: 가끔 혜린 선배는 참 둔한 것 같다. → **She sometimes seems to be very insensitive.**

| 무작정 따라하기 | **1** 다른 사람에 대한 생각은 I think he/she/it is ~ |

사람 사는 세상에는 참 말도 많고 탈도 많은 법입니다. "그 애 너무 이쁜 것 같아."부터 "걔는 성질이 지랄 같아."에 이르기까지 남의 말 하기를 참 좋아하죠. 이 '누구누구는 ~인 것 같아'는 I think로 시작해서 풀어가면 간단하게 해결됩니다. 남자애가 귀엽게 굴면, I think he is very cute.라고 하면 되고, 여자애가 아주 이기적인 것 같으면, I think she is very selfish.라고 하면 되죠. 또, 세상은 아주 불공평한 것 같다는 말을 하고 싶을 때도 I think로 시작해서, I think the world is very unfair.라고 울분을 토로하면 되겠어요.

01 그 남자애는 참 쿨한 것 같다.

　　　　　　　　　　　　 very cool.

02 그 여자애는 참 지적인 것 같다.

　I think she is 　　　　　　　　　　　　 .

03 걔는 사나이 중의 사나이인 것 같다.

　I think he is 　　　　　　　　　　　 .

컨닝페이퍼

03 '사나이 중의 사나이(진짜 사나이)', '남자다운 남자'를 영어로는 **a man's man**이라고 하면 돼요. '덜 큰 남자애들 중에 진짜 어른 남자'라는 어감의 **a man among boys**도 같은 의미이죠.

정답

01　I think he is
02　very intelligent
03　a man's man / a man among boys

그런데 '~인 것 같다'를 꼭 I think로 시작할 필요는 없어요. '그 남자애는 성질이 더러운 것 같다.'를 바로 He로 시작해도 된답니다. 이 경우에는 동사를 seem으로 해주고, to be nasty를 덧붙여, He seems to be nasty.라고 하면 되죠. 쉽죠? 이제 성질이 더러운 애의 욕을 일기장에다 마음 놓고 할 수 있겠네요.

04 그 남자애는 미련 곰탱이 같아.

　　　　　　　　 be very dumb.

05 그 여자애는 참 착한 것 같아.

　　　　　　　　 be very nice.

06 세상에서 박신혜가 제일 예쁜 것 같아.

Park Shinhye 　　　　　　 the most beautiful woman in the world.

07 그 남자애는 아직도 철이 안든 것 같다.

　　　　　　　　 very childish.

> **컨닝페이퍼**
> **04** dumb은 '미련 곰탱이의'.
> **07** '누구는 아직도 ~인 것 같다'와 같이 '아직도'라는 말을 덧붙이고 싶으면 seems 앞에 still을 넣어주세요. very childish는 '유치한, 철이 안든'.

> **정답**
> 04 He seems to
> 05 She seems to
> 06 seems to be
> 07 He still seems to be

무작정 따라하기 ② 그 사람만 생각하면 감탄사가 저절로 나온다고요?

I think ~나 He/She seems to ~로는 성이 차지 않는 경우도 있겠죠? 준호가 너무 기특하게 굴어서 귀여워 죽겠다면 '그 녀석 참 귀엽기도 하지!' 정도의 감탄문은 돼줘야 심정이 잘 표현됩니다. 이럴 때는 먼저 What을 써주고, 다음에 '귀여운 녀석', 즉 a cute guy란 말을 넣으면 돼요. 그 다음에는 누가 그렇게 귀여운지 주어와 be동사를 넣어주면 되는데요. 이 주어와 be동사는 종종 생략하기도 한답니다. 이제 마지막으로 감탄부호를 찍으면 감탄문 완성! What a cute guy (he is)! 자, 그럼 이번에는 이 감탄문을 이용해 다른 사람을 원색적으로 욕해볼까요? 아무도 모르게 내 일기장에만 말이죠.

커닝페이퍼
02 '걸레 같은 여자, 문란한 여자'는 slut이라고 해요.
04 '다혈질'이라는 말의 형용사는 hot-tempered이죠.

01 그 남자는 참 바보같아!
　　　　　　　　　　　　guy (he is)!

02 완전 걸레같은 년!
　　　　　　　　　　　(she is)!

03 참 지저분한 농담이다!
　　What　　　　　　　(it is)!

04 그 여자애, 참 다혈질이기도 하지!
　　What　　　　　　　(she is)!

정답
01 What a stupid
02 What a slut
03 a dirty joke
04 a hot-tempered girl

How로 시작하는 감탄문도 있지 않나요?

감탄문 중에는 How beautiful she is!같이 How로 시작되는 것도 있습니다. 그런데 문제는, 이런 감탄문, 즉 How로 시작되는 것은 실제로는 잘 쓰이지 않는다는 데에 있어요. 이렇게 〈How + 형용사/부사 + 주어 + 동사 ~!〉의 구조를 가진 감탄문은 할머니들이 감정을 과장할 때 사용하는 표현으로 인식되고 있죠. 그러나 How 감탄문이 단독으로는 잘 쓰이지 않는다는 뜻이지, 아예 사용되지 않는다는 말은 아닙니다. Look how beautiful she is!처럼 다른 말에 이어서는 잘 사용되죠. 다음의 노래 가사에 등장하는 것처럼요. Baby, leave the light on. I wanna see how beautiful you are.(그대여, 불을 그대로 놔둬요. 그대가 얼마나 아름다운지 보고 싶으니까요.)

한 문장 써보기
앞에서 배운 패턴을 이용해 영작해 보세요.

01 그 사람, 참 멋있는 것 같아.

I think he _____.

= He seems to _____.

02 민정이는 참 낙천적인 것 같다.

I think Minjeong _____.

= Minjeong seems to _____.

03 그 남자애는 유머감각이 있는 것 같다.

I think he _____.

= He seems to _____.

04 치사한 놈 같으니라구! 두 번 다시 안 만날 거야.

_____ ! I don't ever want to see him again.

컨닝페이퍼
02 성격이 '낙천적'이라고 할 때는 optimistic을 써보세요. 반대말은 pessimistic.
03 '유머감각이 있다'는 have a good sense of humor.
04 '치사한, 비열한'이란 뜻의 mean을 이용하세요.

정답
01 is very nice, be very nice
02 is very optimistic, be very optimistic
03 has a good sense of humor, have a good sense of humor
04 What a mean guy (he is)!

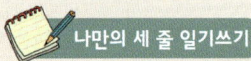 나만의 세 줄 일기쓰기 — 나만의 세 줄 일기로 다른 사람에 대한 생각을 나타내 보세요!

Keywords 지적인 intelligent | 여자 중의 여자 a woman's woman / a woman among girls | 의젓한, 어른스러운 decent | 진지한 serious | 믿음이 가는, 신뢰할 만한 trustworthy | 성실한 earnest | 미련 곰탱이인, 어리숙한 dumb | 위선적인 hypocritical | 성질이 더러운 nasty | 다혈질인 hot-tempered | 냉소적인 cynical | 이기적인 selfish | 거만한, 잘난 척하는 arrogant | 변덕스러운 changeable / whimsical | 기분파 a man of mood swings

Diary 05 아픔 표현하기

하루 종일 골치가 아프다.
I've had a headache all day long.

물리적으로든 정신적으로든 상처를 주고 상처를 받으며 앞으로 앞으로 나아가는 게 사람살이 아니겠어요. 아픈 것도 '나, 아파요~'하며 표현해야 빨리 낫습니다. 달리 표현할 만한 데가 없다고요? 그럼, 일기를 써보세요! 아픔도 표현하고 영어실력도 키우자고요.

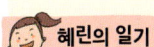
혜린의 일기

아픔은 다른 아픔으로 잊혀지고   March 18, Sunny and cold

It seems that I drank a little too much yesterday. 하루 종일 골치가 아프고 속이 매슥거린다. They say an old pain can only be cured by a new pain. Damn it!

어제 술을 너무 많이 마셨나보다. I've had a headache all day long and I think I am going to be sick. 나 참! 아픔은 또 다른 아픔으로 잊혀진다더니만.

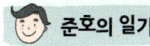
준호의 일기

혜린 선배가 아파   3월 18일 맑고 추움

혜린 선배가 아프다. Until a few days ago, she felt a lot of emotional pain, but today she feels physical pain. I hope she gets better soon and starts paying attention to me.

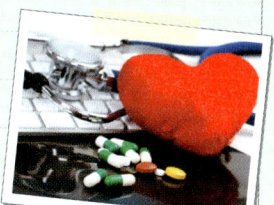

Hyerin is sick. 엊그저께까진 마음이 아팠는데 오늘은 몸이 아프단다. 선배가 빨리 아픔을 딛고 일어나 나도 좀 바라봐줬으면 좋겠다.

아픔을 나타내는 영어문장 보기

혜린: 하루 종일 골치가 아프고 속이 매슥거린다.
→ I've had a headache all day long and I think I am going to be sick.

준호: 혜린 선배가 아프다. → Hyerin is sick.

무작정 따라하기 ① 몸이 안 좋을 때 사용하는 다양한 표현

어디가 특별히 아프기보다는 전반적으로 몸이 찌뿌드드하고, 기분이 안 좋을 때가 있죠? 그럴 때는 I am sick. 또는 I am ill.이라고 하면 됩니다. 미국 영어에서는 주로 sick, 영국 영어에서는 주로 ill을 쓰죠. 그 이외에도 I don't feel well.이라고 해도 되고요. 숙어 표현으로는 under the weather 라는 재미있는 관용어구도 있답니다. 공식적인 표현으로는 be indisposed 를 쓰기도 하죠. 우리말의 '편찮으시다'에 해당된답니다.

>> sick에는 '토한다'는 뜻도 있으니까 주의하세요.
예 He was violently sick.
걔는 심하게 토했어.

01 컨디션이 좀 안 좋다.

I am feeling a little _____.

02 오늘 컨디션이 그다지 좋지 않다.

_____ very well today.

03 그 남자는 일주일 내내 아주 아팠어.

He was _____ all week.

04 어머니는 감기로 몸이 편찮으시다.

My mother _____ a _____.

컨닝페이퍼

03 '일주일 내내'는 all week라고 표현한다는 것도 알아두세요.

04 '~로 편찮으시다'라고 할 때는 indisposed 뒤에 전치사 with를 붙여주세요.

정답

01 under the weather
02 I don't feel
03 very sick
04 is indisposed with, cold

신체의 특정 부위가 아플 때는 〈have a + 아픈 신체부위-ache〉라고 하면 간단히 해결되죠. 그래서 두통이 있으면, I have a headache.라고 한답니다. 혹은 '통증'이라는 뜻인 pain을 사용해서, I have a pain in my head.라고 할 수도 있고요. 그런데, 고통은 느끼는 것이니까 feel을 써서 I feel a pain in ~이라고 해도 되겠네요.

05 이빨이 아파.
　　　　　　　　a toothache.

06 허리가 아파.
I have　　　　.

07 오른쪽 다리가 아파.
　　　　　　　　in my right leg.

08 갑자기 왼쪽 팔이 아프네.
Suddenly I feel a pain　　　　.

컨닝페이퍼

06 우리가 보통 허리가 아프다고 할 때의 '허리'는 잘록한 **waist** 부분만을 특정해서 말하는 것이 아니라 '허리를 포함한 등쪽(back)'을 두루뭉술하게 의미하는 거죠.

정답

05 I have
06 a backache
07 I have a pain / I feel a pain
08 in my left arm

무작정 따라하기 ② 이상이 생겼을 때는 There is something wrong with ~

몸의 특정 부위에 이상이 생겼다고 좀 막연하게 표현하고 싶은 경우도 있겠죠? 그럴 때는 〈There is something wrong with + 신체부위〉라고 하면 된답니다. 이상하게 다른 사람의 말이 잘 안 들릴 때가 있을 거예요. 귀가 먹을 나이도 안 됐는데, 벌써 보청기를 껴야 되는 게 아닌가 걱정이 돼서 일기장에 하소연하고 싶으면, There is something wrong with my ear.라고 하면 되죠. 그런데 이 표현은 몸뿐만 아니라, 동물, 사물에 대해서도 다 사용할 수 있어서 참 편리하답니다.

01 머리에 뭔가 이상이 있는 것 같아.

　　　　　　　　　　　　　　my head.

02 내 컴퓨터에 이상이 생겼어.

　There is 　　　　　　　　　　　　　　.

03 내가 기르는 고양이가 좀 이상해.

　There is something wrong with 　　　　　.

컨닝페이퍼
03 '내가 기르는 고양이'든 '우리 고양이'든 영어로는 간단히 my cat이라고 하면 돼요.

정답
01 There is something wrong with
02 something wrong with my computer
03 my cat

몸이 아니라 '맴'이 아프시다고요?

몸도 몸이지만 마음이 아프면 만사가 다 귀찮죠. 그러니 '맴'이 아픈 표현을 빼놓을 수 없겠죠? 자, 우선 실연한 혜린이는 가슴이 찢어질 거예요. 일기에다 '내 가슴은 찢어질 것 같단다.'라고 적어볼까요? My heart breaks. 준호는 뭐라고 적을까요? '혜린 선배는 실연당해서 마음이 아플 거야.'라고 하겠죠. Hyerin has got a broken heart. 그런데 이 세상의 크고 작은 싸움은 거의 모두 상대방의 감정을 건드려 상처를 주기 때문에 일어난다고 해도 과언이 아니지요. 자, 그러면 '내 감정을 건드리지 마, 내게 상처를 주지 마.'라고 표현해 볼까요? Don't hurt my feelings. 일부러 그런 것은 아니지만, 어쩌다 보니 상대방의 감정을 건드린 꼴이 돼버렸어요. 일기에다 '일부러 혜린 선배의 감정을 건드리려고 그랬던 것은 아니다.'라고 적어볼까요? I didn't mean to hurt Hyerin's feelings.

한 문장 써보기
앞에서 배운 패턴을 이용해 영작해 보세요.

01 배가 아파.

02 왼쪽 어깨가 아파.

03 오른팔에 뭔가 이상이 있는 것 같아.

04 왼쪽 사랑니가 너무 아파.

05 혜린이가 어디 아픈 거 같다.

컨닝페이퍼
01 I have a ~ -ache로도 표현할 수 있고, I have[feel] a pain in my ~로도 표현할 수 있어요. ~ 부분에 어떤 말이 와야 할지 잘 생각해 보세요.
04 '사랑니'는 wisdom tooth.

정답
01 I have a stomachache. / I have[feel] a pain in my stomach.
02 I have[feel] a pain in my left shoulder.
03 There is something wrong with my right arm.
04 I have[feel] a terrible pain in my left wisdom tooth.
★ 여기서 잠깐 그런데 사랑니가 아픈 건 보통 아픈 게 아니잖아요. 따라서 그 아픔을 이보다 더 강력하게 말하고 싶다면 My left wisdom tooth is killing me.라고 해보세요.
05 There is something wrong with Hyerin.

나만의 세 줄 일기쓰기
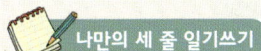
나만의 세 줄 일기로 오늘의 아픔을 나타내 보세요!

Keywords 두통 headache | 치통 toothache | 요통 backache | 복통 stomachache | 생리통이 있다 have menstrual cramps | 종아리 cane / calf | 허벅지 thigh | 손가락 finger | 열이 나다 have a fever | 콧물이 나다 have a runny nose | 목이 아프다 have a sore throat | 기침을 하다 cough | 감기에 걸려서 아프다 have a cold(감기에 걸려서 아픈 상태를 나타냄) | 감기에 걸리다 catch a cold

Diary 06 좋아하는 것 표현하기

나는 세상에서 네가 제일 좋아!!
I like you the most in the world!!

남몰래 좋아하며 가슴앓이하는 상대가 있을 때, 또는 보기 싫어 죽겠는데 눈앞에 계속 알짱거리는 녀석이 있을 때 그럴 땐 일기장을 펴세요. 그리곤, 아무한테도 하지 못하는 '좋고 싫은' 감정을 일기장에 내뱉는 거예요. 오늘은 '내가 좋아하는 것들'과 '싫어하는 것들'을 일기장에 써보세요.

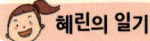 혜린의 일기

그래, 너만 있으면 돼!

March 30, Sunny

나의 사랑스런 아깽이 보리야! 언니, 오늘 또 술 한잔했다. I really like drinking! But I like you the most in the world!! 알지? '미남'이고 뭐고 언니한텐 너만 있으면 돼!!!

My lovely kitty, Bori! Your sister drank again today. 언니는 술이 느~무~ 좋구나! 그래도 이 언니는 세상에서 네가 제일 좋아!! You know that, right? I don't need Minam or someone. All I need is you!!!

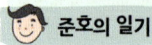 준호의 일기

나는 해바라기

3월 30일 맑음

요즘은 해바라기 꽃이 좋다. I think Hyerin is to me what the sun is to sunflowers. These days Hyerin ends almost every day by drinking.

These days I like sunflowers. 잡을 수 없는 해를 마냥 바라보기만 하는 해바라기가 꼭 나 같아서일까? 혜린 선배는 요즘 매일같이 술로 하루를 마감한다.

좋아하는 것을 나타내는 영어문장 보기

혜린: 언니는 술이 느~무~ 좋구나! 그래도 이 언니는 세상에서 네가 제일 좋아!!
→ I really like drinking! But I like you the most in the world!!

준호: 요즘은 해바라기 꽃이 좋다. → These days I like sunflowers.

무작정 따라하기 ① 좋아하는 것은 죄가 아니다! I like ~

돈을 싫어하는 사람은 별로 없으니까, 우선 '나는 돈이 좋다.'부터 시작해볼까요? I like money. 개를 좋아하는 사람도 많죠? I like dogs. 왜 I like a dog.이나 I like the dog.은 안 되냐고요? '나는 개를 좋아한다.'라고 할 때는 어떤 특정한 개를 말하는 것이 아니라, 이 세상에 많고 많은 개를 막연히 나타내고 있는 거죠. 그러나 a dog이라고 하면, 말하는 사람은 어떤 특정한 개를 마음속에서 생각하고 있는 것입니다. 듣는 또는 읽는 사람은 그것이 어떤 개인지 모르지만 말이죠. 듣는 또는 읽는 사람도 그것이 어떤 개인지 알고 있다면 the dog이라고 해야지요.

다시 설명하자면 I like a dog.은 어떤 문맥이 있을 때 쓸 수 있는 문장입니다. 가령, 고양이와 비교해서 나는 개를 좋아한다고 할 때는 I like a dog.이라고 할 수 있습니다. 또 큰 개보다는 작은 개가 좋다고 할 때도 I like a small dog.이라고 할 수 있는 거죠. 현재 내가 기르는 개를 좋아한다고 할 때는 I like my dog.이라고 하면 됩니다. 아예 a도 the도 안 붙이고 I like dog.이라고 하면 보신탕을 좋아한다는 뜻이 되니까, 주의해야 합니다. dog을 불가산명사로 사용하면 개고기란 뜻이 되어버리니까요.

그러면 돈은 왜 그냥 money라고 할까요? money는 문법적으로 불가산명사로 취급하니까, 이 세상에 그렇게 많이 돌아다니는 돈을 좋아한다고 할 때는 money에 아무것도 붙이지 않고 I like money.라고 해야 되는 거죠.

컨닝페이퍼
02 이 세상에 많고 많은 남자를 막연히 말하고 있는 것이니까, 복수형으로 써야겠죠?

01 난 김치가 좋다.
_____ kimchi.

02 나는 유머가 있는 남자가 좋아.
I like _____ with a good sense of humor.

03 동료들이 잘 대해줘서 나는 지금 하고 있는 일이 좋다.
_____ because my company treats me well.

정답
01 I like
02 men
03 I like my job

04 나는 전공이 도전적이어서 좋아.

　　　　　　my major　　　　　　it is challenging.

고양이라는 동물 자체를 좋아할 수도 있지만, 고양이랑 노는 것을 좋아할 수도 있죠. 그럴 때는 〈I like to + 동사원형 ~〉 또는 〈I like + -ing ~〉로 표현하면 돼요. like to냐 like -ing이냐를 놓고 심각하게 고민하는 사람들이 있죠. 자, 이제부터는 고민하지 마시고, 둘 중에서 어느 것이든 골라잡으세요. 미묘한 어감의 차이는 있지만, 무시할 수 있는 문제이고, 특히 미국 영어에서는 아무런 구별을 하지 않으니까요.

05 나는 우리 집 강아지랑 노는 것을 좋아해.

　　　　　　　　　　play with my puppy.

06 나는 사진 찍는 걸 좋아해.

　I like to 　　　　　　　　　．

07 나는 주말이면 산에 가는 걸 좋아해.

　　　　　go hiking on weekends.

08 나는 금요일 밤이면 춤추면서 스트레스 푸는 걸 좋아해.

　I like 　　　　　my stress away on Friday nights.

컨닝페이퍼

06 '사진을 찍다'는 take pictures.
07 '등산하러 가다'고 할 때는 go hiking이라고 해야 해요. climb mountains라고 하면 암벽등반과 같이 전문적으로 산을 오르는 것을 말하죠.

정답

04 I like, because
05 I like to
06 take pictures
07 I like to
08 to dance / dancing

무작정 따라하기 ② 좋아하는 것이 있으면 싫어하는 것도 있다! I don't like ~

세상만사를 다 좋아할 수는 없겠죠? 희귀하기는 하지만 돈이 싫다(I don't like money.)는 사람도 있고, 다니는 직장이 싫다는 사람은 부지기수이고, 전공이 싫다는 학생들도 많죠. 봉급이 적어서 다니는 직장이 싫다면, I don't like my job because I am underpaid.라고 하면 되고요. 지루한 공부라 전공이 싫다면 I don't like my major because it is boring.이라고 하면 되지요. 이 don't like를 '싫어한다'는 뜻을 가진 동사인 hate로 바꾸어도 마찬가지입니다.

01 무서운 영화는 싫다.
I hate _____ .

02 같이 다니는 사람들 때문에 지금 다니는 직장이 싫어.
_____ my job _____ my co-workers.

03 전공이 싫지만 바꾸면 대학을 2년 더 다녀야 한다.
_____ my major, but switching involves two more years of college.

04 술 마시는 거 별로 안 좋아해.
_____ drink a lot.

컨닝페이퍼
02 '~때문에'라는 연결어는 뒤에 문장이 나오면 because를, 명사가 나오면 because of를 쓴다는 거, 알고 있죠?
04 '별로 안 좋아한다'고 할 때는 don't like ~ very much를 쓰세요.

정답
01 scary movies
02 I don't like / I hate, because of
03 I don't like / I hate
04 I don't like to / I hate to

I like냐, I'd like냐?

I like와 I'd like는 글자 한 자 차이지만, 의미는 많이 달라요. '평소에 무엇을 하는 것을 좋아한다'고 할 때는 I like to do를 써야 하고, '특정한 경우에, 무엇을 하고 싶다'고 할 때는 I'd like to do를 사용하기 때문이죠. 이 I'd like to do는 I want to do를 좀 부드럽게 말한 것이랍니다. 그래서 "나는 주말에는 산악자전거를 타는 것을 좋아한다."라고 표현하고 싶다면, 즉 평소에 좋아하는 것을 나타낼 때는 I like to go mountain biking on weekends.라고 하면 되고, "이번 주말에는 산악자전거를 타러 가고 싶다."고 특정한 경우에 대해서 표현하고 싶다면, I'd like to go mountain biking this weekend.라고 하면 되지요.

한 문장 써보기
앞에서 배운 패턴을 이용해 영작해 보세요.

01 나는 전공도 좋아하고 지금 다니는 대학도 좋아.

02 나는 그림 그리는 게 좋아.

03 숙제하기 싫다.

04 나는 알레르기가 있어서 복숭아가 싫다.

05 나는 지금 하고 있는 일이 재미있어서 좋아.

컨닝페이퍼
01 '지금 다니는 대학'이라고 해서 복잡하게 생각할 필요 없어요. my college 한 마디면 이 뜻을 모두 포함하니까요.
02 '그림을 그리다'는 draw pictures.
03 '숙제하다'는 do one's homework.
04 '복숭아'는 복수형으로 써야 해요.

정답
01 I like my major and my college.
02 I like drawing[to draw] pictures.
03 I don't like doing[to do] my homework. / I hate doing[to do] my homework.
04 I don't like peaches because of my allergy to them. / I hate peaches because of my allergy to them.
05 I like my job because it is fun.

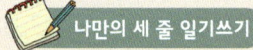 나만의 세 줄 일기쓰기
평상시 내가 좋아하고 싫어하는 것들 또는 사람들에 대해 표현해 보세요!

Keywords 공포영화 horror movie | 액션영화 action movie | 멜로영화 romance movie | 코미디 영화 comedy movie | 만화영화 cartoon / animation movie | 클래식 classical music | 대중음악 pop music | 재즈 jazz | 락 음악 rock 'n' roll | 힙합 hip hop | 랩 rap | 산에 가다 hike / go hiking | 낚시하러 가다 go fishing | 쇼핑하러 가다 go shopping | 영화 보러 가다 go to the movies

Diary 07
계절·날씨에 대한 단상
오늘 바람 무진장 부네.
The wind is blowing hard today.

평소 별생각 없이 지나치는 것 같지만, 계절이나 날씨, 은근히 사람들의 몸과 마음을 들쑤시는 구석이 있지요. 때로는 날씨 때문에 너무 들뜨기도 하고, 때로는 너무 우울하기도 하고 말이죠. 또 계절이 바뀔 때면 자연이 빚어내는 풍광들에 감탄하기도 하고요. 이런 멋진 자연의 섭리를 일기장에도 풀어볼까요?

혜린의 일기

바람아 멈추어다오   April 6, Cloudy and windy

오늘 바람 무진장 부네. I really hate windy days like this. Hey, Wind, stop blowing hard for a while. Oh my, my mind wanders restlessly.

The wind is blowing hard today. 이렇게 바람 심하게 부는 날. 진짜 비호감일세. 바람아, 좀 멈춰주면 안 되겠니? 아~ 기분 싱숭생숭하네 그려.

준호의 일기

바람과 꽃가루와 눈   4월 6일 흐리고 바람

꽃가루가 무진장 바람에 날리는 날이다. Some pollen got into my eye. That has been irritating my eye all day long. I can't stand it. I think I have to go see an eye doctor. What a nuisance!

It's a day when a lot of pollen is flying around. 눈에 꽃가루가 들어갔다. 하루 종일 눈이 가려워 못 살겠다. 안과에 가봐야 하는 거 아냐, 이거? 아~ 귀찮아 죽겠네.

날씨에 대한 단상을 나타내는 영어문장 보기

혜린: 오늘 바람 무진장 부네. → The wind is blowing hard today.
준호: 꽃가루가 무진장 바람에 날리는 날이다. → It's a day when a lot of pollen is flying around.

무작정 따라하기 ① 날씨를 말할 때는 It is ~로부터!

화창한 날엔 왠지 모르게 마음이 들뜨고, 흐린 날엔 왠지 모르게 우울해 견딜 수가 없습니다. 이처럼 우리들의 마음을 휘저으며 오늘은 이랬다 내일은 저랬다 하는 날씨! 이런 날씨를 나타낼 때는 It is ~로 시작하는 경우가 많아요.

01	날씨가 화창하다.	It is _____ .
02	날씨가 맑게 개였다.	_____ beautiful and clear.
03	날씨가 무덥다.	_____ sultry.
04	날씨가 덥고 습하다.	It is _____ .
05	따스한 봄날이다.	It is a warm _____ .
06	밖에는 비가 억수같이 내리고 있어.	_____ out.

컨닝페이퍼

03 sultry는 더위도 보통 더운 게 아닐 때, 즉 무더울 때 쓰는 표현이랍니다.
04 날씨가 '습한' 것은 humid.
05 '봄날'은 글자 그대로 spring day.
06 비가 '억수같이 막 쏟아붓는다'고 할 때는 동사 pour를 쓰죠.
07 '빗방울'은 raindrop. 단복수에 유의해 문장을 완성해 보세요.
08 바람이 장난 아니게 불고 있다는 것은 바람이 울부짖는다는 뜻. 바람이 사납게 불면서 '울부짖는다'고 할 때는 howl이라는 동사를 써요.
09 4월만 되면 어김없이 우리를 괴롭히는 '황사'는 말 그대로 yellow sand라고 하죠. 바람이 '분다'고 할 때 애용되는 blow도 기억해 두세요.

그런데 날씨나 계절에 관한 얘기를 It is로만 하란 법은 없지요. snow, rain, wind, spring과 같이 날씨나 계절과 직접적으로 연관된 단어를 주어로 쓸 수도 있어요. 예를 들어 사람의 마음을 제일 들뜨게 하는 첫눈이 내린다고 일기장에 적어볼까요? The first snow of the year is falling! 봄은 여자의 계절이라고 하죠? 자, 드디어 계절의 여왕인 봄이 왔다고 일기에게 보고해 볼까요? Spring, the queen of the seasons, has finally come.

07	빗방울이 떨어지고 있어.	_____ falling.
08	바람이 장난 아니게 불고 있어.	_____ howling tonight.
09	황사가 불고 있어.	_____ blowing.
10	가을은 내가 제일 좋아하는 계절이야.	_____ my favorite season.

정답

01 sunny / sunny and warm
02 It is
03 It is
04 hot and humid
05 spring day
06 It is pouring
07 Raindrops are
08 The wind is
09 Yellow sand is
10 Fall is / Autumn is

무작정 따라하기 ❷ 날씨 따라 움직이는 내 마음을 표현해봐!

자, 이번에는 "눈 오는 날이면 마음이 설레."와 같이 날씨 따라 왔다 갔다 하는 나의 상태도 함께 표현해 볼까요? 기분이 어떻고, 몸이 어떻고, 뭘 하고 싶고 등과 같은 나의 상태를 말한 다음 접속사 when 뒤에 바로 날씨를 말해주면 됩니다. 그러니까 I am so excited when the snow is falling.처럼 말이죠. 또 하나, 같은 말이라도 "바람이 장난 아니게 불고 있어."보다는 "바람이 장난 아니게 부는 날이다."가 좀더 감상적이죠. 이렇게 좀 감상적으로 표현하고 싶을 때는 It is a day when the wind is howling.이라고 하면 돼요. 즉, 날씨가 '~한 날/밤이다'라고 할 때는 It is a day/night when ~으로 표현하면 된답니다.

>> It is a day/night when ~ 뒤에는 나에 관한 얘기를 쓸 수도 있답니다. It is a day when I want to keep walking alone.(혼자서 마냥 걷고 싶은 날이다.)처럼 말이죠.

01 하루 종일 날씨가 꾸물거리면 기분이 꿀꿀해져.

I get depressed when it is  all day.

02 이렇게 화창한 날이면 어디론가 떠나고 싶어.

I want to go outside _____ sunny.

03 바람이 사정없이 부는 밤이다.

_____ the wind is howling.

컨닝페이퍼
01 날씨가 꾸물거린다는 것은 날씨가 흐리다는 얘기이죠.

정답
01 cloudy
02 when it is
03 It is a night when

잠깐만요!

날씨에도 재미있는 문법이 들어 있다!

하늘에 먹구름이 잔뜩 끼어서 곧 비가 올 것 같다고요? 이럴 때는, It looks like it is going to rain.이라고 하면 된답니다. 여기서 잠깐, 문법을 익혀볼까요? 당장이라도 소나기가 확 쏟아질 것 같이 날이 잔뜩 흐렸다면, 비가 올 것은 틀림없죠? 이렇게 현재의 상황으로 봐서 틀림없이 어떤 일이 일어날 것이라고 생각되는 경우에는 **be going to do**를 씁니다. 확실하지 않은 경우에는 will을 쓰고요. 그러니까 **be going to do**는 가까운 미래고, will은 먼 미래에 쓴다는 식으로 기계적으로 암기하기보다는 이렇게 본질적인 개념을 익히는 것이 중요하답니다. 가깝고 멀다는 것은 주관적인 판단에 달린 것이기 때문에 가까운 미래냐, 먼 미래냐는 것은 좀 애매모호하지 않겠어요?

한 문장 써보기
앞에서 배운 패턴을 이용해 영작해 보세요.

01 비교적 따뜻한 날이다.

02 너무 춥다.

03 일주일 만에 비가 그치고 하늘이 맑게 개었다.

04 비가 오면 기분이 너무 좋아.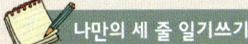

05 미숙이가 그리운 날이다.

컨닝페이퍼
01 '비교적'은 relatively이고 '따뜻한 날'은 warm day.
03 '얼마 만에 비가 그쳤다'고 할 때는 〈stopped after + 기간〉이라고 하면 돼요.

정답
01 It is a relatively warm day.
02 It is very cold.
03 The rain stopped after a week and it is beautiful and clear.
04 I feel great when it is raining.
05 It is a day when I miss Misook.

나만의 세 줄 일기쓰기
나만의 세 줄 일기로 오늘의 날씨에 관해 표현해 보세요!

Keywords 따뜻한 warm | 더운 hot | 추운 cold | 시원한, 선선한 cool | 푹푹 찌는, 무더운 sultry | 습한 humid | 화창한 sunny / sunny and warm(따뜻한 공기의 이미지까지 포함하고 싶을 때) | 맑게 개인 clear / beautiful and clear(clear보다 훨씬 맑은 이미지) | 공기가 삽상하다 the air is crisp | 계절의 여왕 the queen of the seasons | 낭만의 계절 the romantic season | 남자의 계절 the season of men

Diary 08 소원 빌기

참한 남자 하나 내려주시와요!
Please send me a nice guy!

아무리 간절히 원해도, 아무리 열심히 노력해도, 아무리 정성을 다해도, 모든 일이 뜻한 대로 되지 않는 것처럼 느껴지는 때도 있기 마련입니다. 그럴 때 곧잘 하늘을 향해 소원도 빌어보고, 원망도 해볼 텐데요. 영어로는 어떻게 표현하면 되는지 보도록 할까요?

 혜린의 일기

행복은 미모순이 아니잖아요!!!   April 14, Showers

Oh, God, Buddha, Allah, I am so lonely I can't live anymore. Please don't discriminate against plain girls. Are good-looking girls really happy? No, that's not true! 제발 참한 남자 하나 내려주시와요.

하느님, 부처님, 알라신… 외로워서 못 살겠어요. 생긴 걸로 사람 차별하시면 안 된다고요!!! 진정 행복은 미모순이던가요?! 아니잖아요!!! Please send me a nice guy.

 준호의 일기

기다릴 줄 아는 지혜?!   4월 14일 소나기

하늘이시여, 저 좀 도와주심 안 될까요?
I have waited long enough. You know that! Don't you think it's been too long? Please help me become involved romantically with Hyerin! Boo hoo.

My Lord, please help me! 저도 기다릴 만큼 기다렸다고요, 아시잖아요? 정말 너무하다고 생각 안 하세요? 혜린 선배랑 잘 좀 되게 해달란 말예요! 엉엉엉

소원을 비는 영어문장 보기

혜린: 제발 참한 남자 하나 내려주시와요. → Please send me a nice guy.
준호: 하늘이시여, 저 좀 도와주심 안 될까요? → My Lord, please help me.

무작정 따라하기 1 | 무엇을 해달라고 하느님에게 떼를 써볼 때는 Oh, Lord...

다급해지면 평소에는 찾지도 않던 하느님을 부르는 것은 약한 인간이기 때문에 어쩔 수 없는 일이겠지요? 자, 우선 신을 한번 불러볼까요? "오, 주여!"는 Oh, Lord, "오, 신이시여!" 또는 "오, 하느님!"은 Oh God!로 하면 되고, 알라 신을 부르려면 Oh, Allah!라고 하면 되지요. 좀더 강력한 신을 부르고 싶어서, "전지전능한 신이시여!"라고 하려면, Oh God Almighty!가 좋겠습니다.

자, 신을 불러냈으면 이번엔 뭔가 부탁을 해야 하니까, 명령문의 형태를 사용하면 되겠어요. 신에게 명령문을 사용해도 불경스럽지 않으니까 안심하세요. 명령문에다 please를 붙이면 간절한 심정이 더욱 잘 전달되겠죠? 그런데 부탁이라는 것은 대개 무엇을 달라거나, 하게 해달라는 것이니까, give나 get같은 수여동사, 또는 make, let, help같은 사역동사가 오게 된답니다.

그럼, 우선 무엇을 달라고 해보죠. Oh God, please give me ~!라고 하면 간단하게 끝납니다. '~' 안에 무엇이든 원하는 것을 넣으면 하느님이 주실지도 모르죠. 그리고 무엇을 하게 해달라고 할 때는, 〈Oh Lord, make me + 동사원형 ~〉의 구문을 활용하면 상황 끝~

>> 동사의 쓰임을 정리해 볼까요?
~를 주세요 give me + 명사
~를 사주세요 buy me + 명사
~를 얻게 해주세요, ~를 사주세요
 get me + 명사
~를 만들어 주세요
 make me + 명사
~하게 해주세요
 make me + 동사원형/형용사
~하는 걸 도와주세요
 help me + (to) 동사원형
 help me with + (동)명사

컨닝페이퍼
02 누구를 취직시키는 것은 〈get + 사람 + a job〉이라고 해도 되고, 〈help + 사람 + (to) get a job〉이라고 해도 돼요.

---

01 신이시여, 제게 힘을 주소서!

God, _____ strength!

02 전지전능하신 하느님, 취직 좀 시켜주세요.

Oh, God Almighty, _____ a job.

03 하느님, 시험에 합격하게 해주세요.

Oh, Lord, _____ pass the exam.

정답
01 give me
02 get me / help me (to) get
03 help me

04 제발 하느님, 부자가 되게 해주세요.

Please God, _____ rich.

05 전능하신 신이시여, 로또 1등에 당첨되게 해주세요.

Oh, God Almighty, _____ the Lotto.

06 제발 하느님, 여친 한 명 만들어 주세요. 옆구리가 시려 죽겠어요.

Please God, _____ up with a girl. I am so lonely.

컨닝페이퍼

05 '로또 1등에 당첨되다'는 그냥 **win the Lotto**라고만 하면 돼요. 이 경우, 영어에서는 보통 **the first prize**(1등 상)와 같이 등수를 특정지어 말하지는 않는답니다. win the Lotto라는 말 자체가 2등이나 3등이 아닌 1등을 바라고 하는 말이거든요.

06 '여친/남친을 만들어달라'고 다른 사람에게 말할 때는 **fix me up with a girl/guy**라고 하죠. 여자/사내를 나한테 딱 좀 소개시켜 달라는 얘기인 거예요.

08 〈the + 형용사〉는 '~한 사람들'이란 뜻이죠. 그래서 '병든 사람들'은 **the sick**이라고 한답니다. '가난한 사람들'도 같은 맥락으로 만들면 되겠죠?

09 '다치다'는 **get hurt**.

자, 너무 자신의 욕심만 차리면 하늘이 화를 낼지도 모르죠. 그러니 다른 사람을 위해서도 기도를 해보도록 하죠. '~을 위해 기도를 드리옵니다'는 I pray라고 한 다음에, for를 살짝 붙이고는 기도하는 대상을 넣어주면 되고요. '~이 되도록 간절히 바라옵니다'라고 하고 싶다면, 〈I hope and pray that + 문장〉으로 표현하면 돼요.

07 주여, 이 세상에 평화가 깃들기를 기도드리옵니다.

Oh my Lord, _____ peace in the world.

08 하느님, 가난하고 병든 사람들을 위해 기도드립니다.

Dear God, _____ and the sick.

09 하느님, 아무도 다치지 않기를 간절히 바라옵니다.

God, _____ no one gets hurt.

그런데 기도하자마자 무엇을 달라고 떼를 쓰는 것보다는, Oh Lord, I pray for you.(주여, 기도드립니다.), My God, I hope and pray.(하느님, 간절히 기도드립니다.), My Lord, answer my prayer.(주여, 제 기도를 들어주세요.) 등으로 운을 떼는 것도 좋을 테니, 이런 표현들은 그냥 문장째 알아두세요.

정답
04 make me
05 let me win
06 fix me
07 I pray for
08 I pray for the poor
09 I hope and pray that

무작정 따라하기 ❷ 적극적으로 '~해주시지 않겠습니까?'라고 할 때는 Won't you ~?

이번에는 더욱 떼를 쓰는 표현을 하나 더 알아보도록 하죠. 우는 놈에게 떡 하나 더 준다고, 하느님이 예쁘게 봐줄지도 모르니까요. 누군가에게 무엇을 해달라고 요청할 때 〈Will you + 동사원형 ~?〉이라는 의문문 형식으로 말을 할 수가 있어요. Will you give me a glass of water?처럼요. 그런데 이것을 부정의문문으로 만들어 Won't you ~?라고 하면 당연히 줄 것이라고 기대하면서 물어보는 어감이 들어가게 된답니다. 그러니 이왕 떼쓰는 거, 보다 강력하게 해보자고요. Won't you 다음에도 역시 give나 buy같은 수여동사를 쓰거나, make나 let같은 사역동사를 넣으면 됩니다.

---

01 오 주여, 큰 집 한 채 내려주시지 않겠습니까?

Oh Lord, _____ give me a big house to live in?

---

02 전지전능하신 신이시여, 제가 제일 좋아하는 대학교에 들어가게 해주시지 않겠습니까?

Oh God Almighty, _____ get into my favorite university?

---

03 오 하느님, 제 꿈이 이루어지게 도와주시지 않겠습니까?

Oh God, _____ me fulfill my dream?

정답
01 won't you
02 won't you let me
03 won't you help

하느님은 대문자

영어는 기독교 문화권의 언어죠. 그런데 기독교란 유일신을 믿는 종교입니다. 즉, 이 우주에 신이란 존재는 하나 밖에 없다고 믿는 것이죠. 그래서 하느님을 나타내는 말인 God는 항상 G를 대문자로 사용합니다. 물론 a라는 부정관사를 붙이지도 않고, 복수형을 사용하지도 않죠. 그러나 다른 종교에서 말하는 신은 g를 소문자로 해서 쓰고(god), 부정관사를 붙이기도 하고(a god), 복수형(gods)으로 만들기도 합니다.

한 문장 써보기 앞에서 배운 패턴을 이용해 영작해 보세요.

01 오 전지전능하신 하느님, 비나이다, 비나이다.

02 오 주여, 남자친구, 괜찮은 자리에 취직 좀 되게 해주세요.

03 전 당신께 의지하고 있어요, 주님. 저를 실망시키지 마세요.

I am counting on you, Lord.

04 사랑의 하느님, 죽어가는 사람들을 위해 기도드립니다.

05 오 주여, 엄마랑 아빠가 싸우지 않게 해주시지 않겠습니까?

컨닝페이퍼

01 '비나이다'는 I pray로 표현하면 되죠. 우리말이 좀 바뀌었다고 겁먹을 필요 없어요. '비나이다'는 곧 '기도 드린다'는 말이잖아요, 그죠?

02 괜찮은 자리는 decent job.

03 '~를 실망시키다'는 (let + 사람 + down)이라고 해요.

04 '죽어가는 사람들'은 the dying.

05 '~가 싸우지 않게 만들다'는 make ~ stop fighting.

정답

01 Oh God Almighty, I pray and pray.
02 Oh Lord, please get my boyfriend a decent job. / Oh Lord, please let my boyfriend get a decent job. / Oh Lord, please help my boyfriend (to) get a decent job.
03 Please don't let me down.
04 Dear God, I pray for the dying.
05 Oh Lord, won't you make my parents stop fighting?

 나만의 세 줄 일기쓰기 나만의 세 줄 일기로 나만의 소원을 빌어보세요!

Keywords 시험에 합격하다 pass an exam | 승진하다 get promoted | (병, 어려움 등을) 이겨내다 get through / get over | 꿈이 이루어지다 fulfill one's dream / One's dream comes true. | 건강 health | 행복 happiness | 우리 가족의 화목 my family's harmony | 세상의 모든 어린이들 the children in the world | 아프리카 어린이들 African children | 전쟁에 시달리는 세상의 모든 사람들 people in the world ravaged by war

Diary 09
존재하는 것 표현하기

세상에 널린 게 남자고 여자야!
There are plenty more fish in the sea!

세상에 널린 게 어디 남자와 여자뿐이겠습니까? 요즘 같은 시대에는 길거리에 널린 게 차들이고, 산에 가면 널린 게 나무와 흙이죠. 이 밖에도 지천에 깔려 있는 생물, 무생물들은 엄청납니다. 그중에서도 내가 특히 관심 있는 것들의 존재감이 크게 와 닿는 법이죠. 오늘은 이렇게 무엇이 존재하고 안 하고를 영어로는 어떻게 표현하는지 알아보도록 해요.

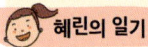 혜린의 일기

혜린이 홧팅!

May 3, Sunny and warm

그래, 세상에 널린 게 남자지! I don't have to be depressed. Have hope, young lady! Cheer up, Hyerin!

Okay, there are plenty more fish in the sea! 풀 죽어 있을 필요 없어. 희망을 갖자고, 혜린이 홧팅!

준호의 일기

애타는 마음

5월 3일 맑고 따뜻함

They say there are a lot of fish in the sea. 하지만, 내가 좋아하는 여자는 단 한 명뿐인데. Hyerin, oh, Hyerin, can't you see me?

세상에 널린 게 여자라고들 한다. However, there is only one woman in the world for me. 혜린 선배~ 혜린 선배~ 진정 내가 안 보이나요?

존재하는 것을 표현한 영어문장 보기

혜린: 그래, 세상에 널린 게 남자지! → Okay, there are plenty more fish in the sea!
준호: 하지만, 내가 좋아하는 여자는 단 한 명뿐인데.
→ However, there is only one woman in the world for me.

> **무작정 따라하기 ①** 하늘에는 별도 많고, 바다에는 물고기도 많다고 할 때는 There is/are ~

미남에게 차여서 눈물콧물을 짜고 있는 혜린이에게 제일 위로가 되는 말은? 물론 "세상에 쌔고 쌘 게 남자야, 발에 채이는 게 남자야, 세상 사람의 반이 남자야." 등이겠죠? 영어로는 There are plenty more fish in the sea. 라고 하면 된답니다. "바다에는 아직도 물고기가 많아."라는 뜻이죠. (여자의 경우에도 똑같은 표현을 쓰죠.) 이렇게 어디에 뭐가 있다고 할 때는 보통 There is ~나 There are ~를 쓰면 되죠. be동사 다음에 오는 게 주어니까, 주어가 단수면 is를, 복수면 are를 쓰면 됩니다.

01 서울에는 차가 진짜 많아.

            an awful lot of cars in Seoul.

02 이 방에서 이상한 냄새가 난다.

            a strange smell in this room.

03 이 세상에는 쓰레기 같은 인간들이 널렸다.

            lots of scumbags out there.

04 갑자기 쾅하고 벼락 치는 소리가 들렸다.

   Suddenly   a loud crash of thunder.

05 요즘에는 거리에서 키스하는 사람들이 많다.

            who kiss on the street these days.

컨닝페이퍼

01 '많은'은 a lot of 또는 lots of로 쓸 수 있는데, 이를 좀 더 강조해서 '진짜 많은'이라고 하려면 lot 또는 lots 앞에 awful을 넣어주면 되죠.

03 '쓰레기 같은 인간, 더러운 놈' 등에 해당되는 속어는 무지 많지만, 여기서는 scumbag이라는 단어를 알아두고 가기로 하죠. out there는 '세상에는'이란 뜻.

04 벼락이 순식간에 치고 사라진 것이니까, 과거 시제로 써주세요. '갑자기 쾅 하고 크게 벼락이 치는 소리'라고 해서 a loud crash of thunder로 표현할 수 있다는 것도 기억해 두고요.

05 '~하는 사람들이 많다'고 할 때는 There are a lot of people 또는 There are lots of people이라고 쓴 다음, 관계대명사 who 절을 이어주면 되겠어요. 즉, (There are a lot of people who + 동사 ~) 표현이 되겠네요.

정답

01 There are
02 There is
03 There are
04 there was
05 There are a lot of people / There are lots of people

있는 것도 있지만 없는 것도 있겠죠? 무엇이 없다고 할 때는 보통 There is no ~, There are no ~의 문형을 쓰면 돼요. There is not ~, There are not ~은 좀 특수한 경우에만 쓴답니다. 예를 들어 much나 many 등이 오는 경우에 There is not much/many ~ 등과 같이 말이죠.

---

06 세상에 공짜란 없다.

　　　　　　　such thing as a free lunch.

---

07 고통이 없으면 열매도 없다.

　　　　　　　gains without pains.

---

08 남은 시간이 별로 많지 않다.

　　　　　　　much time left.

---

09 이 길을 걷는 사람은 많지 않다.

　　　　　　　many who walk along this road.

---

10 뭐니 뭐니 해도 우리 집이 최고야.

　　　　　　　like home.

---

11 우리 사이에는 성격상 차이점이 없다.

There are no 　　　　　　　 between us.

컨닝페이퍼

06 free lunch는 '공짜 점심'이란 뜻으로, 비유적인 문장이에요.

08 뒤에 much가 보이니까, There is no가 아니라 There is not. 문장에서 not과 much가 함께 쓰이는 경우는 '~가 별로 많지 않다'는 뜻이에요.

10 '곳, 장소'를 나타내는 place, 알고 있죠?

11 '성격 차이'는 character differences.

정답

06 There is no
07 There are no
08 There is not
09 There are not
10 There is no place
11 character differences

무작정 따라하기 ② 많이 '있는 것 같다'고 할 때는 There seem to be ~

요즘엔 거리에서 키스하는 사람도 많지만 정신이 나간 사람도 많은 것 같죠? There seem to be a lot of psychos on the streets these days. 이렇게 There 다음에 반드시 be동사만 오는 것은 아니랍니다. 요즘 자꾸 헛소리를 하는 걸 보니 내 머리가 이상해진 게 틀림없다고 일기장에 고백하고 싶다면, There 다음에 must라는 조동사를 넣어 There must be something wrong with my head.라고 할 수 있죠. 옛날 옛적에 백마를 탄 왕자가 살고 있었다고, 옛날 얘기를 하나 적어놓고 싶으면, there 다음에 lived를 넣어 Once upon a time there lived a charming prince.라고 하면 되고요.

>> There 뒤에는 be동사 외에도 조동사와 appear, occur, come, run, remain, arrive, exist, live 등과 같이 출현, 도래, 존재, 양태를 나타내는 자동사가 올 수 있습니다.

01 우리 둘 사이에는 오해가 많은 것 같다.
　　　　　　　　　　　　a lot of misunderstandings between us.

02 혼란이 좀 있는 것 같다.　　　　　　　　　some confusion.

03 현숙이가 그렇게 행동하는 데는 틀림없이 이유가 있을 거야.
　　　　　　　　be a reason Hyeonsuk is acting like that.

04 아직 할 일이 많이 남았다.　There　　　　　　　to do.

컨닝페이퍼
03 '~하는 데는 틀림없이 이유가 있을 거야'는 〈There must be a reason 주어 + 동사〉 예요. must be는 '틀림없이 ~이다'라는 뜻.
04 '남았다'는 뜻의 동사 remain을 쓰면 되겠죠? 그런데 much는 불가산 명사이므로 remain 뒤에 -s를 붙여 단수 동사로 만들어 주세요.

정답
01 There seem to be
02 There seems to be
03 There must
04 remains much

잠깐만요!

규칙이란 파괴되려고 존재하는 것: 단수 복수 다 받아주는 There is ~

There is/are ~는 주어가 단수이면 is를, 복수이면 are를 쓴다는 것은 전통적인 규칙이죠. 학교 시험이나 토익 등의 시험에서 이 규칙을 지키지 않으면 점수가 깎이니까, 주의해야 되는 것은 두말하면 잔소리고요. 그런데 실제 일상생활에서는 이런 규칙과 상관없이 쓴답니다. 무슨 말이냐 하면, 주어가 단수이건 복수이건 아무 상관없이 There is ~라고 하는 사람들이 워낙 많아서, 요즘은 이런 규칙 따위는 통용되지 않는 것이 현실이죠. 구어체에서는 특히 그렇고 문어체에서도 점점 이런 추세로 흘러가고 있답니다. 뒤에 나오는 주어가 단수인지, 복수인지 생각하는 것이 귀찮으니까, 무조건 There is ~라고 말문을 여는 것이 습관이 되어서 이런 현상이 생긴 것 같네요.

한 문장 써보기

앞에서 배운 패턴을 이용해 영작해 보세요.

01 내 방에는 컴퓨터도 텔레비전도 없다.

02 내 방에는 귀신이 있는 것 같다.

03 문제가 너무 많다.

04 요즘에는 전철에서 스마트폰으로 드라마를 보거나 음악을 듣는 사람들이 많다.

05 침묵을 지키는 것이 죄가 되는 때가 오는 법이다.

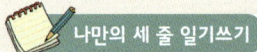 a time when silence becomes a sin.

컨닝페이퍼

01 'A도 B도 없다'고 할 때는 There is no A or B와 같이 and가 아니라 or를 써야 한다는 것, 주의하세요.

02 '귀신, 유령'은 ghost라는 것 알고 있죠?

04 '~하는 사람들이 많다'는 〈There are lots of people who + 동사 ~〉라고 했죠? 또, '스마트폰으로 드라마를 본다'는 watch TV dramas on one's smartphone이라고 하면 됩니다.

정답

01 There is no computer or TV in my room.
02 There seems to be a ghost in my room.
03 There are a lot of problems.
04 There are lots of people who watch TV dramas or listen to music on their smartphone while taking the subway these days. (lots of 대신 a lot of를 써도 되죠.)
05 There comes

나만의 세 줄 일기쓰기

나만의 세 줄 일기로 이 세상에 존재하는 것과 존재하지 않는 것을 나타내 보세요!

Keywords 입을 것 something to wear | 먹을 것 something to eat | 잠잘 곳 place to sleep | 머물 곳 place to stay | 의지할 사람 someone to count on | 믿을 사람 someone to trust | 구걸하는 사람들 people who beg | 책 읽는 사람들 people who read | 휴대폰으로 게임을 하는 사람들 people who play games on their cell phone | 얼굴의 잡티 blemishes on one's face

Diary 10
내게 있는 것과 없는 것

나에겐 꿈이 하나 있습니다.
I have a dream.

20세기의 미국 흑인 민권 운동가, 마틴 루터 킹의 '나에겐 꿈이 하나 있습니다.(I have a dream.)'라는 말로 시작하는 연설은 매우 유명한데요. 오늘 혜린 양도 똑같은 말로 일기를 시작하고 있네요. 나에게 '있는 것'과 '없는 것', 어떻게 표현하면 되는지 볼까요?

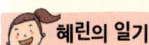 혜린의 일기

백수는 나의 꿈   May 21, Somewhat hot

나에겐 꿈이 하나 있습니다. That is to lead a bum's life until I die. Sometimes I really wonder why people must work.

I have a dream. 평생 백수로 사는 것이죠. 왜 사람은 일을 하지 않으면 안 되는 걸까요? 가끔은 그것이 몹시 궁금합니다.

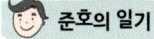 준호의 일기

내게도 형제가 있다면   5월 21일 다소 더움

나에겐 형제가 없다. I really wish I had a big brother or sister at a time like this. I need someone who is willing to share my pain.

I have no brothers or sisters. 이런 때 형이나 누나가 있다면 얼마나 좋을까? 고민을 함께 나눠줄 누군가가 필요하다.

가지고 있는 것과 가지고 있지 않은 것을 나타내는 영어문장 보기

혜린: 나에겐 꿈이 하나 있습니다. → I have a dream.
준호: 나에겐 형제가 없다. → I have no brothers or sisters.

무작정 따라하기 1 가지고 있는 것을 나타낼 때는 I have ~

돈이 있고 없고, 남친(여친)이 있고 없고, 좋은 직장이 있고 없고 등에 따라서 사람은 행복해지기도 비참해지기도 하는 게 아닐까요? 그러니까 이 세상의 문제는 거의 모두 무엇을 가지고 싶다는 소유욕 때문에 생긴다고 해도 과언이 아니겠죠? 만약 이런 소유욕이 없어진다면? 바로 해탈의 경지에 들어가는 거죠. 그래서 *Me and Bobby McGee*라는 노래 가사에서도 Freedom is just another word for nothing left to lose.(자유란 잃을 것이 없어진다는 뜻이라네.)라고 무소유를 찬양했죠. 그러나 매일 현실 속에서 발버둥치는 범인(凡人)들은 대부분 무엇인가 소유하고 있어서 흐뭇해하거나 소유한 것이 적거나 아예 없어서 한숨을 짓죠. 자, 우선 나에게는 무엇이 있는지, 정리 들어갑니다~!

---

01 나에겐 소원이 하나 있다.

　　　　　　　a wish.

02 나에겐 위대한 소설가가 되고 싶은 원대한 꿈이 있다.

I 　　　　　　　　of becoming a great novelist.

03 나에게는 자유롭게 춤추고 노래하고 싶은 작은 꿈밖에는 없다.

　　　　　but 　　　　　　　　to be free to dance and sing.

04 나에겐 유머감각이 있다.

I have 　　　　　　　.

05 우리에게는 모두 나쁜 습관이 있다.

We all have 　　　　　　.

컨닝페이퍼

01 '소원'은 wish.

02 '꿈이 있다'는 have a dream으로, '~하고자 하는 꿈이 있다'라고 표현하고 싶다면, 뒤에 〈of + 동명사〉나 〈to + 동사원형〉으로 구체적인 내용을 밝혀주면 되죠.

03 but이 only와 같은 의미로도 쓰인다는 사실을 알아두세요.

정답

01 I have
02 have a big dream
03 I have, a small dream
04 a sense of humor
05 bad habits

컨닝페이퍼

06 '고물차'는 jalopy[dʒɔ́ləpi]라고 해요.
07 '심각한 문제'는 serious problem.
09 '정신적인 지주이자 스승'을 mentor라고 합니다.

06 나는 고물차가 한 대 있다.

   I have _____.

07 내 청춘사업에 심각한 문제가 있다.

   I _____ with my love life.

08 나에게는 여우같은 마누라와 토끼같은 새끼들이 있다.

   _____ a beautiful wife and wonderful kids.

09 나에게는 훌륭한 스승이 있다.

   I have _____.

정답

06 a jalopy
07 have a serious problem
08 I have
09 a great mentor

무작정 따라하기 ❷ 없는 것을 나타낼 때는 I don't have ~나 I have no ~

있는 것보다는 없는 것이 더 많은 사람들도 많습니다. 아예 없지는 않지만 남들보다 적은 것도 문제가 되지요. 요즘같이 먹을 것, 입을 것이 넘쳐나는 세상에도 이 relative poverty, 즉 상대적인 빈곤감 때문에 사람들은 불행하다고 느끼는 것이 아닐까요? 자, 그러니 이번에는 나에게 없는 것을 표현해 보자고요. 이때는 I don't have ~를 활용하면 되는데, 이것을 I have no ~라고 하면 어감이 더 강조된답니다.

Diary 10_ 내게 있는 것과 없는 것   087

01 나는 미래에 대한 꿈이고 계획이고 하나도 없다.

_____ any dreams or plans for the future.

02 나는 내 것이라고 부를 만한 것이 하나도 없다.

_____ anything to call mine.

03 나는 집도 절도 없다.

_____ house to call my own.

04 나는 아직도 스마트폰이 없다.

_____ smartphone.

05 나한테 관심 있는 사람은 아무도 없다.

_____ to care about me.

컨닝페이퍼

01 no는 not ~ any를 한 마디로 표현한 것. 때문에 any를 쓴 경우에는 I have no any라고 해선 안 됩니다.

03 '집도 절도 없다'라고 했으니까, I don't have a house.라고만 하면 좀 약하겠죠?

04 요즘 누구나 다 갖고 있는 스마트폰을 '아직도(still)' 안 갖고 있다고 했으니까 I have no를 쓰는 편이 어감이 살겠네요.

05 〈I have no one to + 동사원형〉을 한꺼번에 익혀두세요.

정답

01 I don't have
02 I don't have
03 I have no
04 I still have no
05 I have no one

'가지고 있다'고 해서 I am having ~은 아니다

무엇을 가지고 있다고 할 때는 진행형을 쓰지 않습니다. 즉 "나는 친구를 많이 가지고 있다."고 해서 I am having a lot of friends.라고 하지는 않죠. I have a lot of friends.라고 해야죠. "남자 형제가 두 명 있다."고 할 때도 I have two brothers.라고 하지, I am having two brothers.라고 하지는 않습니다. 그러나 have가 무엇을 소유한다는 뜻이 아니라, 어떤 동작을 하고 있다는 뜻으로 쓰이는 경우에는 진행형을 사용할 수 있죠. 예를 들어 "나는 디저트로 케이크를 먹고 있다."를 have라는 동사를 사용하여 표현할 때는 I am having cake for dessert.라고 하죠.

한 문장 써보기

앞에서 배운 패턴을 이용해 영작해 보세요.

01 나에겐 나쁜 습관이 여러 개 있다.

02 나에겐 소중한 보물이 하나 있다.

03 나에겐 비밀을 함께 나눌 수 있는 영혼의 친구가 있다.

04 그 사람들은 책임감이 전혀 없다.

05 이 세상 여성의 2/5는 섹스에 전혀 흥미가 없다.

컨닝페이퍼

02 '소중한 보물'은 precious treasure라고 해보세요.
03 '~할 수 있는 영혼의 친구'는 〈a soul mate who + 동사 ~〉로 표현해 보세요.
04 '책임감'은 sense of responsibility. 어떤 것이 '전혀' 없다고 할 때는 at all 을 활용해 보세요.
05 2/5는 two-fifths라고 하면 되죠.

정답

01 I have several bad habits.
02 I have a precious treasure.
03 I have a soul mate who shares secrets with me.
04 They have no sense of responsibility at all.
05 Two-fifths of women in the world have no interest in sex at all.

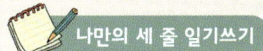 **나만의 세 줄 일기쓰기** 나만의 세 줄 일기로 내가 가지고 있는 것과 가지고 있지 않은 것을 나타내 보세요!

Keywords 소원이 있다 have a wish | 꿈이 있다 have a dream | 유머감각이 있다 have a sense of humor | 책임감이 있다 have a sense of responsibility | 의지력이 강하다 have a strong will(↔ have a weak will) | 문제가 있다 have a problem | ~에 대한 안목이 있다 have an eye for | 남자친구/여자친구가 있다 have a boyfriend/girlfriend

Diary 11 — 지금까지의 경험 쓰기

이 나이가 되도록 누굴 사랑해본 기억이 없다.
I have never loved anyone in my entire life.

사람은 추억을 먹고 사는 동물이라고 했던가요? 가슴 시릴 정도로 아름다운 추억이나 슬픈 추억들, 살면서 문득문득 떠오를 때가 있는데요. 그런 좋고 나쁜 기억들, 경험들이 모두 현재의 나를 만든 소중한 보물이 아니겠습니까? 오늘은 그런 보물들을 한번쯤 떠올려 보는 게 어떨까요?

 혜린의 일기

폐인생활
June 1, Somewhat hot

한때 술을 열나게 마신 적이 있었다. I thought that I looked great when I drank a lot. Now I look like the living dead.

I was a heavy drinker once. 술을 잘 마시면 멋있어 보이는 줄 알았거든. 결국 폐인 다 됐다.

준호의 일기

말해야 하는데
6월 1일 다소 더움

이 나이가 되도록 누굴 사랑해본 기억이 없다. I have fallen in love with someone for the first time ever, but I don't know how to let her know my feelings toward her.

I have never loved anyone in my entire life. 난생 처음으로 누굴 사랑하게 되었는데. 도무지 어떻게 마음을 전해야 할지 모르겠다.

경험을 나타내는 영어문장 보기

혜린: 한때 술을 열나게 마신 적이 있었다. → I was a heavy drinker once.
준호: 이 나이가 되도록 누굴 사랑해본 기억이 없다. → I have never loved anyone in my entire life.

무작정 따라하기 1 이런 경험은 생전 처음일 때는 have + p.p.를 써보자!

미국에서 유학한 적이 있다고요? 그러면 현재완료, 즉 〈주어 + have + p.p.〉 구문을 한번 써보세요. 현재완료는 우리말에 없는 시제라 어렵게 느끼는 분들도 있는 것 같지만, 사실 아주 단순한 거랍니다. 과거에 일어난 일이 현재와 관련이 있을 때 현재완료를 사용하는 거예요. 경험이나 추억이란 것은 과거에 일어난 일을 현재 생각하는 거니까 현재완료를 사용해서 나타내면 되는 거죠. 그래서 과거에 미국에서 유학한 적이 있기 때문에 현재 영어를 잘 한다거나, 미국 문화에 대해서 잘 알고 있다는 등 현재에 관한 이야기를 하고 싶다면 I have studied in the U.S.라고 할 수 있어요.

01 혼자서 인도에 여행간 적이 있다.

I _____ alone in India.

02 유럽에 배낭여행을 간 적이 있다.

I _____ around Europe.

03 예전에 성추행을 당한 적이 있다.

I _____ sexually harassed before.

04 별똥별을 보고 소원을 빈 적이 있다.

I _____ a wish upon a falling star.

05 나는 가출해 본 적이 있다.

I _____ from home.

컨닝페이퍼
01 '~로 (혼자서) 여행하다'는 〈travel (alone) to + 장소〉로 표현할 수 있어요.
02 '~ 전역을 배낭여행하다'라는 의미의 〈backpack around + 장소〉도 유용한 표현.
03 '성추행을 당하다'라고 할 때는 be sexually harassed.
04 '소원을 빌다'는 make a wish.
05 '가출하다'는 run away from home.

정답
01 have travelled
02 have backpacked
03 have been
04 have made
05 have run away

"이렇게 누구를 무지하게 사랑해본 것은 생전 처음이야."라고 쓸 때도 현재 완료를 한번 써보세요. 자, '생전 처음'이란 전에는 한 번도 그런 일, 여기서는 사랑이라는 것을 해본 적이 없다는 의미겠죠? 그러니까 I have never loved anyone이라고 서두를 떼고, '이렇게 무지하게'는 this much로, 그리고 뒤에다 before를 살짝 붙이면, I have never loved anyone this much before.라는 사랑의 고백이 완성되는 거죠. 여기서 포인트는 〈have never + p.p.〉인데, 여기에 before나 in my life같은 말을 끼워 넣으면 여태껏 한 번도 그런 적이 없었다는 어감이 보다 강조된답니다.

06 난 여태껏 남자랑 키스를 해본 적이 없어.

I _____ a man before.

07 솔직히 말하자면, 난 비행기를 타본 적이 없어.

Frankly, I _____ .

08 나는 여태껏 예뻤던 적이 한 번도 없었다.

I _____ beautiful in my life.

09 그렇게 무서웠던 적은 생전 처음이다.

I _____ such a fright in my life.

10 나는 한눈을 판 적이 한 번도 없다. (결혼한 사람이 하는 말)

I _____ an affair.

11 나는 가게에서 물건을 훔친 적이 없다.

I _____ .

컨닝페이퍼

07 '비행기를 타고 날다'라고 할 때는 fly 한 단어면 충분해요. fly – flew – flown

09 '무섭다'는 have a fright를 이용해 보세요.

10 결혼한 사람이 '한눈을 판다'는 것은 바로 소위 '불륜관계를 맺는다'는 것이죠? 이처럼 결혼한 사람이 자신의 부인이나 남편을 두고 다른 이성과 사귄다고 할 때는 have an affair라고 해요.

11 '가게 물건을 훔치다'는 shoplift.

정답

06 have never kissed
07 have never flown
08 have never been
09 have never had
10 have never had
11 have never shoplifted

무작정 따라하기 ❷ 경험을 현재완료로만 나타낼 수 있는 것은 아니다

현재완료는 경험, 완료, 계속을 나타낸다고 중고등학교 시절에 열심히 외워서 그런지는 몰라도 경험을 나타내려면 현재완료만 써야 한다고 생각하는 사람도 있는 것 같습니다. 그러나 사실은 그냥 과거로도 경험을 나타낼 수 있어요. 미국 영어에서는 별로 현재완료에 집착하지 않는 경향도 있고요. 그래서 "난 어렸을 때 일본에 산 적이 있다."는 말은 I lived in Japan when I was a kid.라고 하면 된답니다.

컨닝페이퍼
- 01 '학교를 땡땡이치다'는 play hooky from school.
- 04 chain smoker는 담배를 입에 달고 사는 사람, 즉 '골초'를 말하죠.

01 나는 전에 학교를 땡땡이 친 적이 있다.
   Once _____ hooky from school.

02 나는 누구를 의심해 본 적이 없다.
   _____ anyone.

03 조금 통통한 적은 있어도 뚱뚱한 적은 없다.
   _____ never fat, just a little bit chubby.

04 한때 담배를 입에 달고 살았다.
   _____ a chain smoker once.

정답
- 01 I played
- 02 I never suspected
- 03 I was
- 04 I was

 잠깐만요!

have been to ~냐, have gone to ~냐!

"나는 일본에 가본 적이 있다."는 말은 현재완료를 사용해서 I have been to Japan.이라 한다고 귀에 못이 박히게 들은 분들이 많겠죠? 이것을 I have gone to Japan.이라고 하면, "나는 현재 일본에 가 있기 때문에 현재 여기 없다."는 의미가 되어 쓸 수 없다는 말을 곁들여서요. 즉, 경험을 나타낼 때는 have gone을 사용하면 절대로 안 된다는 것이지요. 그러나 실제로 원어민들은 어디에 갔다 온 적이 있다는 경험을 have gone to를 이용하여 나타내는 경우가 아주 많습니다. 그래서 "난 미국에 몇 번 갔다 온 적이 있어."라고 경험을 나타낼 때는 I have gone to the U.S. several times.라고 하면 훌륭한 영어가 됩니다. 물론 I have been to ~라고 해도 되지요. 다만 당당한 영어인 have gone to ~를 억울하게 추방해서는 안 되겠죠? 자, 그러면 연습 들어갑니다~ "나는 천국에 가본 적이 있는 것 같다."는 I think I have died and gone to heaven. "나는 디즈니랜드에 가본 적이 있다."는 I have gone to Disneyland.

한 문장 써보기
앞에서 배운 패턴을 이용해 영작해 보세요.

01 대학에 다닐 때 올 F를 한 번 받은 적이 있다.

02 이제껏 실패한 적이 한 번도 없다.

03 대학 다니면서 한 번도 강의를 빼먹은 적이 없다.

04 이 나이를 먹도록 남자를 사귀어 본 적이 없다.

컨닝페이퍼
01 '올 F'는 all F's라고 하면 되죠.
02 '이제껏 실패한 적이 한 번도 없다.'는 말은 '어떤 일에건' 실패해 본 역사가 없다는 말이니까, failed 뒤에 in anything을 붙여주면 의미가 명확해져요.
03 '강의를 빼먹다'는 miss a class라고 표현하면 됩니다.
04 '남자를 사귄다'는 것은 남자와 진지한 관계를 갖는다는 뜻이니까, have a serious relationship with a man 이란 표현을 활용하세요.

정답
01 I (have) got all F's once in college.
02 I (have) never failed in anything.
03 I (have) never missed a class in college.
04 I (have) never had a serious relationship with a man until now.

 나만의 세 줄 일기쓰기 나만의 세 줄 일기로 지금까지의 경험을 나타내 보세요!

Keywords ~로 여행가다 travel to + 장소 / go on a trip to + 장소 | ~전역을 배낭여행하다 backpack around + 장소 / go backpacking around + 장소 | (결혼한 사람이) ~몰래 바람을 피우다 cheat on(동적인 의미) | (결혼한 사람이) 배우자 이외의 사람과 관계를 맺고 있다 have an affair(상태를 나타냄) | (남자친구나 여자친구 몰래) 양다리 걸치다 two-time + 남자친구/여자친구 | 외국인을 사귀다 date a foreigner / go out with a foreigner | ~를 왕따시키다 bully | 왕따당하다 be bullied | 소매치기당하다 be pickpocketed

Diary 12 난 할 수 있어!
I can do it!

할 수 있는 것과 할 수 없는 것

여러분, 여러분은 할 수 있는 게 많으세요, 아님 할 수 없는 게 많으세요? 정말로 할 수 있는지 할 수 없는지는 적극적으로 도전해보지 않고는 알 수 없는 일이죠. 하지만 마음먹기에 따라 누구든 가능성은 무한대입니다. 일기를 쓰며 '난 할 수 있다!'라고 자기최면을 걸어보세요.

 혜린의 일기

책상은 나의 침대   June 28, Humid

난 책상 앞에 1시간 넘게 앉아 있을 수 없다.
However, it is no problem at all to sleep with my face on the desk for more than an hour. Am I odd?

I can't sit at a desk for more than one hour. 하지만 책상에 엎드려 1시간 넘게 잠자는 건 문제도 아니다. 좀 그런가?!

 준호의 일기

그녀의 마음을 뺏어봐~   6월 28일 습함

They say heaven helps those who help themselves! 그래, 난 할 수 있어! You should launch "Operation: Steal Hyerin's Heart"!

하늘은 스스로 돕는 자를 돕는다고 했지! Okay, I can do it! "혜린 선배 마음 뺏기" 작전 개시!

할 수 있는 것과 없는 것을 나타내는 영어문장 보기

혜린: 난 책상 앞에 1시간 넘게 앉아 있을 수 없다. → I can't sit at a desk for more than one hour.
준호: 그래, 난 할 수 있어! → Okay, I can do it!

무작정 따라하기 ① "하면 된다!"는 We can do it!

준호처럼 난 할 수 있다고 외칠 때는 I can do it!이고, 넌 뭐든지 할 수 있다고 격려할 때는 You can do it!이고, 우리는 뭐든지 하면 된다고, 서로 사기를 북돋아줄 때는 We can do it!이라고 외치면 되죠. 이렇게 뭐든지 하면 된다고 저돌적으로 밀어붙이는 정신을 a can-do spirit이라고 하는데, 우리가 이제 좀 먹고 살 만하게 된 것은 군사문화가 만들어낸 이 a can-do spirit 때문이라고, 향수에 젖는 사람들도 있죠. 하여간 무엇을 할 수 있는 능력이 있다고 할 때는 can을 사용하면 됩니다. can 다음에는 동사원형을 써줘야 하고요. 그래서 난 프랑스어로 재잘재잘 말할 수 있다고 하고 싶다면 I can 다음에 speak French를 붙여서 I can speak French.라고 하면 되죠.

컨닝페이퍼

02 '김치를 담다'는 make kimchi.
04 '~의 생각을 읽다'는 글자 그대로 read someone's thoughts라고 하면 되죠.
05 '밤을 새워 공부하다'는 pull an all-nighter라고 해요.
06 '~인 척하다'라고 할 때는 〈pretend to + 동사원형〉으로 쓴다는 것, 알아두세요.
07 '라면 정도는' 끓일 수 있다는 말은 '적어도 라면은' 끓일 수 있다는 말이니까, '최소한, 적어도'라는 뜻의 at least를 활용하면 돼요.

01 준호는 수영을 할 줄 안다.   Junho _____.

02 난 김치를 담글 수 있다.   I _____ kimchi.

03 난 일본어를 유창하게 말할 수 있다.
   I _____ Japanese fluently.

04 나는 다른 사람의 생각을 읽을 수 있다.
   I _____ others' thoughts.

05 난 하루 정도는 밤새서 공부할 수 있다.   I _____ an all-nighter.

06 난 미친 척할 수 있다.   I _____ to be insane.

07 나도 라면 정도는 끓일 수 있다.
   At least I _____ instant ramen.

정답
01 can swim
02 can make
03 can speak
04 can read
05 can pull
06 can pretend
07 can make/cook

세상일을 다 할 수는 없는 법이니, 할 수 없는 일도 있겠죠? 이때는 can not을 쓰면 됩니다. 줄여서 cannot 또는 can't라고 해도 되고요. 물론 뒤에는 동사원형이 오죠. 미국 초대 대통령 George Washington이 했다고 하는 저 유명한 말, "나는 거짓말을 못하는 사람입니다."는 I cannot tell a lie.

컨닝페이퍼

08 혜린이는 춤을 못 춘다   Hyerin cannot _____ .

09 난 밥도 제대로 못한다.

I _____ even _____ rice properly.

10 난 기타를 못 친다.   I _____ the guitar.

11 그 남자애는 생맥주 500cc도 못 마신다.

He _____ even _____ a pint of draft beer.

12 그 여자애는 우리말로 글도 제대로 못쓴다.

She _____ in Korean properly.

13 난 하루라도 책을 안 읽으면 살 수 없다.

I _____ a single day _____ reading.

09 '~도 못 한다'고 할 때는 일반 동사 앞에 even을 써주세요. '밥을 하다'는 cook rice.
10 악기를 '연주한다'고 할 때는 〈play the + 악기명〉.
11 '약 500cc'를 pint라고 하죠. '생맥주'는 draft beer이고요.
13 '하루라도 책을 안 읽으면 살 수 없다.'는 말은 '책을 읽지 않고는 단 하루도 보낼 수 없다.'는 뜻이죠. '단 하루'라고 해서 '하루'를 강조하고 싶을 때는 a single day라고 해보세요.

정답

08 dance
09 cannot, cook
10 cannot play
11 cannot, drink
12 cannot even write
13 cannot spend, without

무작정 따라하기 ② 이런저런 것들을 한번 시도해볼 생각이라고요?

능력을 나타낼 때 꼭 can을 써야만 되는 것은 아니랍니다. 특히 어떤 능력을 강조할 때는 be able to do을 쓰면 좋답니다. 그래서 "나는 알바를 해서도 먹고 살 수 있다."고 자신의 능력을 강조하고 싶으면, I am able to get by on my part-time income.이라고 하면 되죠. can은 항상 갖고 있는 능력을 나타내는 반면에 be able to do는 능력을 강조하거나 일시적인 능력을 나타낼 때 사용한다고 알아두시면 되겠습니다. 그래서 "혜린이는 춤을 못 춘다."는 Hyerin cannot dance.이지만, 혜린이가 감기에 걸려서 "오늘밤에는 춤을 못 춘다."고 하려면, Hyerin is not able to dance tonight.이라고 하면 되는 거죠.

01 이제는 밀린 집세를 낼 수 있다.

Now I _____ the rent I owe.

02 이제는 할아버지와 할머니를 상당히 자주 찾아뵐 수 있다.

Now I _____ my grandparents quite often.

03 그 남자는 아직도 글을 쓰는 걸론 먹고 살 수가 없다.

He still _____ a living from his writing.

04 나는 그 문제를 해결할 수 있다.

I _____ the problem.

컨닝페이퍼

02 친구네 집에 '놀러가다', 어르신을 '찾아뵙다'라고 할 때는 모두 visit를 써보세요. 평소 '방문하다'라는 우리말로만 곧이곧대로 외워뒀다간 이럴 때 낭패 보기 십상이죠.

03 '먹고 살다, 생계를 꾸리다'는 make a living이라고 하죠.

정답

01 am able to pay
02 am able to visit
03 is not able to make
04 am able to solve

I speak English.냐 I can speak English.냐?

"난 영어를 할 줄 안다."를 I speak로 시작해야 되는 건지, I can speak로 시작해야 되는 건지 망설이는 분이 꽤 있는 것 같습니다. 결론부터 말하면 둘 다 상관없습니다. I can speak English.는 영어를 말할 수 있는 능력이 있다는 것을 나타내고, I speak English.는 자주 또는 어쩌다 영어로 말을 한다는 습관을 나타내는 차이가 있지만, 말할 수 있는 능력이 있어야 습관적으로 말할 수 있는 것이니, 결국 같은 말이지요. speak가 '어떤 언어를 말하다'라는 뜻으로 사용될 때는 그 자체에 능력의 의미가 포함되어 있기 때문에 '할 줄 안다'고 해서 반드시 can speak라고 할 필요는 없습니다. 그냥 I speak라고 시작하면 되는 거죠.

이런 것은 speak뿐만 아니라 play나 sing같은 동사에도 적용됩니다. 그래서 She sings well.이라고 해도 되고, She can sing well.이라고 해도 되죠. "준호는 카드놀이를 할 줄 안다."도 Junho can play cards.라고 해도 되고, Junho plays cards.라고 해도 되고요.

한 문장 써보기
앞에서 배운 패턴을 이용해 영작해 보세요.

01 상식이는 한 눈을 뜨고 잠을 잘 수 있다.

02 명숙이는 일본 드라마를 자막 없이 이해할 수 있다.

03 하루라도 담배를 안 필 수는 없다.

04 나는 그 놈 없이는 살 수 없다.

05 나는 집 없이는 살아도 차 없이는 못 산다.

컨닝페이퍼
01 '한 눈을 뜨고'는 with one eye open이라고 하면 되죠.
02 '자막'은 subtitles라고 하죠.
03 '~을 하지 않고는 하루도 살 수 없다'는 cannot spend a day without -ing를 이용해 보세요. '하루'를 좀더 강조해서 말하고 싶다면, a single day.
05 '~이 없이는 살 수 없다'는 cannot live without, '~이 없이도 살 수 있다'는 can live without.

정답
01 Sangsik can sleep with one eye open.
02 Myeongsuk can understand Japanese TV dramas without any subtitles.
03 I cannot spend a (single) day without smoking.
04 I cannot live without that guy.
05 I cannot live without a car, even though I can live without a home.

나만의 세 줄 일기쓰기
나만의 세 줄 일기로 할 수 있는 것과 할 수 없는 것을 써보세요!

Keywords ~도 제대로 못 하다 can't even + 동사원형 + right/properly | 하루라도 ~하지 않으면 살 수 없다 can't spend a (single) day without -ing | 스키/스케이트를 타다 ski/skate | 김치를 담다 make kimchi | 김밥을 싸다 make *gimbap* | 밥을 하다 cook/make rice | 된장찌개를 끓이다 make/cook *doenjang-jjigae*(상대방이 *doenjang-jjigae*를 못 알아들을 경우, soybean paste stew와 같이 풀어서 얘기하면 됨) | 전기 기타를 치다 play the electric guitar | 일본어/중국어/불어를 말하다 speak Japanese/Chinese/French

Diary 13

노트북을 새로 사야 해.
I have to buy a new laptop.

해야 하는 것과 할 필요 없는 것

이빨이 아프면 치과에 가야 하고, 내일 시험을 치르려면 오늘은 시험공부를 해야겠죠. 이처럼 이런저런 이유들로 나를 위해 해야 할 일들이 하루에도 몇 가지는 널려 있을 거예요. 뭐 이빨이 아파도 상관없고, 시험 못 쳐도 상관없으면 할 필요 없지만 말이죠.^^

혜린의 일기

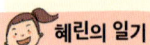

기계들이 말썽이야!   July 2, Humid and hot

My laptop is busted. Its speaker doesn't work and the monitor is black. 새로 사야 하는데… In addition, my cell phone can't access the Internet well. The speed of it is too slow. That makes me crazy! Do I have to replace it, too?

노트북이 완전 맛이 갔다. 스피커 소리도 안 들리고, 화면도 뜨질 않는다. I have to buy a new one. 휴대폰도 인터넷 연결도 잘 안 되고, 속도도 느려서 속 터져 죽겠고! 이참에 폰도 바꿔 말어?

준호의 일기

기회가 왔다!   7월 2일 습하고 더움

It is Hyerin's birthday in a few days. This is the chance of a lifetime to impress her. 진짜 멋진 선물을 해야만 한다. What should I get? What a situation! I am in trouble! However, it is sweet trouble!

며칠 있으면 혜린 선배 생일이다. 이때야말로 점수를 딸 절호의 기회이다. I should give her a really wonderful present. 뭐가 좋을까? 으아~ 고민된다! 행복한 고민!

해야 하는 것을 나타내는 영어문장 보기

혜린: 노트북을 새로 사야 하는데. → I have to buy a new laptop (computer).
준호: 진짜 멋진 선물을 해야만 한다. → I should give her a really wonderful present.

무작정 따라하기 ❶ 객관적인 상황 때문에 해야만 하는 것은 have to do

하루 종일 휴대폰을 붙잡고 몸부림치더니 결국 혜린이의 cell phone이 수명을 다 했군요. 한시라도 휴대폰이 없으면 금단증상을 느끼는 혜린이는 아무래도 빨리 새로 장만해야겠죠? 그래서 혜린이는 I have to buy a new cell phone.이라고 일기장에 적습니다. 이렇게 객관적으로 봤을 때 무엇을 하지 않으면 안 되는 경우에는 have to 다음에 동사원형을 붙여주면 돼요. 그래서 이가 아프면, I have to go to the dentist.라고 하면 되고, 내일 물리학 시험이 있으니까 공부를 하지 않으면 안 될 때는 I have to study since I have a physics exam tomorrow.라고 하면 되는 거죠.

01 내일 병원에 가야만 한다.

　　　　　　　　　go to the doctor tomorrow.

02 난 평일에 아침 일찍 일어나야만 한다는 것이 싫다.

　I hate 　　　　　get up early on weekdays.

03 다음 달에 토익시험을 볼 거니까 영어 공부를 해야만 해.

　I have to 　　　　　because I have a TOEIC test next month.

04 기말 리포트를 써야 한다.

　I 　　　　　a term paper.

컨닝페이퍼

01 '병원에 간다'고 할 때는 보통 go to the doctor 혹은 (go) see a doctor라는 표현을 많이 쓴답니다. 의사한테 진찰받으러 간다는 얘기인 거죠.

02 hate 뒤에는 〈to + 동사원형〉이나 -ing형이 모두 올 수 있지만, 이 문장에서는 to가 반복되는 것을 피하기 위해 -ing형을 써주는 것이 더 좋겠네요.

03 have to 뒤에는 동사원형이 와야 하죠.

04 '기말 리포트'는 term paper.

정답

01 I have to
02 having to
03 study English
04 have to write

무엇을 해야만 된다는 것은 must나 should를 사용해서 표현할 수도 있죠. 주관적으로 판단해서 무엇을 할 필요가 있다는 것을 명확하고도 강하게 표현할 때 사용하는 것이 must죠. 그러면 should는? must보다 어감이 약한 경우에 사용하는 것이 should라고 알아두면 됩니다. 즉, 반드시 무엇을 해야 된다는 것이 아니라, 그렇게 하는 것이 좋다고 권고하거나 의견을 말할 때 사용한답니다. 그러나 must, should, have to 등이 명확하게 구별되지 않는 때도 있지요. 자, 그럼 must를 이용한 문장부터 만들어 보기로 하죠.

05 그 일을 하려면 운전면허를 따야 해.

　　　　　　　　get a driver's license if I want to get that job.

06 여자는 경제력이 있어야 해.

　　Women 　　　　　financially independent.

자, 이번에는 should를 써서 아래 문장들을 완성해 보세요.

07 그 사람들은 부끄러운 줄 알아야 한다.

　　　　　　　　ashamed of themselves.

08 혜린이는 기침을 하니까 병원에 가봐야 한다.

　　　　　　　　go see a doctor about that cough.

09 준호는 그렇게 커피를 많이 마시면 안 된다.

　　Junho 　　　　　so much coffee.

컨닝페이퍼

05 '운전면허를 따다'는 get a driver's license.

06 must 뒤에는 동사원형을 써주세요. '경제력이 있다'는 be financially independent.

07 should 뒤에는 동사원형을 써주세요. '~을 부끄러워하다'는 be ashamed of.

09 '~해서는 안 된다'고 하려면 should 뒤에 not을 붙여주세요.

정답

05 I must
06 must be
07 They should be
08 Hyerin should
09 should not drink

컨닝페이퍼

10 **be in better shape**는 '몸매가 좋아진다'는 뜻이죠.

11 '자기 몸을 소중히 한다'는 것은 '자기 몸을 스스로 잘 돌본다'는 의미로 이해해서 문장을 만들면 돼요. 여기서 You는 막연히 일반적인 사람들을 총칭해서 쓴 말.

10 좋은 남자를 만나려면 몸을 가꿔야 해.

I _____ in better shape to meet a nice guy.

11 자기 몸을 스스로 소중히 해야 해.

You _____ good care of yourself.

정답

10 should be
11 should take

무작정 따라하기 ② 굳이 할 필요가 없는 것은 don't have to do

모두가 살을 빼려고 난리를 치는 것 같지만, 개중에는 "살 뺄 필요가 없어. 그냥 나 좋은 대로 살 거야."라고 아주 낙천적으로 생각하는 사람도 있죠. 혜린이도 이런 낙천가에 속한다면 일기장에 어떻게 적어 넣을까요? I have to do는 무엇을 꼭 해야 된다는 뜻이니까, 그 부정형인 I don't have to do라고 하면 굳이 할 필요가 없다는 뜻이 된답니다. I don't have to lose weight. I will live as I please.라고 하면 된다는 거죠.

>> **as I please** 나 좋은 대로

01 병원에 갈 필요 없어. 그냥 약을 먹을 거야.

I _____ see a doctor. I will just take some medicine.

02 굳이 결혼할 필요가 없어. 혼자 즐기며 살지 뭐.

I _____ get married. I will just enjoy being single.

컨닝페이퍼

01 '약을 먹는다'고 할 때 쓰는 동사는 take예요.

02 '결혼 안 하고 혼자 즐기며 산다'는 말은 enjoy being single이라고 하죠.

정답

01 don't have to
02 don't have to

Diary 13_ 해야 하는 것과 할 필요 없는 것

03 취직할 필요 없어. 그냥 엄마 아빠한테 얹혀살 거야.

I don't have to _____ . I will just live off my parents.

04 걱정할 필요 없어. 다 잘 될 거야.

You don't have to _____ it. Everything will be just fine.

> **컨닝페이퍼**
> 03 '~에게 얹혀살다'는 live off someone.
> 04 '~에 대해 걱정하다'하면 제일 먼저 떠오르는 말이 worry about일 거예요. 이제부터는 sweat이라는 표현도 하나 더 알아두도록 해요.

> **정답**
> 03 get a job
> 04 sweat

해서는 안 되는 must not! 할 필요가 없는 don't have to!

사람을 죽여서도 안 되고, 남의 물건을 훔쳐서도 안 되죠. 이렇게, 해서는 안 되는 것은 must not을 사용해야지, 굳이 할 필요가 없다는 don't have to do를 사용해서는 안 되죠. 자 우선 "사람을 죽여서는 안 된다."부터 시작해 볼까요? You must not kill. "물건을 훔쳐서는 안 된다."는 You must not steal. 간통을 해서도 안 되죠. You must not commit adultery. 거짓 증언을 해서도 안 됩니다. You must not bear false witness. 자, 이번에는 혜린이와 준호의 이야기로 돌아가서, "친구의 애인을 사랑해서는 안 된다."는 You must not love your friend's sweetheart.

그런데 '해서는 안 된다'를 꼭 must not만 사용해야 된다는 법은 없어요. 하지 않는 것이 좋지 않겠냐고 좀 부드럽게 말할 때는 should not 다음에 동사원형을 쓸 수도 있죠. 그래서 "돈을 쫓아서는 안 된다. 돈이 쫓아오게 만들어라."라고 해볼까요? You should not chase money—make money chase you. 시간에 쫓겨 다녀서는 안 된다고 할 때는 You should not be chased by time.이라고 하면 되죠. "애인 놔두고 바람피우면 안 되지, 안 돼."는 You should not be a two-timer.

한 문장 써보기
앞에서 배운 패턴을 이용해 영작해 보세요.

01 정기검진을 받아야 한다.

02 승진시험 준비를 해야 한다.

03 혜린이에게 내 영원한 사랑을 고백해야 해.

04 물질적인 성공만을 쫓아서는 안 돼.

05 겉모습만으로 사람을 판단해서는 안 돼.

컨닝페이퍼

01 '정기 검진'은 regular checkup이라고 하면 됩니다.
02 '승진시험'은 promotion exam.
03 좀 신파조인 '~에 대한 내 영원한 사랑'은 my undying love for ~를 이용해 보세요.
04 '물질적인 성공'은 materialistic success.
05 겉모습으로 판단해서는 안 된다는 말은 '표지만 보고 책을 판단하지 말라.(Don't judge a book by its cover.)'는 속담을 활용해 보세요.

정답

01 I have to get a regular checkup.
02 I have to prepare for a promotion exam.
03 I must confess my undying love for Hyerin.
04 You must not seek only materialistic success.
05 You must not judge a book by its cover.

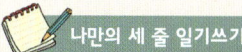 나만의 세 줄 일기쓰기   나만의 세 줄 일기로 해야 하는 것과 할 필요가 없는 것을 써보세요!

Keywords 병원에 가다 go to the doctor / (go) see a doctor | 치과에 가다 go to the dentist / (go) see a dentist | 살을 빼다 lose weight | ~을 돌보다 take care of | 일찍 일어나다 get up early | 숙제를 하다 do one's homework | 리포트를 쓰다 write a paper | 시험공부를 하다 study for an exam | 취직하다 get a job | 돈을 벌다 make money | 경제력이 있다 be financially independent | 부와 명예를 쫓다 seek wealth and fame

Diary 14

이런저런 의문점 표현하기(1)

취업을 꼭 해야 하는 걸까?
Do I have to get a job?

태어날 때부터 이미 짜맞춰져 있는 세상의 제도와 규칙에 그러려니 하며 잘 따라가다가도 가끔은 '꼭 이래야 하는 건가~?', 혹은 '내가 지금 잘하고 있는 건가?'하고 의문스러울 때가 있지 않나요? 그럴 때는 조용히 일기장을 펴고 나 자신과 세상에 대해 다시 한 번 생각해 보는 시간을 가져보세요.

혜린의 일기

돈 열리는 나무를 갖고 싶어   July 4, Hot

으~ 취업을 꼭 해야 하는 걸까? Do I have to do that if I want to go on living? Do I have to make money just to enjoy myself as much as possible? Where can I find a place money grows on trees?

Ugh! Do I have to get a job? 먹고 살려면 어쩔 수 없는 건가? 맘껏 놀기 위해서라도 돈은 벌어야 하는 건가? 어디 돈 열리는 나무 없나?

준호의 일기

공부만 하면 안 되지~   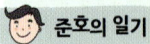 7월 4일 더움

가만가만, 유준호! 너 요즘 너무 열심히 공부하는 거 아냐? As the old saying goes, "Gather roses while you may." Anyway you have to join the military sooner or later. Don't work too hard.

Wait a minute, hey, Yoo Junho! Aren't you working too hard these days? 한창 놀아야 할 나이에 말이지. 어차피 좀 있음 군대 갈 텐데. 쉬엄쉬엄 하자고.

의문점을 나타내는 영어문장 보기

혜린: 으~ 취업을 꼭 해야 하는 걸까? → **Ugh! Do I have to get a job?**

준호: 가만가만, 유준호! 너 요즘 너무 열심히 공부하는 거 아냐?
→ **Wait a minute, hey, Yoo Junho! Aren't you working too hard these days?**

무작정 따라하기 ① 의문이 생기면 Do동사를 앞에 놓자!

꼭 상대방이 있어야 물어볼 수 있는 것은 아니죠? 자기 자신에게 물어볼 수도 있는 거니까요. 일기장을 앞에 두고 혜린이는 꼭 취직을 해야 되는 것인지, 아주 심각한 질문을 자신에게 던지고 있군요. 취직을 꼭 해야만 한다고 할 때는 I have to get a job.이라고 하면 되고, 꼭 해야만 하냐고 의문을 던질 때는 앞에 Do만 놓고, Do I have to get a job?이라고 하면 되지요. 자신의 처지가 한심해서 평생 이렇게 살아야 되는지 푸념하고 싶을 때는, Do I have to live like this for the rest of my life?라고 하면 되고요. 또, "혜린이는 내가 자기를 사랑하는지 알까?"라고 일기장에 적고 싶으면, 이번에는 Do가 아니라, Does를 앞에 놓고, Does Hyerin know that I love her?라고 하면 된답니다.

01 결혼을 꼭 해야 하는 걸까?   get married?

02 공부를 꼭 해야 하는 걸까?   study?

03 내 집을 꼭 장만해야 하는 걸까?
    Do I have to   ?

04 준호도 나처럼 느끼는 걸까?   just like me?

05 엄마는 내가 죽고 싶어 한다는 걸 알까?
                                           that I want to die?

컨닝페이퍼
03 우리말의 '내 집을 장만한다'는 것은 전세든, 월세든 상관없이 내가 살고 있는 집(my house)을 말하는 것이 아니라, '자신이 소유권을 갖고 있는 집을 장만한다는 얘기이므로 그냥 my house라고만 하면 의미 전달이 애매해진답니다.

04 주어가 나도 아니고, 너도 아닌 다른 사람이고, 그 수가 단수일 때는 Does를 써주세요. just like me는 '나와 꼭 같이'란 뜻.

05 '우리 엄마'는 my mom이지만, Mom이라고도 할 수 있죠. 이 경우에는 고유명사로 취급해서 첫 글자를 대문자로 써주세요. 세상에 우리 엄마는 한 명뿐이니까요.

의문문이라고 꼭 Do동사를 앞에 놓을 필요는 없어요. 자신이 지금 행복하면, I am happy.라고 하면 되지만, "나는 지금 행복한가?"라고 자문해보고 싶으면, be동사인 am을 앞에 갖다놓아 Am I happy?라고 하면 의문문이 되죠. 또 "나는 누구라도 사랑할 수 있어."라고 성인(聖人)이 된 듯한 기분을 나타내려면 I can love anyone.이라고 하면 되지만, "내가 누구를 나보다 더 사랑할 수 있을까?"라며 자신의 사랑에 대해 의구심을 표현하고 싶으면,

정답
01 Do I have to
02 Do I have to
03 get my own house
04 Does Junho feel
05 Does Mom know

Diary 14_ 이런저런 의문점 표현하기(1)

can을 앞으로 가져와, Can I love anyone more than myself?라고 하면 된답니다.

06 우울하니?
　　　depressed?

07 혜린이는 현실에 만족할까?
　　　her life?

08 내가 행복한 인생을 보낼 수 있을까?
　　　lead a happy life?

09 나는 세상의 불의에 맞서 싸워야만 하는 건가?
　　　fight against the world's injustice?

10 혜린이를 좀더 공손하게 대해야 하나?
　　　be more polite to Hyerin?

> **컨닝페이퍼**
> 07 '~에 만족하다'는 be satisfied with.
> 08 '행복한 생활을 보내다/누리다'는 lead a happy life.
> 10 '~를 공손하게 대하다'는 be polite to.

> **정답**
> 06 Are you
> 07 Is Hyerin satisfied with
> 08 Can I
> 09 Must I
> 10 Should I

무작정 따라하기 ② 의문문을 사용하지 않고도 의문을 나타내는 I don't know if ~

도대체 내가 살 자격이 있는 사람인지 의문이 들 때가 있나요? 이런 경우에는 의문문을 사용하지 않아도 내 존재 자체에 대한 궁극적인 의문을 던질 수 있어요. '~인지 모르겠다'는 의미의 I don't know if ~를 활용하면 말이죠. 이 뒤에 '내가 살 자격이 있는지'라는 의미의 I deserve to live를 붙이면 I don't know if I deserve to live.라고 의문문을 사용하지 않고도 엄청난 의문을 일기에 던질 수 있게 되죠.

>> deserve to + 동사원형 ~할 자격이 있다, ~할 만하다

말을 살짝 바꿔서 '~인지 궁금하다'라고 하려면, I wonder if ~라고 하고, '~인지 의심이 간다'는 I doubt if ~라고 하면 된답니다. 준호가 날 사랑하는지 의심이 가면 I doubt if Junho loves me.라고 하면서 사랑의 미로를 헤매는 나의 마음을 토로할 수 있지요.

01 이게 사실인지 모르겠다.　　　　　　　　 this is true.

02 내가 하느님을 믿고 있는지 잘 모르겠다.
　　　　　　　　 I believe in God.

03 이게 진정한 예술인지 의심이 간다.
　　　　　　　　 it is true art.

04 이게 효과가 있을지 궁금하다.　　　　　　　　 this will work.

05 명희가 내 생각이나 하는지 궁금하다.
　　　　　　　　 Myeonghui ever 　　　　　 of 　　　　　 .

컨닝페이퍼
02 무엇의 '존재를 믿는다'고 할 때는 believe in이라고 해요.
04 '효과가 있다'는 work라고 하면 되죠.
05 '나를 생각하다'는 think of me. 나를 생각이나 하는지라고 할 때의 '~이나'라는 느낌을 전달하려면 ever think of me.

정답
01 I don't know if
02 I don't know if
03 I doubt if
04 I wonder if
05 I wonder if, thinks, me

부정의문문은 특별한 의문문이다

혜린이가 준호에게 "너 내 생일을 기억하니?"라고 하면 단순히 기억하는지, 하지 못하는지 정보를 알기 위해서 묻는 거죠. 그러나 "너 내 생일 기억 못하지?"라고 부정의문문으로 묻는다면, 이건 예사로운 일이 아니죠. 아니 어떻게 네가 내 생일을 기억하지 못할 수 있냐고 놀라움, 분노, 짜증 등 특별한 감정을 나타내려고 묻는 것이니까요. 영어도 똑같아요. Do you remember when my birthday is?는 단순하게 정보를 알려고 묻는 질문이고, Don't you remember when my birthday is?라고 하면, 그 어조에 따라 다양한 감정이 숨어 있답니다. 이렇게 부정의문문은 단순히 부정어 not이 들어 있다는 것 이상의 의미가 함축되어 있죠. 준호가 자신에게 Aren't you working too hard these days?라고 부정의문문으로 물어본 것은 자신이 너무 열심히 공부하고 있는 것을 뻔히 알고 있기 때문이죠. 즉, 어떤 대답이 나올 것이라는 것을 염두에 두고 물어볼 때도 부정의문문을 사용하게 된단 말이지요. 그래서 Don't you love me?는 사랑하고 있다는 대답을 기대하거나 예상할 때 물어보는 질문이랍니다.

한 문장 써보기
앞에서 배운 패턴을 이용해 영작해 보세요.

01 코를 꼭 고쳐야 하나?

02 나는 정말로 내 인생을 살고 있는 걸까?

03 대학은 꼭 들어가야 하나?

04 이렇게 하는 게 옳은 일인지 모르겠다.

컨닝페이퍼
01 코에 칼을 대는 것, 즉 '코 성형'은 nose job이라고 하죠.
02 자신의 인생을 산다는 것은 lead one's own life라는 표현을 이용해 보세요.
03 대학에 들어간다는 것은 대학에 공부하러 간다는 뜻이니까, go to college라고 쉽게 표현해 보세요. '꼭'의 어감을 좀더 강하게 나타내고 싶다면 have to 앞에 '절대적으로'란 뜻의 absolutely를 넣을 수도 있어요.
04 '이렇게 하는 게 옳은 일이다'는 '이것이 옳은 일이다, 하기에'로 해석해서 영작해 보세요.

정답
01 Do I have to get a nose job?
02 Am I really leading my own life?
03 Do I (absolutely) have to go to college?
04 I don't know if it is the right thing to do.

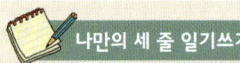 **나만의 세 줄 일기쓰기**   나만의 세 줄 일기로 이런저런 의문점을 표현해 보세요!

Keywords 결혼하다 get married | 선을 보다 go on a blind date with the aim of getting married | 취업을 하다 get a job | 돈을 벌다 make money | 대학에 가다 go to college | 대학원에 진학하다 go to graduate school | 헬스클럽에 다니다 go to a fitness center | 다이어트를 하다 go on a diet | 성형을 하다 get cosmetic surgery | 콧대를 세우다, 코 수술을 하다 get a nose job | 쌍꺼풀 수술을 하다 get double-eyelid surgery

Diary 15

대체 네가 어디가 못생겼다는 거야?
Where the hell are you UGLY?

이런저런 의문점 표현하기(2)

세상에 의문스러운 게 어디 한두 가지겠어요. 때문에 그만큼 의문을 표현하는 방법도 여러 가지입니다. 그래서 이번에는 '언제, 어디서, 누가, 무엇을, 어떻게, 왜'라고, 소위 6하 원칙에 입각해 의문점을 표현하는 방법을 살펴보기로 해요.

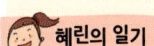 혜린의 일기

연예인 뺨치는 미모 *July 5, Hot*

Don't let some jerk keep depressing you, Hyerin! 대체 네가 어디가 못생겼다는 거야? I think you are gorgeous. Put on some makeup. Then you will really put those hot young TV starlets to shame!

시시한 사내새끼 때문에 계속 처져 있을 필요는 없어, 혜린아! Where the hell are you UGLY? 내가 보기엔 예쁘기만 하고만. 화장해봐. TV에 나오는 연예인 뺨친다고!

준호의 일기

군대 가기 싫은데 *7월 5일 더움*

대체 왜 군대는 만들어서 전쟁을 하는 거냐고? However, I don't think I am the right one to criticize the military because I am a lover of war movies. How can I live without seeing Hyerin for as long as two years?

Why the hell do we have militaries and wage war? 하기야 전쟁영화 좋아하는 내가 이렇게 따지는 건 좀 그렇지만… 혜린 선배랑 2년이나 못 보고 어떻게 산단 말이지.

의문점을 나타내는 영어문장 보기

혜린: 대체 네가 어디가 못생겼다는 거야? → Where the hell are you ugly?
준호: 대체 왜 군대는 만들어서 전쟁을 하는 거냐고? → Why the hell do we have militaries and wage war?

무작정 따라하기 ① 왜 이렇게 살고 있는지 의문이 들 때는 의문사 why를 사용하자

왜 이러고 살고 있는지 한심한 생각이 드나요? 그렇다면 주저하시 말고 일기장을 펴세요. 그리고는 이유를 묻는 의문사 why를 이용해서, 이렇게 적어보세요. Why am I living like this? 한결 마음이 가벼워질 거예요. 이 망망대해 같은 우주에서 나는 현재 어디에 와있는 것인지 의문이 들 때는, 장소를 묻는 의문사 where를 이용하면 되죠. Where am I in the universe? 나는 어떤 가치가 있는 인간인지 궁금한가요? 그렇다면 무엇인지 묻는 what을 사용해서 What am I worth?라고 적어보도록 하죠.

컨닝페이퍼
03 우리말의 '백마 탄 왕자'는 영어로 Prince Charming 이에요.
05 '때'를 나타내는 의문사는 when(언제)이라는 거 알고 있죠?
06 여기서 at all은 의문을 강조하는 말.

01 나는 뭐가 문제지?
　　　　　　the problem with me?

02 왜 미남이는 나와 헤어지고 싶어 하는 걸까?
　　　　　　want to break up with me?

03 백마 탄 왕자는 어디 있을까?
　　　　　　Prince Charming?

04 어디에 가면 내 이상적인 여인을 만날 수 있을까?
　　　　　　I find my ideal woman?

05 언제쯤이면 이 아픔이 모두 사라질까?
　　　　　　all this pain go away?

06 내 꿈이 이루어질 수 없다면 난 왜 살고 있는 거지?
　　　　　　living at all if my dreams won't come true?

정답
01 What is
02 Why does Minam
03 Where is
04 Where can
05 When will
06 Why am I

자, 그런데 Why를 쓰지 않고도 이유를 물을 수 있는 방법이 있답니다. 바로 How come을 기억해 두세요. Why 뒤에는 의문문을 넣어주어야 하는 번거로움이 있지만, How come을 쓰게 되면 뒤에 주어와 동사를 그냥 순서대로 넣어주면 된다는 편리함이 있어요. 그밖에도 How를 이용하면 '얼마나 오래(How long)', '언제쯤(How soon = When)', '얼마나 자주(How often)', '몇 번이나(How many times)' 등과 같은 것을 물어볼 때 아주 유용하죠.

컨닝페이퍼

07 뒤에 주어와 동사의 평범한 문장이 왔네요.
09 '~를 기다리다'는 wait for.
10 '몇 번이나 ~해야 하나?'는 일상생활에서 자주 던지는 질문이니까, 〈How many times do I have to + 동사원형~?〉으로 한꺼번에 익혀두면 좋겠네요.

07 왜 나는 운이 없는 걸까?　　　　I have no luck?

08 언제쯤이면 우주여행을 할 수 있게 될까?
　　　　can we travel in space?

09 너를 얼마나 기다려야 하니?
　　　　do I have to wait for you?

10 나는 몇 번이나 이런 상처를 겪어야 하는 것일까?
　　　　do I have to go through this trauma?

정답
07 How come
08 How soon
09 How long
10 How many times

무작정 따라하기 ❷ 어떻게 해야 좋을지 모를 때는 I don't know what to do

의문이 생겼다고 해서 반드시 의문사로 시작할 필요는 없어요. "이런 경우에는 어떻게 하면 좋을지 모르겠다."라고 일기에 털어놓고 싶을 때가 있겠죠? 우선 I don't know라고 한 다음에 what to do를 붙이면, I don't know what to do가 되어 어떻게 해야 좋을지 모르겠다는 문장이 완성돼요. 다음에 '이런 경우'에 해당되는 in this situation을 넣어주면, I don't know

Diary 15_ 이런저런 의문점 표현하기(2)　113

what to do in this situation.이라는 훌륭한 문장이 만들어지죠. 따라다니는 남자가 하도 많아서 누구를 고르면 좋을지 모를 때는, I don't know who to choose.라고 하면 되는 거죠.

---

01 나는 남자랑 어떻게 관계를 쌓아 나아가야 하는 건지 모르겠어.

　　　　　　　　　　　　　　build a relationship with a man.

02 나는 언제 hear를 쓰고 언제 listen을 쓰는지 모르겠다.

　　　　　　　　　　　　　　use "hear" and when to use "listen."

03 어디로 가야 할지 모르겠다.

　　　　　　　　　　　　　　go.

04 소개팅에 뭘 입고 가야 할지 모르겠다.

　　　　　　　　　　　　　　wear on my blind date.

컨닝페이퍼
01 '이성'과 관계를 쌓는다'고 할 때는 글자 그대로 build a relationship with라고 하면 되죠.
04 '소개팅'은 blind date.

정답
01 I don't know how to
02 I don't know when to
03 I don't know where to
04 I don't know what to

'도대체' 내가 어디가 못생겼다는 거야? Where the hell ~

하도 '얼짱'이니 '몸짱'이니 하고 따지는 사내들 때문에 남몰래 거울을 보면서 한숨을 짓는 여성이라면, "도대체 내가 어디가 못생겼다고 야단이야?"라고 따지고 싶겠죠? 이때 Where am I ugly?라고만 하면 어감이 좀 약한 느낌이 들어요. Where 다음에 the hell을 넣어 Where the hell am I ugly?라고 하면, "도대체 어디가 어때서?"라는 느낌이 팍 살아나죠.

이렇게 의문사 뒤에 the hell, in the world, on earth 등을 넣으면, '도대체'라는 어감이 들어가게 된답니다. 더욱 강조하고 싶으면 the fuck을 넣으면 되고요. 그러나 이것은 상스러운 말이니까, 일기장에만 쓰는 게 좋겠죠? 자, 그러면 연습 들어갑니다~ "도대체 혜린이는 무슨 말을 하고 있는 거야?"는 What the hell is Hyerin talking about?이라고 하면 되고요, "도대체 나는 누구란 말인가?"하고 실존적인 의문이 들 때는 Who on earth am I?라고 철학적인 자문을 하면 되는 거죠. 자, 그러면 the fuck도 한 번은 써봐야겠죠? "여기서 도대체 무슨 일이 벌어지고 있는 거야?"는 What the fuck is going on here?

한 문장 써보기
앞에서 배운 패턴을 이용해 영작해 보세요.

01 뭘 해서 먹고 살지?

02 수학은 왜 배워야 하는 거지? 써먹을 데도 없는 것 같은데.

I think it is useless.

03 키스를 하면 기분이 어떨까?

04 나는 서울에서는 어디에 가야 밤에 재미있게 놀 수 있는지 모른다.

컨닝페이퍼

01 '먹고 살기 위해서 뭘 해야 하지?'로 풀어서 생각해 보세요. '~하기 위해서'라는 말은 〈to + 동사원형〉을 이용하면 되고요. '먹고 살려고 돈을 버는' 것은 earn a living이라고 하면 돼요.

02 do I have to ~ 앞에 Why만 붙이면 되겠네요.

03 '~를 하면 기분이 어떨까?'는 〈How do I feel when 주어 + 동사 ~?〉로 표현해 보세요.

04 '밤에 재미있게 놀다'는 go out at night.

정답

01 What do I have to do to earn a living?
02 Why do I have to learn math?
03 How do I feel when I kiss somebody?
04 I don't know where to go out at night in Seoul.

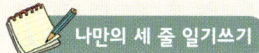 **나만의 세 줄 일기쓰기** 나만의 세 줄 일기로 이런저런 의문점을 의문사를 써서 표현해 보세요!

Keywords 백마 탄 왕자 Prince Charming | 이상적인 여인 ideal woman | 영혼의 친구 soul mate | (상처, 어려움 등을) 겪다 go through | 차를 살 여유가 생기다 afford to buy a car | 하고 싶은 걸 시작하다 start doing things I want to do | ~랑 마주치지 않으려고 애쓰다 trying to avoid + 사람 | 일등만을 추구하다 seek only the first | 치열하게 경쟁하다 compete fiercely | 매사에 남보다 잘나고 싶어 하다 want to be better at everything than others | 성공에 집착하다 stick to one's success / be obsessed with one's success | 서로 차별하다 discriminate each other | 전쟁을 하다 make war / wage war | 우리 주변의 모든 것을 파괴하다 destroy everything around us

둘째 마당

지나간 일을 쓴다!
Diary 16~26

지금의 감정이나 일들에 대해 일기를 열심히 쓰셨죠? 그럼 지나간 일을 쓰는 것은 일도 아니랍니다. 이미 익힌 동사들에서 시제를 '과거형'으로만 바꿔주면 되니까요.

고스톱을 쳤다고요? 그럼 '고스톱을 치다'란 뜻인 play go-stop에서 동사 play를 과거형으로 고쳐 I played go-stop.(고스톱을 쳤어.)이라고 하면 되죠.

현주네 집에 놀러갔다고요? '~에 가다'라고 할 때 쓰는 〈go to + 장소〉에서 동사 go를 과거형인 went로 고쳐 I went to Hyeonju's house today.(오늘 현주네 집에 갔다.)라고 하면 되는 것입니다.

과거 시제 역시 좀 더 자세히 나누면 과거 시제, 과거진행 시제, 과거완료 시제로 나눌 수 있습니다. 따라서 과거 어떤 순간이나 특정 기간에 하고 있었던 일이나 벌어지고 있었던 일을 현장감을 살려 표현하고 싶을 때에는 현재진행형인 〈be동사 + -ing〉에서 be동사를 과거형인 was/were로만 바꿔주면 되고, 과거의 어느 시점보다도 먼저 일어났던 일이나 경험은 현재완료형인 〈have + p.p.〉에서 have만 had로 바꾸면 되는 거죠.

간단하죠? 그럼, 이제부터는 지나간 일들에 대해서 쓸 때 많이 등장하는 동사를 중심으로 일기 쓰는 법을 살펴보도록 하겠습니다.

Diary 16 — 오늘 했던 일 쓰기

인터넷 게임을 했다.
I played online games.

학교, 집 또는 회사, 집을 오가는 단순한 일상인 것 같지만, 기껏해야 일 아니면 공부, 아니면 노는 게 전부인 하루인 것 같지만, 가만히 들여다보면 그 안에서도 참 재미난 일들이 소소하게 생기지요. 오늘은 어떤 재미난 일들을 했나요? 또, 어떤 재미난 일들이 생겼나요?

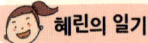

혜린의 일기

내 운명의 님은 어디에? July 8, Sunny and hot

오늘 소개팅을 했다. I think he is a very nice guy, but I don't feel attracted to him for some reason. I think I am going to continue having blind dates until I find Mr. Right.

I went on a blind date today. 꽤 괜찮은 사람인 것 같은데, 왠지 끌리지가 않는다. 마음에 드는 사람을 만날 때까지 계속 소개팅을 해볼까?

준호의 일기

기분이 꿀꿀해 7월 8일 맑고 더움

I felt a little down all day long. 수업 마치고 성용 선배랑 PC방에서 인터넷 게임을 했다. I was on a losing streak maybe because my mind was somewhere else. Why do I feel so down?

하루 종일 기분이 꿀꿀했다. I played online games with Seongyong at an Internet cafe after class. 생각이 딴 데 가 있어서 그런지 계속 졌다. 왜 이렇게 기분이 꿀꿀하지?

했던 일을 나타내는 영어문장 보기

혜린: 오늘 소개팅을 했다. → I went on a blind date today.
준호: 오후에 성용 선배랑 PC방에 가서 인터넷 게임을 했다.
  → I played online games with Seongyong at an Internet cafe after class.

무작정 따라하기 1 시간이라는 모래사장에 찍힌 나만의 발자국은 과거형으로

이 세상에서 제일 공평한 것은? 물론 시간이죠. 부자든 가난뱅이든, 얼짱을 여친으로 삼아 신이 난 미남이든 얼짱이 아니라고 차인 혜린이든, 시간은 누구에게나 공평하게 주어지니까요. 그래서 Time is a great equalizer.(시간이란 모든 것을 공평하게 해주는 것이니라.)라는 명언이 생긴 게 아닐까요? 자, 이 순간에도 시간은 흘러서 모든 일을 과거로 만들어주는군요. 이제 시간이라는 모래사장에 찍힌 나만의 발자국(my footprints on the sands of time)을 일기장에다 과거형으로 기록해 볼까요?

01 오늘 미적분학 쪽지 시험을 봤다.

I _____ a pop quiz in calculus today.

02 그 쪽지 시험을 완전히 망쳤다.

I _____ up on the quiz.

03 오늘 학교 앞 호프집에서 알바를 시작했다.

I _____ my part-time job at a beer pub located in front of my school today.

04 오늘 드디어 사표를 냈다.

I finally _____ in my resignation today.

컨닝페이퍼

01 '쪽지시험을 보다'는 have a pop quiz 또는 take a pop quiz.
02 시험 같은 것을 '완전 망치다'라고 할 때는 mess up on.
04 '~를 제출하다'는 hand in 또는 turn in. '사표'는 resignation.

정답

01 had (have - had - had) / took (take - took - taken)
02 messed (mess - messed - messed)
03 started (start - started - started)
04 handed (hand - handed - handed) / turned (turn - turned - turned)

한 일이 있으면 못한 일도 있는 법이죠. 하지 않은 일은 did not 다음에 동사원형을 쓰면 되고요, be동사인 경우에는 was not, 또는 were not을 쓰면 되죠.

05 오늘 학교에 안경을 가지고 가지 않았다.

I _____ take my glasses to school today.

06 오늘 내 머리 모양이 마음에 들지 않았다.

I _____ happy with my hair today.

> **컨닝페이퍼**
>
> **05** '~에 …를 가지고 가다'는 take ... to ~.
>
> **06** '~가 마음에 들다, 흡족하다'는 be happy with. 형용사는 be동사가 앞에 와야 문장 속에서 힘을 발하죠.

> **정답**
>
> **05** did not
> **06** was not

무작정 따라하기 ❷ 과거의 그림자는 현재에 눕는다

과거에 일어난 일이라고 해서 꼭 과거형으로만 쓸 필요는 없어요. 과거에 일어난 일이지만 현재와 밀접한 관계가 있을 때는 현재완료형을 사용할 수 있답니다. I didn't see Hyerin today.는 단순히 오늘은 혜린이를 보지 못했다는 의미를 전달할 뿐이지요. 그러나 현재완료형을 사용해 I haven't seen Hyerin today.라고 하면 지금 일기를 쓰고 있는 순간까지 혜린이를 보지 못해서, 보고 싶어 죽겠다는 어감도 전달할 수 있답니다.

01 오늘 하루 종일 아무것도 먹지 못해서, 배가 고파 죽겠다.

I _____ all day and I am starving.

02 방을 청소했더니 이제 한결 좋아 보인다.

I _____ my room and it looks much better now.

03 잠이 안 온다. 새벽 2시부터 깨어 있다.

I can't sleep. I _____ up since 2 a.m.

컨닝페이퍼

01 be starving은 '배가 고파 죽을 지경이다'란 의미.
02 '방을 청소하다'는 clean one's room.
03 잠을 못 자고 '깨어 있다'는 be up으로 간단히 표현할 수 있어요.

정답

01 haven't eaten
   (eat - ate - eaten)
02 have cleaned
03 have been

until과 by의 차이는 어디'까지'?

귀가 떨어질 것 같이 추운 날 밤 준호는 버스 정류장에서 혜린이를 10시까지 기다렸지만 만나지 못하고 집으로 돌아갔죠. 일기장을 펴든 준호는, I waited for Hyerin이라고 운을 뗍니다. 그런데 다음이 문제죠. 도대체 '10시까지'를 until ten이라고 해야 되는지, by ten이라고 해야 되는지 헷갈려서 말이죠.

영어의 by와 until은 하늘과 땅 사이의 차이가 있어요(너무 과장했나?). 결론부터 말하자면 이때 준호는 until ten이라고 써야 합니다. 10시가 되자 더 이상 기다리지 않고 집으로 돌아갔으니까요. A until B라는 구문은 'B라는 시점이 되면, A라는 상황이 바뀐다'는 뜻을 나타냅니다. 준호의 경우에는 until ten이니까, 10시가 되자 I waited for Hyerin이라는 상황이 바뀌어 집으로 돌아간 것이 되죠.

그러면 by는 어떤 때 쓰냐고요? 추운 밤에 밖에서 6시부터 혜린이를 기다린 준호는 10시가 되기 이전부터 완전히 지쳤을 겁니다. 이런 상황을 나타낼 때 바로 by ten을 사용하게 되는 거죠. I was absolutely exhausted by ten.(10시가 되었을 때는 이미 완전 녹초가 되어 있었다.) 즉 A by B라는 구문은 'B라는 시점이 되었을 때는 이미 A라는 것이 완료되었다'는 뜻을 나타내죠. 그래서 "10시까지는 이리 와."라고 하려면 Be here by ten.이라고 하면 돼요. 일찍 와도 좋지만, 10시까지는 꼭 와 있어야 된다는 의미이죠.

| 한 문장 써보기 | 앞에서 배운 패턴을 이용해 영작해 보세요. |

01 오늘 회사에서 중요한 프레젠테이션을 했다.

02 오늘 회사 동료랑 말다툼을 했다.

03 오후에 PC방에서 컴퓨터 게임을 하며 시간을 때웠다.

04 저녁 때 도서관에서 학기말 리포트 자료를 조사했다.

컨닝페이퍼

01 프레젠테이션을 했다고 할 때 동사는 give나 make를 써 보세요.
02 말다툼을 하는 것은 have an argument로 나타내면 된답니다.
03 시간을 때우는 것은 kill time. '~을 하며 시간을 때우다'라고 하려면 (kill time + -ing). PC방은 PC room이 아니라, Internet cafe 또는 cyber cafe라고 해요.
04 '학기말 리포트'는 term paper, '자료'는 material.

정답

01 I gave/made a big presentation at work today.
02 I had an argument with my co-worker today.
03 I killed time playing computer games in a cyber cafe in the afternoon.
04 I researched material for my term paper in the library in the evening.

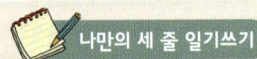
나만의 세 줄 일기쓰기 나만의 세 줄 일기로 오늘 했던 일 중 기억에 남는 것을 기록해 두세요!

Keywords 학교/회사에 지각하다 be late for school/work | 야근을 하다 work overtime | ~에게 대들다 stand up to | ~와 치고 박고 싸우다 fight with | 승진시험을 보다 take a promotion exam | 시험공부를 하다 study for the exam | ~와 술 한잔하다 drink with | 소개팅을 하다 go on a blind date | (대학) 축제 준비를 하다 prepare for the college festival | 신입생 환영회를 하다 have a welcome party for the new students

Diary 17 오늘 갔던 데 쓰기

오늘 혼자서 공포영화를 보러 갔다.
I went to see a horror movie alone today.

세상은 넓고 갈 곳은 많고 시간은 한정되어 있습니다. 때문에 일기를 쓸 때면 내가 오늘 어디에 갔는지가 의미 있는 화두로 언급될 때가 많죠. 가깝게는 동네 극장부터 멀게는 저 먼 미국 땅 어느 길모퉁이까지, 내가 혹은 친구가 오늘 어디 재미난 곳에 갔는지 적어볼까요?

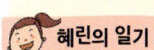 혜린의 일기

부러운 그대들

July 9, Hot

오늘 혼자서 공포영화를 보러 갔다. Some girls screamed shrilly holding their boyfriends. It was kind of disgusting. No, actually I envied them.

I went to see a horror movie alone today. 여자 아이들이 남자친구 붙들고 꽥꽥 괴성을 지르는데 참 꼴사나웠다. 아니, 사실은 부러웠다.

 준호의 일기

뜨거운 여름엔

7월 9일 더움

It is getting hotter. 오늘 자취방 선후배들과 수영장에 갔다 왔다. It was sort of fun, though it was a bit of shame that there were no girls in our group.

날씨가 점점 뜨거워진다. I went to a swimming pool with my roommates. 나름 재미있었지만, 여자가 한 명도 없었다는 게 조금 아쉬웠다.

갔던 데를 쓴 영어문장 보기

혜린: 오늘 혼자서 공포영화를 보러 갔다. → I went to see a horror movie alone today.

준호: 오늘 자취방 선후배들과 수영장에 갔다 왔다. → I went to a swimming pool with my roommates.

무작정 따라하기 1 '~에 갔다'는 I went to ~

우리는 끊임없이 어디에 가죠. 영화를 보러 갔으면, I went to the movies. 노래방에 갔으면, I went to a singing room. PC방에 갔으면, I went to a cyber cafe. 이렇게 '~에 갔다'고 할 때는 go의 과거형인 went 다음에 〈to + 장소〉를 붙이기만 하면 됩니다.

01 혜린이와 놀이동산에 갔다.
　　　　　　　　an amusement park with Hyerin.

02 현대미술관에 갔다.
　　　　　　　　the Museum of Modern Art.

03 친구들과 함께 볼링장에 갔다.
　　　　　　　　alley with some of my friends.

04 부산에 있는 할아버지 할머니 댁에 갔다.
　　　　　　　　house in Busan.

05 우유를 사러 식품점에 갔다.
　　　　　　　　to buy some milk.

06 나는 댄스파티에 갔다.
　　　　　　　　the dance.

컨닝페이퍼

01 '놀이동산'은 amusement park.
03 '볼링장'은 bowling alley.
04 '할아버지 할머니 댁'은 my grandparents' house.
05 '식품점'은 grocery store.
06 '댄스파티'는 보통 party를 붙이지 않고 그냥 dance라고 해요.

정답

01 I went to
02 I went to
03 I went to a bowling
04 I went to my grandparents'
05 I went to the grocery store
06 I went to

학생이라면 학교에 가겠죠? I went to school. 직장인이라면 출근했겠죠? I went to work. 밤에 잠자러 갔으면 I went to bed. 일요일에 교회에 갔으면 I went to church. 혹시 죄를 지어 교도소에 갔다면 I went to prison. 그런데 이 경우에는 school, college, work, bed, church, prison 등에 a나 the같은 관사가 붙지 않았죠? 이런 곳이 존재하는 본래의 목적을 위해 갈 때는 관사가 붙지 않아요. 가령 공부하러 학교에 갔을 때는 그냥 I went to school.이고, 테니스를 치러 학교에 갔다면, school 앞에 정관사를 붙여서 I went to the school to play tennis.라고 하면 되는 거예요.

07 오늘 아침에 일부러 학교에 늦게 갔다.

I purposely _____ late this morning.

08 지난밤에는 보통 때보다 일찍 잠자리에 들었다.

I _____ earlier than usual last night.

09 그 남자는 종신형을 받아 교도소로 갔다.

He _____ for life.

10 내 친구들 중에는 대학에 간 사람이 없다.

None of my friends _____.

11 나는 어렸을 때 매주 일요일마다 교회에 갔다.

When I was young, I _____ every Sunday.

컨닝페이퍼
- 07 '일부러'는 purposely.
- 08 '보통 때보다 일찍'은 earlier than usual이라고 하면 되죠.

정답
- 07 went to school
- 08 went to bed
- 09 went to prison
- 10 went to college
- 11 went to church

무작정 따라하기 ② '~을 하러 갔다'를 〈I went + -ing〉로 나타낼 수도 있다

무엇을 하러 어디에 갔다고 할 때 꼭 〈went to + 장소〉만 사용해야 되는 것은 아니죠. '낚시하러 갔다'는 went fishing, '등산하러 갔다'는 went hiking, '야영하러 갔다'는 went camping, '보트를 타러 갔다'는 went boating, '쇼핑하러 갔다'는 went shopping이라고 하면 된답니다. 이렇게 일부 동사는 went 다음에 그 동사의 -ing형을 붙이면 '~을 하러 갔다'는 뜻을 나타낼 수 있죠.

그런데 주의할 것은 "그 강으로 낚시하러 갔다."를 I went fishing to the river.라고 하면 안 된다는 거예요. 즉 〈to + 장소〉라고 표현하지 않는다는 거죠. 〈go + -ing〉라는 표현을 사용할 때는, 방향을 나타내는 to라는 전치사가 아니라, 장소를 나타내는 in이나 at, on 등을 사용한다는 말씀! 그래서 I went fishing in the river.라고 해야 된답니다.

01 한강으로 보트를 타러 갔다.   I _____ on the Han River.

02 오늘 난생 처음 스키 타러 갔다.
   Today I _____ for the first time.

03 이마트에 쇼핑하러 갔다.   I _____ at E-mart.

04 관광하러 태국에 갔다.   I _____ in Thailand.

컨닝페이퍼
01 보트는 물 위에서 타는 거니까, 뒤의 전치사는 on이 쓰였어요.
02 '난생 처음'은 for the first time.
03 '~에 쇼핑하러 갔다'고 할 때는 전치사 at을 써요.
04 '어떤 나라'에서라고 할 때는 전치사 in을 써주세요.

정답
01 went boating
02 went skiing
03 went shopping
04 went sightseeing

잠깐만요!

'집으로, 시내로, 해외로' 갔을 때는 to를 붙이지 않는다

최근에 구정을 쇠러 집에 갔었다고요? Recently I went home for Lunar New Year. 초등학교를 졸업하고 해외에 나갔다고요? After I finished elementary school, I went abroad. 어제 시내에 나가셨나요? I went downtown yesterday. 자, home, abroad, downtown 앞에 모두 to라는 전치사가 없죠? 이것들은 모두 부사로 사용되었기 때문에 굳이 to를 쓸 필요가 없어요. 즉 그 자체에 '집으로, 해외로, 시내로' 등의 '~으로'라는 뜻이 이미 포함되어 있는 거죠. 그러나 명사로 사용될 때는 to를 붙여야 된답니다. 즉 '혜린의 집으로'라고 할 때는 to Hyerin's home이라고 해야 하는 거죠.

한 문장 써보기
앞에서 배운 패턴을 이용해 영작해 보세요.

01 쇼핑하러 백화점에 갔다.

02 오늘 여자친구 집에 인사드리러 갔다.

03 파리에 도착하자마자 루브르 박물관에 갔다.

04 방을 구하러 쌍문동에 갔다.

커닝페이퍼

01 '~에 쇼핑하러 갔다'고 할 때는 went shopping at. 백화점은 department store.

02 인사드리러 간다는 것은 상대방의 부모를 처음 만나서 나는 어떤 사람이라고 밝히러 간다는 뜻이죠? 이럴 경우에는 meet를 이용하면 간단히 해결된답니다.

03 '~에 도착하자마자'는 as soon as I got to ~라고 하면 돼요.

04 방을 구하러 돌아다니는 것은 go looking for a(an) house/apartment/place.

정답

01 I went shopping at a department store.
02 I went to my girlfriend's house to meet her parents.
03 I went to the Louvre as soon as I got to Paris.
04 I went looking for a place in Ssangmun-dong.

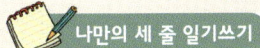
나만의 세 줄 일기쓰기 나만의 세 줄 일기로 오늘 갔던 데 중 기억에 남는 곳에 대해 기록해 두세요!

Keywords 놀이동산 amusement park | 볼링장 bowling alley | 당구장 pool hall / poolroom / billiards house | 보드게임방 board-game cafe | PC방 Internet cafe / cyber cafe | 노래방 *noraebang* / singing room / karaoke cafe | DVD방 DVD cafe | 만화가게 comic-book cafe | 찜질방 Korean-style sauna | 공중 목욕탕 public bath | 극장에 (영화 보러) 가다 go to the movies / go to see a movie | 극장에 (연극 보러) 가다 go to see a play | 콘서트 보러 가다 go to a concert / go to see a concert | 수영하러 가다 go swimming | 스키를 타러 가다 go skiing | 인라인스케이트를 타러 가다 go in-line skating

Diary 18

오늘 강아지를 보았다.
I saw a puppy.

처음부터 범인 보여주고, '너네 범인 다 봤어(saw). 근데 뭘 그리 헤매고 난리니?'하며 마치 관객들을 농락하기라도 하는 것 같았던 영화 〈쏘우(SAW)〉, 기억나세요? 여기서의 saw! '봤다'는 뜻이라는 거 아마 모르는 사람, 없을 거예요. 하지만 우리말로 '봤다'고 해서 다 똑같은 봤다는 아니랍니다.

 혜린의 일기

산책로를 거닐다   July 10, Cloudy

산책로를 거닐다 어떤 아저씨가 강아지를 때리고 있는 것을 보았다. The puppy still haunts me. I feel sorry for it.

I saw a man hitting a puppy while taking a walk in the park. 지금도 자꾸 그 강아지가 눈앞에 아른거린다. 마음이 아프다.

준호의 일기

행복한 강아지   7월 10일 흐림

전철을 타고 집에 가는 길에 매우 귀여운 강아지를 보았다. The puppy was wearing a cute dress, pretty shoes and a beautiful hairdo. Is the puppy really happy looking like that?

I saw a very cute puppy on the subway on my way home. 예쁜 옷도 입고, 예쁜 신발도 신고, 머리도 예쁘게 하고 있었다. 그 강아지는 정말 행복할까?

봤던 것을 나타내는 영어문장 보기

혜린: 산책로를 거닐다 어떤 아저씨가 강아지를 때리고 있는 것을 보았다.
→ I saw a man hitting a puppy while taking a walk in the park.

준호: 전철을 타고 집에 가는 길에 매우 귀여운 강아지를 보았다.
→ I saw a very cute puppy on the subway on my way home.

무작정 따라하기 ① 보이니깐 봤지! I saw ~

우리말로 '봤다'고 해서 다 똑같은 봤다는 아닙니다. 무슨 도깨비 씨나락 까먹는 소리냐고요? 명동에서 우연히 현빈을 보았다고 합시다. 이때 '보았다'는 것은 보고 싶어서, 또는 보려고 노력을 해서 본 것이 아니라, 우연히 포착되어 '보인' 것이죠. 이렇게 수동적으로 보게 된 것은 바로 see라는 동사를 쓴다는 겁니다. 과거는 물론 saw고요. 따라서 오늘 명동에서 우연찮게 현빈을 보았던 일을 일기장에 기록해두고 싶다면, I saw Hyun Bin in Myeong-dong.이라고 쓰면 되죠.

> **컨닝페이퍼**
> 03 '바퀴벌레'는 roach.
> 05 같은 학교를 나온 친구가 동창이죠. 어렵게 생각할 필요 없어요.

01 오늘 오후에 완벽한 무지개를 봤다.
　　　　　　 a perfect rainbow this afternoon.

02 뒤를 돌아봤지만 아무것도 보이지 않았다.
I looked back but 　　　　　 nothing.

03 오늘 아침에 부엌에서 바퀴벌레를 봤다.
　　　　　　 a roach in the kitchen this morning.

04 어젯밤 꿈속에서 흡혈귀를 봤다.
　　　　　　　　　　 in my dream last night.

05 종로에서 고등학교 동창을 봤다.
　　　　　　 a friend from high school in Jongno.

이번엔 단순히 현빈을 봤다 정도가 아니라 '현빈이 명동에서 영화촬영을 하고 있는 것을 보았다.'라고 하고 싶다면, I saw Hyun Bin filming in Myeong-dong.처럼, I saw 뒤에 내 눈에 포착된 것과 그것이 하고 있었던 동작을 동사원형이나 -ing 형태로 써주세요.

> **정답**
> 01 I saw
> 02 saw
> 03 I saw
> 04 I saw a vampire
> 05 I saw

06 동네 사람들이 이야기하고 있는 것이 보였다.

I _____ my neighbors _____ to each other.

07 물결이 일렁이고 있는 것이 보였다.

I _____ the water _____.

08 밤늦게 엄마가 부엌에서 흐느끼고 있는 것을 봤다.

I _____ Mom _____ in the kitchen late tonight.

09 혜린이가 미남이와 손을 잡고 걸어가는 것을 봤다.

I _____ Heyrin _____ with Minam hand in hand.

10 길에서 어떤 커플이 심하게 다투고 있는 걸 봤다.

I _____ a couple _____ fiercely on the street.

컨닝페이퍼

06 사람들이 서로 이야기를 나누는 것은 talk to each other.
07 물결이 일렁인다고 할 때 '일렁이다'는 ripple.
08 '흐느끼다, 훌쩍이다'는 sob.
10 '심하게 다투다'는 argue fiercely.

정답

06 saw, talking
07 saw, rippling
08 saw, sobbing
09 saw, walk
10 saw, arguing

무작정 따라하기 ② 작정하고 봤다고요?!

무엇을 보고 싶어서 자신의 의지로 '바라보는' 경우는 look at을 씁니다. 그래서 "나는 넋이 나가서 현빈을 바라보았다."라고 할 때는 I looked at Hyun Bin blankly.라고 하죠. 이런 경우 saw라고 하지는 않습니다. 움직이는 대상이나 무엇을 유심히 지켜볼 때는 watch를 씁니다. "나는 현빈 얼굴을 뚫어지게 봤다."는 I watched his face intently.라고 하면 되죠. 그리고 'TV를 본다'는 watch TV라고 하지, see TV라고는 하지 않아요. 그러나 모든 규칙에는 예외가 있기 마련이죠. 어떤 영화나 TV 프로를 본다고 할 때는 see도 사용된답니다. 그래서 saw a movie, saw a TV drama라고 해도 된단 말이지요.

>> look at과 watch의 쓰임, 헷갈리지 마세요!

~를 바라보았다, 쳐다보았다
I looked at + 대상

~를 보았다, 지켜봤다
I watched + 대상

~가 …하는 것을 보았다, 지켜봤다
I watched + 대상 + -ing

01 오늘 명동에서 현빈을 봤다. 처음엔 넋이 나가서 바라보다가, 영화 촬영하는 것을 지켜봤다

I _____ Hyun Bin in Myeong-dong. At first I _____ him blankly. Then I _____ him making a film.

02 나는 거울에 비친 내 모습을 바라보았다. 예뻤다.

I _____ myself in the mirror. I looked pretty.

03 나는 어제 밤새도록 인터넷으로 일본드라마를 보았다.

I _____ Japanese TV dramas on the Internet all night yesterday.

컨닝페이퍼

01 '영화촬영을 하다'는 make a film.

정답

01 saw, looked at, watched
02 looked at
03 watched / saw

see의 목적어 뒤에 동사원형을 쓸 것인가, -ing형을 쓸 것인가?

혜린이는 어떤 아저씨가 강아지를 때리는 것을 보게 되어서 가슴이 아팠죠. 말리지는 못했지만, '~가 …하는 것을 보았다'는 확실히 알고 넘어가도록 하죠. 이런 경우에는 〈see + 목적어 + 동사원형 또는 동사의 -ing〉를 사용해서 표현합니다. 그런데 어떤 경우에는 동사원형을 쓰고, 또 어떤 경우에는 동사의 -ing형을 쓸까요? 대개 어떤 사람이 그 동작을 하는 것을 처음부터 끝까지 보는 경우에는 〈see + 목적어 + 동사원형〉을 사용하고, 동작의 일부분을 보는 경우에는 〈see + 목적어 + 동사의 -ing〉로 표현하게 되죠. 혜린이는 그 아저씨가 강아지를 때리는 동작을 처음부터 끝까지 본 것이 아니라, 우연히 때리는 동작의 일부를 본 것이니까, I saw a man hitting a puppy.라고 한 거예요.

이 두 가지 용법의 차이를 잘 나타내는 예를 하나 들어볼까요? "나는 그 여자가 물에 빠지고 있는 것을 보게 되어서 구해주었다."라고 할 때는 I saw her drowning, and I rescued her.라고 해야 되죠. 왜냐하면 물에 빠져 허우적거리는 동작의 일부를 보고 구한 것이니까요. 이것을 I saw her drown, and I rescued her.라고 하면 좀 이상한 말이 되어버려요. 왜냐하면 그 여자가 물에 빠져서 죽는 과정을 처음부터 끝까지 보고 구해주었다는 의미가 되니까요.

한 문장 써보기
앞에서 배운 패턴을 이용해 영작해 보세요.

01 나는 꿈에서 신을 봤다.

02 오늘 혼자서 영화 〈레미제라블(Les Miserables)〉을 봤다.

03 길에서 연인이 키스하는 것을 봤다.

04 나는 하늘을 나는 새들을 (유심히) 바라보았다. 나도 날고 싶었다.

I felt like flying in the air, too.

05 나는 어젯밤 TV로 월드컵 경기를 보았다.

컨닝페이퍼

02 '영화를 본다'고 할 때는 see와 watch 모두 쓸 수 있다고 했죠?

03 키스하고 있는 순간을 강조하고 싶다면 kissing을, 그렇지 않다면 kiss를 쓰면 되겠어요. 자신의 의도에 따라 골라 쓰세요.

04 그냥 눈에 띄어서 본 게 아니라, 답답한 마음에 하늘을 날고 있는 새를 바라보니 나도 날고 싶단 얘기라면, 어떤 동사를 선택하시겠어요?

05 역시 see와 watch 모두 쓸 수 있어요.

정답

01 I saw God in my dream.
02 I saw/watched the movie "Les Miserables" alone today.
03 I saw a couple kiss/kissing on the street.
04 I watched the birds flying.
05 I saw/watched the World Cup games on TV last night.

나만의 세 줄 일기쓰기 나만의 세 줄 일기로 오늘 보았던 것 중 기억에 남는 것을 기록해 두세요!

Keywords 동네 사람, 이웃 neighbor | 텔레비전 드라마 TV drama | 시트콤 sitcom | 스포츠중계 sportscast | 인터넷으로 on the Internet / online | ~랑 옥신각신하다 struggle with | 일몰, 노을 sunset | 해가 지다, 노을이 지다 the sun goes down | 거울에 비친 내 모습을 바라보다 look at myself in the mirror

Diary 19
오늘 느꼈던 것 쓰기(1)

완전 감동 먹었다!
I was deeply touched!

'사람은 감정의 동물'이라고 했습니다. 어떤 일을 보고 겪으면 그에 따른 느낌이 생기기 마련이지요. 오늘은 어떤 일이 있었나요? 아님 어떤 일을 했나요? 어딘가 특별한 곳에 가서 특별한 것을 보았나요? 그리고 무엇을 느꼈나요? 자신의 느낌을 솔직하게 일기장에 표현해 보자구요.

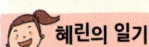
혜린의 일기

선물을 받다 July 11, Sunny and hot

It is my birthday today. Somehow Junho knows my birthday and gave me a brand-new smartphone for my birthday. 완전 감동 먹었다.

오늘은 내 생일이다. 준호가 어떻게 알았는지 내게 최신 스마트폰을 선물해 주었다. I was deeply touched.

준호의 일기

오늘은 혜린 선배 생일 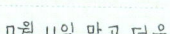 7월 11일 맑고 더움

It is Hyerin's birthday today. I spent the whole evening with her. We went to a movie and then had dinner together. 너무 즐거웠다.

오늘은 혜린 선배 생일이다. 선배랑 영화도 보고 밥도 먹으며 저녁 내내 함께 있었다. It was really fun.

느꼈던 것을 나타내는 영어문장 보기

혜린: 완전 감동 먹었다. → I was deeply touched.
준호: 너무 즐거웠다. → It was really fun.

> **무작정 따라하기** ❶ 과거의 기분을 나타내려면 I was ~ 또는 It was ~

사소한 일에도 너무나 감격해하는 우리의 순진녀 혜린이처럼 감동을 했든, 가슴이 찢어질 정도로 슬펐든 하루에 느낀 감정은 I was ~로 나타낼 수 있어요. 감동을 했거나 감격을 했으면 I was 다음에 impressed, touched, moved 등을 넣으면 되고, '아주' 감동했으면 이런 형용사 앞에 very, deeply, really 등을 넣으면 됩니다. 그냥 감동만 받은 게 아니라 너무 감동을 받아 눈물까지 흘렸다고 하려면, to tears를 끝에 살짝 붙이기만 하면 되죠. I was deeply moved to tears.

01 오늘은 너무 심심했다.

　　　　　　　really 　　　　　today.

02 그 상황이 아주 씁쓸했다.

　　　　　　　very 　　　　　about the situation.

03 그 사실을 알게 되자 나는 굉장히 열 받았다.

　　　　　　　furious when I found that out.

04 다친 유기견을 보자 너무 슬퍼서 가슴이 찢어질 것 같았다.

　　　　　　　heartbroken when I saw an injured stray dog.

컨닝페이퍼

01 '지루한, 심심한'이란 의미의 형용사로 bored를 써보세요.
02 '씁쓸한'이란 의미의 형용사는 bitter.
03 furious는 '굉장히 화가 나는, 열이 받는'이란 의미랍니다.
04 heartbroken은 '슬프고 고통스러워 가슴이 찢어질 것 같은'이란 의미의 형용사예요.

정답

01 I was, bored
02 I was, bitter
03 I was
04 I was

준호는 혜린이와 함께한 시간이 너무 즐거웠죠. 사실 무엇을 해서 즐거웠다기보다는 그냥 옆에 있었다는 것 자체가 너무 좋았던 거죠. 이렇게 어떤 상황이 어땠다고 말할 때는 It was로 시작한 다음에 흥미진진했으면 interesting, 무서웠으면 scary, 감동적이었으면 moving을 붙여주면 돼요.

05 고도로 흥미로웠다.

　　　　　　　 highly 　　　　　　　.

06 엄청 신났다.

　　　　　　 enormously 　　　　　.

07 간담이 서늘할 정도로 오싹했다.

　　　　　　 extremely 　　　　　　.

08 너무 지루해서 미칠 지경이었다.

　　　　　　 totally 　　　　　　　.

> **컨닝페이퍼**
> **06** 어떤 일이나 상황이 '흥분되고 설레고 신나는' 건 exciting.
> **07** '오싹한, 무서운'이란 뜻의 형용사는 frightening.
> **08** '내가' 지루해하고 심심한 건 bored이고, '어떤 일이나 상황이' 지루한 건 boring이죠.

> **정답**
> **05** It was, interesting
> **06** It was, exciting
> **07** It was, frightening
> **08** It was, boring

무작정 따라하기 ② '~인 것 같았다'고 부드럽게 말할 때는 I thought she/he/it was ~

어떤 경우에는 단정적으로 말하고 싶지 않은 때도 있죠. '~인 것 같았다'고 좀 부드럽게 에둘러 말하고 싶을 때는 앞에 I thought를 붙여보세요. 그래서 "혜린이는 완전 감동을 먹은 것 같았다."라고 하려면 우선 I thought라고 한 다음에 Hyerin was deeply moved를 붙여주면 된답니다.

01 그건 미친 짓 같았다.

                 that was insane.

02 조금 너무한 것 같았다.

                 it was a little bit   .

03 아무 맛도 없는 것 같았다.

                 it was   .

04 그 남자는 좀 징그러웠던 같았다.

                 he was a little creepy.

컨닝페이퍼

02 '너무한'은 too much라고 하면 되고, '조금, 약간'이란 뜻의 부사구는 a little (bit).

03 이 맛도 저 맛도 아닌 '아무 맛도 없는'이란 의미의 형용사는 tasteless.

04 creepy는 '소름 돋을 것 같이 징그럽다'는 의미의 형용사예요.

정답

01 I thought
02 I thought, too much
03 I thought, tasteless
04 I thought

interesting이냐, interested냐, 그것이 문제로다~

간만에 좋은 책을 읽어서 "그것은 아주 흥미로운 것 같았다."라고 일기장에 써보고 싶다고요? 자, 그래서 I thought라고 서두를 꺼낸 다음에 that was라고 붙이긴 붙였는데, 그 다음이 문제군요. interesting(흥미롭게 만드는)이라고 해야 될지, interested(흥미를 느끼는)라고 해야 될지 그것이 고민이에요. 그런데 그것이 나를 '흥미롭게 한' 것이죠? 그렇다면 interesting이라고 해야 합니다. 그리고 앞에 really를 붙여서 I thought that was really interesting.

그러면 이번에는 "나는 그 책에 아주 흥미를 느꼈다."라고 해볼까요? 내가 '흥미를 느끼게 된' 것이죠? 그렇다면 interested를 사용해야죠. I was really interested in that book. 자, 확인 들어갑니다~ "나는 그 영화가 지루했다."라고 하려면 I was 다음에 bored일까요, boring일까요? 내가 지루해진 것이니까, bored를 사용해서 I was bored with the movie.라고 하면 되지요. "그 영화는 지루했다."라고 하려면? 그 영화가 나를 지루하게 한 것이니까, The movie was boring.이라고 해야죠.

한 문장 써보기
앞에서 배운 패턴을 이용해 영작해 보세요.

01 오늘 면접을 보러 갔다. 긴장 되서 죽는 줄 알았다.

I went for a job interview today.

02 친구랑 영화를 봤다. 그저 그랬다.

I saw a movie with my friend.

03 그 여자는 흠잡을 데가 없는 것 같았다.

04 놀이동산에 갔다. 끝내주게 재미있었다.

We went to an amusement park.

컨닝페이퍼
01 '긴장 되서 죽을 것 같을' 때는 형용사 nervous 앞에 dead를 붙여보세요.
02 어떤 상황에서든지 너무 좋지도 나쁘지도 않은 '그럭저럭인' 경우에는 so-so를 쓰면 됩니다.
03 '흠 잡을 데 없는'은 flawless.
04 놀이동산에서 노는 것이 '끝내주게 재미있는, 신나는'은 wildly exciting이라고 하면 되죠. 또는 간단하게 hilarious라고 해도 됩니다.

정답
01 I was dead nervous.
02 It was so-so.
03 I thought she was flawless.
04 It was wildly exciting. / It was hilarious.

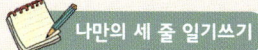
나만의 세 줄 일기쓰기
나만의 세 줄 일기로 오늘 느꼈던 것을 기록해 두세요!

Keywords (감성적인 면에서) 감동적인 touched / moved | 인상적인, 감동적인 impressed | (사람이) 심심한 bored | (상황이) 지루해서 미칠 지경인 dead boring | 씁쓸한 bitter | 안심이 되는 relieved | 무지하게 열 받는 furious | 너무 슬퍼서 가슴이 찢어질 것 같은 heartbroken | (상황이) 흥미로운 interesting | (상황이) 신나는, 설레는 exciting | (사람이) 신나는, 설레는 excited | (상황이) 오싹한, 무서운 frightening | (사람이) 무서워서 놀래는 frightened | 역겨운 disgusting | 미친 짓인 insane | 너무한 too much | 징그러운 creepy | 아무 맛도 없는 tasteless | 맛있는 good / great | 맛이 형편없는 terrible

Diary 20

오늘 느꼈던 것 쓰기(2)

스티븐 킹이 얼마나 대단한 작가인지 알게 되었다.
I found Stephen King is a really amazing writer.

나와 코드가 잘 맞는 영화나 드라마, 또는 책을 보면 물밀듯이 밀려오는 감동을 주체할 수가 없습니다. 때로는 아름다운 자연경관이, 때로는 사람의 아름다운 모습을 보면서 감동에 겨워하기도 하죠. 그럴 때면 새롭게, 혹은 새삼스럽게 깨닫게 되는 것들이 있을 텐데요. 그럴 때 영어로는 어떻게 표현하면 될까요?

혜린의 일기

왜 가슴이 뛰지?　　　　　　　　　July 16, Hot

I saw Junho reading a book on the grass. My heart gave a flutter. 내가 준호를 좋아하는 걸지도 모른다는 생각이 문득 들었다.

잔디밭에 앉아 책을 읽는 준호를 보았다. 가슴이 콩닥거렸다. Suddenly it occurred to me that maybe I liked him.

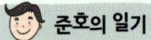
준호의 일기

소설을 쓰고 싶다　　　　　　　　　7월 16일 더움

I finally finished reading "Salem's Lot." 스티븐 킹이 얼마나 대단한 작가인지 알게 되었다. I hope to become a novelist like him.

드디어 《세일럼즈 랏》을 다 읽었다. I found Stephen King is a really amazing writer. 나도 그런 소설가가 되고 싶다.

느꼈던 것을 나타내는 영어문장 보기

혜린: 내가 준호를 좋아하는 걸지도 모른다는 생각이 문득 들었다.
→ Suddenly it occurred to me that maybe I liked him.

준호: 스티븐 킹이 얼마나 대단한 작가인지 알게 되었다. → I found Stephen King is a really amazing writer.

무작정 따라하기 ① 진리를 발견한 아르키메데스처럼 Eureka! (I found it!)

목욕탕 욕조의 물이 넘치는 것을 보고 진리를 발견한 아르키메데스는 벌거벗은 채로 Eureka!를 외치며 거리로 뛰어나갔죠. 영어로 말하면 I found it! 아르키메데스 같은 천재는 아니라 하더라도 새삼스럽게 무엇을 발견해서 알게 되었다면, find의 과거형인 found를 사용해서 I found ~라고 적고, 그 기쁨을 일기장과 함께 나누는 것도 좋겠습니다.

자, 준호처럼 누군가의 책을 읽고 혹은 누군가가 만든 영화를 보고 그 사람이 정말 대단한 사람이라는 걸 알게 되었다고 해볼까요? 우선 I found라고 한 다음, 뒤에 그 사람에 대해 느낀 바를 A is a really amazing writer/director와 같은 문장으로 붙여주면 되겠어요. 여기서 보다시피 found가 과거 시제라고 해서 뒤의 문장도 반드시 과거 시제로 맞추어야 하는 것은 아닙니다. 그 내용이 엄연한 현재의 사실이면 found의 시제에 관계없이 현재 시제를 쓰면 돼요. 우리말 하듯 말이죠.

>> found가 '~을 발견했다, 찾아냈다'라는 액면 그대로의 의미로 활용되는 경우도 한번 봐둘까요? 이런 경우 I found 뒤에 발견한 물건이나 사실을 명사로 써주면 작업 끝!

예 I **found** a wallet full of cash on the street on my way home. 집으로 오는 길에 길거리에서 현금이 가득 든 지갑을 발견했다.

I finally **found** the courage to speak to Hyerin. 나는 마침내 혜린이에게 말을 꺼낼 수 있는 용기를 발견했다.

01 미남이가 이제는 내게 관심이 없어졌다는 것을 알게 됐다.

_____ Minam _____ no longer interested in me.

02 그 남자의 가족이 상당히 친절하다는 것을 알게 됐다.

_____ his family _____ very kind.

03 좋은 원룸은 상당히 비싸다는 것을 알게 됐다.

_____ a good studio apartment is too _____.

04 나는 철호가 고등학교 때와는 상당히 다르다는 것을 알게 됐다.

_____ Cheolho is quite _____ from what he was like in high school.

컨닝페이퍼

01 '~에 관심이 있다'는 be interested in.

03 '원룸'은 studio apartment.

04 '~와 다르다'고 할 때는 be different from. '그 남자애의 고등학교 때의 모습이나 성향'은 현재를 기준으로 말할 때는 what he was like in high school이라고 하면 되고, 과거를 기준으로 말할 때는 what he had been like in high school이라고 하면 돼요.

정답

01 I found, was
02 I found, is
03 I found, expensive
04 I found, different

뭔가를 새삼 알게 되었을 때는 found뿐만 아니라, realize의 과거형인 realized도 이용할 수 있어요. 자, 괜찮은 사내는 찾기 힘들다는 것을 새삼 깨달았으면, 우선 I realized라고 한 다음에 a nice guy is hard to find를 덧붙여 보기로 하죠. I realized a nice guy is hard to find. 간단하죠?

05 사람들이 항상 변화를 열망하는 것은 아니라는 걸 깨달았다.
_____ people aren't always eager for change.

06 준호가 울고 있다는 것을 나는 갑자기 깨달았다.
I _____ Junho was crying.

07 어떤 남자가 나를 보고 있다는 것을 나는 갑자기 깨달았다.
I _____ somebody was staring at me.

08 내가 얼마나 그 남자를 그리워하고 있는지 깨달았다.
_____ how much I _____ him.

> **커닝페이퍼**
> **05** '~를 열망하다'는 be eager for.
> **06** 부사 suddenly는 문장 맨 앞이나 일반동사 앞에 붙여주세요.
> **07** '~를 응시하다'는 stare at.
> **08** I found나 I realized 뒤에는 how much I miss him처럼 〈의문사 + 문장〉을 쓸 수도 있답니다.

> **정답**
> **05** I realized
> **06** suddenly realized
> **07** suddenly realized
> **08** I realized, miss

> **무작정 따라하기 ②** 어떤 생각이 갑자기 떠올랐을 때는 It suddenly occurred to me (that) ~

너무나 갑자기 뜻밖의 생각이 번개처럼 머리를 스치고 지나가서, I found ~나 I realized ~로 표현하기에는 좀 약하다 싶으면, '생기다, 발생하다'라는 뜻을 가진 occur라는 동사를 써보기로 해요. It suddenly occurred to me (that)라고 운을 떼고, 다음에 전광석화처럼 떠오른 생각을 붙여주면 돼요. "내가 틀렸을지도 모른다는 생각이 갑자기 떠올랐다."고 하려면 우선 It suddenly occurred to me (that)라고 한 다음에 I might be wrong이라고 살짝 갖다 붙여보세요. 훌륭한 문장이 된답니다.

01 그 여자가 거짓말을 하고 있을지도 모른다는 생각이 갑자기 머리를 스쳤다.

_____ (that) she might be lying.

02 혜린이가 혼자 있는 것을 두려워한다는 생각이 갑자기 머리를 스쳤다.

_____ (that) Hyerin was afraid of being alone.

03 내일이 준호의 생일이라는 사실이 문득 떠올랐다.

It suddenly occurred to me (that) _____ .

04 엄마에게 전화를 해야 한다는 생각이 갑자기 머리에 떠올랐다.

It suddenly occurred to me (that) _____ .

> **컨닝페이퍼**
> 01 lie(거짓말하다)의 현재분사형은 lying이에요. lie는 '거짓말'이라는 명사로도 쓰이죠.
> 02 '~을 두려워하다'는 be afraid of.

> **정답**
> 01 It suddenly occurred to me
> 02 It suddenly occurred to me
> 03 tomorrow is Junho's birthday
> 04 I should call Mom

잠깐만요!

find와 find out에 관한 진실

"캠퍼스 근처에 멋진 카페가 있는 것을 발견했다."고 할 때 found로 표현해야 되는지, found out으로 표현해야 되는지 고민이신가요? 이럴 때는 found를 이용해서, I found a nice cafe near campus.라고 해야 합니다. 왜냐하면 find out은 지식이나 정보를 조사해서 알아낸다고 할 때만 사용하는 표현이니까요. 그래서 동전이 가득 든 지갑을 발견했다고 할 때는 I found a wallet full of coins.라고 하지 I found out ~이라고는 하지 않죠. 즉 무형의 지식이나 정보를 발견할 때는 find out만 쓰고, find는 무형인 것이든, 유형적인 것이든 두루 쓰인답니다. 그래서 "나는 진실을 알고 싶을 뿐이다."라고 하고 싶으면, I just want to find out the truth.라고 해도 되고, I just want to find the truth.라고 해도 되죠.

한 문장 써보기

앞에서 배운 패턴을 이용해 영작해 보세요.

01 결혼생활이란 게 참 쉽지 않다는 것을 알게 되었다.

02 〈피에타〉를 봤다. 김기덕 감독이 얼마나 대단한 사람인지 알게 됐다.

I saw "Pieta."

03 그 사람이 얼마나 나를 사랑하는지 오늘 새삼 깨닫게 되었다.

04 이제서야 내가 잘못했다는 것을 깨달았다.

05 문득 산다는 게 참 신기하다는 생각이 들었다.

컨닝페이퍼

01 일반적으로 말하는 '결혼생활'은 marriage로 불가산명사.

04 '잘못하다'는 be wrong.

05 '산다는 것'은 다시 말해 '인생', '삶'을 뜻하므로 life 또는 our life라고 표현하면 되고요. 여기서 '참 신기하다'는 말은 인생이란 '참 놀랍다', '기적같다', '불가사의하다'라는 의미이므로 형용사 marvelous나 miraculous를 이용해 보세요.

정답

01 I found marriage is not easy.

02 I found director Kim Giduk is really amazing. / I found Kim Giduk is a really amazing director.

03 I realized today how much he/she loves me.

04 I finally realized I was wrong. / I realized now I was wrong.

05 It suddenly occurred to me that (our) life is marvelous/miraculous.

 나만의 세 줄 일기쓰기 나만의 세 줄 일기로 오늘 새삼스럽게 느꼈던 점이나 문득 떠오른 사실을 기록해 두세요!

Keywords 놀라운, 대단한 amazing | 무례한 rude | 거만한, 잘난 척하는 arrogant | 비싼 expensive | 싼, 헐값인 cheap | 짜가인, 모조품인 fake | ~와는 다른 different from | 소설가 novelist | 음악가 musician | 영화감독 director | 사기꾼 con man | 사는 게 만만치 않다 (our) life is tough | 얼마나 ~한지 알게 되었다 found/realize how much 주어 + 동사

Diary 21

도서관에서 자고 있었는데~
I was sleeping at a desk in the library ~

하고 있었던 순간을 표현하기

하루의 일을 기록해두는 게 일기잖아요. 그러다 보니 지금 이 순간의 일보다도 이미 지나간 순간에 하고 있었던 일을 기록할 때가 더 많을 거예요. 영어로 기록한다고 어려워할 것 하나도 없답니다. 저 앞에서 배웠던 현재진행형을 떠올려 보세요. 거기서 be동사만 과거형으로 바꿔주면 돼요.^^

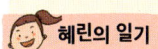 혜린의 일기

이런이런~   August 27, Sultry

도서관에서 자고 있었는데, 준호가 깨웠다.
"I really hate anyone who tries to wake me up when I am sleeping," I burst out, throwing a tantrum. Oh my, I think I didn't make any sense.

I was sleeping at a desk in the library when Junho woke me up. "잠 잘 때 깨우는 사람 정말 싫어!" 하고 짜증을 내버리고 말았다. 이런~, 나란 애 참 어이없기도 하지.

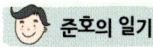 준호의 일기

커피 한 잔과 쪽지의 의미   8월 27일 무더움

도서관에서 열심히 공부하고 있었는데, 혜린 선배가 커피 한 잔과 쪽지를 건네줬다. The note said, "I am sorry for throwing a tantrum earlier." Ha ha, she seems to have become more conscious of my presence.

I was studying hard in the library when Heyrin gave me a coffee and a note. 쪽지에는 "아까 짜증내서 미안해."라고 적혀 있었다. 하하, 선배도 이제 내 존재를 의식하기 시작한 모양이다.

하고 있었던 순간을 나타내는 영어문장 보기

혜린: 도서관에서 자고 있었는데, 준호가 깨웠다.
→ I was sleeping at a desk in the library when Junho woke me up.

준호: 도서관에서 열심히 공부하고 있었는데, 혜린 선배가 커피 한 잔과 쪽지를 건네줬다.
→ I was studying hard in the library when Heyrin gave me a coffee and a note.

무작정 따라하기 ① 길게 걸린 동작은 과거진행형인 ⟨was/were + -ing⟩로!

준호가 깨울 때 혜린이는 도서관 책상에 엎드려 침을 흘리며 한참 잘 자고 있는 중이었어요. 이렇게 과거의 일정 시점(여기서는 준호가 깨울 때) 이전에 이미 일어나고 있던 동작(혜린이가 잠을 자고 있었던 것)을 나타낼 때는 be동사의 과거형(was나 were)에다 동사의 -ing형을 붙여서 나타내면 돼요. 그래서 Hyerin was sleeping.이라고 하면 깨우기 전부터 자고 있었다는 동작을 표현할 수 있죠. 이런 것을 과거진행형이라고 부른답니다. 과거진행형은 일시적인 동작, 연속적인 동작, 좀 길게 걸린 동작을 나타낼 때도 흔히 사용됩니다.

커닝페이퍼
02 '학기말 리포트'는 term paper.
03 '오전 내내'는 all morning.

01 나는 2004년에는 부산에서 살고 있었다.

   I _____ in Busan in 2004.

02 준호는 어젯밤에 학기말 리포트를 쓰고 있었다.

   Junho _____ his term paper last night.

03 오전 내내 눈이 오고 있었다.   It _____ all morning.

그런데 두 가지 동작을 동시에 나타낼 때도 많죠? 이럴 때는 좀 길게 걸린 동작은 과거진행형으로 나타내고 짧게 걸린 동작은 과거형으로 나타내면 되죠. 준호가 깨운 것은 짧게 걸린 동작이고, 혜린이가 잠자고 있었던 것은 길게 걸린 동작이죠. 이럴 때는 보통 ⟨과거진행형(길게 걸린 동작) + when 과거형(짧게 걸린 동작)⟩의 문형으로 나타낸답니다.

04 내가 자고 있을 때 불이 났다.

   I _____ when the fire started.

정답
01 was living
02 was writing
03 was snowing
04 was sleeping

05 우리는 비가 내리는 날 헤어졌다.

It _____ when we parted.

06 샤워하고 있었는데 혜린이가 내 휴대폰으로 전화했다.

I _____ in the bathroom when Hyerin _____ me on my cell phone.

07 오늘 오전에 차를 몰고 있었는데 폭설이 내리기 시작했다.

This morning I _____ when it _____ to snow heavily.

08 그 뺑소니 사고를 목격한 것은 버스를 기다리고 있었을 때였다.

I _____ for a bus when I saw the hit-and-run accident.

컨닝페이퍼

05 '(~와) 헤어지다'고 할 때 break up (with)라고 했죠? part도 '헤어지다'란 뜻이랍니다. 알아두세요.

06 '휴대폰'은 cell phone (cellphone) 또는 cellular phone이라고 하죠.

07 '~하기 시작한다'고 할 때는 〈start to + 동사원형〉을 써 보세요.

08 '뺑소니 사고'는 hit-and-run accident.

정답

05 was raining
06 was showering / was taking a shower, called
07 was driving, started
08 was waiting

무작정 따라하기 ② ~하려는 찰나를 나타낼 때는 〈was/were about to + 동사원형〉

샤워를 하고 있었는데 전화가 온 것이 아니라, 샤워를 하려고 옷도 벗고 막 물을 틀려고 하는 찰나 전화가 왔다면, 과거진행형을 쓰는 것은 무리가 있겠죠? 그런 경우에는 〈was/were about to + 동사원형〉을 사용해 보세요. 막 무엇을 하려고 하는 찰나였다는 뜻을 나타내는 구문이니까요. 그래서 "샤워를 하려고 하는 찰나 혜린이가 핸드폰으로 전화했다."는 우선 I was about to shower in the bathroom이라고 한 다음에 when Hyerin called me on my cell phone을 붙여주면 된답니다.

01 내가 막 집에 가려고 하는데 준호가 내게 다가왔다.

　　　　　　　　　　　home when Junho came toward me.

02 내가 막 전화를 끊으려고 하는데 미남이가 전화를 받았다.

　　　　　　　　　　　hang up when Minam came on the line.

03 내가 막 잠자리에 들려고 하는데 문을 두드리는 소리가 들렸다.

　　　　　　　　　　　　　　　　when there was a knock on the door.

04 막 공부를 하려고 하는데 영정이가 놀러 왔다.

　　　　　　　　　　　when Youngjung visited me.

05 비행기가 막 이륙하려는 찰나 난 이상한 소리가 나는 것을 알아차렸다.

　　　　　　　　　　　　　　take off when I noticed a strange noise.

컨닝페이퍼

01 '집에 가다'라고 할 때는 go to home이 아니라 go home.
02 '전화를 끊다'라는 뜻의 hang up, 꼭 기억해 두세요. (hang - hung - hung)
03 '잠자리에 들다'는 go to bed.
05 비행기가 '이륙하다'는 take off이고 '착륙한다'는 land 예요.

정답

01 I was about to go
02 I was about to
03 I was about to go to bed
04 I was about to study
05 The plane was about to

무늬만 과거진행형인 I was wondering if ~

I was wondering if you could help me.는 어디를 봐도 과거진행형이죠. 그러나 그 속뜻은 과거진행형과는 별로 상관이 없답니다. "저를 도와주실 수 있나요?"라고 아주 공손하게 부탁할 때 사용하는 표현이니까요. 나를 도와줄 수 있는지 전부터 궁금하게 생각했다는 의미가 함축되어 있으니까, 정중하게 부탁하는 말이 되는 거죠. 이 말을 I wonder if you can help me.라고도 할 수 있지만 공손한 정도가 좀 떨어진답니다. 자, 연습해 볼까요? "제 질문에 대답해 주시겠습니까?"는 우선 I was wondering if you could까지는 똑같고, 다음에는 answer my question만 갖다 붙이면 되겠죠? I was wondering if you could answer my question. 자, 그러면 "부탁을 하나 들어주실 수 있나요?"라고 공손하게 부탁해볼까요? I was wondering if you could do me a favor.

한 문장 써보기
앞에서 배운 패턴을 이용해 영작해 보세요.

01 나는 그때 헬스클럽에서 운동하고 있었다.

02 코를 후비고 있었는데, 미숙이가 갑자기 들어왔다.

03 열심히 시험공부를 하고 있었는데, 누가 밖에서 비명을 질렀다.

04 내가 길을 막 건너려고 하는데 준호가 내 어깨를 쳤다.

컨닝페이퍼

01 건강을 지키려고 운동을 한다고 할 때는 work out이란 동사구를 활용해 보세요.

02 코를 후비는 좀 지저분한 행동은 pick one's nose라고 표현하면 된답니다.

03 '시험공부를 하다'는 study for an exam, '비명을 지르다'는 scream, '밖에서는 outside.

04 '길을 건너다'는 cross the street, '~의 어깨를 치다'는 tap somebody's shoulder.

정답

01 I was working out at a health club then. (health club은 fitness center로 바꿔 써도 됨)

02 I was picking my nose when Misuk suddenly came in.

03 I was studying hard for an exam when someone screamed outside.

04 I was about to cross the street when Junho tapped my shoulder.

 **나만의 세 줄 일기쓰기**   나만의 세 줄 일기로 뭔가를 하고 있었던 순간을 나타내 보세요!

Keywords 꾸벅꾸벅 졸다 doze off | 샤워하다 shower / take a shower | ~을 기다리다 wait for | (건강을 지키기 위해) 운동하다 work out | 껌을 짝짝 씹다 chew gum loudly | 키득거리며 웃다 giggle | ~의 흉을 보다 speak ill of | 코를 후비다 pick one's nose | 산책하다 take a walk | 아르바이트하다 have a part-time job / work part-time | 느긋하게 쉬다, 휴식을 취하다 get some rest

Diary 22
으~ 미남이가 예쁘니랑 사귄댄다.
Ugh! I heard that Minam is going out with Yepeuni.

오늘 들었던 일 쓰기

초등학교 시절, 밤 12시만 되면 학교 동상이 눈을 번쩍 뜨고는 걸어 다닌다는 그런 소름 돋는 얘기 들어본 적 있죠? 또, 친구들이랑 만나면 가까운 주변사람의 소식에서부터 연예계 가십거리까지 여기저기서 들은 얘기를 막 쏟아내지 않나요? 마치 친구를 만나 수다 떠는 것처럼 일기장에다 그런 얘기들을 끄적여 보세요.

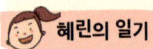
혜린의 일기

옛 남자의 여자   September 23, Rainy

으~ 일기야. 미남이가 예쁘니랑 사귄댄다.
I never guessed he would go out with another girl so soon. I am still bitter.

Ugh! Dear Diary, I heard that Minam is going out with Yepeuni. 이렇게 빨리 딴 여자를 사귈 줄은 몰랐는데. 아직도 기분이 씁쓸하네.

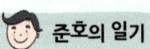
준호의 일기

못 말리는 친구들   9월 23일 비

새벽에 부엌에서 쿵쾅거리는 소리가 들렸다.
I guessed it was a burglar, so I woke up Seongyong and went out with him. We found Hyeonwuk and Jaemin cooking and eating *ramyeon* (Korean-style ramen). What a big appetite they have!

I heard banging sounds coming from the kitchen in the very early morning. 도둑인 줄 알고 성용 선배를 깨워서 나가봤더니, 현욱이랑 재민이가 라면을 끓여 먹고 있었다. 그 녀석들 식욕을 누가 말리랴!

들었던 것을 나타내는 영어문장 보기

혜린: 으~ 일기야. 미남이가 예쁘니랑 사귄댄다.
→ Ugh! Dear Diary, I heard that Minam is going out with Yepeuni.

준호: 새벽에 부엌에서 쿵쾅거리는 소리가 들렸다.
→ I heard banging sounds coming from the kitchen in the very early morning.

1 고막을 진동시키는 소리를 들었을 때는 I heard ~

이 세상에는 온갖 소리가 난무하죠. 그 소리를 다 들으려면 귀가 열 개가 있어도 모자랄 터이니 가려서 듣는 것이 좋겠죠? 그래서 옛날 어르신들이 "길이 아니면 가지 말고 말이 아니면 듣지 말지니라."고 점잖은 말씀을 하셨고, 영어 속담에도 See no evil, hear no evil, speak no evil.이라는 명언이 있죠. "꼴 같지 않은 것은 보지도, 듣지도, 말하지도 말라."는 뜻이죠. 그러나 귀를 틀어막고 다니지 않는 이상 들리는 소리야 어쩔 수 없지 않겠어요? 자, 오늘 들은 소리를 적어볼까요? hear의 과거형인 heard 다음에 들린 소리를 적으면 끝.

01 초인종 소리가 들렸다.

　　　 the doorbell.

02 거실에서 이상한 소리가 들렸다.

　　　 a funny noise in the living room.

03 잠결에 흐느끼는 소리가 들렸다.

I heard a 　　　　　　 in my sleep.

04 개구리 우는 소리가 들렸다.

　　　 the sound of frogs croaking.

컨닝페이퍼
01 '초인종'은 doorbell.
02 funny는 '이상한'이란 의미.
03 '흐느끼는 소리'는 '흐느끼다'는 뜻의 동사 sob의 현재분사형을 이용해 sobbing sound라고 하면 돼요.
04 '개구리 우는 소리'는 the sound of frogs croaking 또는 좀더 간단히 croaking of frogs라고 하면 돼요.

정답
01 I heard
02 I heard
03 sobbing sound
04 I heard

사람 또는 사물이 어떤 소리를 내는 것을 들었다고 할 때는, ⟨heard + 목적어 + 동사원형(또는 -ing형)⟩의 구문을 사용하면 돼요. 순간적인 소리를 들었다고 할 때는 -ing형, 전과정을 다 들었다고 할 때는 동사원형을 쓰면 된답니다.

05 자취방 친구가 밤 12시가 넘어서 들어오는 소리가 들렸다.

　　　　　　　my roommate　　　　　in after midnight.

06 잠결에 엄마랑 아빠가 싸우는 소리가 들렸다.

　　　　　　　my parents　　　　　in my sleep.

> **컨닝페이퍼**
> 05 '밤 12시가 넘어서'는 after midnight이라 하죠.
> 06 '잠결에'는 in one's sleep.

> **정답**
> 05 I heard, come
> 06 I heard, fighting/fight

무작정 따라하기 ❷ 들은 말을 옮길 때는 ⟨I heard (that) 주어 + 동사⟩

사람은 모두 남의 말을 즐겨하죠. 밥을 굶어도 남의 말을 빼놓을 수는 없으니까요. 자, 그러면 사람들에게서 들은 남의 말을 일기에 살짝 적어볼까요? 우선 혜린이에게 남자친구가 새로 생겼다는 말을 들었다고 써보도록 하죠. 우선 I heard라고 하고, 다음에 that을 넣어도 좋고 빼도 좋고, 그 다음에는 Hyerin found a new boyfriend라고 붙이면 간단히 해결됩니다.

01 오늘 지석이가 직장에서 잘렸다는 얘기를 들었다.

　　　　　　　(that) Jiseok got the sack today.

컨닝페이퍼
01 회사에서 '잘리다'는 get the sack.

02 밤 12시가 되면 이순신 장군 동상이 걸어다닌다는 얘기를 들었다.

　　　　　(that) the statue of Admiral Yi Sunsin starts to walk around at midnight.

02 밤 12시가 되면 걸어다닌다는 말은 밤 12가 되면 슬슬 걸어다니기 시작한다는 얘기이므로 '~하기 시작한다'는 의미의 start to를 이용할 수 있지요.

03 준호가 약혼했다는 말을 들었다.

　　　　　(that) Junho 　　　　　.

03 '약혼하다'는 be engaged 예요. 얘기를 들은 것은 과거의 일이지만, 준호는 지금도 약혼한 상태이므로 that절의 be동사는 현재형 is를 써주세요.

04 그 남자는 성질이 더럽다는 말을 들었다.

　　　　　(that) he 　　　　　.

04 마찬가지로 그 남자가 성질이 더러운 것은 현재의 사실이므로 be동사는 is.

정답
01 I heard
02 I heard
03 I heard, is engaged
04 I heard, is nasty

들리는 소리만 들었으면 I heard ~, 귀를 기울여 들었으면 I listened to ~

들었다고 해서 다 같은 것은 아니죠. 그냥 청각 신경을 건드리는 소리를 마지못해 들었으면 I heard ~이고, 신경을 집중해서 들었으면 I listened to ~라고 해야 한답니다. 그래서 똑같은 음악을 들어도 할 수 없이 듣게 된 것, 가령 옆집에서 크게 틀어놓은 전축에서 나오는 시끄러운 음악을 들었을 때는 I heard loud music.이라고 하지만, 내가 좋아하는 빌리 할리데이의 노래에 귀를 기울여 들었을 때는 I listened to Billie Holiday's songs.라고 해야 되는 거죠.

한 문장 써보기
앞에서 배운 패턴을 이용해 영작해 보세요.

01 옆방에서 목소리가 들렸다.

02 귀뚜라미가 우는 소리가 들렸다.

03 우리 사장은 비서와 바람났다는 말을 들었다.

04 밤 12시에 거울을 들여다보면 미래의 남편이 보인다는 말을 들었다.

컨닝페이퍼
01 '옆방에서 (들리는) 목소리'는 voices in the next room.

02 '귀뚜라미'는 cricket이고, 귀뚜라미가 우는 것은 chirp라는 동사를 쓰면 됩니다.

03 결혼한 사람이 '배우자인 A를 속이고 B와 바람을 피우다'는 cheat on A with B라고 하면 되죠. 사장이 바람을 피우는 것은 현재 진행 중인 사실이므로 현재진행형을 써서 표현해 보세요.

04 '거울을 들여다보다'는 look into the mirror. '미래의 남편'은 one's future husband.

정답
01 I heard voices in the next room.
02 I heard a cricket chirp.
03 I heard (that) my boss is cheating on his wife with his secretary.
04 I heard (that) if you look into the mirror at midnight you can see your future husband.

나만의 세 줄 일기쓰기 나만의 세 줄 일기로 오늘 들었던 일 중에 기억에 남는 것을 기록해 보세요!

Keywords ~와 사귀다 go out with | ~와 헤어지다 break up with | A가 B를 찼다 B was dumped by A | A와 B가 결혼했다 A married B | 이혼하다 divorce | ~와 잘지내다, 사이가 좋다 get along well | 입원하다 be in the hospital | 교통사고가 나서 다치다 be hurt in a car/traffic accident | 돌아가시다('죽다'의 완곡 표현) pass away | 유학가다 go abroad to study | 회사를 관두다 quit one's job | 흐느끼는 소리 sobbing sound | (낙엽, 종이 등의) 바스락거리는 소리 rustling sound

Diary 23 지나간 일 후회하기

담배를 끊었어야 했는데.
I should have stopped smoking.

버스 떠난 후에 울어봤자 소용없고, 소 잃고 외양간 고쳐봐야 이미 때늦은 일이지만, 사람인데 그럴 수도 있지, 어쩌란 말입니까?! 뭐 '반성은 해도 후회는 하지 마라.'라는 말도 좋은 말이긴 합니다만, 살아 있는 사람이라면 가끔은 맘껏 후회도 해보는 인간다움을 표출하는 것도 좋지 않을까요?

혜린의 일기

미남이가 나를 찬 이유 September 29, Sunny

Today I found the real reason Minam dumped me. My breath smells very strongly of cigarettes. 담배를 끊었어야 했는데.

오늘 미남이가 나를 찬 진짜 이유를 알게 되었다. 입에서 담배 냄새가 너무 지독하게 나서였단다. I should have stopped smoking.

준호의 일기

소설 습작을 시작하다 9월 29일 맑음

I am writing a novel these days. 진작부터 시작했어야 했는데. At least I have started it, though.

요즘 소설을 쓰고 있다. I should have started it earlier. 그래도 뭐 지금부터라도 하는 게 어디야?!

지나간 일을 후회하는 영어문장 보기

혜린: 담배를 끊었어야 했는데. → I should have stopped smoking.
준호: 진작부터 시작했어야 했는데. → I should have started it earlier.

무작정 따라하기 ① '~했어야 했는데'라고 후회할 때는 <I should have + p.p.>

인생은 후회의 연속이라고 할 수 있겠죠? 자, 혜린이도 예외가 아니어서 "준호의 말을 받아들였어야 했는데."라고 때늦은 후회를 하고 있네요. 혜린이는 어떻게 일기에 적어 넣을까요? 이렇게 '~했어야 했는데'라고 후회를 표현하고 싶을 때는 <should have + p.p.>를 이용하면 너무 쉽게 해결되죠. 자, 그럼 혜린이 입장에서 문장을 만들어 볼까요? 일단 I should have로 시작한 다음, 조언을 '받아들이다'는 take라는 동사를 쓰면 되겠어요. 그리고 '준호의 말'이란 준호의 조언을 뜻하니까, Junho's advice라고 하면 되지요. 자, 그러면 일기에 토로하는 후회의 독백이 이렇게 완성되었군요. I should have taken Junho's advice.

커닝페이퍼
01 이제 술이나 담배를 '끊다'고 할 때는 quit이나 give up 외에 stop도 쓸 수 있다는 것을 하나 더 알아두기로 해요.
04 '호신술'은 self-defense techniques.

01 술을 끊었어야 했는데.
   I _____ drinking.

02 혜린이에게 바로 전화를 했었야 했는데.
   I _____ Hyerin right away.

03 준호한테 좀더 잘해줄 걸 그랬다.
   I _____ nicer to Junho.

04 호신술을 배워둘 걸.
   I _____ some self-defense techniques.

05 시험공부를 더 열심히 했어야 했는데.
   I _____ harder for my exams.

06 그 애에게 먼저 물어봤어야 했는데.
   I _____ him first.

정답
01 should have stopped/quit/given up
02 should have called
03 should have been
04 should have learned
05 should have studied
06 should have asked

그러면 이번에는 해놓고 후회하는 '~하지 말았어야 했는데'라는 표현을 해 볼까요? 이때는 should 다음에 not만 붙이면 되죠. 그런데 should not은 보통 줄여서 shouldn't라고 해요. 준호한테 싫은 소리를 한 다음에 "그런 말을 하지 말았어야 했는데."라고 후회하는 혜린이라면 이렇게 적겠죠? I shouldn't have told him that.

07 그 애랑 헤어지지 말았어야 했는데.

I _____ up with him.

08 대학원에 가지 말았어야 했는데.

I _____ to graduate school.

09 부모님에게 거짓말을 하지 말았어야 했는데.

I _____ to my parents.

10 술 마시러 나가지 말았어야 했는데.

I _____ out for drinks.

11 그런 식으로 말하지 말았어야 했는데.

I _____ like that.

> **컨닝페이퍼**
> 08 '대학원'은 graduate school.
> 10 '술 마시러 나가다'고 할 때는 go out for drinks를 써 보세요.

> **정답**
> 07 shouldn't have broken
> 08 shouldn't have gone
> 09 shouldn't have lied
> 10 shouldn't have gone
> 11 shouldn't have talked

무작정 따라하기 ② '~하지 말았어야 했는데'는 I regret ~, I am sorry ~로도!

후회한다고 해서 항상 <should have + p.p.>의 구문만 사용하면 정말로 '후회'할지도 모르니까, 다른 표현도 사용해 보기로 하죠. regret라는 동사로도 '후회'할 수가 있거든요. 더 쉬운 표현으로는 I am sorry도 있죠. 자, 어떻게 사용되는지 한번 볼까요?

"그 애랑 헤어지지 말았어야 했는데."를 regret를 사용해서 나타내봐요. I regret breaking up with him. 간단하죠? 이번에는 I am sorry를 활용해 볼까요? I am sorry (that) I broke up with him. 이렇게 I regret 다음에는 동사의 -ing형을 써주면 되고, I am sorry (that) 다음에는 동사의 과거형으로 후회하는 일을 넣어주면 돼요.

> **컨닝페이퍼**
> 03 take this job이란 매일 하는 일이 아니라 '어떤 특정한 일을 맡아서 한다'는 의미예요.

01 대학원에 가지 말았어야 했는데.

　　　　going to graduate school.

= 　　　　　　　I went to graduate school.

02 그 일에 관해서 여친에게 말하지 말았어야 했는데.

　　　　telling my girlfriend about that.

= 　　　　　　　I told my girlfriend about that.

03 이 일을 하지 말았어야 했는데.

　　　　taking this job.

= 　　　　　　　I took this job.

04 서울로 이사오지 말았어야 했는데.

I regret _____ to Seoul.

= I am sorry (that) _____ to Seoul.

정답
01 I regret, I am sorry (that)
02 I regret, I am sorry (that)
03 I regret, I am sorry (that)
04 moving, I moved

<should have + p.p.>와 <must have + p.p.>는 전혀 다르다

should와 must가 비슷한 뜻을 가지고 있다고 해서, 〈should have + 과거분사〉와 〈must have + 과거분사〉의 뜻이 비슷한 것은 아니랍니다. 〈must have + 과거분사〉는 '현재의 정황으로 보니 과거에 어떠했을 것이 틀림없다'고 추측하는 의미를 나타낼 때 사용하는 표현이죠. 가령 아침에 일어나보니 땅이 축축하게 젖어 있어서, "간밤에 비가 내렸나 보다."라고 일기에 적고 싶을 때 이 must를 이용할 수 있어요. It must have rained overnight. 여자친구에게 바람을 맞았을 때도 She must have 뒤에 forget의 과거분사인 forgotten을 붙여서 She must have forgotten이라고 한 다음, all about our date를 붙이면, She must have forgotten all about our date.가 되어, 여친이 데이트 약속을 까맣게 잊어버린 게 틀림없다는 원망의 감정을 나타낼 수 있죠.

한 문장 써보기
앞에서 배운 패턴을 이용해 영작해 보세요.

01 그때 그 땅을 사놨어야 하는 건데.

02 지금쯤이면 이 일을 다 끝냈어야 했는데.

03 C⁺⁺를 배우기 전에 C를 배우지 말았어야 했는데.

04 그 회사 주식을 샀어야 했는데.

05 대학을 중퇴하지 말았어야 했는데.

컨닝페이퍼

02 '지금쯤이면'은 by now로 나타내면 되겠습니다.

03 'C⁺⁺를 배우기 전에 C를 배우다'는 learn C before C⁺⁺로 표현할 수 있죠.

04 영어에서는 특정 회사를 받을 때 대명사 they를 씁니다. 따라서 '그 회사 주식'은 대명사 they를 이용해 their stock이라고 하면 되죠.

05 '대학을 중퇴하다'는 drop out of college.

정답

01 I should have bought the land then.
02 I should have finished this work by now.
03 I shouldn't have learned C before C⁺⁺. / I regret learning C before C⁺⁺. / I am sorry (that) I learned C before C⁺⁺.
04 I should have bought their stock.
05 I shouldn't have dropped out of college. / I regret dropping out of college. / I am sorry (that) I dropped out of college.

 나만의 세 줄 일기쓰기 나만의 세 줄 일기로 후회스런 일을 표현해 보세요!

Keywords 술/담배를 끊다 stop/quit/give up smoking/drinking | 대학원에 진학하다 go to graduate school / enter graduate school | ~로 이사가다 move to + 장소 | ~에게 좀더 잘해주다 be nicer to | 호신술을 배우다 learn some self-defense techniques | 휴가를 받아 일을 하루 쉬다 take a day off | 내 집을 장만하다 have my own house | 결근/결석하다 be absent from work/school | 돈을 아끼다 save some money | 돈을 A에 투자하다 put/invest some money in A

Diary 24
남이 한 말 인용해서 표현하기

준호가 내가 좋단다.
Junho said, "I love you."

오늘 혜린은 뜻밖의 충격(?)적인 얘기를 들었네요. 이런 얘기는 꼭 일기장에 기록해둬야겠죠? 때로는 유명한 속담이나 격언이 마치 내 마음을 대변하는 것 같을 때도 있습니다. 그럴 때도 역시 일기장에 그 문구를 기록해두고 싶을 텐데요. 이렇게 남의 말을 인용해서 기록할 때는 어떻게 하면 되는지 보도록 할까요?

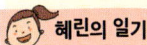
혜린의 일기

설마, 그럴 리가!

October 19, Cool

준호가 내가 좋단다. Oh no, that can't be true. I don't believe a young guy like Junho loves an old and ugly woman like me. But then why is my heart beating like this?!

Junho said, "I love you." 거짓말! 그럴 리가 없다. 그렇게 파릇파릇한 애가 다 늙고 못생긴 나를 좋아할 리가 없다. 그런데 왜 이렇게 가슴이 뛰지?!

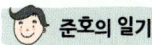
준호의 일기

고백

10월 19일 선선함

After lots of hesitation, I finally confessed my love for Heyrin. 선배는 미안하다고 했다. She told me that I was just a little brother figure to her.

망설이고 망설인 끝에 결국 혜린 선배에게 내 마음을 고백했다. **She said she was sorry.** 동생 이상으로는 날 생각해본 적이 없단다.

남이 한 말을 인용한 영어문장 보기

혜린: 준호가 내가 좋단다. → **Junho said, "I love you." / Junho said he loved me.**
준호: 선배는 미안하다고 했다. → **She said, "I am sorry." / She said she was sorry.**

무작정 따라하기 ① 다른 사람이 한 말을 그대로 따옴표에 넣거나, 내 관점에서 정리해서 기록하거나

철호가 오늘 "너를 죽도록 사랑해."라고 말했어요. 이 감격스러운 말을 일기에 적을 때는 두 가지 방법이 있죠. 하나는 철호가 한 말을 그대로 따옴표 안에 넣어서 기록하는 방법이죠. Today Cheolho said to me, "I love you to death." 소설에서는 보통 주인공들의 말을 이렇게 표시하죠. 그런데 회화에서는 보통 다른 사람이 입 밖에 낸 말을 내 관점으로 정리해서 전달하게 되죠. 그래서 Today Cheolho said to me라고 한 다음에 따옴표 안에 있는 I는 he로, love는 loved로, you는 me로 바꾸게 된답니다. Today Cheolho said to me (that) he loved me to death. 따옴표에 넣어서 전달하는 것을 직접화법이라고 하고, 자신의 말로 정리해서 전달하는 것을 간접화법이라고 하죠.

>> said to는 told로 바꿔 써도 돼요.

01 혜린이는 사랑에 대해서 잘 모른다고 말했다.

Hyerin said, "_____ know much about love."

= Hyerin said (that) _____ know much about love.

02 준호는 자신이 제일 좋아하는 동물은 개라고 말했다.

_____, "Dogs _____ favorite animals."

= _____ (that) dogs _____ favorite animals.

03 영선이는 나에게 유머 감각이 없다고 말했다.

Yeongseon _____, "_____ no sense of humor."

= Yeongseon _____ (that) _____ no sense of humor.

컨닝페이퍼
02 특별히 누군가를 향해 말한 것이 아니거나 혹은 누구에게 말한 건지 밝힐 필요가 없을 때는 그냥 said라고만 하면 돼요.

정답
01 I don't, she didn't
02 Junho said, are my, Junho said, were his
03 said to me, You have, said to me, I had (said to 대신 told를 써도 됨)

04 요기 베라가 전에 이렇게 말했다. "결과는 끝까지 두고봐야 하는 거야. 게임은 아직 끝나지 않았어."

Yogi Berra once _____, "The game isn't over till it's over."

준호가 7시에 깨워달라고 했다는 것을 직접화법으로 나타내면, Junho said to me, "Wake me up at seven."이라고 하면 되지요. 이것을 간접화법으로 표현하면 Junho told me to wake him up at seven.이라고 하면 되죠. 또 종수가 나에게 결혼해 달라고 했다는 것은, Jongsu said to me, "Please marry me."라고 하면 되는데, 이것을 간접화법으로 바꾸려면, '부탁하다'라는 뜻을 가진 ask를 사용해서, Jongsu asked me to marry him.이라고 하면 된답니다. 이렇게 명령이나 부탁의 말을 간접화법으로 나타낼 때는 보통 〈주어 + told/asked me to + 동사원형〉으로 하면 해결돼요.

05 미영이가 나에게 집에 있으라고 했다.

Miyeong _____, "Stay home."

= Miyeong _____ stay home.

06 의사는 나에게 식전에 알약을 먹으라고 했다.

The doctor _____, "Take these pills before meals."

= The doctor _____ these pills before meals.

커닝페이퍼

05 부탁을 한 게 아니니깐 간접화법으로 바꿀 때는 그냥 told를 쓰면 되겠어요.

06 알약이든 가루약이든간에 약을 '먹는다'고 할 때 동사는 take를 쓴답니다.

정답

04 said
05 said to me, told me to
06 said to me, told me to take

07 그 남자가 나에게 도와달라고 했다.

He _____, "Please help me."

= He _____ help him.

> **컨닝페이퍼**
> **07** 도와달라고 부탁한 거니까, 간접화법으로 바꿀 때는 **asked**를 쓰는 것이 적절하겠네요.

> **정답**
> **07** said to me, asked me to

무작정 따라하기 ② 물어본 말을 기록하기

상미가 나에게 원하는 게 뭐냐고 물어봤어요. 이것은 Sangmi said to me, "What do you want?"라고 하면 되지요. 그런데 이런 의문문을 간접화법으로 나타내려면, 우선 Sangmi asked me(ask에는 '물어보다'란 뜻이 있답니다.)라고 한 다음에 의문사인 what을 그대로 써주고는 주어와 동사 순으로 이어주면 된답니다. Sangmi asked me what I wanted. 의문문이 평서문 속에 영입되면서 동사와 주어의 위치가 바뀌어 〈의문사 + 주어 + 동사〉와 같이 절의 형태로 쓰인 것이죠.

그런데 의문사가 들어가지 않는 의문문도 있겠죠? 그 남자가 나에게 편하냐고 물어봤어요. He asked me, "Are you comfortable?" 이것을 간접의문문으로 나타내려면, He asked me 다음에 if나 whether를 넣어주어야 해요. 그 다음은 역시 주어와 동사 순으로 이어주면 되죠. He asked me if/whether I was comfortable.

01 그 남자는 경희가 있냐고 물어보았다.

He asked, "_____ Kyeonghui in?"

= He _____ Kyeonghui _____ in.

02 혜린이가 보통 언제 집에 들어가냐고 물어보았다.

Hyerin asked me, "When _____ usually get home?"

= Hyerin _____ I usually _____ home.

03 밥이 나에게 우리 부모님이 영어를 할 줄 아냐고 물어보았다.

Bob _____, " _____ speak English?"

= Bob _____ my parents _____ English.

> **컨닝페이퍼**
> 01 사무실이나 집에 '~가 있다'고 할 때는 be in.
> 02 '집에 가다'는 get to home이 아니라 get home이에요. home 자체가 '집에, 집으로'라는 부사니까 전치사 to는 필요 없는 거죠.

> **정답**
> 01 Is, asked if/whether, was
> 02 do you, asked me when, got
> 03 asked me, Do your parents, asked me if/whether, spoke

간접화법, 시제의 일치를 안 시키는 경우도 있다

"철호가 오늘 나를 죽도록 사랑한다고 했다."는 Cheolho told me today he loved me to death.라고 하면 된다고 했죠? 그런데 이 경우에 loved를 그냥 현재형으로 써서 loves라고 해도 된답니다. 일기를 쓰고 있는 현재 이 순간에도 철호는 내가 없으면 죽을 것이 확실하다는 확신이 들면 Cheolho told me today he loves me to death.라고 해도 된다는 거죠.

지구가 둥글다는 것을 모르는 사람은 아마도 없겠지만, 준호가 그 말을 했어요. Junho said the earth was round.라고 하면 되지요. 그런데 지구가 둥글다는 것은 진리이니까, 굳이 과거형인 was를 쓰지 않아도 되죠. Junho said the earth is round.라고 말예요. 간접화법에서는 시제의 일치를 시키면 되지만, 그 전달하는 내용이 현재와 밀접하게 관련되어 있으면, 시제의 일치를 시키지 않아도 된다, 이것만 기억하고 있으면 되는 거죠.

한 문장 써보기
앞에서 배운 패턴을 이용해 영작해 보세요.

01 소영이는 나에게 미적 감각이 없다고 말했다.

02 엄마가 나에게 설거지를 좀 도와달라고 말했다.

03 상철이가 나에게 그냥 친구로 지낼 수 없냐고 물었다.

04 점쟁이가 나더러 부자가 될 거라고 했다.

컨닝페이퍼
03 Can't we just be friends?(우리 그냥 친구로 지낼 수 없을까?)는 헤어지고 싶을 때 상투적으로 하는 말.
04 손금을 보든, 관상을 보든, 타로점을 보든, '점쟁이'는 모두 fortuneteller.

정답
01 Soyeong said to me, "You have no sense of beauty." / Soyeong told me (that) I had no sense of beauty.
02 Mom said to me, "Please help me with the dishes." / Mom asked me to help her with the dishes.
03 Sangcheol asked me, "Can't we just be friends?" / Sangcheol asked me if/whether we couldn't just be friends.
04 A fortuneteller said to me, "You will be rich." / A fortuneteller told me (that) I would be rich.

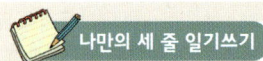 나만의 세 줄 일기쓰기   나만의 세 줄 일기로 남이 한 말을 인용해 보세요!

Keywords 내가 가장 좋아하는 ~는 A이다 My favorite ~ is A | ~을 찾다 look for | A가 ~하는 것을 돕다 help A with + 명사 / help A (to) + 동사원형 | 책임감이 있다 have a sense of responsibility | 미적 감각이 있다 have a sense of beauty | 예의바르다 be polite | 부자가 되다 be rich | 돈을 많이 벌다 make a lot of money | 돈복이 없다 be unfortunate financially | 인복이 있다 have good personal relationships | 연예인/정치인/사업가가 되다 become an entertainer/a politician/a business person

Diary 25 그리운 전성시대

나도 왕년에는 한 몸매 했지.
I used to be in great shape.

꽃이 피고 지는 자연의 이치와 같이 사람에게도 누구나 나름 화려했던 시절, 잘나갔던 시절이 있을 거예요. 막상 그 당시에는 그것이 얼마나 좋은지를 못 느끼다가도 한참 세월이 지나고 나면 그제서야 '아~ 그때가 좋았구나!'라는 생각을 하게 되죠. 이번에는 바로 그 화려했던 시절을 추억하며 행복에 잠기는 시간을 가져봅시다.

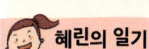 혜린의 일기

아~ 옛날이여   November 12, A little cold

나도 왕년에는 한 몸매 했지. Whatever happened to me? I want my gorgeous body back!

I used to be in great shape. 그런데, 어쩌다 이리 됐을꼬? 내 몸매 돌리도~

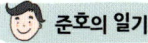 준호의 일기

골목대장은 어디 가고   11월 12일 약간 추움

나도 한때는 골목대장으로 통했는데. Where has all my courage gone? I admit I am miserable.

I used to be the neighborhood bully. 어쩌다 이리 숫기가 없어졌을까? 내가 생각해도 참 꼴불견이다.

전성시대를 나타내는 영어문장 보기

혜린: 나도 왕년에는 한 몸매 했지. → I used to be in great shape.
준호: 나도 한때는 골목대장으로 통했는데. → I used to be the neighborhood bully.

무작정 따라하기 1 '왕년에 한가락 했다'면 〈I used to + 동사원형 ~〉으로!

왕년에 집에 금송아지 없었던 사람 없고, 왕년에 잘나가지 않았던 사람 없죠. '왕년에'란 말에는 지금은 내가 이것밖에 안 되지만 옛날에는 그래도 꽤 잘 나갔다는 속뜻이 숨어 있다고 할 수 있어요. 이렇게 예전에는 어떠했는데 지금은 아니라는 뜻을 강조할 때는 〈used to + 동사원형〉이 딱이에요. 이것을 과거의 규칙적이니 불규칙적인 습관이니 하고 설명하기도 하는데, 그런 말에는 신경을 쓸 필요가 없어요. 자, 그러면 "왕년에는 나도 집에 금송아지가 있었지."라고 자랑 아닌 자랑을 일기에다 읊어볼까요? '금송아지가 있었다'라는 것은 '더럽게' 돈이 많았다는 뜻이니까, filthy rich라는 속어 표현이 잘 어울리는군요. I used to be filthy rich.

01 옛날에는 항상 내 미래에 대해서 걱정했었지.

I always _____ worried about my future.

02 나는 전에는 아주 숫기가 없었지.

I _____ extremely shy and quiet.

03 옛날에는 저 길 모퉁이에 영화관이 하나 있었다.

There _____ a movie theater on that corner.

04 나는 옛날에는 개를 무서워했다.   I _____ dogs.

05 왕년에는 매일 색소폰을 불었지만, 지금은 거의 안 분다.

I _____ the saxophone every day, but I hardly play now.

06 대학 다닐 때는 술을 엄청나게 마셨다.

I _____ like a fish when I was in college.

컨닝페이퍼

01 '~에 대해 걱정하다'는 be worried about.
02 '숫기가 없다'는 문맥에 따라 조금씩 다르게 표현할 수 있겠는데요. 여기서는 '부끄러움이 많고 조용한(shy and quiet)' 성격으로 표현해 보기로 하죠.
04 '~을 무서워하다'는 be afraid of.
05 부는 것이든 치는 것이든 악기를 연주하는 것은 모두 〈play the + 악기명〉.
06 '술을 물마시듯 많이 마신다'고 할 때 영어로는 drink like a fish라고 하면 돼요.

정답

01 used to be
02 used to be
03 used to be
04 used to be afraid of
05 used to play
06 used to drink

무작정 따라하기 ❷ '왕년에는 ~하지 않았다'면 〈I did not used to + 동사원형 ~〉

왕년에 한 것이 있었으면, 왕년에는 하지 않았던 것도 있겠죠? 즉 used to ~의 부정형도 있다는 말이죠. used to ~의 부정형은 여러 가지로 나타내지만 〈did not used to + 동사원형〉이 가장 표준적인 어법이죠. 자, 그러면 지금은 좋아하지만, "전에는 준호를 좋아하지 않았다."고 써볼까요? I did not used to like Junho. 그런데 not 대신에 never를 쓰는 경우에는 〈never used to + 동사원형〉이라고 쓰는데요, '절대로 하지 않았었다'고 강조하는 표현이죠. 그래서 혜린이가 지금은 하루가 멀다 하고 나에게 이메일을 보내지만, "전에는 한 번도 보내지 않았다."고 하려면, Hyerin never used to e-mail me.라고 하면 된답니다.

01 나는 전에는 담배를 피우지 않았다.   I _____ smoke.

02 그 술집은 전에는 그렇게 비싸지 않았다.

That bar _____ so expensive.

03 전에는 우리에게 이런 문제가 일어난 적이 없다.

We _____ have these problems.

> **컨닝페이퍼**
> 03 '문제가 있다, 문제가 생기다'는 have a problem.

> **정답**
> 01 did not used to
> 02 did not used to be
> 03 never used to

 **잠깐만요!**

used to 앞에 be동사가 와서 be used to ~가 되면 뜻이 확 달라진다

똑같은 used to라도 앞에 be동사나 get이 오면 뜻이 완전히 달라져요. "나는 전에는 밤늦게까지 앉아 있었다."라고 하려면 I used to sit up late at night.이라고 하면 되는데, 이것을 I was used to라고 시작하면 전혀 다른 뜻이 된다는 말이지요. 이때는 to 다음에 명사가 오게 되는데, 여기서는 sit up이라는 동사구이니까, 이것을 명사형으로 바꾼 sitting up을 붙이면 I was used to sitting up late at night.이 되어, "나는 밤늦게까지 앉아 있는 것에 익숙해 있었다."는 뜻이 되어버리죠.
즉 〈used to + 동사원형〉은 지금은 아니지만 '왕년에는 어떠했다거나 무엇을 했다'는 뜻이고, 〈be used to + 명사〉는 '무엇에 익숙하다'는 뜻이죠. be동사 대신에 get을 사용해서 〈get used to + 명사〉라고 하면, '무엇에 익숙해진다'는 의미가 되고요.

한 문장 써보기

앞에서 배운 패턴을 이용해 영작해 보세요.

01 왕년에는 남자들한테 인기 많았는데.

02 예전에는 머리숱이 많았는데.

03 혜린이는 옛날과는 다르다.

04 그 남자는 전에는 7시에 출근했는데, 지금은 9시에 온다.

05 전에는 한 번도 김치를 담아본 적이 없었어.

컨닝페이퍼

01 '~에게 인기가 많다'는 be popular with.

02 '머리숱이 많다'는 have thick hair.

03 'A는 옛날과 다르다'는 것은 '현재의 A는 예전의 A가 아니다'라는 뜻이죠. '예전의 A'는 what A used to be로 표현하면 아주 멋진 영어가 된답니다.

04 '출근하다'는 come to work로 하면 되죠. 나중에 반복할 때는 come in으로 표현하면 되겠어요.

05 한 번도 한 적이 없다고 했으니까, never used to를 사용하고, '김치를 담그다'는 make kimchi로 표현하면 돼요.

정답

01 I used to be popular with men.
02 I used to have thick hair.
03 Hyerin is not what she used to be.
04 He used to come to work at seven, but now he comes in at nine.
05 I never used to make kimchi.

 나만의 세 줄 일기쓰기 나만의 세 줄 일기로 지금과는 다른 예전의 활약상을 나타내 보세요!

Keywords 골목대장 neighborhood bully | 범생이, 모범생 model student | 불량학생 school bully | 몸매가 좋다, 한 몸매하다 be in great shape | 피부가 좋다/나쁘다 have good/bad skin | 술고래 heavy drinker | 술을 물마시듯 마시다, 말술이다 drink like a fish | ~을 무서워하다 be afraid of | ~에 대해 걱정하다 be worried about | A는 옛날과는 다르다, 예전의 A가 아니다. A is not what A used to be.

Diary 26
오늘따라 준호가 아주 멋져 보였어.
Junho looked really gorgeous especially today.

눈에 비쳤던 모습 표현하기

육감이 열려 있는 사람은 세상의 모든 것에 관심이 가기 마련이지만, 꼭 그렇지 않더라도 내가 평소 관심을 두고 있었던 사람이나 사물을 눈여겨보게 되는 것은 인지상정이지요. 오늘 여러분의 눈에 비쳤던 그 사람의 모습은, 또 세상의 모습은 어땠나요?

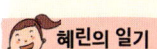 혜린의 일기

인정할 건 인정하자   November 24, Sunny and cold

일기야, 오늘따라 준호가 아주 멋져 보이더라. I guess I love him. I can't deny it anymore. I have to tell Junho.

Dear Diary, Junho looked really gorgeous especially today. 아무래도 나 준호를 좋아하나봐. 안 되겠어, 준호에게 사실을 말해야겠어.

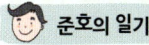 준호의 일기

게임은 끝나지 않았다   11월 24일 맑고 추움

오늘따라 혜린 선배는 엄청나게 섹시해 보였고… The sky looked bluer and I felt more pain in my heart. However, I can't give up!

Heyrin looked incredibly sexy especially today… 하늘은 더욱 푸르고, 내 마음은 더욱 아팠다. 하지만 아직 포기할 순 없다!

눈에 비쳤던 모습을 나타내는 영어문장 보기

혜린: 일기야, 오늘따라 준호가 아주 멋져 보이더라.
→ Dear Diary, Junho looked really gorgeous especially today.

준호: 오늘따라 혜린 선배는 엄청나게 섹시해 보였고… → Heyrin looked incredibly sexy especially today…

무작정 따라하기 ① 예뻐 보인 것도, 어리버리해 보인 것도 모두 looked

"백문이 불여일견 百聞而 不如一見(Seeing is believing.)"이고, "보기 좋은 떡이 먹기도 좋다.(Beauty is everything in this world.)"고들 하죠. 다 인간의 오감 중에서 시각, 즉 눈에 보이는 느낌을 중요시하는 속담입니다. 이렇게 머리에서는 "미모는 피부 한 꺼풀 차이다.(Beauty is only skin-deep.)"라고 외쳐도, 눈은 얼짱과 몸짱만 쫓는 현실을 대변하는 동사가 바로 look이죠.

자, 준호는 "오늘 유달리 혜린이가 숨이 막힐 정도로 예뻐 보였다."고 일기에 적으려고 합니다. look이란 동사를 사용하면 해결되겠죠? She looked 라고 운을 뗀 다음에 breathtakingly beautiful을 연결해주고, especially today를 끝에다 붙여주면 되죠. She looked breathtakingly beautiful especially today.

01 오늘 유달리 미영이가 더 예뻐 보였다.

Miyeong _____ more beautiful than usual today.

02 세상은 오늘따라 더 아름다워 보였다.

The world _____ than usual today.

03 날씨는 약간 찌뿌드드한 것 같이 보였지만 곧 아주 좋아졌다.

_____ a bit gloomy, but it soon turned out great.

04 현미의 눈은 슬프고 두려운 빛을 띠고 있었다.

Hyeonmi's eyes _____ and afraid.

> **컨닝페이퍼**
> 01 '오늘 유달리 더 ~하다'고 할 때는 〈비교급 + than usual today〉.

> **정답**
> 01 looked
> 02 looked more beautiful
> 03 The weather looked
> 04 looked sad

어느 날 준호의 눈에는 혜린이가 단순히 예쁘거나 섹시해 보이는 정도를 넘어, 마치 하늘에서 내려온 천사처럼 보였어요. 이런 경우에는 looked 뒤에 like를 넣어 Hyerin looked like라고 한 다음, '하늘에서 내려온 천사'인 an angel from heaven sent down to earth를 이어주면 됩니다. Hyerin looked like an angel from heaven sent down to earth.

05 그 여자는 내가 전에 만났던 사람처럼 보였다.

She _____ someone I had met before.

06 신랑은 왠지 모르게 속물처럼 보였다.

I don't know why, but _____ a snob.

07 미영이는 꼭 우리 엄마를 닮은 것처럼 보였다.

Miyeong _____ my mother.

08 그 순간 철호는 진짜 사나이 중의 사나이처럼 보였다.

At that moment Cheolho _____ a real man's man to me.

컨닝페이퍼

06 '속물'은 snob.

07 '꼭 ~같다'고 할 때는 like 앞에 just만 집어넣어주면 되죠.

08 '사나이 중의 사나이'는 a man's man이라고 했었죠. 여기서 real만 살짝 끼워 넣어 a real man's man이라고 하면 '진짜 사나이 중의 사나이'가 돼요.

정답

05 looked like
06 the groom looked like
07 looked just like
08 looked like

무작정 따라하기 ❷ 퀸카라도 냄새가 진동하면 곤란해 She smelled strongly of ~

아무리 퀸카, 킹카라 해도 몸에서 이상한 냄새가 나면 폭탄보다 못하죠. 그러니 이번에는 눈에 보이는 것이 아니라 코로 들어온 냄새를 적어보기로 해요. 이때는 smell이란 동사를 사용하면 됩니다.

자, 오늘 소개팅에 나온 여자에게서 나는 싸구려 향수 냄새가 코를 찔러 참 괴로웠지요. 우선 그 여자에게서는 어떤 냄새가 났다고 해야 하니까, She smelled라고 시작하면 되겠어요. 향수 냄새가 강하게 났으니까, strongly 를 붙여주고, 싸구려 향수에서 난 냄새라는 것을 of cheap perfume이라고 밝혀주면 되죠. She smelled strongly of cheap perfume.

컨닝페이퍼

02 피자 시킬 때 이따금 따라 오는 갈릭 소스의 그 garlic 이 바로 '마늘'이라는 거, 알 고 있죠?

03 냄새가 매우 '약하게 살짝' 난 다고 할 때 '살짝'은 faintly.

04 '~같은 냄새가 난다'고 할 때 는 smell like를 이용해 보 세요.

01 그 남자 옷에서는 생선 냄새가 확 풍겼다.

His clothes _____ fish.

02 철훈이의 입에서는 마늘 냄새가 확 풍겼다.

Cheolhun's breath _____ .

03 준호에게서는 땀 냄새가 살짝 풍겼다.

Junho _____ sweat.

04 혜린이가 바른 향수에서는 장미꽃 같은 향기가 났다.

Hyerin's perfume _____ roses.

정답

01 smelled strongly of
02 smelled strongly of garlic
03 smelled faintly of
04 smelled like

장미의 향기는 영원하여라

향기라는 말을 들으면 제일 먼저 연상되는 것으로 장미를 떠올리는 사람들이 많을 거예요. 그런데 이 장미를 아무리 다른 이름으로 바꾸어 불러도 그 향기는 변하지 않죠. 이렇게 아무리 백을 흑이라고 우겨도 그 본질은 변하지 않는다고 할 때 이 장미의 향기를 이용해서 말해요. A rose by another name would smell as sweet. 즉 아무리 장미를 다른 이름으로 불러도 향기는 전처럼 달콤할 것이란 의미죠. 이 말은 저 유명한 Shakespeare의 "Romeo and Juliet"에 나오는 대사죠. 그런데 똑같은 뜻을 아주 간단하게, A rose is a rose is a rose is a rose.라고도 할 수 있어요. 역시 장미의 본질은 어떤 경우에도 변하지 않는다는 뜻이죠. 자, 이것을 응용해 볼까요? "쪼다는 아무리 하늘이 두 쪽이 나도 쪼다야." A jerk is a jerk is a jerk is a jerk. "푼수는 푼수지 별 수 없어." A goof is a goof is a goof is a goof.

한 문장 써보기
앞에서 배운 패턴을 이용해 영작해 보세요.

01 오늘따라 하늘이 더 파래 보였다.

02 혜경이는 자기 인생에 대해서 자신이 있는 것처럼 보였다.

03 오늘따라 민수가 기운이 없어 보였다.

04 내 눈에 그 애는 마치 왕자처럼 보였다.

05 그 남자한테서는 발 꼬락내가 무지 났다.

컨닝페이퍼
01 '하늘이 더 파래 보인다'는 blue의 비교급인 bluer를 사용해서 look bluer라고 하면 되죠.
02 '자신이 있는 것처럼 보인다'는 look confident, '자신의 인생에 대해서'는 about one's life.
03 '기운이 없는, 풀이 죽은'은 depressed.
04 '나에게 ~같이 보였다'라고 하려면 looked like ~ to me.
05 발 꼬락내가 무지 난다는 것은 발 냄새가 정말 심하게 난다는 뜻이니까, one's feet를 주어로 해 really smell이라고 덧붙이면 간단하게 해결되죠.

정답
01 The sky looked bluer especially today.
02 Hyekyeong looked confident about her life.
03 Minsu looked depressed especially today.
04 He looked like a prince to me.
05 His feet really smelled.

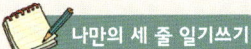 나만의 세 줄 일기쓰기
나만의 세 줄 일기로 내 눈에 비쳤던 사람과 세상에 대해 써보세요!

Keywords (여자가) 몸이 잘빠지고 스타일이 좋고 멋있는, (남자가) 멋있고 매력 있는 gorgeous | 엄청나게 섹시한 incredibly sexy | 몸이 안 좋은 under the weather | 낙천적인 optimistic | 비관적인 pessimistic | 부정적인 negative | 근심이 있는 worried | ~에 대해 자신 있는 confident about | 사나이 중의 사나이 a man's man / a man among boys | ~랑 꼭 닮다 look just like | 오늘따라 especially today | 오늘 유달리 더 ~한 비교급 + than usual today

Diary 26_ 눈에 비쳤던 모습 표현하기 173

셋째 마당

다가올 일을 쓴다!
Diary 27~31

자, 그럼 이제 끝으로 앞으로의 계획이나 기대를 쓰는 법에 대해 알아보도록 해요. 이렇게 앞으로 다가올 일이라든가 나의 계획에 대해 쓸 때 알아야 할 것은 정말 많지 않답니다.

소위 '미래 조동사'라고 말하는 will(~할 것이다, ~하겠다) 하나랑 '가정법'의 하나라고 하는 I wish에 대해서만 알고 있어도 충분하거든요.
여기서는 가정법이다 미래 조동사다 이런 말은 못 들은 걸로 싸악 잊어버리고, 그냥 will이라는 동사 자체가 어떻게 쓰이는지 I wish라는 표현을 가지고 어떤 식으로 활용하면 되는지 그 자체에만 집중해 보자고요.
덧붙여 이 책에서는 will과 같은 식으로 쓰이는 표현들인 be going to나 be supposed to의 정확한 쓰임새나 어감도 살펴보게 될 것입니다.

Diary 27

새해에는 요가라도 시작해야지~
I will start yoga in the New Year.

앞으로의 결심 표현하기

바쁜 생활에 쫓겨 생전 일기 한 번 쓰지 않던 사람도 1년에 단 한 번, 해가 바뀔 때 즈음이면 새해 결심을 일기장에 적어보며 결의를 굳히죠. 여자는 살을 빼야겠다는 것을, 남자는 담배를 끊어야 되겠다거나 여자친구를 꼭 만들어야 되겠다는 것 등을 말이죠.

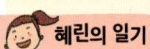 혜린의 일기

시집은 가야지~ December 31, Snow

How can I get rid of my belly? 새해에는 요가라도 시작해야지. If I become any lazier, I will never have a chance to get married.

이 뱃살을 어찌할꼬? I will start yoga in the New Year. 잘못 하단 시집도 못 가겠다.

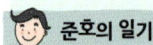 준호의 일기

결혼합시다 12월 31일 눈

OK, I've decided! 올해 나는 혜린 선배랑 꼭 결혼할 거야. I think it is much better to get married before joining the military.

그래 결정했어! I will definitely marry Hyerin this year. 아무래도 군대는 결혼하고 나서 가는 게 좋겠지.

결심을 나타내는 영어문장 보기

혜린: 새해에는 요가라도 시작해야지. → I will start yoga in the New Year.
준호: 올해 나는 혜린 선배랑 꼭 결혼할 거야. → I will definitely marry Hyerin this year.

무작정 따라하기 ① 나의 의지를 담아 결의를 다질 때는 아자아자 I will ~!

결심을 말할 때는 I will ~ 구문을 씁니다. will이란 조동사는 근본적으로 '말하는 사람의 의지'를 나타내는 것이니까요. 그래서 살을 빼야겠다는 말은 I will lose weight.이라고 하면 되고, 담배를 끊어야 되겠다는 결심은 I will stop smoking.이라고 하면 되지요. 그런데 I will stop to smoke.라고 하면, 담배를 피우려고 발걸음을 멈추겠다는 뜻이 되어버리니까, 일기 쓸 때 요런 건 구별해 주세요.

01 그림을 배울래.
　　　　　　　　learn painting.

02 피아노를 배울래.
　　　　　　　　take up playing the piano.

03 일본으로 배낭여행을 할래.
　　　　　　　　backpacking around Japan.

04 중국어 공부를 할래.
　　　　　　　　Chinese.

05 남친/여친을 만들래.
　　　　　　　　a boyfriend/girlfriend.

컨닝페이퍼
- **02** take up은 어떤 일을 취미나 직업으로 하기 시작하다, 습관을 들이기 시작하다란 의미로 쓰는 표현이에요.
- **03** '배낭여행하다'는 go backpacking.
- **04** 중국어 공부를 한다는 말은 중국어를 배우겠다는 얘기.
- **05** 남친/여친을 만든다고 할 때는 make가 아니라 find나 get을 써요.

정답
- 01 I will
- 02 I will
- 03 I will go
- 04 I will learn
- 05 I will find/get

내 결심과 고집이 있다면, 다른 사람도 고집이 없을 수 없죠. 이럴 때도 will을 사용해서 You나 She/He의 고집을 나타내요. 그런데 이 경우에는 도저히 무엇을 하려 하지 않는다거나, 내가 보기에 별로 좋지 않은 습관이나 고집이 있다고 하는 경우에 사용하죠. 예를 들어, 준호는 툭하면 실없는 질문을 잘 하는 버릇이 있다고 할 때, will을 사용해서, He will ask silly questions.라고 하면 된답니다.

> **컨닝페이퍼**
> 06 '밤을 새다'는 sit up all night이라고도 해요.
> 07 '자기 마음대로 하다'는 have one's own way.
> 08 '나타나다, 모습을 드러내다'는 show up. '보통, 대개' 어떤 식이다라고 할 때는 usually를 이용해 보세요.

06 준호는 툭하면 밤을 새우려고 해.
   _____ often sit up all night.

07 혜린이는 내가 뭐라고 해도 자기가 하고 싶은 대로 해.
   _____ have her own way, whatever I say.

08 창수는 보통 30분 늦게 나타나는 버릇이 있다.
   _____ half an hour late.

> **정답**
> 06 Junho will
> 07 Hyerin will
> 08 Changsu will usually show up

 2 하겠다고만 해야 결심인가요?!

'~을 하겠다(I will ~)'고만 해야 결심인가요? "두 번 다시 거짓말을 하지 않겠다", "이제 더 이상 여자를 믿지 않겠다"처럼 '~을 하지 않겠다'고 결심을 할 수도 있는 거잖아요. 그럴 때는 I will에 not만 살짝 붙여주세요. I will not ~, 이렇게 말이죠. 때로는 '~을 못하게 될 것 같다'라고 좀 비관적으로 말하고 싶을 때도 분명 있을 거예요. 평생 화려한 싱글로 지내기로 작정했다면 문제가 없겠지만, 시집은 가야겠는데 하루가 다르게 뱃살이 불어나서 한숨을 쉬는 혜린이라면, 이러다가는 "시집도 못 갈 것 같다"는 푸념이 절로 나오겠지요. 이럴 때 역시 will not을 쓰면 돼요. 즉, will not 다음에 be able to를 넣는 문형이 있다는 것을 알아두면 되죠. will not은 보통 won't로 줄여서 쓰니까 I won't be able to ~가 되는 거죠.

> **컨닝페이퍼**
> 02 누군가를 믿고 신뢰한다고 할 때 쓰는 동사는 trust.

01 두 번 다시 거짓말을 하지 않겠다.
　　　　　　　　　　　again.

02 이제 더 이상 여자 따위 믿지 않겠다.
　　　　　　　　　　　women anymore.

03 더 미루다간 시집도 못 가겠다.
　　　　　　be able to get married if I delay it any longer.

> **정답**
> 01 I won't lie
> 02 I won't trust
> 03 I won't

will과 be going to의 한끗 차이

will과 be going to의 차이에 대해서 궁금해 하는 분들도 있을 거예요. 보통 가까운 미래를 나타낼 때는 be going to를 사용한다고 알고 있지만, 이것은 그렇게 올바른 설명은 아니죠. be going to는 미리 예정되어 그렇게 하기로 된 것을 나타내는 표현이에요. 예를 들면, 친구가 갑자기 사고를 당해 병원에 입원했다는 소식을 처음 듣고, "그럼 병원에 가봐야겠네."라고 할 때는 I am going to visit her.라고 하지 않는다는 얘기이죠. 미리 병문안을 가려고 예정한 것이 아니니까요. 이럴 때는 말하는 순간의 의지를 나타내는 will을 사용해서 I will go and visit her.라고 해야 합니다. 그러나 내일 오전에 떠나기로 이미 예정되어 있을 때는 I am going to leave tomorrow morning.이라고 하면 돼요.

한 문장 써보기

앞에서 배운 패턴을 이용해 영작해 보세요.

01 영어소설책을 많이 읽어야겠다.

02 이제 더 이상 누구랑 사랑에 빠지는 짓은 안 할래.

03 그 개자식 두 번 다시 믿지 말아야지.

04 오늘밤엔 잠을 못 잘 거 같다.

컨닝페이퍼

02 '~와 사랑에 빠지다'란 뜻의 fall in love with나 '~에게 푹 빠지다'란 뜻의 be crazy for, fall for 등을 이용해 보세요.

03 '개 같은 자식', '썩을 놈' 등과 같이 사람을 비하해서 말할 때는 son of a bitch, bitch, 또는 jerk 등과 같은 여러 가지 표현들이 있어요. 일기나 되니깐, 이런 식으로 간접 분풀이라도 할 수 있는 거겠죠!

정답

01 I will read a lot of English novels.
02 I won't fall in love with anyone anymore. / I won't be crazy for anyone anymore. / I won't fall for anyone anymore.
03 I won't trust that bitch again.
04 I won't be able to sleep tonight.

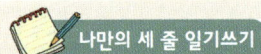 **나만의 세 줄 일기쓰기**   나만의 세 줄 일기로 오늘의 결심을 나타내 보세요!

Keywords 살을 빼다 lose weight | 다이어트를 하다 go on a diet | 요가를 하다 do yoga | 에어로빅을 하다 do aerobics | 술을 줄이다 cut down on one's drinking | 컴퓨터 게임하는 걸 줄이다 cut down on playing computer games | 친구들이랑 노는 걸 줄이다 cut down on hanging out with my friends | TV를 안 보다 not watch TV | (~에게) 짜증을 덜 내다 control my temper with | 아침에 일찍 일어나다 get up early in the morning

Diary 28 내일 할 일 쓰기

우리는 내일 첫 데이트를 할 예정이다.
We are going to have our first date tomorrow.

자, 벌써 밤이 깊었네요. 오늘밤이 지나고 나면 어떤 기쁘고 설레는 일들이 여러분을 기다리고 있을까요? 내일 하기로 예정되어 있는 즐겁고 설레는 일들을 일기장에 풀어보며 행복감을 맛보는 시간을 가져보세요. 혹여 괴로운 일이 기다리고 있더라도 일기장에 써보세요. 마음이 한결 편안해질지도 모르니까요.

 혜린의 일기

첫 데이트를 앞두고   January 20, Sunny

내일은 준호랑 남산에 갈 거야. It is, so to speak, our first formal date. Oh, I am too excited to go to sleep tonight.

I am going to (go to) Namsan with Junho tomorrow. 말하자면 우리의 첫 데이트지. 아~ 오늘밤은 너무 설레서 잠이 안 온다.

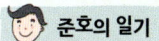 준호의 일기

감사합니다!   1월 20일 맑음

A few days ago, Hyerin said, "I think I love you, too." I was so happy that I couldn't get to sleep. Yahoo! 우리는 내일 설레는 첫 데이트를 할 예정이다. Thank you, God!

며칠 전 선배도 나를 좋아하는 것 같다고 했다. 너무 기뻐서 잠도 오지 않았다. 야호! We are going to have our long-awaited first date tomorrow. 하느님~ 감사합니다!

내일 할 일을 나타내는 영어문장 보기

혜린: 내일은 준호랑 남산에 갈 거야. → I am going/planning to go to Namsan with Junho tomorrow. / I am going to Namsan with Junho tomorrow.

준호: 우리는 내일 설레는 첫 데이트를 할 예정이다. → We are going/planning to have our long-awaited first date tomorrow. / We are having our long-awaited first date tomorrow.

무작정 따라하기 1 — 미리 계획한 것을 하겠다고 할 때는 I am going to ~

드디어 혜린이는 준호와 본격적으로 사귀어볼 생각이군요. 그래서 내일 남산으로 가기로 했네요. 즉 내일 2시에 남산 도서관 앞에서 만나 남산 타워에도 올라가고 케이블카도 타기로 미리 계획했죠. 이렇게 사전에 계획을 한 미래의 일은 ⟨am/is/are going to + 동사원형⟩으로 나타내면 된답니다. 하지 않을 생각이면 be동사 뒤에 not만 붙이면 되죠.

커닝페이퍼
- 03 '종이 상자'는 cardboard box.
- 06 '~을 받아들이다, 참다'라고 할 때도 take를 쓸 수 있답니다.

01 우리는 이번 가을에 결혼할 거야.
　　　　　　　　　　get married this fall.

02 우리는 이번 토요일에 뮤지컬 〈지킬 앤 하이드〉를 보러 갈 거야.
　　　　　　　　　　see the musical "Jekyll and Hyde" this Saturday.

03 내년에는 종이 상자 안에서는 살지 않을 거야.
　　　　　　　　　　in a cardboard box.

04 이번 겨울에 인도로 배낭여행을 떠날 예정이다.
　　　　　　　　　　around India this winter.

05 내 인생에 대해서 의심을 품지 않을 거야.
　　　　　　　　　　my life.

06 더 이상 그것을 참지 않을 생각이야.
　　　　　　　　　　take it anymore.

정답
- 01 We are going to
- 02 We are going to
- 03 I am not going to live
- 04 I am going to go backpacking
- 05 I am not going to doubt
- 06 I am not going to

그런데 미리 계획된 일은 현재진행형으로도 나타낼 수 있죠. 말하자면 〈am/is/are + -ing〉가 〈am/is/are going to + 동사원형〉과 같은 의미로 쓰이는 경우도 있는 거죠. 또 현재형으로도 미래의 의미를 나타내는 경우가 있답니다. 영어에는 원래 미래형이 없었기 때문에 아직도 현재로 미래를 대신하는 어법이 남아 있다는 거죠. 특히 그렇게 하기로 미리 결정되어 있는 시간표나 프로그램 등을 나타낼 때 흔히 사용됩니다.

>> 그래서 특히 '~에 갈 예정이다'라고 할 때는 go를 반복해서 쓰게 되는 〈be going to go to + 장소〉보다 〈be going to + 장소〉로 간단하게 표현하는 걸 더 좋아하죠.

07 나는 다음 달에 토플 시험을 치를 것이다.

　　　　the TOEFL test next month.

08 올해는 추석 명절을 부산에서 보낼 거야.

　　　　Chuseok in Busan this year.

09 혜린이는 내일 오후 3시쯤에 일본에서 도착할 거야.

　　　　　　　　tomorrow afternoon around 3:00 from Japan.

10 우리 비행기는 오전 11시 45분에 출발해서 오후 1시 30분에 북경에 도착할 거야.

Our plane 　　　 at 11:45 a.m. and we 　　　 in Beijing at 1:30 p.m.

컨닝페이퍼

10 기차, 비행기 등의 출발 시각, 도착 시각 등은 현재형으로 쓰는 게 보통이에요. 그렇게 하기로 미리 결정되어 있는 시간표니까요.

정답

07 I am taking
08 I am spending
09 Hyerin is arriving
10 leaves, arrive

무작정 따라하기 ❷ 철저하게 계획을 세울 때는 I am planning to ~

가령 중국에 가서 평생 살 생각이라면 매우 치밀하게 계획하겠지요? 이렇게 사전에 조심스럽게 여러 가지를 준비하고 계획할 것이란 뜻을 강조하고 싶다면, I am planning to 다음에 동사원형을 써주면 된답니다. 그래서 "나는 아주 중국에 가서 살 계획이다."는 I am planning to move to China permanently.라고 하면 되죠.

01 나는 내년에 아기를 가질 예정이다.

　　　　have a baby next year.

02 교통 혼잡을 피하려고 밤늦게 떠날 계획이다.

　　　　late in the night to beat the traffic.

03 나는 40대 초반에는 은퇴할 계획이다.

　　　　in my early 40s.

04 나는 여기서 두 달 있을 예정이다.

　　　　here a couple of months.

> **컨닝페이퍼**
>
> 01 '아기를 가지다, 아기를 낳다'는 have a baby.
> 02 '밤늦게'는 late in the night이라 하면 되고요, '교통혼잡을 피하다'는 beat the traffic (jam)이라고 하면 되죠.
> 03 나이가 '~대 초반에는'〈in one's early + 나이s〉.
> 04 a couple of는 '둘'이란 뜻.

> **정답**
>
> 01 I am planning to
> 02 I am planning to leave
> 03 I am planning to retire
> 04 I am planning to stay

해야 할 일 적기 what-to-do list

일기를 쓰다보면 앞으로 할 일을 요약해서 간단하게 적는 일이 생기잖아요? 그럼, 여기에서는 나의 what-to-do list(해야 할 일 목록)를 한번 만들어 볼까요? 주어는 빼고 동사원형으로 시작하면 됩니다. 아래와 같이 올 한 해 목표로 했던 일을 가지고 what-to-do list를 만들어 보도록 하죠.

- See that the most important things receive the most attention. 가장 중요한 일에 가장 관심을 가질 것.
- Work for the moment, forget about past failures. 과거의 실패는 잊어버리고 현재의 일에 집중할 것.
- Stop dreaming about the future, work for the moment. 미래에 대한 허황된 꿈을 꾸지 말고 현재의 일에 집중할 것.
- Stop reading news and junk articles on the Internet. 인터넷에서 쓸데없는 뉴스를 읽지 말 것.
- Work out and stay fit. 운동을 해서 몸매를 유지할 것.
- Remember academic excellence is first—everything else is secondary! 학교 공부가 최우선! 다른 것들은 모두 부차적인 것으로 할 것.

한 문장 써보기
앞에서 배운 패턴을 이용해 영작해 보세요.

01 이번 여름휴가 때 라식 수술을 할 예정이다.

02 내일 지훈이랑 콘서트를 보러 갈 것이다.

03 올해 구정에는 아무데도 안 갈 예정이다.

04 영화는 7시에 시작할 것이다.

05 나는 대학원에 갈 계획이다.

컨닝페이퍼

01 우리말은 '라식 수술을 하다 (get/have lasik surgery)'라고만 얘기하면 자동으로 우리 눈에 그 수술을 한다는 의미가 되지만, 영어에서는 on my eyes라고 '우리 눈에' 한다는 걸 밝혀주는 게 보통이죠.

03 구정은 the Lunar New Year holidays.

04 영화는 이미 결정되어 있는 시간표에 따라 상영되니까, 현재형을 사용하면 됩니다.

05 대학원은(graduate school).

정답

01 I am going to get/have lasik surgery on my eyes this summer vacation.
02 I am going to (go to) a concert with Jihun.
03 I am not going (to go) anywhere for the Lunar New Year holidays this year.
04 The movie starts at 7:00.
05 I am planning to go to graduate school.

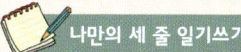
나만의 세 줄 일기쓰기 나만의 세 줄 일기로 내일, 또는 이번 주에, 또는 나의 목표를 위해 할 일을 기록해 보세요!

Keywords ~산에 가다 go to + 산 이름 (ex. go to Mt. Everest) | 영화 보다/보러 가다 see a movie / go (to) see a movie / go to the movies | 뮤지컬을 보다/보러 가다 see a musical / go (to) see a musical | 연극을 보다 see a play / go (to) see a play | 콘서트에 가다 go to a concert | 교회에 가다 go to church | 출근하다 go to work | 야근하다 work overtime | 도서관에 가다 go to a library | 하루 종일 집에 있다 stay home all day long | ~하는 것을 끝내다 finish -ing

Diary 29

미래의 소망 쓰기

오늘 같은 날엔 휴강되면 좋을 텐데.
I wish the class would be cancelled on a day like today.

내일이 시험인데 공부는 하나도 안 했고 지금부터 하자니 시험 범위는 턱없이 많고, 그럴 땐 '시간이 나를 위해 몇 시간만 멈춰주면 좋겠다.'거나 '시험이 연기되면 좋겠다.'는 작은 소망을 꿈꿔보게 됩니다. 또, 어쩌다 늦잠을 자버린 회사원은 '공간 이동 능력이 있으면 좋겠다.'는 허무맹랑한 생각도 해보게 되고요. 여기서는 이런 소망을 어떻게 표현하는지 배우게 될 거예요.

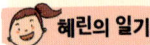 혜린의 일기

으악~ 시험이다!   March 26, Rainy

I didn't study for the exam at all. There are exactly twelve hours left until the exam. But I really hate studying without sleeping. 내일 교수님한테 무슨 일이 생겼으면 좋겠는데. Am I bad?

시험공부를 하나도 안 했다. 시험 시간까지는 지금부터 정확히 12시간 남았다. 하지만 잠도 안 자고 공부하기는 정말 싫단 말이지~. I wish something would happen to the professor tomorrow. 나쁜 생각인가?

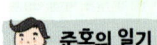 준호의 일기

빗소리에 취해   3월 26일 비

It has been raining steadily all through the night. I have stayed up all night, indulging in the sound of rain. 오늘 같이 비오는 날엔 휴강되면 좋을 텐데.

밤새 주룩주룩 비가 오고 있다. 빗소리 듣다 밤 꼴딱 샜다. I wish the class would be cancelled on a rainy day like today.

소망을 나타내는 영어문장 보기

혜린: 내일 교수님한테 무슨 일이 생겼으면 좋겠는데.

→ I wish something would happen to the professor tomorrow.

준호: 오늘 같이 비오는 날엔 휴강되면 좋을 텐데.

→ I wish the class would be cancelled on a rainy day like today.

무작정 따라하기 ① 시간아 멈춰라! I wish time would stop!

이 황홀한 순간이 영원히 계속되었으면 좋겠는데, 시간은 사정없이 흘러가고… 그래서 "시간아 멈춰라!"라고 안타까운 심정을 나타낼 때는 I wish 다음에 time would stop을 붙여주면 간단하게 해결되죠. 즉 〈I wish + 주어 + would + 동사원형〉의 구문을 사용하면, 현실적으로 불가능하거나 가능성이 희박한 일을 소망하는 마음을 나타낼 수 있답니다.

01 한여름에 눈이 온다면 얼마나 좋을까!
　　　snow in the middle of summer!

02 로또에 당첨되면 참 좋을 텐데.
　　　win the Lotto.

03 오늘 죽으면 참 좋을 텐데.
　　　die today.

04 피곤해지지 않으면 참 좋을 텐데.
　　　never get tired.

> **컨닝페이퍼**
> 02 로또나 복권에 '당첨된다'고 할 때 동사는 win을 쓴다고 했지요.
> 04 '피곤해지다'는 get tired.
> 05 시간적으로든 공간적으로든 '~로 돌아가다'고 할 때는 go back to.

내일 친구가 원빈처럼 생긴 남자애를 소개시켜준다고 하는데, 하필이면 일본애라네요. 일본말만 좀 하면 재미있게 얘기하고 놀 수 있을 텐데… 이럴 때도 I wish라고 시작하면 된답니다. 다음에는 I could을 붙이고 speak Japanese라고 이으면 돼요.

05 초등학교 시절로 돌아갈 수 있으면 좋을 텐데.
　　　back to elementary school.

> **정답**
> 01 I wish it would
> 02 I wish I would
> 03 I wish I would
> 04 I wish I would
> 05 I wish I could go

06 기타를 칠 줄 알면 참 좋을 텐데.

_____ the guitar.

07 매일 피자만 먹고 살면 참 좋을 텐데.

_____ pizza for every meal.

08 지인이처럼 귀엽게 생기면 참 좋을 텐데.

_____ be as _____ as Jiin.

> **컨닝페이퍼**
> 08 'A만큼 ~한'은 ⟨as + 형용사 + as A⟩.

> **정답**
> 06 I wish I could play
> 07 I wish I could eat
> 08 I wish I could, cute

무작정 따라하기 ② 현실적으로 이루어질 수 있는 일을 소망할 때는 I hope ~

혜린이가 내일 자동차 면허시험을 보러가요. 그래서 준호는 I wish you would pass your driving test tomorrow.라고 했어요. 물론 "내일 면허 시험에 붙기 바라."라는 뜻으로 한 말이죠. 이 말을 들은 혜린이가 얼굴색이 변했어요. 예상외로 영어 실력이 상당했던 거지요. ⟨I wish + 주어 + would + 동사원형⟩은 현실적으로 가능성이 희박한 일을 소망할 때 사용하는 표현이에요. 따라서 준호의 말은 내일 면허 시험에 붙을 리는 없지만, 그래도 혹시 붙을지도 모른다는 어감이 들어 있는 거죠. 그래서 이런 경우에는 I wish가 아니라, I hope를 써야 해요. 즉 현실적으로 가능한 일을 소망할 때는 ⟨I hope + 주어 + 동사⟩의 구문을 이용해야 된답니다. I hope you pass your driving test tomorrow.

01 지연이가 몸이 곧 나아지기를 바란다.

_____ Jiyeon _____ well soon.

02 우리 사장이 마음을 바꾸면 좋겠다.

　　　　　　　　　changes his mind.

03 빈이가 우리 단체 미팅에 안 나왔으면 좋겠다.

　　　　　Bin 　　　　　　　　on our group blind date.

> **컨닝페이퍼**
> 01 get well은 아픈 몸이 '나아지다'란 의미.
> 02 '~의 마음이 바뀌다'는 change one's mind.
> 03 시제는 hope 뒤의 문장이 언제 일이냐에 따라 자연스럽게 결정하면 됩니다.

정답
01 I hope, gets
02 I hope my boss
03 I hope, won't show up

wish to do와 want to do는 어떻게 다른가?

wish가 모두 현실적으로 가능성이 희박한 것을 나타내는 것은 아닙니다. 특히 wish to do의 구문은 want to do와 의미는 같죠. 즉 "이 문제를 토론하고 싶다."는 I want to discuss the matter.로 해도 되고, I wish to discuss the matter.로 해도 된답니다. 그러나 wish to do가 want to do보다 공식적이라는 어감의 차이는 있죠. 그래서 "귀사의 서비스에 대해서 불만족스러운 점을 표명하고자 합니다."라고 점잖게 항의할 때는 wish to do의 구문을 이용해서, I wish to make a complaint about your service."라고 하면 좋습니다.

한 문장 써보기

앞에서 배운 패턴을 이용해 영작해 보세요.

01 시험이 연기되면 좋을 텐데.

02 밤마다 미남이 꿈을 꾸지 않으면 좋겠어.

03 계속 내 젊음과 미모를 유지할 수 있으면 좋을 텐데.

04 레저용 차를 한 대 살 수 있을 정도로 여유가 있으면 좋을 텐데.

05 상식이가 지원한 자리에 취직이 됐으면 좋겠다.

컨닝페이퍼

01 '연기되다'는 be postponed.

02 '~에 대한 꿈을 꾸다'는 dream of로 나타내면 되죠.

03 '내 젊음과 미모'는 my youth and good looks. '계속 유지하다'는 간단하게 keep이란 동사를 사용하면 된답니다.

04 '레저용 차'는 SUV(sport utility vehicle). '~을 살 수 있을 정도로 여유가 있다'는 can afford to buy ~로 하면 되지만, 현실적으로 불가능하면, can을 could로 바꾸면 되죠.

05 '~가 지원한 자리에 취직이 되다'는 get the job ~ has applied for.

정답

01 I wish the exam would be postponed.
02 I wish I wouldn't dream of Minam every night.
03 I wish I could keep my youth and good looks.
04 I wish I could afford to buy an SUV.
05 I hope Sangsik gets the job he has applied for.

 나만의 세 줄 일기쓰기   나만의 세 줄 일기로 이루어질 수 없는 소망도 꿈꿔보고 실현가능한 소망도 꿈꿔보세요!

Keywords 휴강되다 my class was cancelled | 연기되다 be postponed | 시험성적이 잘나오다 my exam results are good | ~시험에 합격하다 pass ~ test | 거래가 성사되다 make a deal | ~을 잘하다 be good at | 강아지를 키우다 have a puppy | 힘이 세다, 강하다 be strong | 태블릿 PC가 있다 have a tablet PC | ~와 사이좋게 지내다 get along with | 독립해서 살다 live on one's own

Diary 30

마땅히 하기로 되어 있는 일

내일부터 영어학원에 아침 7시까지는 가야 한다.
I am supposed to be at my English class by seven in the morning from tomorrow.

자, 빨리 빨리 일기 쓰고 일찍 일찍 잠자리에 듭시다. 내일 아침에는 새벽같이 일어나 영어학원에 가야 하니까요. 내일 당장 할 일, 또 앞으로 차차 하게 될 일 등 우리 앞에 놓여 있는 일들은 참으로 많습니다. 특히 혜린이처럼 이미 수강료 다 내고 '내일 아침 7시부터 이 수업 듣겠습니다~'라고 약속한 일도 있고요. 이렇게 마땅히 하기로 예정된 일은 어떻게 표현하는지 배워볼까요?

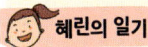 혜린의 일기

전격 영어잡기 작전 April 25, Rainy and windy

내일부터 영어학원에 아침 7시까지는 가야 한다. Can a sleepyhead like me get up early in the morning? I should go to sleep now.

I am supposed to be at my English class by seven in the morning from tomorrow. 잠탱이인 내가 일찍 일어날 수 있을까? 빨랑 자야겠다.

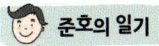 준호의 일기

아르바이트 시작 4월 25일 비바람

내일부터 저녁 시간에 PC방에서 아르바이트를 하기로 했다. Heyrin said she would come by every day. Just the thought of her coming excites me.

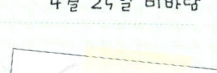

I am supposed to work part-time at a cyber cafe in the evening from tomorrow. 혜린 선배가 매일 놀러 오겠다고 했다. 생각만 해도 즐겁다.

하기로 되어 있는 일을 나타내는 영어문장 보기

혜린: 내일부터 영어학원에 아침 7시까지는 가야 한다. → I am supposed to be at my English class by seven in the morning from tomorrow.

준호: 내일부터 저녁시간에 PC방에서 아르바이트를 하기로 했다. → I am supposed to work part-time at a cyber cafe in the evening from tomorrow.

무작정 따라하기 ① 마땅히 해야 할 일은 I am supposed to ~

혜린이는 없는 돈을 짜내어 영어학원에 등록했죠. 학교 수업에 지장이 없도록 새벽반에 등록했으니까, 7시까지는 가야 해요. 이렇게 마땅히 어떤 일을 해야 한다고 할 때 사용하는 표현이 〈be supposed to + 동사원형〉이에요. 부부는 죽을 때까지 서로 바람피우지 않는 것이 마땅한 일이죠? 그렇게 생각한다면, A husband and wife are supposed to라고 말문을 연 다음에 be faithful to each other라고 붙여보세요. 그리고 until death라고 덧붙이면 A husband and wife are supposed to be faithful to each other until death.라는 공자님 말씀이 되는 거죠.

컨닝페이퍼

01 나는 이것을 될 수 있는 대로 빨리 경찰에 신고해야 한다.

　　　　　　　　　　 report it to the police as soon as possible.

01 경찰에 '신고한다'고 할 때 동사는 report를 쓴답니다. as soon as possible(ASAP)은 '가능한 한 빨리'.

02 나는 이번 금요일에 회의에 참석하기로 되어 있다.

　　　　　　　　　　　　　 at the meeting this Friday.

02 '미팅에 참석하다'는 attend a meeting이라고도 할 수 있지만, be at a meeting이라고도 할 수 있죠.

03 11시까지는 호텔에서 체크아웃하기로 되어 있다.

　　　　　　　　　　 check out of the hotel by 11:00.

03 '체크아웃하다'는 말 그대로 check out.

04 나는 이번 주말에 출장을 떠나기로 되어 있다.

　　　　　　　　　　 out of town on business this weekend.

04 '출장을 가다'는 '업무상 자신이 사는 곳을 벗어나 딴 데로 간다'는 의미로 go out of town on business로도 표현할 수 있어요.

해야 마땅한 일이 있으면, 하지 말아야 마땅한 일도 있겠죠? 요즘은 담배를 피울 수 없는 건물들이 많아요. 우리는 그런 건물 안에서는 담배를 피우지 말아야 마땅하겠죠? 이럴 때는 be동사 뒤에 not만 넣어주면 됩니다. 그래서 We are not supposed to까지 단숨에 나오고 뒤에는 smoke in this building이라고 붙여주기만 하면 상황 끝!

정답

01 I am supposed to
02 I am supposed to be
03 I am supposed to
04 I am supposed to go

05 이 책의 이야기를 베끼면 안 되기로 되어 있다.

_____ copy the stories in the book.

06 나는 사는 것을 겁내면 안 된다.

_____ be scared of living.

07 나는 신체검사 전날 밤에 먹거나 마시면 안 되기로 되어 있다.

_____ the night before my checkup.

컨닝페이퍼

06 '~을 겁내다'는 be scared of.
07 '신체검사, 정기검진'은 checkup.

정답

05 I am not supposed to
06 I am not supposed to
07 I am not supposed to eat or drink

무작정 따라하기 ② 이상과 현실의 괴리를 메울 수 없어 안타까울 때도 be supposed to ~

해야 마땅한 일이 모두 실제로 이루어지면 이 세상은 걱정이 없는 무릉도원이 되겠지요. 그러나 현실은 어디 그렇습니까? 당연히 그렇게 되어야 하는 일이 엉뚱하게 반대로 되는 일도 허다하고, 마땅히 그렇게 해야 되는 일을 내팽개치는 경우도 부지기수죠. 이렇게 마땅히 그렇게 해야 될 일과 현실을 대조할 때도 이 be supposed to를 이용하면 된답니다.

자, 의사가 수면 부족은 미모의 적이라고 하면서 밤 12시 전에는 꼭 잠자리에 들라고 했죠. 하지만 드라마도 봐야 하고, 인기 DJ가 진행하는 심야 음악 방송도 들어야 하니 '마땅히' 해야 되는 일을 하지 못하는 경우가 많죠. 자, 일기장을 펴서 "나는 밤 12시 이전에는 잠자리에 들어야 하지만, 보통 그렇게 하지 못한다."는 안타까운 심정을 적어보도록 하죠.

우선 이렇게 시작해볼까요? I am supposed to. 다음에는 go to bed before midnight이 와야겠죠? 마지막으로 현실은 그렇지 못하다는, but I usually don't으로 끝내면 훌륭한 문장이 완성되는 거예요. I am supposed to go to bed before midnight, but I usually don't.

> **컨닝페이퍼**
> 01 '성차별주의인'은 sexist.
> 02 안전벨트를 매고 있는 상태를 나타낼 때는 wear a seat belt, 매는 동작을 강조할 때는 fasten a seat belt로.
> 03 '~위에 있다'는 be above. '~에 적용되다, 해당되다'는 apply to.

01 법은 여성을 돕는다고 되어 있지만, 법도 성차별주의다.

The law _____ help women, but it is sexist, too.

02 운전자들은 모두 안전벨트를 매도록 되어 있지만, 매지 않는 사람도 있다.

Every driver _____ a seat belt, but there are some people who don't.

03 어느 누구도 법 위에 있을 수 없도록 되어 있지만, 이 말은 그 사람들에게는 해당되지 않는다.

No one _____ above the law, but this does not apply to them.

> **정답**
> 01 is supposed to
> 02 is supposed to wear
> 03 is supposed to be

사람들이 그러더라고 할 때도 be supposed to ~

어떤 영화가 요즘 한창 인기를 끌고 있죠. 그래서 천만 관객을 돌파했다느니 하면서 야단법석이군요. 그러나 나는 그 영화를 본 적이 없습니다. 사람들이 굉장한 영화라고 할 뿐입니다. 이렇게 사실인지 아닌지는 모르겠지만, 그렇다고 하는 사람들이 많을 때도 be supposed to ~라는 표현을 쓸 수 있어요. 가령 "나는 그것을 본 적은 없지만,"이라고 운을 떼려면, I have not seen it myself, but ~이라고 하면 되죠. 다음에 "사람들이 그러는데 굉장한 영화라고 한다"를 붙이려면, be supposed to ~ 구문을 활용해서, it is supposed to be a great movie라고 하면 문장이 완성되는군요. I have not seen it myself, but it is supposed to be a great movie. 자, 연습 하나 더! "사람들이 그러는데, 여기가 이 동네에서 제일 좋은 호프집이라고 한다."는 This is supposed to be the best draft beer bar in this neighborhood.

한 문장 써보기
앞에서 배운 패턴을 이용해 영작해 보세요.

01 나는 매일 아침 8시에 출근해서 일을 시작하기로 되어 있다.

02 한국의 젊은 남성은 누구나 군대에 가기로 되어 있다.

03 우리는 시험 볼 때 커닝하면 안 되게 되어 있다.

04 그 소설은 아주 웃긴다고들 한다.

커닝페이퍼
01 '출근해서 일을 시작하다'는 간단하게 start work라고 하면 된답니다.
02 '군대에 간다'는 것은 '군대에서 복무한다'라는 의미이니까, serve in the military라고 하면 되죠.
03 시험 볼 때 부정행위를 하는 것을 뜻하는 '커닝하다'는 cheat이라고 하죠. '시험 볼 때'는 on exams라고 아주 간단히 나타내는 방법도 있지요.
04 '웃기는'은 funny.

정답
01 I am supposed to start work at eight every morning.
02 Every young Korean man is supposed to serve in the military.
03 We are not supposed to cheat on exams.
04 The novel is supposed to be very funny.

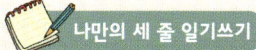 나만의 세 줄 일기쓰기
마땅히 하기로 되어 있는 일들, 또 사람들이 그러더라고 하는 일들을 써보세요!

Keywords ~시까지는 등교하다 go to school by + 시간 | 축제/파티 준비를 하다 prepare for a festival/party | 대회에 출전하다 enter a contest | A를 대표하여 B에 참석하다 represent A at B | 출장가다 go on a business trip / go out of town on business | 프레젠테이션을 하다 give/make a presentation | ~까지는 마감이다 the due date is ~ | ~까지 리포트를 제출하다 hand in a paper by ~ | ~시까지는 귀가하다 be home by + 시간

Diary 31

미래의 일 가정하기

내일 세상이 끝난다면 오늘 뭘 하지?
What would I do today if the world should end tomorrow?

사람의 상상력은 참로 대단합니다. 아무리 현실이 궁상맞더라도 미래의 좋은 모습을 상상하며 일순간 행복에 겨워하기도 하고, 때로는 일어날지도 안 일어날지도 모르는 일을 가정하며 재미있어 하기도, 걱정하기도 하니 말이죠. 이제부터는 영어로 그런 상황들을 머릿속에 그려볼까요?

혜린의 일기

일단은 잠부터 자고

May 22, Sunny

내일 세상이 끝난다면 오늘 뭘 하지? I think I can't help it. I am so sleepy. I would like to go to bed. I don't care if the world ends or not.

What would I do today if the world should end tomorrow? 할 수 없지 뭐. 세상이 끝나든 말든 지금은 잠이 오니까 일단 자고 보자고.

준호의 일기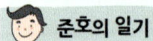

사랑을 드릴게요

5월 22일 맑음

내일 내가 죽는다면? Who knows, I might die tomorrow. So I will do everything I can for her today.

If I should die tomorrow? 누가 알겠어. 내일 내가 죽을 수도 있지. 그러니까 오늘 혜린 선배에게 해줄 수 있는 건 다 해줘야겠다.

미래의 일을 가정하는 영어문장 보기

혜린: 내일 세상이 끝난다면 오늘 뭘 하지? → What would I do today if the world should end tomorrow?
준호: 내일 내가 죽는다면? → If I should die tomorrow? / What if I die tomorrow?

무작정 따라하기 ① 그럴 리는 없지만 혹시 ~라면 If I should ~

갑자기 내일 지구가 멸망할 리는 없지요. 그래도 혹시 멸망한다면, 여러분은 오늘 어떻게 하실 겁니까? 혜린이처럼 잠이나 잘 건가요? 지금 멀쩡하게 살아 있는 내가 갑자기 죽을 리는 없지요. 그래도 사람 일은 모르는 거니까, 혹시 죽는다면 나는 오늘 뭘 할 것인가? 준호처럼 오로지 사랑하는 연인을 위해서 무엇이든 다 해주려고 해야 할 것인가?

이렇게 그럴 리는 없지만 혹시 일어날지도 모르는 일, 즉 가능성이 낮은 일을 가정할 때는,〈If 주어 + should + 동사원형〉을 이용해 보세요. 내일 죽을지도 모른다고 생각한 준호는 '혹시 내게 무슨 일이 일어난다면'이라고 비장하게 일기를 시작하는군요. If anything should happen to me, 다음은 '이 일기를 혜린이에게 주시기 바랍니다'라고 신파조로 끝을 맺어볼까요? please give this diary to Hyerin. 자, 정리하면, If anything should happen to me, please give this diary to Hyerin.

---

01 혹시 내가 자다가 그냥 죽더라도, 나 때문에 울지 마세요.

　　　　　　　　　　　　before I wake, please don't cry for me.

02 혹시 내가 늦으면, 그 사람들은 모두 나를 기다릴 것이다.

　　　　　　　　　　　　, they will all wait for me.

03 혹시 비가 온다면, 내 공연은 실내에서 열릴 것이다.

　　　　　　　　　　　　, my performance will be indoors.

04 혹시 한반도에서 전쟁이 일어난다면 어떤 일이 일어날까?

What would happen 　　　　　　　　　　　break out on the Korean Peninsula?

05 혹시 혜린이가 나에게 깊은 상처를 주더라도 나는 혜린이를 사랑할 것이다.

　　　　　　　　　　　　deeply, I would still love her.

컨닝페이퍼

03 '공연'은 performance.
04 '전쟁이 발발하다'는 a war breaks out.
05 '~에게 깊은 상처를 주다'는 hurt ~ deeply를 이용해 보세요.

정답

01 If I should die
02 If I should be late
03 If it should rain
04 if a war should
05 If Hyerin should hurt me

무작정 따라하기 2 — 걱정이 팔자 What if ~?

초등학교 시절에 소풍을 갈 때 제일 큰 걱정은 "내일 비가 오면 어떻게 하지?"였잖아요. 자, 다 같이 어린 시절로 돌아가 이 엄청난 고민을 일기에 털어놓아 볼까요? 간단합니다. 걱정되는 일이 있으면, What if로 시작하기만 하면 되니까요. 다음에는 it rains tomorrow로 이어주고 물음표만 붙이면 끝이죠. What if it rains tomorrow? 이렇게 걱정이 팔자인 사람들은 What if ~?를 애용해서 자신의 걱정거리를 일기에 마구 쏟아놓으면 된답니다.

컨닝페이퍼
01 일이 '잘못되다, 잘못 돌아가다'는 go wrong.
02 '사기꾼'은 con man이라고 해요.

01 뭐가 잘못 돌아가면 어쩌지?
　　　　　something goes wrong?

02 그 남자가 사기꾼이면 어쩌지?
　　　　　he is a con man?

03 그 남자가 동성연애자면 어쩌지? 그래도 친구로 지낼 수 있을까?
　　　　　gay? Can I still be friends with him?

04 그 남자의 제안은 아주 좋은 것 같지만, 그게 사기라면 어쩌지?
　　His offer sounds great, but 　　　　　　　　a trick?

정답
01 What if
02 What if
03 What if he is
04 what if it is

 **잠깐만요!**

If I should ~에서 If를 생략하고 Should I ~로 할 수도 있다

그런데 〈If + 주어 + should + 동사원형〉에서 If를 생략할 수도 있어요. 이런 경우에는 should가 앞으로 나가서, 〈Should + 주어 + 동사원형〉이 되죠. 그러면 "혹시 내가 다니는 회사가 문을 닫는다면 나는 어떻게 해야 하지?"라고 불안한 심정을 일기에 털어놓아 볼까요? 우선 '혹시 내가 다니는 회사가 문을 닫는다면'은 If the company I work for should go out of business라고 시작할 수도 있지만, If를 생략하고 should를 앞으로 보내서, Should the company I work for go out of business라고 해보세요. 다음에 '나는 어떻게 해야 하지?'를 what should I do?라고 붙이면 되죠. Should the company I work for go out of business, what should I do?

한 문장 써보기
앞에서 배운 패턴을 이용해 영작해 보세요.

01 만약 내가 유나를 차버린다면, 걔는 나를 죽이려고 할 것이다.

02 혹시 내일 죽더라도, 나는 후회하지 않을 것이다.

03 만일 내 정체를 누구라도 알게 되면 나는 망한다.

04 내가 살고 있는 세계가 가짜라면 어쩌지?

05 엄마랑 아빠랑 이혼하면 어쩌지?

컨닝페이퍼
01 여자친구든 남자친구든 '차버리다'는 dump가 딱이죠.
02 '후회하지 않는다'는 have no regrets라고 표현하면 되죠.
03 '내 정체'는 my true identity, '망한다'는 be ruined.
04 '내가 살고 있는 세계'는 the world I live in, '가짜인'은 fake.
05 '이혼하다'는 get divorced.

정답
01 If I should dump Yuna, she would kill me.
02 If I should die, I would have no regrets.
03 If anyone should find out my true identity, I would be ruined.
04 What if the world I live in is fake?
05 What if my parents get divorced?

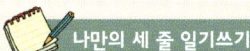 나만의 세 줄 일기쓰기
나만의 세 줄 일기로 미래의 일을 가정해 보세요!

Keywords 전쟁이 터지다 a war breaks out | ~에게 깊은 상처를 주다 hurt + 사람 + deeply | 복권에 당첨되다 win a lottery | 로또에 당첨되다 win the Lotto | (일이) 잘못되다, 잘못 돌아가다 go wrong | 이혼하다 get divorced | 도둑이 들다 a burglar breaks in | 파산하다 go bankrupt | 달리 좋아하는 사람이 있다 love another man/woman | 사기꾼 con man | 속임수 trick | 동성연애자(남자/여자) gay | 동성연애자(여자) lesbian

25만 독자가 선택한 무작정 따라하기

영어회화 무작정 따라하기

영어 초보도 100일이면 다시 태어난다!
25개 핵심동사로 영어 말문을 트고
75개의 핵심패턴으로 하고 싶은 말을
만든다!

오석태 지음 | 352쪽 | 15,000원
부록 : 저자 음성강의 및 영어 mp3 무료 제공,
프리토킹 워크북

첫걸음 | **초급** | 중급 | 고급

50가지 영작공식만 따라하면
영어가 우리말처럼 술술 써진다!

박상준 저 | 264쪽 | 13,000원

첫걸음 | **초급** | 중급 | 고급

방구석에서 미국 20대가 쓰는
영어 표현을 익힌다!

라이언 강 저 | 404쪽 | 19,000원

첫걸음 | **초급** | 중급 | 고급

단기 여행, 출장, 유학, 이민!
미국 갈 때 챙겨야 할 단 한 권!

이경훈 저 | 316쪽 | 15,000원

첫걸음 | **초급** | **중급** | 고급

무작정 따라하기 시리즈

하루 3문장
영어일기
무작정 따라하기

표현사전

지은이 정계성, 강문혜

하루 딱 3문장, 한 달만 연습하면 누구나 영어일기를 쓸 수 있다!
31개 영작 공식으로 원하는 문장을 만들고,
5,000개 문장이 담긴 표현사전에서 필요한 문장을 찾는다!

길벗
이지:톡

하루 3문장
영어일기 무작정 따라하기

31개 영작 공식을 기본서에 담았다!
과거, 현재, 미래를 표현하는 31개 영작 공식을 익히면
일기에 쓰고 싶은 모든 말을 영어로 만들 수 있다!

5,000개 문장을 표현사전에 담았다!
영어일기에 꼭 한번은 쓰는 문장을 모두 담은 표현사전에서
3초면 원하는 말을 바로 찾아 쓸 수 있다!

하루 딱 3문장, 한 달이면 누구나 영어일기를 쓸 수 있다!
기본서와 표현사전으로 하루에 딱 3문장씩 만드는 연습을 하면
한 달 안에 우리말 일기보다 세련된 영어일기를 쓸 수 있다!

하루 3문장 영어일기 무작정 따라하기
The Cakewalk series - English Diary

ISBN 978-89-6047-706-3   03740

길벗 이지톡 홈페이지
(www.eztok.co.kr)에서
표현사전 찾아보기를
무료로 다운로드 받을 수 있습니다.

값 22,000원

하루 3문장 영어일기 무작정 따라하기

장계성, 강윤혜 지음

BOOK 2 | Expression Dictionary for an English Diary

Part 01 | 나는야 기분파! | **기분 · 감정 이야기**

Part 02 | 몸과 마음을 들쑤시는 | **자연과 날씨 이야기**

Part 03 | 얼짱이 아니면 어떠랴! | **성격 및 외모 이야기**

Part 04 | 우리들의 아름다운 청춘 | **학교 이야기**

Part 05 | 먹고사는 걱정 | **취업 이야기**

Part 06 | 말도 많고 탈도 많은 | **회사 이야기**

Part 07 | 빵만으론 살 수 없다! | **즐기며 살기**

내 주변의 모든 이야기가 숨어 있는
영어일기 표현사전

Part 08 | 이거 없인 못 살아! | **컴퓨터·핸드폰 이야기**

Part 09 | 우리들의 사랑 이야기 | **청춘사업**

Part 10 | 눈물과 웃음으로 범벅된 우리들의 둥지 | **가족 이야기**

Part 11 | 특별한 날에 쓰는 | **특별한 이야기**

Part 12 | 세상을 움직이는 돈과 권력 | **시사 및 경제 이야기**

Part 13 | 깊은 밤에 나래를 펴는 | **나의 상념**

Part 14 | 다람쥐 쳇바퀴 도는 | **나의 일상**

영어일기 표현사전 활용법

영어일기를 쓰다 막힐 때 찾아보세요!

영어일기를 쓰다가 내가 하고 싶은 말을 영어로 어떻게 표현하는지 모르겠다면 《영어일기 표현사전》을 펼치세요.

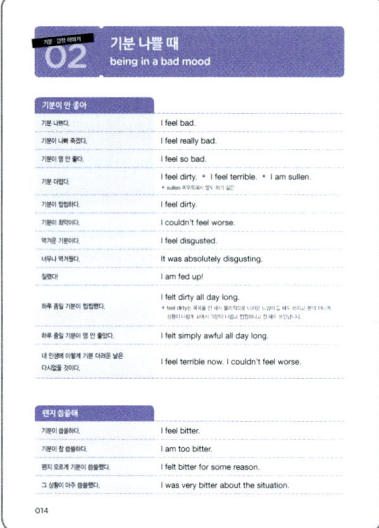

왼쪽의 우리말을 보며 내가 원하는 문장을 찾아보세요. 필요에 따라 영어 표현과 관련된 문화도 해설되어 있답니다.

원하는 문장을 찾기 힘들면 길벗 이지톡 www.eztok.co.kr에서 〈찾아보기〉를 다운로드 받아 활용하세요. 세부 분류 항목에서 어떤 표현들을 다루고 있는지 한 눈에 볼 수 있습니다.

표현사전의 표현을 모두 내 것으로 만드세요!

《영어일기 표현사전》의 표현들을 모두 내 것으로 만들고 싶다고요? 그럼 다음과 같은 방법으로 하루도 빠짐없이 영어일기를 써보세요.

STEP 1   노트를 한 권 준비하세요.

STEP 2   매일 한 페이지씩 노트에 그대로 베껴 쓰세요.

STEP 3   문장 속에 응용할 만한 영작 패턴이 있다면 그 패턴을 활용해 다른 문장을 만들어 보세요. 그리고 문장에 자연스럽게 연결될 만한 다른 문장을 한 개 이어보세요.

STEP 4   오늘의 일기를 쓸 때 오늘 베낀 문장을 3개 이상 활용해 보세요.

차례

PART 01 | 나는야 기분파! 기분·감정 이야기

- 01 | 기분 좋을 때 010
- 02 | 기분 나쁠 때 014
- 03 | 슬프거나 울적할 때 019
- 04 | 걱정되거나 두려울 때 026
- 05 | 재미있거나 재미없을 때 029
- 06 | 감동적일 때 031
- 07 | 이런저런 감정 033

PART 02 | 몸과 마음을 들쑤시는 자연과 날씨 이야기

- 01 | 날씨에 대하여 038
- 02 | 계절이 바뀔 때 051
- 03 | 자연경관을 바라보며 061

PART 03 | 얼짱이 아니면 어떠랴! 성격 및 외모 이야기

- 01 | 좋은 성격 070
- 02 | 더러운 성격 075
- 03 | 평범하거나 독특한 성격 081
- 04 | 성격 고치기 083
- 05 | 얼짱·몸짱 085
- 06 | 폭탄 091
- 07 | 평범한 외모 093
- 08 | 외모 가꾸기 094

PART 04 | 우리들의 아름다운 청춘 학교 이야기

- 01 | 학업 100
- 02 | 동아리 및 학과 활동 109
- 03 | 축제 116
- 04 | 방학 119
- 05 | 휴학 123
- 06 | 입학 127
- 07 | 졸업 130

PART 05 | 먹고 사는 걱정 취업 이야기

- 01 | 뭘 해먹고 살까? 136
- 02 | 취업 준비를 하며 140
- 03 | 취업 시험을 치르고 145
- 04 | 결과를 기다리며 148

PART 06 | 말도 많고 탈도 많은 회사 이야기

01	업무 152	02	회식 163
03	사람들과의 관계 167	04	승진 173
05	급여 176	06	휴가 180
07	가십거리 183	08	입사 187
09	퇴사 189		

PART 07 | 빵만으론 살 수 없다! 즐기며 살기

01	영화 194	02	공연·전시 202
03	스포츠 207	04	독서 212
05	여행 216	06	쇼핑 223
07	음주가무 227	08	취미 234

PART 08 | 이거 없인 못 살아! 컴퓨터·핸드폰 이야기

01	인터넷 서핑을 하며 240	02	또 다른 만남의 공간을 열며 246
03	컴퓨터 게임을 하며 251	04	휴대폰을 사용하며 254
05	말썽을 부리는 첨단기기 257		

PART 09 | 우리들의 사랑 이야기 청춘사업

01	아름다운 만남 260	02	미팅과 소개팅은 나의 인생 262
03	데이트 268	04	실연의 아픔 275
05	결혼준비 280	06	결혼생활 283
07	이혼 288		

PART 10 | 눈물과 웃음으로 범벅된 우리들의 둥지 **가족 이야기**

- 01 | 우리 가족 294
- 02 | 가장 입장에서 300
- 03 | 엄마·아내 입장에서 304
- 04 | 자식 입장에서 310
- 05 | 집안 행사 314

PART 11 | 특별한 날에 쓰는 **특별한 이야기**

- 01 | 새해를 맞으며 320
- 02 | 발렌타인 데이 326
- 03 | 추석 연휴 329
- 04 | 크리스마스 332
- 05 | 국경일 및 공휴일 335
- 06 | 내 인생의 특별한 날 339

PART 12 | 세상을 움직이는 돈과 권력 **시사 및 경제 이야기**

- 01 | 재테크 344
- 02 | 신용카드 348
- 03 | 대출 351
- 04 | 세금 354
- 05 | 사건·사고 357
- 06 | 연예계 367

PART 13 | 깊은 밤에 나래를 펴는 **나의 상념**

- 01 | 나의 꿈 372
- 02 | 상상의 나래 377
- 03 | 전쟁에 대하여 381
- 04 | 세상에 대하여 384

PART 14 | 다람쥐 쳇바퀴 도는 **나의 일상**

- 01 | 잠에서 깨어나니 392
- 02 | 화장실에서 396
- 03 | 아침밥을 대하며 399
- 04 | 집을 나서며 402
- 05 | 퇴근길에 405
- 06 | 하교길에 409
- 07 | 집으로 돌아오니 412
- 08 | 잠자기 전 나만의 시간 414

| 나는야 기분파! |

기분 · 감정 이야기

01   기분 좋을 때
02   기분 나쁠 때
03   슬프거나 울적할 때
04   걱정되거나 두려울 때
05   재미있거나 재미없을 때
06   감동적일 때
07   이런저런 감정

01 기분 좋을 때
기분·감정 이야기
being happy

난 행복해

난 행복해/기뻐.	I am happy.
기분 좋다.	I feel good.
기분이 한결 좋아지네.	I feel much better.
기분이 참 좋다.	I feel great.
기분이 너무 좋아!	I feel terrific!
기쁘다/즐겁다.	I am pleased.
마음이 평화롭고 너무 행복하다.	I feel so happy and peaceful.
무척 기뻤다.	I was really delighted.
기분 최상이다.	I feel amazing/awesome.
기분 짱[최고]이다!	I couldn't feel better! I am on cloud nine! I feel like a million dollars!
기분이 날아갈 것 같다.	I am extremely happy.
우와~ 기분 죽인다!	Wow, I feel terrific! • Wow, it's fantastic!
너무 황홀했다.	I felt ecstatic.
흡족한 기분이다.	I feel satisfied.
흐뭇했다.	I was completely satisfied with it. ★ '전적으로 만족스러워서 흐뭇하다'는 의미.
너무 흐뭇하다.	I feel really delighted. ★ '너무 기뻐서 흐뭇하다'는 의미.
나도 모르게 웃음이 났다.	I smiled in spite of myself. ★ in spite of oneself 자기도 모르게
하루 종일 기분이 너무 좋았다.	I felt really great all day long.

너무 감사하다.	I am really thankful/grateful. ★ 뒤에 〈to + 동사원형〉을 이어주어 감사한 이유를 밝혀줄 수 있어요.
아, 난 정말 행운아야!	What a lucky person I am!
내 인생에 이렇게 행복한/기쁜 날은 다시없을 것이다.	I feel wonderful now. I couldn't feel better.

아~ 설레라

아~ 설레라.	I am pretty excited.
기분 업되네.	I feel upbeat.
생각만 해도 마음이 설렌다.	Just the thought of it makes my heart flutter.
벌써부터 마음이 설렌다.	My mind is already fluttering.
왠지 모르게 마음이 설렌다.	(I don't know why, but) I feel somewhat excited. ★ somewhat 어쩐지, 왠지 모르게
왜 이렇게 마음이 들뜨지?	How come I am so excited?
너무 기대된다.	I am really looking forward to it. ★ be looking forward to ~가 기대되다, 고대되다
간만에 기분 업됐다.	I feel upbeat for the first time in days. ★ for the first time in days 간만에
가슴이 벅차다.	I am completely overwhelmed.
가슴이 두근거렸다.	My heart pounded really fast.
가슴이 콩닥거렸다.	My heart gave a flutter. ★ flutter 마음이 설레서 가슴이 두근거리는 것, 동사로도 쓰이죠.
설레서 가슴이 계속 두근거린다.	My heart keeps fluttering. ★ keep + -ing 자꾸 ~하다
그 애만 보면 가슴이 두근거린다.	My heart flutters whenever I see him/her.
왜 이렇게 가슴이 뛰지?!	Why is my heart beating like this?
아~ 설레서 기분 싱숭생숭하다.	Oh my, I feel like my heart is fluttering.

아~ 개운해

(걱정근심, 불편한 마음을 덜어내고 안심이 돼서) 기분이 개운하다.	I feel relieved.
(기분전환 내지는 쇄신이 돼서 새로 태어난 듯) 기분이 개운하다.	I feel refreshed.
(안심이 돼서) 속이 다 후련하다.	I feel greatly relieved.
(씻어낸 듯) 속이 다 후련했다.	I was completely refreshed (by something). It was completely refreshing.
왠지 모르게 기분이 상쾌해진다.	I feel refreshed for some reason. ★ for some reason 왠지 모르게, 어쩐지
(걱정근심이 모두 사라지고) 가슴이 탁 트이는 것 같다.	I feel greatly relieved.
아주 안심이 된다.	I am greatly relieved.
(안심이 돼서) 이제야 살 것 같다.	I finally feel relieved.
기분이 새로워지는 느낌이었다.	I felt refreshed.
온몸이 개운하다.	My whole body feels refreshed.
머리가 맑아지는 느낌이 든다.	I seem to have a clear head again.
새로운 에너지가 솟는 것 같다.	I feel much more energetic.
힘이 펄펄 솟는다.	I am bursting with energy.
힘이 솟고 기분이 좋다.	I feel cheerful and energetic.
다시 활력이 생기는 것만 같다.	I feel full of energy again.
왠지 에너지가 충전되는 기분이 든다.	I feel as if my batteries have been recharged.
생활의 활력소가 되는 것 같다.	It seems to be the perfect tonic for my everyday life. ★ be the perfect tonic for one's everyday life 생활의 활력소가 되다. 여기서 everyday life는 우리말의 '일상생활'을 뜻하죠.
스트레스가 다 달아나는 것 같다.	It seems that all my stress has been totally released.

10년 묵은 체증이 내려가는 것 같다.	I feel as if all the tension and stress I have felt for a long time has finally disappeared.
왠지 모르게 마음이 편안해졌다.	My mind was at ease for some reason. ★ at ease (마음이) 편안한, 안심이 되는
그 때문에 한시름 덜고 편안해졌다.	It put me at ease and made me comfortable. ★ ~ put me at ease ~로 인해 한시름 덜다, 안심이 되다 ǀ ~ make me comfortable ~로 인해 마음이 편안해지다

02 기분 나쁠 때
being in a bad mood

기분·감정 이야기

기분이 안 좋아

기분 나쁘다.	I feel bad.
기분이 나빠 죽겠다.	I feel really bad.
기분이 영 안 좋다.	I feel so bad.
기분 더럽다.	I feel dirty. • I feel terrible. • I am sullen. ★ sullen 찌무룩해서 말도 하기 싫은
기분이 찜찜하다.	I feel dirty.
기분이 최악이다.	I couldn't feel worse.
역겨운 기분이다.	I feel disgusted.
너무나 역겨웠다.	It was absolutely disgusting.
질렸다!	I am fed up!
하루 종일 기분이 찜찜했다.	I felt dirty all day long. ★ feel dirty는 목욕을 안 해서 물리적으로 더러운 느낌이 들 때도 쓰이고, 본의 아니게 상황이 더럽게 꼬여서 기분이 더럽고 찜찜하다고 할 때도 쓰인답니다.
하루 종일 기분이 영 안 좋았다.	I felt simply awful all day long.
내 인생에 이렇게 기분 더러운 날은 다시없을 것이다.	I feel terrible now. I couldn't feel worse.

왠지 쓸쓸해

기분이 쓸쓸하다.	I feel bitter.
기분이 참 쓸쓸하다.	I am too bitter.
왠지 모르게 기분이 쓸쓸했다.	I felt bitter for some reason.
그 상황이 아주 쓸쓸했다.	I was very bitter about the situation.

너무 아이러니했다.	It was really ironic.
뭔가 잘못된 것 같은 기분이 들었다.	I felt something went wrong.
이건 아니다 싶은 생각이 들었다.	I felt that was wrong.

실망이야

실망했다.	I was disappointed with it. ★ with 뒤에는 실망한 대상을 그때그때 상황에 맞춰 구체적으로 밝혀주면 되죠.
기가 막혔다.	I was terribly disappointed.
너무 실망스러웠다.	I was really let down.
그 애한테 너무 서운하다.	He/She really let me down. ★ ~ let me down ~한테 실망스럽다, 서운하다

으~ 열 받아

으~ 열 받아.	Ugh, I'm really pissed off.
무지하게 열 받네.	I am furious.
속상하다.	I feel upset.
갑갑하다.	I feel frustrated.
짜증났다.	It annoyed me. ★ annoy ~를 짜증나게 하다, 신경 거슬리게 하다
너무 짜증난다.	It really annoys me.
그 사람 때문에 짜증나 죽겠다.	I get so annoyed with him/her.
분해 죽겠다.	I am really upset.
분해서 잠이 안 온다.	I am so upset that I can't sleep.
아직도 화가 안 풀린다.	My anger has not gone away yet.
열이 오르는 걸 억지로 참았다.	I was barely able to suppress my anger. ★ suppress one's anger 끓어오르는 화를 억누르다
완전 열 받아서 미치는 줄 알았다.	I almost went crazy because I was so pissed off.

으~ 스트레스 받아.	Oh my, I am stressed out. Ugh, what a stressful situation this is!
그 자식 때문에 스트레스 받아 죽겠다.	That guy really stresses me out.
열이 뻗쳐서 숨이 다 막힐 지경이다.	I am choked with anger. ★ be choked with anger 화가 나서 숨이 막히다
요즘 계속 화가 나.	I've been getting upset these days.
요즘 별것도 아닌 일로 자꾸 화가 치솟아.	I'm really pissed off about stupid little things these days.
요즘 신경이 너무 날카로워.	I'm very sensitive these days.
내가 너무 예민한가/예민하게 구나?	Am I too sensitive?

으~ 미치겠다

으~ 미치겠다.	Ugh, it's crazy.
미치는 줄 알았다.	It drove me crazy.
모모 양 때문에 미치겠다.	Miss so-and-so drives me crazy. Miss so-and-so makes me crazy. ★ '모모 양, 모모 군'은 Miss so-and-so, Mr. so-and-so와 같이 표현하면 됩니다. A drives/makes me crazy.는 'A 때문에 미치겠다, 돌아버리겠다'란 의미이고요.
영어 때문에 미치겠다.	English is driving me crazy.
으악~ 돌아버리겠다.	Ugh~ I am totally out of my mind. ★ be out of one's mind 제정신이 아니다
아~ 귀찮아 죽겠네.	What a nuisance!
신물 나/지긋지긋해!	I'm really, really sick of it!

으악~ 심정 상해

심정 상해.	My feelings are hurt.
으악~ 심정 상해 죽겠다.	Ugh~ My feelings are really hurt.

마음의 상처가 된다.	It really hurts me.
상처를 너무 많이 받은 것 같다.	I felt quite hurt.
그 사람의 말이 너무 상처가 된다.	What he said hurts me badly.

욕 좀 하자!

바보 같은 놈!	What a stupid guy (he is)!
걸레 같은 년!	What a slut (she is)!
개 같은 놈/년!	Son of a bitch!
비겁한 놈/년!	What a yellow belly!
비열한 놈/년!	What a mean guy/girl!
비정한 놈/년!	What a heartless guy/woman!
더러운 놈/년!	What a filthy guy/woman!
찌질한 놈/년!	What a jerk!
위선자 같으니라고!	What a hypocritical guy (he is)! ★ hypocritical [hìpəkrítikəl] 위선적인
치사한 놈 같으니라구!	What a mean guy (he is)!
배은망덕한 놈/년 같으니라구!	What an ungrateful man/woman (he/she is)!
피도 눈물도 없는 놈/년 같으니라구!	What a cold-blooded guy/woman!
어휴, 시어머니 같으니라고!	What a fault-finder! • What a nitpicker! ★ '남의 사소한 잘못을 캐내고 꼬집고 하는 사람'을 fault-finder 또는 nitpicker라고 하죠. 여기서 '시어머니'란 바로 그런 뜻으로 쓴 말이지요.
허 참! 기가 막혀서!	What a fucking situation! ★ 한 마디로 '황당한 시츄에이션'이란 말이죠.
이 비정한 도시가 싫다!	I hate this heartless city!
이런 냉혹한 조직이 싫다!	I hate heartless organizations like this one!
이런 냉혹한 사회에 신물이 난다!	I'm really sick of this heartless society!

피곤해

좀 피곤하다.	I am a little tired.
피곤해 죽겠다.	I am dead tired.
진짜 피곤하다.	I feel really tired.
하루 종일 너무 피곤했다.	I felt really tired all day long.
몸과 마음이 너무 지친다.	I am done in mentally and physically.

03 슬프거나 울적할 때
being sad

기분·감정 이야기

너무 슬퍼

슬프다.	I am sad.
어쩐지 슬펐다.	It was somewhat sad.
말로 표현할 수 없을 정도로 너무 슬프다.	It is sad beyond description. ★ beyond description 말로 표현할 수 없을 정도로
너무 슬퍼서 목이 다 메었다.	I was choked up with sorrow. ★ be choked up with ~ 때문에 목이 다 메이다
너무 슬퍼서 밥을 먹을 수도 잠을 잘 수도 없다.	I'm so sad that I can't eat or sleep.
이 슬픔을 어찌 말로 표현할 수 있겠는가!	I can't express my sadness in words!
내 인생에 이렇게 슬픈 날은 다시없을 것이다.	There won't be such a sad day again in my life.

가슴이 아파

참 안타깝다.	I feel really sorry for it/him/her/them.
마음이 아팠다.	I was really sorry. • I felt really sorry.
마음이 쓰렸다/아팠다.	I felt pain in my heart.
너무 가슴이 아팠다.	It was really painful for me. I was really heartbroken.
심장이 찢어질 것 같다.	I feel heartbroken. • My heart breaks.
가슴이 (미어)터질 것 같다.	I feel (really) heartbroken.
그 사람이 너무 가엾다.	I feel terribly sorry for him/her.
그 사람이 안돼 보였다.	I was sorry for him/her.

그 아이가 불쌍하다.	I am sorry for the kid.
그 애의 고통이 느껴진다.	I feel his/her agony.
가슴이 먹먹해서 눈물이 날 것만 같았다.	I felt pain in my heart and tears seemed to come into my eyes.
아직도/여전히/지금도 마음이 아프다.	My heart still hurts.

울적해

우울하다.	I am gloomy. • I am depressed.
웬일인지 기분이 울적하다.	I am gloomy without any special reason.
왠지 모르게 우울해 견딜 수가 없다.	I get severely depressed for some reason.
아직까지도 기분이 너무 울적하다.	I am still depressed.
요즘은 걸핏하면 우울해진다.	I get depressed easily these days.
기분이 꿀꿀하다.	I feel down.
기분이 조금 꿀꿀하다.	I feel a little bit down.
기분이 좀 꿀꿀했다.	I felt a bit down.
왜 이렇게 기분이 꿀꿀할까?	Why do I feel so down?
(여자 입장에서) 왜 이렇게 울적하지? 그 날인가?	Why am I so depressed? Is my period starting soon? ★ period 월경
서글프다.	I am melancholy.
아~ 기운 빠져.	I have lost all my strength.
너무 숨막힌다.	I think it's really stifling. ★ stifling 숨막히는, 답답한
지구를 떠나고 싶어라.	I want to leave this world.
난 왜 이럴까? 환잔가? 하얀 집에 가야 하나?	Why am I acting like this? Am I mad? Are they going to send me to the loony bin? ★ 우리가 정신병원을 '하얀 집'이라고 말하듯, 영어로는 loony bin이라는 속어를 쓰죠.

아~ 비참해

난 지금 몹시 비참하다.	I am really miserable.
내가 너무 하찮게 느껴진다.	I feel like a nobody. ★ nobody 하찮은 인간, 보잘 것 없는 인간
내가 너무 초라하게 느껴진다.	I feel so shabby.
어쩐지 꿀리는 기분이 들었다.	Somehow I felt small. ★ somehow 어쩐지, 왠지 모르게
정말이지 주눅들어서 못 살겠다.	I feel so inferior/small that I don't want to live anymore. ★ feel inferior 열등감이 들다 ǀ so ~ that... 너무 ~해서 …하다
내가 참 한심했다.	I felt so wretched about myself. I felt really miserable.
내 인생에 이렇게 비참한 날은 다시없을 것이다.	There won't be such a miserable day again in my life.

마음이 허해

아~ 외로워.	Ah, I feel lonely.
너무 외로워.	I feel so lonely.
어쩐지 쓸쓸하다.	I feel somewhat lonely. I feel desolate for some reason. ★ lonely는 '외로워서 쓸쓸한' 것이고, desolate는 '쓸쓸하고 비참한' 것을 의미하지요.
마음이 허하다.	I feel like my life is empty.
마음이 너무 허전하다.	I feel so empty.
허탈하다.	I feel lethargic. ★ lethargic [ləθɔ́ːrdʒik] 허탈한
너무/정말 허탈하다.	I feel really lethargic.
어떻게 하면 마음의 허기를 채울 수 있을까?	How can I fill the void in my heart? What should I do to fill the void in my heart? ★ fill the void in one's heart 마음의 허기를 채우다
어쩐지 마음이 휑하다.	I feel barren and empty for some reason. ★ barren and empty 마음이 휑한
마음이 휑해진다.	I have started to feel an emptiness in my life.

사는 게 외롭고 쓸쓸하고 허무하다.	My life is nothing but a lonely and empty existence.
기분이 참 싱숭생숭하다.	My mind wanders restlessly. ★ wander restlessly 정처 없이 떠돌다

너무 힘들어

너무 힘들다.	It is too tough.
버틸 수가 없다.	I can't get over it. ★ get over ~을 극복하다
더 이상 못 참겠다.	I can't stand it anymore. ★ 여기서 stand는 '참다, 견디다'란 의미.
너무 힘들어서 더 이상 버틸 수가 없다.	It is too tough to get over it. It is so tough that I can't stand it anymore.
사는 게 왜 이렇게 힘들지?!	Why is my life so tough?
그냥 콱 죽어버리고 싶다.	I just want to kill myself.
힘들지만 참을 만하다.	My life is hard but I can deal with it.
감수할[참을] 만하다.	It is tolerable.

절망적이야

절망스럽다.	I feel hopeless.
아무것도 할 힘이 안 난다.	I've got no energy to do anything.
밥을 먹을 수도 잠을 잘 수도 없다.	I can't eat or sleep.
몇 달째 계속 심란하고 무기력하다. 이유도 모르겠고, 어떻게 해야 할지도 모르겠다.	My mind has been disturbed for several months. I don't know why and I don't know what to do.
이런 상태로 살아서 뭐하나?	Why am I living like this?
아~ 무기력해.	What a lethargic guy I am!
나는 절망의 바다를 헤매고 있다.	I'm in a sea of despair.
나는 절망의 바다에 '풍덩~' 빠져버렸다.	I dived into a sea of despair.

앞날이 캄캄하다.	My future is all dark.
나에겐 왜 아무런 힘이 없을까?	Why don't I have any power?
무력감이 느껴진다. 너무 슬프다.	I feel powerless and I am so sad.
무력한 자신이 싫다.	I am helpless. I hate myself. I feel powerless. I hate myself.
시간이 많았는데 그 동안 왜 (내 문제를 해결할) 힘도 키우지 못했을까?	I think I have wasted my life as I haven't developed any strength to deal with my problems.
지금까지 도대체 뭐하고 살았지?	What did I live for?
이런 현실에서 도망치고 싶다.	I'd like to escape from this reality.
만사가 귀찮다.	I don't care a damn about anything. ★ don't care a damn about ~에 대해 눈곱만큼도 관심 없다
아무것도 하기가 싫다.	I hate to do anything.
이러면 안 되는데…	I know I shouldn't be like that...
이유 없이 자꾸 눈물이 난다.	Tears often come to my eyes for no apparent reason.
이 절망의 나락에서 나를 구해줄 이는 없는 것인가?	Is there anyone who will save me from this bottomless pit of despair?
자업자득이지 뭐!	I asked for it!

나약한 마음이 들어

자꾸만 마음이 약해진다.	My mind has been declining recently.
자꾸만 약한 마음이 든다.	My mind has been declining more and more.
그 애를 생각하면 자꾸만 마음이 약해진다.	I feel so vulnerable and alone when I think of her.
그 애를 생각하면 자꾸만 눈물이 난다.	I cannot think of her without tears.
두려움 때문에 자꾸만 포기하게 된다.	I just give up over and over again due to fear.

난 왜 이렇게 생겨먹은 걸까?	How come I always behave stupidly?
난 왜 이렇게밖에 못할까?	How come I always behave like that?

힘을 내

힘내자!	Cheer up!
힘을 내자, 힘을 내!	Go for it!
용기를 내!	Just keep your chin up!
용기를 내야지!	I musn't lose heart!
걱정 마. 다 잘될 거야!	Don't worry. Everything's going to be all right!
걱정 마. 다음 번엔 더 잘할 거야.	Don't worry. You'll do better next time.
기운 내, OOO! 파이팅!!	Cheer up, OOO! Way to go!! ★ OOO 부분에는 자기 이름을 써보세요.
그래, 이렇게 힘 빠져 있다고 뭐가 달라져!	Right, nothing will change even though I feel helpless.
그래, 죽어라 걱정만 하고 있다고 뭐가 달라져!	Right, nothing will change even though I'm worried to death.
그래, 이렇게 화만 내고 있다고 뭐가 달라져!	Right, nothing will change even though I am so angry.
이렇게 절망/무기력/실의에 빠져 있다고 뭐가 달라져!	Nothing will change even though I am deep in despair/helpless/a depression.
지금 이 순간, 내가 할 수 있는 일을 하는 거야!	I'll do what I can do now!
다시 한 번 해보는 거야!	I will try again! • I will give it a try again!
죽을힘으로 뭔들 못할까?	Is there anything impossible for a desperate man?
개똥밭에 굴러도 이승이 좋다는데.	They say, "A living dog is better than a dead lion."
산 사람은 살아야지!	Life should go on!

좀만 더 참자!	Be patient just a little while longer!
이 절망의 나락에서 나를 구할 이는 나 자신밖에 없다.	There's no one but me to save myself from this deep pit of despair.
갈 데까지 가보자!	I'll keep going to the end.
갈 데까지 가서 바닥을 치면 그곳에서 다시 희망의 빛을 보게 될 거야!	If I keep falling down to the bottom, there will be a light of hope!
마음 편하게 갖고 이대로 내버려두자!	I think I'd better take it easy and let it be!
아무것도 안 해도 살아 있는 게 나아.	It's better to live even if you do nothing.
밝은 면을 보자.	Look on the bright side.
지금은 이 문제가 세상의 전부인 것처럼 느껴지지만, 시간이 지나면 분명 아무것도 아닌 일이란 걸 알게 될 거야.	I'm certain that this problem will have no meaning in the future, although I think I have the weight of the whole world on my shoulders.
시간이 지나면 괜찮아질 거야.	As the time passes by, everything will be OK.
이 또한 지나가리라!	This will also pass by!

그래, 용감하게 맞서는 거야!

아무것도 숨길 필요 없어. 숨길 게 없으니까. 넌 지금 네 상황에 정직하게 맞서면 되는 거야.	You don't need to hide anything because there's nothing to hide. You just need to be honest about your situation.
아무것도 숨길 필요 없어. 난 잘못한 게 없으니까. 당당하게 마주하자!	I don't need to hide anything because I didn't do anything wrong. I have to keep my chin up at all times.
구더기 무서워 장 못 담그겠네.	If you don't make mistakes, you don't make anything.
무엇을 해야 할지를 아는 게 중요해.	It's important to see what I need to do.

기분·감정 이야기 04 걱정되거나 두려울 때
being worried

걱정돼

걱정된다.	I am worried.
걱정돼서 죽겠다.	I'm worried sick.
앞날이 걱정된다.	I'm worried about my future.
그 애가 너무 걱정된다.	I am really worried about him/her.
내가 그 일을 잘할 수 있을까 걱정된다.	I am worried about how to do that job.
내일 프레젠테이션을 잘할 수 있을까 걱정된다.	I am worried about my presentation tomorrow.
내일 무슨 일이 생길지 참 걱정된다.	I am so worried about what will happen tomorrow.
신경을 너무 많이 썼나?	Have I been too worried about it? ★ about 뒤에는 it 대신 그때그때 걱정하고 신경 쓴 내용을 써주면 되죠.
젠장, 되게 신경 쓰이네!	Damn it, this is nerve-racking! ★ nerve-racking 신경을 쓰게 하는

긴장돼

아~ 긴장돼.	Oh, I am tense.
불안했다. / 초초했다. / 긴장됐다.	I was nervous.
너무 긴장했다.	I was too nervous.
긴장되어 몸이 떨렸다.	I was so nervous that I was shaking.
하도 긴장돼서 손바닥이 다 젖었지 뭐야!	I was so nervous that my palms were all wet!
무지하게 긴장된다.	I have become extremely nervous.
그땐 어찌나 긴장되던지!	How nervous I was then!

그때의 긴장감이 지금도 생생하다!	I can picture in my mind how nervous I was then!
하루 종일 잔뜩 긴장했다.	I was extremely tense all day.
하루 종일 신경이 날카로웠다.	I have been edgy all day long.
들킬까봐 조마조마하다.	I am nervous about getting caught.
조마조마했다.	I was on the edge of my seat. ★ be on the edge of one's seat 좌불안석하다. 즉, 너무 조마조마해서 편하게 앉아 있질 못하고 의자 끝에 앉아서 촉각을 곤두세우고 있는 자신의 모습을 상상하면 쉽게 감이 올 거예요.

부담스러워

왠지 부담된다.	I feel burdened by it for some reason. ★ feel burdened by A A가 부담스럽게 느껴지다
기분은 나쁘지 않지만 왠지 부담스럽다.	It isn't so bad, but somehow I feel a sort of burden.
영 불편하다.	I feel really uncomfortable.
난처해서 혼났네!	I was embarrassed to death!
그 여자애랑 좀 서먹했다	I felt awkward with her.
아~ 난감하네. 어쩌면 좋지?	What a dilemma!

무서워

겁난다. / 두렵다.	I am afraid of it.
진짜 무서웠다.	It was really scary. I was really scared.
무서워서 미치겠다.	I am scared to death. I am scared out of my wits. ★ be scared out of one's wits 너무 너무 무섭다
너무 놀랐다.	I was really frightened (by it).
그야말로 오싹했다.	It was really frightening.
간담이 서늘해졌다.	It made my blood run cold.

간담이 서늘할 정도로 오싹했다.	It was extremely frightening.
하나도 안 무서웠다.	I was not frightened at all.
순간 얼마나 놀랬는지 움직일 수가 없었다.	I was too frightened to move at that moment. ★ too ~ to + 동사원형 너무 ~해서 …할 수 없다
사는 게 왜 이리 무섭냐?	I am too frightened to lead a life.
두려워서 아무것도 할 수가 없다!	I am too frightened to do anything!

충격적이야

너무 놀랐다.	I was deeply shocked.
그 소식을 듣고 너무 놀랐다.	I was deeply shocked by the news.
충격적인 소식이었다.	That's shocking news.
충격적인 장면이었다.	That's a shocking scene.
충격적인 사건이었다.	That's a shocking incident.
너무 놀라서 순간 앞이 캄캄했다.	I was so shocked that I couldn't see anything for a moment.
내 인생에 이렇게 충격적인 날은 다시없을 것이다.	Today will probably be the most shocking day of my entire life.

05 재미있거나 재미없을 때
being fun

기분·감정 이야기

너무 재미있어

너무너무 즐겁다/재미있다.	**It is totally fun.** ★ 문맥에 따라 그때그때 약간의 어감 차이는 있겠지만 totally 대신 really, very, a lot of 등의 표현을 써도 되지요.
너무 재미있었다.	**It was hilarious/a blast/really fun.** ★ hilarious 너무 재미있는 | blast 무척 신나고 즐겁고 재미있는 것
정말 신났다.	**It was really exciting.** • **I was really excited.**
엄청 신났다.	**It was enormously/unbelievably exciting.**
끝내주게 재미있었다.	**It was wildly exciting.** ★ exciting은 '막 흥이 나고 신이 나서 재미있다'는 의미이죠.
정말 즐거운 시간이었다.	**It was a really fun time.** **I had a really fun time.** **I had so much fun.**
시간이 짧게 느껴졌다.	**I felt as if time had flown by.**
나름 재미있었다.	**It was sort of fun.**
너무 웃겼다.	**It was very funny.**
정말 흥미로웠다.	**It was really interesting.**
고도로/꽤 흥미로웠다.	**It was highly/quite interesting.**
의외로 재미있었다.	**It was unexpectedly interesting.** ★ interesting은 '흥미롭다, 관심이 간다'는 면에서 재미있다는 의미이죠.
정말 끝내줬다.	**It was really awesome.**
사람들이 참 재미있다.	**The people are really amusing.** ★ amusing 즐겁게 해주는
귀찮긴 하지만, 나름 재미도 있고 보람도 있다.	**It is fun and fulfilling in some respects, though a little troublesome.** ★ fulfilling 보람이 있는 | in some respects 어떤 면에서는

029

내 인생에 이렇게 즐거운 날은 다시없을 것이다.	Today will probably be the most amusing day of my entire life.

좋았다

좋았다.	It was good.
그런대로 괜찮았다.	It was okay.
너무 좋았다.	It was very good. • It was great.
어떻게 말로 표현할 수가 없을 정도로 좋았다.	It was out of this world.
말로 형용할 수 없을 정도로 훌륭했다.	It was great beyond description.
기대 이상으로 괜찮았다.	It was so much better than I (had) expected.

아~ 재미없어

아~ 심심해.	Ah, I am bored.
아~ 재미없어 지루해.	Ah, it is boring.
사는 낙이 없고만.	There is nothing fun going on in my life.
오늘 너무 심심했다.	I was really bored today.
지루했다.	It was boring. • I was bored.
재미가 없었다.	It was no fun.
(흥미롭지 않아서) 재미없었다.	It wasn't interesting.
지루해서 죽는 줄 알았다.	It was dead boring. • I was bored to tears. ★ be bored to tears란 '눈물이 날 정도로 지루하다' 즉 '지루해도 너무 지루하다'는 의미.
너무 시시했다.	It was very flat.
그저 그랬다.	It was so-so. • It was mediocre. ★ so-so 좋지도 나쁘지도 않고 그저 그런, 평범한(= mediocre)
기대만큼 재미있지 않았다.	It wasn't as fun as I (had) expected.
진짜 이렇게까지 재미없을 줄은 몰랐다.	I didn't expect it to be so dull.

06 감동적일 때
기분·감정 이야기
being impressed

감동적이야

정말 감동적이었다.	It was really moving.
완전 감동 먹었다.	I was deeply touched/moved/impressed.
어마무지하게 감동적이었다.	It was extremely moving.
웃기면서도 동시에 감동도 전해졌다.	It was funny and moving at the same time. ★ at the same time 동시에
감동에 겨워 눈물이 흘렀다.	I was moved to tears.
감동에 겨워 가슴이 먹먹했다.	I was so moved that my heart ached.
감정이 북받쳐서 숨이 다 막힌다.	I almost choke with emotion. ★ choke with emotion 감정이 북받쳐서 숨이 막히다
카타르시스를 느꼈다.	It was cathartic. ★ cathartic [kəθɑ́ːrtik] 카타르시스를 느끼게 하는
이 감동을 어떻게 말/글로 표현할 수 있을까?	I have been so deeply moved that I can't describe that with words.
내 인생에 이렇게 감동적인 날은 다시없을 것이다.	Today will probably be the most moving day of my entire life.

눈물이 나

울고 싶다.	I feel like crying.
눈물이 난다.	I am getting tears in my eyes. ★ get tears in one's eyes 눈물이 나다(= give way to tears)
왜 이렇게 눈물이 날까?	Why am I getting tears in my eyes like this?
나도 모르게 눈물이 났다.	I gave way to tears in spite of myself.
나도 모르게 눈물이 뚝뚝 떨어졌다.	Tears dripped from my eyes before I knew it.

나도 모르게 눈물이 주르르 흘렸다.	Tears ran down my cheeks before I knew it.
감격에 겨워 기쁨과 행복의 눈물이 흘렀다.	I was moved to tears of joy and happiness.
그 장면을 생각하니 눈물이 맺혔다.	Tears welled up in my eyes when that scene crossed my mind. ★ well up in one's eyes 두 눈에 눈물이 맺히다
눈물이 나는 걸 억지로 참았다.	I fought back the tears. I tried very hard not to cry. ★ fight back + 명사 ~에 맞서 고군분투하다. 즉, 여기서는 눈물을 '애써 참다, 참느라 혼나다'라는 의미.
입은 웃고 있는데 눈에서는 눈물이 맺혔다.	Tears welled up in my eyes while I was laughing.
눈물이 빗물처럼 떨어졌다.	My tears fell down like falling rain.
펑펑 울었다.	I cried my eyes out.

정말 대단해~ 존경스러워

그 남자/여자 정말 대단한 것 같아!	What an admirable man/woman (he/she is)! ★ 여기서 대단하단 말은 존경할 만하다, 감탄할 만하다, 본받을 만하다라는 뜻이니까, admirable을 이용해 보세요.
그 여자애는 참 대단한 것 같다.	I think she is really amazing.
감탄을 금할 수가 없다.	I can't help but admire it. ★ 감탄의 대상이 무엇이냐에 따라 it을 him, her, them 등으로 바꿔 써주세요. ⟨can't help but + 동사원형⟩은 '~하지 않을 수 없다'는 의미.
얼마나 대단한 사람인지 알게 되었다.	I found him/her really amazing.
믿을 수가 없다.	I can't believe it.
나라면 그렇게 못 했을 텐데.	If I had been him/her, I couldn't have done that.
본받아야겠다.	I'll model myself after him/her. ★ model oneself after A A를 모델로 삼아 본받다

07 이런저런 감정
various emotions

기분·감정 이야기

아~ 쪽팔려

창피하다.	I am embarrassed.
아이 창피해!	I am really embarrassed!
쪽팔려 죽겠다.	I am dead embarrassed.
아, 난처해라.	Oh my, I am in big trouble.
부끄러웠다.	I was ashamed. ★ be ashamed 뒤에 ⟨of + (동)명사⟩ 또는 ⟨to + 동사원형⟩을 써서 구체적으로 무엇이 부끄러운지를 밝혀줄 수 있어요.
어쩐지 쑥스럽다.	Somehow I feel awkward. ★ 성격이 내성적이라 사람들 앞에서 발표를 하거나 춤을 추는 게 어쩐지 '쑥스럽고 어색할' 때 바로 awkward라는 표현을 써보세요. 구체적으로 무엇을 하는 게 어색하고 쑥스러운지를 밝히려면 awkward 뒤에 ⟨about + (동)명사⟩를 써주면 되죠.

아~ 찔려

마음에 찔린다. / 죄책감이 든다.	I feel guilty. • I feel compunction.
너무 자책하지 말자.	Don't feel too remorseful. Don't blame yourself too much.
마음이 찜찜해서 못 참겠다.	I have to rid myself of this guilt. I can't stand feeling guilty. ★ rid myself of guilt 죄책감을 덜어내다

부럽다

그 애가 부러웠다.	I envied him/her.
오늘따라 남자들이 부럽다.	I envy men, especially today.
그들의 열정이 너무 부럽다.	I really envy their passion.

그 애한테 질투가 났다.	I was jealous of him/her.

그리워

옛 남친/여친이 그립다.	I miss my ex-boyfriend/ex-girlfriend.
옛 파트너가 그립다.	I miss my ex-partner.
돌아가신 아버지/어머니가 그립다.	I miss my late father/mother.
그때가 그립다.	I miss that time.
그때 그 시절로 돌아가고 싶다.	I want to return to that time.
그때로 돌아갈 수만 있다면…	If only I could return to those days.
어린 시절이 그립다.	I miss the days when I was young.
대학 다닐 때가 그립다.	I miss my college days.
옛날이 그립다.	I miss the old days.
고향이 그리웠다.	I missed my hometown.
그 여자애가 그리울 것 같다.	I will miss that girl.
오늘 이 순간이 그리워질 것 같다.	I know I will miss this moment.
잊지 못할 것 같다.	I can't forget it.
무척 뜻 깊은 시간이었다.	It was a very meaningful time for me.

만감이 교차해

시원섭섭하다.	I have bittersweet thoughts about that.
희비가 교차한다.	I have mixed feelings of joy and sadness.
지금 이 순간 만감이 교차한다.	There are all kinds of thoughts running through my mind at the moment.

감성이 무뎌져

별 느낌이 없었다.	I didn't have any special feelings.
무신경해진다.	I have become more callous/insensitive.
감성이 점점 메말라가는 것 같다.	I seem to be getting emotionally dry.
나이가 드니까, 매사에 별생각이 없다.	I don't care about anything now that I am old.
요즘 특별한 이유도 없이 센티멘털해진단 말야.	I get sentimental for no special reason these days.
난 이따금 감상에 젖는다.	I get sentimental from time to time.
난 감수성이 너무 풍부해서 탈이다.	I'm too sensitive, that's the problem.

신기해

참 신기하다.	It is a real mystery.
이 얼마나 신기한 일인가!	What a mystery!
참 이상하다.	It is so odd.
이 얼마나 이상한 일인가!	What an odd mystery!
참 희한하다.	It is so unusual.
참 희한한 남자야!	What an unusual man!
참 별일이다.	It is so peculiar.
참 해괴한 여자야!	What a peculiar woman!
참 놀랍다.	It is so amazing.
이 얼마나 놀라운가!	How amazing it is!
이 얼마나 놀라운 세상인가!	What an amazing world!

자신 있어

난 자신 있어!	I am confident!
난 해낼 자신 있어.	I'm sure I can do it. ★ I'm sure (that) 주어 + 동사 ~라 확신하다
나는 내 인생에 자신이 있다.	I am confident about my life.
왜 이렇게 에너지가 넘치지?! 헤헤.	How come I am so energetic! He he.
해낼 자신이 없다. 어쩌지?	I'm not sure if I can do it. What should I do? ★ I'm not sure if 주어 + 동사 ~일지 어떨지 확신이 안 선다

필수어휘 따로보기

기분·감정을 나타낼 때 유용하게 쓰이는 어휘들

기분 최상인	awesome / amazing	기분이 꿀꿀한	down
기분 째지게 좋은	terrific	꿀리는	small
설레는, 들뜨는	excited	초라한, 비참한	miserable
기분 업된	upbeat	쓸쓸한, 외로운	lonely
안심이 되는	relieved	공허한, 허전한	empty
상쾌한, 후련한	refreshed	허탈한, 허무한	lethargic
기분 더러운	dirty / terrible / sullen	허무한	futile
역겨운	disgusted	긴장되는, 초조한	nervous / tense
씁쓸한	bitter	부담스런	burdened
아이러니한	ironic	무서운	scared
켕기는, 찔리는	guilty	두려운	frightened
무지하게 열 받는	furious	창피한	embarrassed
우울한, 울적한	gloomy / depressed	어색한, 쑥스러운	awkward
		감동적인	touched / moved / impressed

| 몸과 마음을 들쑤시는 |

자연과 날씨 이야기

01 날씨에 대하여
02 계절이 바뀔 때
03 자연경관을 바라보며

01 날씨에 대하여
자연과 날씨 이야기
weather

햇볕은 쨍쨍

햇빛이 쨍쨍하다.	It is shining brightly.
날씨가 화창하다.	It is sunny and warm.
매우 화창한 날이다.	It is very sunny and warm.
날씨가 매우 좋다.	The weather is very fine/good.
뭐라고 표현할 수 없을 정도로 날씨가 좋다.	The weather is beyond description. ★ beyond description 말로 표현할 수 없을 정도로
하늘이 구름 한 점 없이 맑다.	The sky is clear without a trace of clouds.
날씨가 개었다.	The sky became clear.
날씨가 맑게 개었다.	The sky became clear and blue again.
비교적 따뜻한 날이다.	It is a relatively warm day.
햇빛이 쨍쨍한 날은 기분이 몹시 좋다.	I feel great when it is shining brightly.
오늘같이 화창한 날엔 왠지 모르게 마음이 들뜬다.	I'm excited for some reason when it is sunny and warm like today.
이렇게 화창한 날이면 어디론가 떠나고 싶어.	I want to be outside when it is sunny and warm like this.
일주일 만에 비가 그치고 하늘이 맑게 개었다.	The rain stopped after a week and the sky became clear and blue again.
날씨는 서늘한데 해는 잘 비춰서 공기가 아주 삽상해 기분이 아주 날아갈 것 같다.	It is cool and sunny, and the air is so crisp that it cheers my spirit. ★ so ~ that... 너무 ~해서 …하다 | crisp (공기 따위가) 삽상한 | cheer one's spirit 기분이 날아갈 것 같다
하늘은 새파란데, 내 마음은 암흑이다.	It is clear and blue in the sky, but my mind is full of darkness.

하늘은 새파란데, 내 마음은 어찌 이리 슬플고/암울할고?!	Why am I so sad/gloomy even though the sky is perfectly blue?

아이고, 더워라~

날씨가 무덥다.	It is sultry.
날씨가 습하다.	It is humid.
날씨가 눅눅하다.	It is damp.
날씨가 덥고 습하다.	It is hot and humid.
더워서 못 살겠다.	I can't stand this hot day.
계절에 맞지 않게 덥다.	It is an unseasonably hot day. ★ '계절에 맞지 않게' 비가 오거나 춥거나 더운 것은 unseasonably하다고 합니다.
오늘은 섭씨 33도까지 올라가는 찌는 날씨였다.	It was a scorching 33 degrees Celsius today. ★ scorching [skɔ́ːrtʃiŋ] 찌는 듯한, 엄청나게 더운
하루 종일 푹푹 쪄서 미치는 줄 알았다.	I almost went crazy with the sweltering weather all day long. ★ sweltering (불편한 정도로) 푹푹 찌는
차라리 추운 게 낫지 더운 건 정말 싫다.	I would rather it be cold. I really do hate hot weather. ★ 동사를 보다 강조하고 싶을 때는 바로 앞에 do동사를 끼워넣어 보세요.
덥기만 한 건 좋지만, 습하면서 더운 건 진짜 못 참겠다.	I am fine on hot and dry days, but I can't stand hot and humid days.
난 더위를 많이 탄다.	I'm unusually sensitive to the heat.
난 여름에 더위를 많이 탄다.	I'm very susceptible to summer heat.
난 더위도 추위도 둘 다 많이 탄다.	I'm easily affected by both heat and cold. I'm very sensitive/susceptible to both heat and cold. ★ be susceptible to ~에 쉽게 영향을 받다, ~에 민감하다
난 더위를 잘 타지 않는다.	I don't get hot easily.
난 더위를 잘 견디는 편이다.	I can easily put up with hot weather.

난 이 정도 더위는 잘 견디는 편이다.	I can easily put up with this heat. I can stand this heat.
난 더위도 추위도 둘 다 잘 견디는 편이다.	I don't get cold or hot easily. I can easily put up with both hot and cold weather. I can easily put up with the heat and the cold.
더위 속에서 한바탕 땀을 흘리고 나면 기분이 상쾌해진다.	After working up a big sweat in the heat, I feel so good.
더위 속에서 운동을 하고 나면 기분이 상쾌해진다.	After working out in the heat, I feel so refreshed.
난 더울수록 더 열심히 일한다.	The hotter it gets, the harder I work.
이열치열이라고 했던가! 이번 더위는 뜨거움으로 이겨내보자. 뜨겁게 먹고 뜨겁게 일하고!	They say 'fight fire with fire.' I'll resist the heat with heat. I'll eat hot food and work till I'm hot and tired!
오늘 삼계탕을 먹었다. 더위에 지친 몸이 좀 되살아나는 것 같다.	I had some samgyetang (chicken broth with ginseng). That food really refreshed my body tired from the heat.
너무 더워서 입맛이 없다.	I've lost my appetite due to the extreme heat.
너무 더워서 오늘 하루 종일 수박만 먹었다.	I've only eaten watermelon all day today due to the extreme heat.
역시 더울 때는 시원한 수박이 최고야!	Nothing beats watermelons when it's hot!
아무리 기운이 없어도 난 고기는 안 먹는다.	I haven't eaten any meat even though I don't have any energy.
먹을 게 넘쳐나는 세상인데, 고기 안 먹는다고 굶어죽는 것도 아니고.	There's more than enough food in the world, so you won't starve to death even if you don't eat meat.

너무 추워

너무 춥다.	It is very cold.
날씨가 쌀쌀하다.	It is chilly.
바깥 공기가 너무 차다.	The air is very cold outside.
추워서 못 살겠다.	I am freezing my ass off. ★ be freezing one's ass off 엉덩이가 떨어져나갈 정도로 춥다
계절에 맞지 않게 춥다.	It is an unseasonably cold day.
오늘은 영하의 추운 날씨였다.	It was below freezing today. ★ below freezing 영하의
하루 종일 추워서 벌벌 떨었다.	I have been shivering with cold all day long.
하루 종일 손발이 시렸다.	My hands and feet have been cold all day long.
차라리 더운 게 낫지 추운 건 정말 싫다.	I would rather it be hot out. I really do hate the cold.
바깥 공기가 너무 차서 꼼짝도 하기 싫다.	The air is so cold that I don't feel like moving.
이상하게도 난 추운 날이면 머리가 맑아진다.	Strangely, on cold days my head becomes clear.
난 추위를 많이 탄다.	I'm unusually sensitive to the cold.
난 겨울에 추위를 많이 탄다.	I'm very susceptible to the cold in winter.
난 더위도 추위도 둘 다 많이 탄다.	I'm easily affected by both heat and cold. I'm very sensitive/susceptible to both heat and cold.
난 추위를 잘 타지 않는다.	I don't get cold easily.
난 추위를 잘 견디는 편이다.	I can easily put up with cold weather.
난 더위도 추위도 둘 다 잘 견디는 편이다.	I don't get cold or hot easily. I can easily put up with both hot and cold weather.
추운 날엔 웬만큼 운동을 해도 땀이 안 난다.	I never sweat in cold weather even when I work out hard.

추운 날이라도 실내에서 요가를 하고 나면 땀이 뻘뻘 난다.	I sweat profusely when I do yoga indoors even on cold days. ★ profusely는 양이 엄청나게 많은 것을 나타내는 부사예요. 그래서 땀이 '뻘뻘' 나거나, 피가 '철철' 난다고 표현하고 싶을 때 쓸 수 있죠.
추운 날엔 요가가 최고다!	Nothing beats doing yoga on cold days!
보일러가 고장 나서 밤새 벌벌 떨었다.	I shuddered the whole night because the furnace was broken.
보일러가 고장 나서 며칠 동안 추운 데서 벌벌 떨면서 잤다.	I slept shivering in the cold for several days because the furnace was broken.
간밤에 추운 데 벌벌 떨면서 잤더니 온몸이 쑤신다.	My whole body is aching because I slept shivering in the cold last night.
간밤에 추운 데 벌벌 떨면서 잤더니 온몸이 쑤시고 머리가 아프다.	My whole body is aching and I've got a headache because I slept shivering in the cold last night.
간밤에 너무 추워서 웅크리고 잤더니 목이 결려서 목도 못 움직이겠고, 팔도 들 수가 없다.	I slept curled up because my room was too cold last night. I've got a stiff neck so I can't move my neck and can't lift my arms.
이런 추위에 노숙자들은 정말 힘들겠구나!	What a hard life homeless people lead on such cold days!
이런 추위에 길냥이들은 어디서 어떻게 추위를 피할까?	Where do stray cats protect themselves on such cold days?
더우면 더운 대로 추우면 추운 대로 다들 사는 게 만만치 않구나!	All the people in the world struggle to live on their own regardless of whether it's cold or hot!
비가 오면 비가 오는 대로 눈이 오면 눈이 오는 대로 다들 사는 게 만만치 않구나!	All the people in the world struggle to live on their own regardless of whether it rains or snows!
날씨가 추운데도 몸 속에서는 부글부글 열이 난다.	I'm simmering inside even though it's cold outside.
이열치열이라고 했던가! 추위에는 차가운 음식으로 대적하자!	They say we should fight fire with fire! I'll fight the cold weather with cold food!

이렇게 추운데도 아이스크림이 당긴다.	Ice cream is still tempting me on such a cold day. I feel like ice cream even though it is so cold outside.

시원하다

날씨가 선선하다.	It is pleasantly cool.
날씨가 시원하다.	It is refreshingly cool.
날씨가 서늘하다.	It is fairly cool.　★ fairly 상당히, 꽤
날씨가 춥지도 덥지도 않고 시원하다.	It is neither cold nor hot, but cool. ★ neither A nor B A도 아니고 B도 아닌
날씨가 선선하니 살 것 같다.	I feel much better because it is pleasantly cool.
날씨가 선선하니 기분이 매우 좋다.	I feel great because it is pleasantly cool.
오늘같이 시원한 날엔 집안/사무실에 처박혀 있으면 안 되는데.	I shouldn't stay indoors/in my office when it is refreshingly cool like today.
오늘같이 시원한 날엔 어디라도 가야 되는데.	I should be outside when it is refreshingly cool like today.

바람아 멈추어다오

바람이 살랑살랑 분다.	A light breeze is blowing softly.　★ breeze[bríːz] 미풍
산들바람이 기분 좋게 부누나~	There's a nice breeze blowing.
산들바람이 기분 좋게 부는 밤이다.	Tonight a nice light breeze is blowing.
칼바람이 매섭게 부는 밤이다.	Tonight a biting wind is blowing harshly.
오늘 바람 무진장 부네.	The wind is blowing hard today.
오늘밤 바람이 장난 아니게 불고 있어.	The wind is howling tonight. ★ howling[háuliŋ] (윙윙 소리를 내며) 바람이 사정없이 몰아치는
바람이 사정없이 부는 밤이다.	Tonight the wind is howling.

황사가 불고 있어.	**A yellow sandstorm is blowing.** ★ yellow sandstorm 황사
일기예보에서 황사가 밀어닥칠 거라고 했다.	**The weather forecast called for a yellow sandstorm.** ★ The weather forecast calls for + 날씨 일기예보에서 날씨가 ~일 거라고 하다
일기예보에서 황사주의보를 내렸다.	**The weather bureau issued a warning about a severe yellow sandstorm.** ★ weather bureau 기상청 │ issue a warning about ~에 대한 주의보를 발하다
4월만 되면 황사 때문에 돌겠다.	**Yellow sandstorms drive me crazy whenever April comes around.** ★ A drives me crazy. A 때문에 미치겠다.(= A makes me crazy.)
바람이 참 차다.	**The wind feels quite cold.**
봄바람은 참 따뜻하다.	**The spring wind/breeze is really warm.**
봄바람은 참 포근하다.	**The spring wind feels blissfully warm.** **The spring breeze is really mild.** ★ blissfully [blísfəli] 아주 기분 좋게
겨울바람이 불면 왠지 모르게 마음이 휑해진다.	**Somehow, the winter wind makes me feel barren and empty.** ★ barren and empty 마음이 휑한
오늘같이 바람이 심하게 부는 날이면 기분이 참 싱숭생숭하다.	**My mind wanders restlessly when the wind is blowing hard like today.** ★ wander restlessly 정처 없이 떠돌다
이렇게 바람 심하게 부는 날, 진짜 비호감일세.	**I really hate severe windy days like this.**
바람아, 좀 멈춰주면 안 되겠니?	**Hey, Wind, won't you stop blowing hard for a while?** ★ 사람 이름처럼 취급하여 Wind의 첫 글자를 대문자로 한 거죠.
바람아 멈추어다오!	**Oh, Wind, stop blowing!**
간밤에 바람이 얼마나 심하게 불었으면 폭풍으로 산에 나무가 다 쓰러졌더군.	**The wind blew so hard last night that some trees in the mountain fell down in the storm.**

날씨가 흐리다

하루 종일 날씨가 흐렸다.	**It was cloudy all day long.**
날씨가 우중충하다.	**It is a dismally gray day.** ★ dismally 우울할 정도로

날씨가 꾸물꾸물하다.	It is a rather gray day. ★ rather 상당히
먹구름이 잔뜩 끼었다.	The skies are heavily overcast with dark clouds.
며칠째 비는 한 방울도 안 오고, 먹구름만 잔뜩 끼어 있다.	It hasn't rained a drop for several days even though the skies have been heavily overcast with dark clouds.
당장이라도 소나기가 확 쏟아질 것 같은 하늘이다.	The sky looks like a rain shower is about to pour down. ★ look like 주어 + 동사 ~할 것처럼 보이다 ǀ rain shower 소나기
하루 종일 날씨가 꾸물거리면 기분이 꿀꿀해진다.	I get depressed when it is cloudy all day.
오늘같이 흐린 날엔 왠지 모르게 우울해 견딜 수가 없다.	Somehow, I get severely depressed when it is cloudy like today.
차라리 비가 시원하게 쏟아지는 게 낫지 우중충한 건 정말 싫다.	I really hate dark gray days. I would prefer a torrential downpour instead. ★ torrential downpour 격렬하게 쏟아지는 폭우
먹구름이 가득한 날이었다. 하늘에도, 내 맘에도.	Today the sky was overcast with dark clouds and so was my mind.
하늘도 내 맘도 울적한 날이다.	The sky is gloomy and so am I.

비가 내리고…

비가 내린다.	It is raining.
비가 오려나? 온몸이 팍팍 쑤신다.	Is it going to rain? My whole body is aching.
온몸이 팍팍 쑤시는 걸 보니 비가 올 모양인가 보다.	It feels like rain because my whole body is aching.
비 오는 날엔 온몸이 쑤신다. 나이 탓인가?	My whole body aches when it is raining. Is it due to my age?
조만간 비가 올 것 같다.	It looks like it is going to rain.
빗방울이 떨어지고 있어.	Raindrops are falling.
창밖에는 지금 비가 내리고 있다.	It is raining outside the window.

비가 억수같이 내리고 있어.	It is pouring.
밤새 주룩주룩 비가 오고 있다.	It has been raining steadily all through the night.
한밤중에 소낙비가 내리고 있다. 속이 다 후련하다.	It is pouring/showering in the middle of the night. It feels wonderfully refreshing. ★ '비가 갑자기 확 쏟아진다, 소나기가 내린다'고 할 때는 pour나 shower를 써보세요.
천둥이 우르릉 쾅쾅 친다.	Thunder is booming.
번개가 친다.	Lightning is striking.
천둥번개가 치고 있다.	There is thunder and lightning.
천둥 치고 번개 치고 난리 났다.	The thunder and lightning are wreaking havoc. ★ wreak havoc (천둥, 번개 등이) 난리를 치다
폭풍이 몰아치고 있다.	A storm is blowing up.
한동안 계절에 맞지 않게 비가 오고 있다.	We have had unseasonably rainy weather for some time now.
서울은 요즘 계절에 맞지 않게 구름이 끼고 비가 오고 있다.	Seoul is experiencing unseasonably rainy and cloudy weather these days.
1주일 후면 비가 그칠 거야.	The rain will stop in a week. ★ 현재를 기준으로 '1주일 후'라고 할 때는 전치사 in을 사용하고, 과거를 기준으로 '1주일 후'라고 할 때는 전치사 after를 사용해야 해요. 주의하세요.
나는 비 오는 날이 싫다.	I don't like rainy days.
나는 비 오는 날이 좋다.	I like rainy days.
비가 오면 기분이 너무 좋아.	I feel great when it is raining.
기분도 꿀꿀한데, 비라도 화끈하게 내려주면 좋겠다.	I feel down. I wish it would pour.
나는 지금 부슬부슬 내리는 빗소리에 취해 있다.	I am enjoying the peaceful sound of the rain.
나는 지금 지붕에 떨어지는 잔잔한 빗소리의 리듬에 빠져 있다.	I am enjoying the peaceful rhythm of the rain falling on the roof.
잔잔한 빗소리에 취해 밤 꼴딱 샜다.	I have stayed up all night enjoying the peaceful sound of the rain.

오늘같이 비 오는 날엔 휴강/휴교 되면 좋을 텐데.	I wish school were cancelled on rainy days like today.
오늘같이 비 오는 날 밤이면 음악 듣느라 시간 가는 줄 모르겠다.	I lose track of time listening to music when it is raining at night like tonight. ★ lose track of time + -ing ~하느라 시간 가는 줄 모르다
비 오는 날은 왠지 모르게 센티멘털해진다.	I get sentimental for some reason when it rains.
비 오는 날엔 왠지 모르게 우울하다. 왜 사나 싶다.	I feel depressed when it rains. I don't know why I am living.
밖은 지금 시원하게 비가 내린다.	It is raining outside. It is refreshing.
비가 쏟아지니까 공기가 시원해진다.	Pouring rain is making the air cool.
마음도 답답한데 밖에 나가 저 비나 시원하게 맞아볼까?	I feel frustrated with myself. I'd like to soak myself with the pouring rain.
마음이 답답해서 시원하게 비를 맞으며 집까지 왔다.	I felt gloomy, so I walked in the cool rain on my way home.
내가 비가 되고, 비가 내가 되어서…	I become the rain. The rain becomes me. I'm a part of the rain, and the rain is a part of me.
집에 오는 길에 갑자기 소나기가 쏟아져서 홀딱 젖었다.	On my way home I was caught in the shower and was soaked to the bone.
비를 맞았더니 몸이 으슬으슬하다. 감기가 오려나…	I got caught in the rain, and I caught a chill. I think I've got a cold.
가뭄이 계속될 땐 농부들이 걱정되고, 비가 계속 오니 길냥이들이 걱정되네.	When there's a drought, I'm concerned for farmers. When the rain pours down, I'm concerned for stray cats.
날씨가 궂은 날이면 노숙자, 고양이를 비롯해 거리에서 살아가는 생명들이 걱정된다.	When the weather is bad, I'm deeply concerned about the lives of anyone who lives on the streets: the homeless, stray cats and so on.
부슬부슬 내리던 비는 그쳤지만 하늘엔 여전히 구름이 가득하다.	Although it stopped drizzling, the sky is still full of clouds.

펄펄 눈이 옵니다

눈이 내린다.	It is snowing.
첫눈이 내리고 있다!	The first snow of the year is falling!
첫눈이 오면 그 사람이랑 바다를 보러 가기로 했다.	My sweetheart and I will go to see the sea when the first snow of the year falls.
첫눈이 오면 그 애랑 그곳에서 만나기로 했는데. 그 애는 기억하고 있을까?	My sweetheart and I promised to meet at that place when the first snow of the year falls. Does he/she still remember that promise?
펄펄 눈이 옵니다.	The snow is fluttering down. ★ 눈이 '펄펄 내린다'고 할 때도 flutter를 써보세요.
내일 눈이 오면 참 좋을 텐데.	I hope it snows tomorrow.
눈 오는 날은 길이 미끄러워서 싫어.	I hate slippery roads when it snows.
눈 오는 날이면 마음이 설레.	I get excited and restless when the snow is falling.
눈 오는 날이면 첫 사랑 그 아이가 생각난다.	When it snows, I'm reminded of my first love.
눈 오는 날은 왠지 모르게 감상에 빠진다.	Somehow, I get sentimental when it snows.
오늘같이 눈 오는 날 밤이면, 아침이 늦게 왔으면 좋겠다는 생각을 한다.	I wish morning would come slowly when it is snowing at night like tonight.
오늘같이 눈 오는 날 밤이면, 달콤한 상상에 빠져들고 만다.	I often indulge myself in some sweet dreams when it is snowing at night like tonight.
어릴 적에는 눈 오는 날이면 눈싸움 하느라 신났는데.	I loved having snowball fights on snowy days when I was young. ★ love + -ing ~하느라 신나다, 너무 좋아하다 | have snowball fights 눈싸움하다
어릴 적에는 눈 오는 날이면 눈사람 만드느라 신났는데.	I loved making a snowman on snowy days when I was young. ★ make a snowman 눈사람을 만들다
요즘에는 눈 오는 날이면 출근할 걱정부터 든다.	These days whenever it snows the first thing I think of is how to get to work.

눈 오는 날이면 여러 사람들이 다니기 불편할 거라는 생각이 든다.	Whenever it snows it occurs to me that a lot of people will have trouble getting around. ★ have trouble + -ing ~하는 데 어려움/곤란을 겪다
눈이 오면 군인들이 눈 치우느라 고생이다.	When it snows, soldiers have a horrid time clearing the snow. ★ horrid 끔찍한
눈이 마냥 좋은 것만은 아니다.	Snow is not always wonderful.
눈이 온다고 마냥 좋아할 수만은 없는 나이가 됐구나.	I've grown old enough to worry about the trouble snow causes.
날씨가 추워지면 거리에서 살아가는 생명들이 걱정된다. 노숙자, 고양이, 얼마 전 방사했다던 그 여우…	When it gets cold, I'm deeply concerned about the lives of anyone who lives on the streets: the homeless, stray cats and the fox who was let go into the wild recently.
왜 계단을 대리석으로 만들었을까? 눈 오면 미끄럽고 위험한데! 한치 앞도 못 내다보는 사람들의 허영이란! 쯧쯧…	Why did they use marble to make the stairs? The slippery steps make walking dangerous when it snows. People's vanity prevents them from seeing beyond their noses. Tsk tsk!

하늘이 미쳤나봐

하늘이 미쳤나봐?!	The sky looks as if it were crazy.
햇빛이 이렇게 쨍쨍한데 비가 내린다.	We are having a sunshower right now. ★ sunshower 햇빛이 쨍쨍한데 갑자기 쏟아지는 비. 즉 '여우비'를 말하죠.
아침엔 날씨가 화창했는데, 오후에 갑자기 비가 억수같이 내렸다.	It was beautiful and sunny in the morning, but suddenly the rain poured down in the afternoon.
날씨는 약간 찌뿌드드한 것 같이 보였지만 곧 아주 좋아졌다.	The weather looked a bit gloomy, but it soon turned out great.
이렇게 날씨가 급격하게 변하는 것은 생전 처음이야!	I have never experienced such a dramatic change in the weather! ★ 하늘에 구름 한 점 없이 화창한 날씨가 계속되다, 갑작스럽게 골프공만한 우박이 쏟아지는 등 하루에도 날씨가 급작스럽게 변할 때는 dramatic change in the weather 라는 표현을 써보세요.

그렇게 짧은 시간에 날씨가 그렇게 갑작스럽게 바뀌다니 거의 믿을 수 없는 지경이었다.	I could hardly believe that there could be such a dramatic change in the weather in such a short period.

내일 날씨는 어떨까?

내일 날씨는 어떨까?	I wonder how the weather will be tomorrow. How will the weather be tomorrow?
내일 날씨가 좋아야 하는데.	I hope it will be beautiful and sunny tomorrow.
제발 내일 비가 안 왔으면 좋겠다.	I hope it won't rain tomorrow.
일기예보에서 내일 날씨가 화창할 거라고 했다.	The weather forecast says (that) it is going to be beautiful and sunny tomorrow. ★ The weather forecast says (that) 대신 According to the weather forecast를 써도 돼요.
일기예보에서 내일 비가 올 거라고 했다.	The weather forecast says (that) it is going to rain tomorrow.
일기예보에서 내일 폭설이 내릴 거라고 했다.	The weather forecast says (that) it is going to snow heavily tomorrow.
일기예보에서 내일 태풍 X가 올 거라고 했다.	The weather forecast says (that) Typhoon X is coming tomorrow.
요즘엔 일기예보가 잘 맞단 말야.	These days weather forecasts are usually right.
요즘엔 일기예보가 참 잘 맞단 말야. 기술이 많이 발전하긴 했나 보다.	These days weather forecasts are usually right. There have been a lot of advances in forecasting techniques.
기술이 많이 발달했다지만, 그래도 일기예보가 종종 틀린단 말이지.	Despite advances in forecasting techniques, weather forecasts are sometimes wrong.

02 계절이 바뀔 때
seasons

계절의 여왕, 봄

따스한 봄날이다.	It is a warm spring day.
그야말로 따스한 봄날이다.	It is a mild, deliciously warm spring day.
드디어 계절의 여왕, 봄이 왔다.	Spring, the queen of the seasons, has finally come.
계절의 여왕, 5월이다.	It is May, the queen of the seasons.
봄바람은 참 따뜻하다.	The spring wind/breeze is really warm.
봄바람은 참 포근하다.	The spring wind feels blissfully warm. The spring breeze is really mild.
봄인데 날씨가 왜 이리 춥지?	Why is it so cold if it is spring already?
꽃샘추위가 한창 기승을 부리고 있다.	We have a severe cold snap in the spring.
황사가 불고 있어.	Yellow sand is blowing.
4월만 되면 황사 때문에 돌겠다.	Whenever April comes around, yellow sand drives me crazy.
초봄에는 황사가 심해서 좀 불편하다.	Yellow sand blowing in the early spring is a nuisance to me. ★ nuisance [njúːsns] 성가신 것
나는 사계절 중에 봄이 제일 좋다.	I like spring best of all the four seasons.
봄은 내가 제일 좋아하는 계절이야.	Spring is my favorite season.
봄에는 식욕이 떨어진다고 누가 그랬지? 난 이렇게 식욕이 당기는데!	Who says you lose your appetite in spring? I have an insatiable appetite! ★ lose one's appetite 식욕이 떨어지다, 식욕을 잃다 | insatiable 식을 줄 모르고 계속 일렁이는
봄만 되면 죽고 싶어진다.	I want to die whenever spring comes around.
지난밤에 개구리 우는 소리가 들렸다.	I heard the croaking of frogs last night.

사방에 벚꽃이 흐드러지게 폈다.	**Cherry blossoms are in full bloom everywhere.** ★ 벚꽃(cherry blossom) 자리에 개나리(golden bell), 진달래(azalea) 등으로 바꿔 써보세요
벚꽃이 마치 눈처럼 날리고 있다. 너무 아름답다.	**Cherry blossom petals are floating around like snow. What a fantastic sight!** ★ petal 꽃잎
올 봄에는 꼭 벚꽃 놀이 가야지.	**I will surely go on a picnic to see the cherry blossoms this spring.**
조만간 여의도에 벚꽃 구경 가야지.	**I will go to Yeouido to see the cherry blossoms sooner or later.**
군산 벚꽃 축제에 한번 가보고 싶다.	**I'd like to go to the Gunsan Cherry Blossom Festival.**
꽃가루가 무진장 날린다.	**A lot of pollen is flying around.** ★ pollen 꽃가루
꽃가루가 무진장 바람에 날리는 날이다.	**It's a day when a lot of pollen is flying around.**
(한 쪽) 눈에 꽃가루가 들어갔다.	**Some pollen got in my eye.**
하루 종일 눈이 가려워 못 살겠다.	**It has been irritating my eye all day long. I can't stand it.**
몇 년 새 봄이 점점 짧아지는 거 같다.	**I think that spring has been growing shorter in recent years.**
어느새 봄이 사라져버렸구나.	**Spring disappeared before I had realized it.**
어느새 봄이 지나가버렸다.	**Spring passed before I had realized it.**
순식간에 봄이 지나가버렸다.	**In the blink of an eye spring was gone.**
이제 더 이상 사계절이 뚜렷한 나라가 아닌 것 같다.	**Korea seems no longer to be a country that has four distinctive seasons.**

불타는 계절, 여름

뜨거운 여름이 왔다.	**The hot summer season has come.**
바캉스의 계절, 여름이다.	**Now it is summer, the vacation season.**

무더운 여름이 왔다.	The sultry summer season has come.
올해는 겨울에서 바로 여름이 된 거 같다.	It seems that it has gone straight from winter to summer this year.
올해는 봄 건너뛰고 바로 여름이 된 거 같다.	It seems that it has gone straight to summer skipping spring this year.
사방에 녹음이 짙다.	Trees everywhere have lustrous dark green leaves. ★ lustrous 빛나는, 반짝이는
낮이면 매미들이 신나게 울어댄다.	Cicadas are chirring excitedly during the day. ★ cicada[sikéidə] 매미
올 여름은 또 더워서 어찌 날고?	How will I survive another scorching summer?
여름만 되면 온몸의 피가 끓어오른다.	I get wildly excited whenever summer comes around.
여름만 되면 놀러 가고 싶어 온몸이 근질근질 하다.	I get itchy to go somewhere to have fun whenever summer comes around. ★ get itchy to + 동사원형 ~하고 싶어 몸이 근질근질해지다
올 여름 휴가는 어디로 갈까?	Where am I going on vacation this summer?
생각만 해도 마음이 설렌다.	Just the thought of it makes my heart flutter.
벌써부터 마음이 설렌다.	My mind is already fluttering.
나는 사계절 중에 여름이 제일 좋다.	I like summer best of all the four seasons.
여름은 내가 제일 좋아하는 계절이야.	Summer is my favorite season.
나는 여름보다는 겨울이 더 좋다.	I like winter more than summer.
여름에는 땀이 너무 많이 나서 싫다.	I hate summer because I sweat profusely. ★ profusely 너무 많이
여름날 땀 흘리며 열심히 일하고 나면 왠지 모르게 기분이 상쾌해진다.	I feel refreshed for some reason after working hard and sweating on a summer's day.
여름 밤이면 한강시민공원에 사람들이 많다.	There are a lot of people at the Han River Riverside Park on summer nights.

요즘 너무 더워서 밤에 잠을 못 자겠다. 고문이 따로 없다.	I can't get to sleep because of the sweltering heat. What torture! ★ torture 고문
요즘 열대야 때문에 밤에 잠을 못 자겠다.	I can't get to sleep because of the tropical nights we have been experiencing these days. ★ tropical night 열대야
매년 열대야가 점점 심해지는 것 같다.	Tropical nights seem to be getting more and more unbearable every year.
새벽에도 너무 덥다. 시원한 시간대가 한 순간도 없다.	Even at dawn it is too hot. There's never a cool moment all day.
이게 다 지구 온난화 때문이란다.	They say that it's just due to global warming.
이게 다 지구 온난화 때문일까?	Is it just due to global warming?
지구 온난화 때문에 날씨가 이상해진 건가?	Is the weather unusual because of global warming?
지구 온난화 때문에 이상 기후가 나타나는 건가?	Is the climate unusual because global warming?

장마의 계절, 여름

곧 장마가 시작될 거라고 한다.	They say the rainy season will start soon. ★ rainy season 장마철
장마가 시작되면 좀 시원해지려나?	Will it get a little cooler when the rainy season starts?
올해도 어김없이 장마철이 왔다.	This year's rainy season has come without fail. ★ without fail 어김없이
한 달 내내 비가 오는구나.	It has been raining for the whole month.
한 달 내내 비가 지겹게도 온다. 하루 빨리 햇빛 좀 봤으면 좋겠다.	It's been raining endlessly for the whole month. I'm dying to see the sun.
드디어 지리한 장마가 끝났다.	At last the boring rainy season has ended.

일기예보에서 태풍 주의보를 내렸다.	The weather bureau issued a warning about a typhoon. ★ typhoon [taifúːn] 태풍
일기예보에서 내일 태풍 X가 올 거라고 했다.	The weather forecast says (that) Typhoon X is coming tomorrow.
태풍 때문에 일찌감치 퇴근했다.	I left the office earlier because of the typhoon.
일기예보에서 태풍 X가 올 거라고 해서 일찍 퇴근했다.	I left the office earlier because the weather forecast says Typhoon X is coming.
태풍 때문에 오늘은 학교에 안 갔다.	I didn't go to school today because of the typhoon.
일기예보에서 태풍 X가 올 거라고 해서 오늘은 학교에 안 갔다.	I didn't go to school today because the weather forecast says Typhoon X is coming.
태풍 때문에 수미네 사과 농사가 완전 망했단다.	I heard Sumi's apple orchard was completely ruined by the typhoon.
곳곳에서 태풍 피해 소식이 들렸다.	I heard about the extensive damage incurred by the typhoon. ★ incur (피해를) 빚다
올해는 유독 태풍 피해가 심각한 거 같다.	It seems that typhoon damage is unusually severe this year.
간밤에 태풍으로 거리 곳곳에 나무며 표지판이 쓰러져 있었다.	Trees and road signs fallen by last night's typhoon were lying all over the street.
간밤에 태풍으로 비가 얼마나 쏟아졌던지 차도 집도 물에 잠기고, 세상이 온통 물에 잠긴 듯했다.	Cars and houses were flooded by the typhoon's heavy rain last night. All the world seemed to be under water.
강남엔 산사태가 나서 아파트도 무너지고, 사람도 죽고.	In the Gangnam region, a landslide occurred; an apartment building collapsed and several people were killed.
태풍이 이렇게 무서운 줄 미처 몰랐다. 살고 죽는 게 정말 한 순간이구나.	I haven't quite realized that typhoons are so terrifying. Life or death can really depend on luck.

그나마 안전지대에 사는 걸 행운이라고 해야 할지…	Is it right to say that I'm lucky to live in a safe area?
수재민들을 어떻게 도와야 할까?	How can I help the flood victims?
여름만 되면 수해를 입는 사람들이 생겨서 참 안타깝다.	Every summer some people have to deal with floods. I feel really sorry for them. ★ deal with floods 수해를 치뤄내다
태풍으로 농민들 올해 농사를 다 망쳤단다.	They say that some farmers' crops have been completely ruined by the typhoon this year.
안 그래도 힘든 농민들인데, 죽어라 죽어라 하는구나.	Things are going from bad to worse for farmers who already lead tough lives.
안 그래도 힘든 농민들, 하늘도 나 몰라라 하는구나.	Heaven has deserted farmers who already lead tough lives.
하늘도 농민들을 저버리다니! 이런 걸 보면 '하늘은 스스로 돕는 자를 돕는다'는 말도 뻥이다!	Heaven has deserted farmers! The saying that "Heaven helps those who help themselves." seems to be wrong!
이 태풍에 길냥이들은 어디서 몸을 피하고 있을까? 걱정된다.	Where are street cats hiding in this typhoon? I'm worried about them.
올해는 다행히 심각한 태풍은 모두 비켜갔다.	Fortunately all of the severe typhoons missed Korea this year.

장마가 비켜간 여름엔 가뭄이 계속되고

몇 달째 가뭄이 계속되고 있다.	The drought has been going on for months.
올 봄부터 계속되던 가뭄이 여름까지 이어지고 있다.	The drought has continued from spring to this summer.
올해는 유독 가뭄이 길다.	The drought is unusually long this year. We are suffering from an unusually long drought this year.

올 여름엔 장마도 안 올 모양인가 보다.	It seems that the rainy season won't come this summer.
벌써 여름도 다 지나가는데, 비 한 방울 안 내린다.	The summer season is almost gone, but a single raindrop has not fallen yet.
비 한 방울 안 내리는 날이 계속되고 있다.	We have been without any rain for a long period of time.
비 구경 좀 하고 싶다.	I would really like to see raindrops falling.
하늘님, 비 좀 내려주시죠!	Oh, Good Gracious Heaven, let us have some rain!
계속되는 가뭄 때문에 농민들이 어려움을 겪고 있단다.	They say that farmers are suffering greatly from the sustained drought.
가뭄 때문에 농작물 피해가 장난이 아니란다.	They say that crops have been severely damaged by the drought.
올해는 유독 가뭄 피해가 심각한 거 같다.	It seems that the drought damage is unusually severe this year.
이렇게 가뭄이 계속되면 길냥이들은 어디서 물을 구할 수 있을까?	Where will street cats find water to drink if this severe drought continues?
이게 다 지구 온난화 때문이란다.	They say that it's just due to global warming.
이게 다 지구 온난화 때문일까?	Is it just due to global warming?
지구 온난화 때문에 날씨가 이상해진 건가?	Is the weather unusual because of global warming?
지구 온난화 때문에 이상 기후가 나타나는 건가?	Is the climate unusual because of global warming?

사랑이 하고 싶은 계절, 가을

바야흐로 남자의 계절, 가을이다.	Fall, the season of men, has finally come. The season of men, fall is here. ★ fall 가을(= autumn)

고독의 계절, 가을이 왔다.	Fall, the season of loneliness, has come.
천고마비의 계절, 가을이 왔다.	Autumn, 'the season when the sky is high and the horses get fat' is here.
독서의 계절, 가을이 왔다.	Fall, 'the best season for reading,' has come.
낭만의 계절 가을이 왔다. 사방이 온통 낭만으로 물들었다.	Fall, the romantic season, has come. Romance is all around.
사방에 은행잎이 노랗게 물들었다.	Gingko leaves everywhere have turned yellow.
단풍이 예쁘게 물들었다.	The tree leaves are beautifully tinged. ★ tinged 물든
올 가을에는 단풍놀이를 꼭 가야지.	I will surely go on a picnic to see the colorful fall leaves.
곳곳에 낙엽이 뒹군다.	Fallen leaves are rolling on the ground everywhere.
낙엽이 떨어지는 걸 보면 어쩐지 쓸쓸하다.	Somehow, I feel desolate when I watch autumn leaves falling. ★ desolate 쓸쓸한
귀뚜라미 우는 소리가 들렸다.	I heard a cricket chirp.
가을 하늘은 어쩜 그리 높고 푸를까?	What clear blue fall sky!
가을만 되면 힘이 펄펄 솟아난다.	I burst with energy whenever fall comes around.
가을만 되면 식욕이 살아난다.	I regain my appetite whenever fall comes around. ★ regain one's appetite 식욕을 되찾다, 식욕이 돌아오다
나는 사계절 중에 가을이 제일 좋다.	I like fall best of all the four seasons.
가을은 내가 제일 좋아하는 계절이야.	Fall is my favorite season.
가을은 춥지도 덥지도 않고 선선해서 좋다.	I like fall because it is cool, neither cold nor hot.
올 가을엔 정말로 사랑을 하고 싶다.	I'd really like to fall in love with someone this fall. I really hope to fall in love with someone this fall.
올 가을엔 꼭 사랑을 할 거야!	I will definitely fall in love with someone this fall.
올 가을엔 꼭 여자친구/남자친구를 만들 거야!	I will definitely find a girlfriend/boyfriend this fall.
10월이 다 지나가는데, 아직도 이렇게 덥다니, 정말 가을이 오긴 한 건가?	October is almost over, but it is unseasonably hot. I doubt fall has really come.

올해는 태풍이 가을까지 이어지는구나.	Typhoons are still coming even in the fall this year.
올해는 가뭄이 가을까지 이어지는구나.	The drought is continuing into the fall this year.
누군가는 가을은 천고마비의 계절이라고 했고, 누군가는 독서의 계절이라고 했다. 나는 말한다. 가을은 '여행의 계절'이라고!	Someone said that autumn is 'the season when the sky is high and the horses get fat,' and someone else said that autumn is 'the best season for reading,' but I say that autumn is 'the best season for traveling.'
가을이면 나뭇잎은 물드는 것이 아니라, 초록물이 빠지고 나뭇잎 본연의 색을 찾게 되는 것이다. 은행잎은 노랗게, 단풍잎은 빨갛게… 나도 본연의 모습을 찾고 싶다.	Actually, in the fall the leaves of the trees don't turn red or yellow, rather the green elements inside of the leaves just go out and they recover their own colors; the ginkgo leaves get their yellow and the maple leaves get their red. I also recover my own color.
몇 년 새 가을이 점점 짧아지는 거 같다.	It seems that fall has become shorter in recent years.
어느새 가을이 지나가버렸다.	Fall passed before I realized it.
순식간에 가을이 지나가버렸다.	In the blink of an eye fall was gone.

손이 꽁꽁 발이 꽁꽁, 겨울

드디어 겨울이 왔다.	Winter has finally come.
스키의 계절, 겨울이다.	It is winter, the season of skiing.
무지하게 추운 날이다.	It is freezing cold today.
겨울에는 공기가 너무 건조하다.	The winter air is too dry.
이제 얼마 안 있으면 해가 바뀌겠군.	Soon we will welcome a new year.
겨울은 낭만적인 계절인 거 같다.	Winter seems to be a romantic season.
나무들이 앙상한 가지를 드러내고 있다.	**Trees are baring their twiggy skeletons.** ★ bare one's twiggy skeletons 앙상한 가지를 드러내다

겨울바람이 불면 왠지 모르게 마음이 휑해진다.	I begin to feel a void when the winter wind blows. ★ void 공허감
겨울만 되면 스키 타러 가고 싶어 좀이 쑤신다.	I get itchy to go skiing whenever winter comes around.
나는 사계절 중에 겨울이 제일 좋다.	I like winter best of all the four seasons.
겨울은 내가 제일 좋아하는 계절이야.	Winter is my favorite season.
나는 겨울보다는 여름이 더 좋다.	I like summer more than winter.
겨울 아침에는 일어나는 게 진짜 곤혹스럽다.	I find it very hard to get up in the morning every winter. ★ I find it hard to + 동사원형 ~하는 게 어렵다는 생각이 든다
올 겨울은 유독 추운 거 같다.	It seems unusually cold this winter.
올 겨울은 유독 눈이 많이 내리는 것 같다.	I think we've had an unusually high snowfall this winter. This winter has been very unusual as we've gotten so much snow.
해를 거듭할수록 겨울이 더욱 더 추워진다.	The winter gets colder and colder year after year.
올 겨울은 너무 추워서 진짜 힘들다.	This winter is too cold for me to get by comfortably.
추워서 못 살겠다.	This cold winter is really murder.
빨리 겨울이 지나가면 좋겠다.	I hope this winter goes by quickly.
겨울 내내 감기를 달고 산다. 너무 힘들다.	I've had a cold all winter. It's too bad I can't get rid of it.
드디어 겨울이 끝났나 보다.	It seems that winter's finally over.
날씨가 많이 풀렸다.	The cold weather has remarkably abated.
날씨가 많이 포근해졌다.	The weather has become a lot warmer.

03 자연경관을 바라보며
what beautiful scenery

자연과 날씨 이야기

하늘을 바라보며

오늘따라 하늘이 더 파래 보였다.	The sky looks bluer today.
오늘따라 저녁노을이 너무 아름다웠다.	The sunset was especially/strikingly beautiful today. ★ sunset 노을 | strikingly 어마무지하게
노을빛에 물든 도시는 참 아름답다!	The city colored by the setting sun was really beautiful!
오늘따라 밤하늘에 별들이 많이 보였다.	I could see more stars tonight.
오늘따라 밤하늘에 별들이 마구 쏟아질 거 같았다.	The stars in the sky looked as if they were falling down heavily tonight.
누가 밤하늘에 별들을 그리도 총총 박아 두었을까?	Who on earth has planted brightly shining stars so densely in the night sky? ★ on earth 도대체 (의구심을 강조할 때 의문사 뒤에 넣어서 써보세요) | densely 빽빽하게
나도 저 하늘의 별이 되고 싶다.	I want to be one of the stars in the sky.
도시의 밤하늘엔 좀체 별을 볼 수가 없다.	I can hardly see any stars at night in the city.
시골에서는 밤하늘에 별들이 총총하다고 하던데. 아~ 보고 싶어라!	I heard you can see a ton of shining stars at night in the country. I would love to see them.
달이 무척 밝은 밤이다.	Tonight the moon is very bright in the sky.
보름달이 밝게 빛나는 밤이다.	Tonight the full moon is bright in the sky.
보름달이 금빛으로 빛난다. 너무 예쁘다.	The full moon glitters with gold. It's strikingly beautiful.
초승달이 떴다. 꼭 눈썹같다.	The crescent moon hangs in the sky. It's like an eyebrow.

061

저 초승달을 따다가 내 눈썹에 붙이고 싶다. 호호	I wish I could pick the crescent moon and put it on my eyebrow. Ha ha.
보름달을 바라보며 소원을 빌었다.	I made a wish looking at the full moon.
참 아름다운 밤이다!	It is wonderful tonight! What a wonderful night!
이따금 파란 하늘에 하얀 구름이 뭉게뭉게 피어오르는 걸 본다.	Sometimes I see white clouds building up against the blue sky.
때때로 구름은 여러 가지 모양으로 하늘에 수를 놓는다.	Sometimes clouds form various shapes in the sky.
파란 하늘을 바라보면 가슴이 확 트인다.	I feel wonderfully refreshed when I look up at the blue sky.
기운이 빠질 때면 파란 하늘을 바라보며 힘을 내곤 한다.	I cheer myself up by looking up at the blue sky whenever I feel depressed.
사는 게 엿 같을 때면 파란 하늘을 바라보며 기운을 내곤 한다.	I cheer myself up by looking up at the blue sky whenever I feel life sucks.
하늘을 나는 새들을 보면 기분이 좋다.	I feel good when I see birds flying in the sky.
하늘을 나는 새들을 보면 부럽다.	I envy birds flying in the sky.
나도 새처럼 자유롭게 하늘을 날고 싶다.	I wish I could fly freely just like birds.

바다를 바라보며

바다는 마치 땅 위의 하늘같다.	The sea looks as if it were the sky on the ground to me.
나는 바다 냄새가 참 좋다.	I love the smell of the sea.
바다 바람은 참 시원하다.	The sea breeze is refreshingly cool.
나는 눈 오는 바다를 보고 싶다.	I hope to look out at the sea when it snows.
바다를 바라보면 잡생각이 사라진다.	I can rid myself of bad thoughts when I look out at the sea. ★ rid oneself of bad thoughts 잡생각을 없애다

바다를 바라보면 가슴이 확 트인다.	I feel wonderfully refreshed when I look out at the see.
바다에 가면 왠지 모르게 죽고 싶은 기분이 든다.	I feel like dying for some reason when I go to the sea. ★ feel like + -ing ~하고 싶은 기분이 들다
해변에서 파도 소리를 듣고 있자면 마치 바다가 나에게 말을 거는 것 같은 기분이 든다.	I feel as if the sea is speaking to me when I listen to the waves hitting the shore.
캄캄한 밤에 바다의 파도 소리를 듣고 있으면 좀 무섭다.	I feel a little scared when I listen to the sound of waves crashing on a dark night.
바다에 가면 이따금 바다가 나를 삼킬 것 같은 기분이 들 때가 있다.	Sometimes I feel as if the sea could swallow me up when I am out at sea. ★ swallow up ~을 삼키다
여름바다는 생기가 넘치고, 겨울바다는 쓸쓸하지만 삶을 돌아보게 한다.	The summer sea is full of vitality, but the winter sea is lonely so it makes me look back on my life.
여름바다는 여름바다대로 겨울바다는 겨울바다대로 낭만적인 것 같다.	Both the summer sea and the winter sea are romantic in their own way.
울적할 때면 난 바닷가에 가곤 한다.	I go to the sea whenever I feel depressed.
사는 게 엿 같을 때면 난 바닷가에 가곤 한다.	I go to the sea whenever I feel life sucks.
왜 이렇게 마음대로 되는 일이 없을까? 내일 바다나 보러 가야겠다.	Why has everything been going wrong recently? I'll go to the sea tomorrow.
바다에 가서 바람이나 쐬야겠다. / 바다에 가서 기분전환이나 해야겠다.	I will go to the see for a change.
오늘 낮에 바닷가를 거닐었다.	I walked along the beach this afternoon.
오늘 낮에 그 애랑 함께 바닷가를 거닐었다. 너무 행복했다.	I walked along the beach with my sweetheart this afternoon. I was so happy.
햇빛을 받아 모래가 반짝반짝 빛났다. 예뻤다.	The beach sand glittered in the sunlight. It was beautiful.

해운대는 피서객들로 바글바글했다.	Haeundae beach was extremely crowded with vacationers.
여름철 바다는 올 곳이 못 되는구나.	The summer sea is not a fit place for me to go to.
사람들에 치여서 정신을 못 차리겠다. 무지 피곤하다.	The crowd on the beach makes me totally confused. I'm so tired.
날씨가 제법 쌀쌀한데도 서핑하는 남자들이 있었다.	Some men went surfing even though it was a little cold.
바다는 역시 동해가 최고다!	The east coast tops it all!
바다는 역시 제주 바다가 최고다!	The coast of Jeju Island tops it all!
어릴 땐 바다 저 밑에 우리가 모르는 세상이 있을 거라고 생각했다.	When I was young, I imagined that there was an unknown world under the deep sea.
바다 저 밑에도 인간들의 세상이 있지 않을까?	Is there another human world under the deep sea?
인어가 정말 있다면 한번 만나보고 싶다!	I wish I could see a mermaid.

산을 바라보며

나는 산이 좋다.	I like mountains.
나는 매주 북한산에 간다.	I hike up Mt. Bukhan once a week.
오늘 동네 뒷산을 오르다 다람쥐를 보았다.	I saw a chipmunk while walking up a hill in my neighborhood. ★ chipmunk 다람쥐
오늘 아침에 본 내연산은 마치 한 폭의 동양화 같았다.	Naeyeon Mountain looked just like an Oriental painting this morning. ★ Oriental painting 동양화
산에 오르면 왠지 모르게 날고 싶은 충동이 인다.	I feel an impulse to fly for some reason whenever I hike up a mountain. ★ feel an impulse to + 동사원형 ~하고 싶은 충동이 일다
산에 오르면 왠지 모르게 힘이 솟는다.	I burst with energy for some reason whenever I hike up a mountain.

산에 오르면 왠지 모르게 마음이 편안해진다.	I feel comfortable and relaxed for some reason whenever I hike up a mountain.
산에 오르면 근심걱정을 모두 잊게 된다.	Hiking up a mountain makes me forget all about my worries.
정상에서 세상을 바라보면 근심걱정이 모두 사라진다.	Viewing the world from the summit of a mountain makes me forget all about my worries.
정상에서 '야호!'를 외치고 나면 속이 시원해진다.	Shouting 'Yahoo!' on top of a mountain is a means of catharsis for me.
정상에서 세상을 바라보면 마음이 초연해진다.	Viewing the world from the summit of a mountain makes me calm.
이따금 산이 나를 부르는 것 같은 기분이 들 때가 있다.	Sometimes I feel as if the mountains are calling me.

도심 속에서 살아가는 동물들을 바라보며

오늘 낮에 담상 위에서 여유롭게 볕을 쬐는 고양이를 봤다.	I saw a cat sitting on top of a wall, bathed in sunlight today.
길을 가다 차들이 지나가길 기다렸다 도로를 건너는 고양이를 봤다.	I saw a cat crossing the street after waiting for a safe moment.
오늘 동네 산을 산책하다 나무를 기어오르는 다람쥐를 봤다.	I saw a chipmunk crawling up a tree when I strolled up a neighborhood hill today.
오늘 동네에서 강아지 한 마리를 봤다. 집을 나온 지 며칠 되어 보였다.	I saw a puppy in my neighborhood. It seems that it left home several days ago.
그 고양이는 나를 보자 '야옹'하며 졸졸 따라왔다.	The cat meowed and followed me as soon as it saw me.
그 강아지는 나를 보자 졸졸 따라왔다.	The puppy followed me as soon as it saw me.
무척 배가 고픈 모양이었다.	It must have been starved.
가게에서 참치캔을 사다가 주었다.	I got a tuna can at a store and fed it.

집에서 고양이 사료를 좀 갖고 와서 주었다.	I got some cat food at my house and fed it.
게걸스럽게 먹어치웠다.	It gobbled down all the food.
귀여웠다.	It was cute.
신기했다.	I was fascinated by that.
영특했다.	It was very smart.
불쌍했다. / 측은했다.	I felt sorry for the cat/puppy.
마음이 짠했다.	I felt sad and bitter.
이렇게 열악한 환경 속에서도 어떻게든 살아가는 길냥이들의 모습을 보면 어찌나 마음이 짠한지!	Seeing street cats struggling to survive under the worst of conditions makes me feel sad and bitter.
이렇게 열악한 환경 속에서도 어떻게든 살아가는 길냥이들의 모습을 보면 왠지 모르게 동질감이 느껴진다.	Seeing street cats struggling to survive under the worst of conditions makes me identify with them for some reason.
도심 속에서 살아가는 동물들을 보면 아름다우면서도 측은하게 느껴진다.	When I see animals on the streets struggling to survive in the city I feel beauty and sadness at the same time.
도심 속에서 살아가는 동물들을 보면 어떻게 먹고 사나 걱정이 앞선다.	Seeing animals on the streets struggling to survive in the city makes me worry about what they will eat.
도심 속에서 살아가는 동물들을 보면 기적처럼 느껴져 새삼 뭉클해진다.	Whenever I see animals on the streets managing to survive in the city, I think it's a miracle and a lump comes into my throat.
도심 속에서 살아가는 동물들의 생명력에 진심 경의를 표한다.	I really respect the strong will to survive of the animals on the streets in the city.
이따금 서울 하늘에 맹금류가 날아다니는 것을 본다. 걔들은 도시에서 어떻게 먹고 살까?	Sometimes I see birds of prey flying in Seoul. I wonder how they find food in the city. ★ birds of prey 맹금류

이따금 서울 하늘에 갈매기가 날아다니는 것을 본다. 어쩌다 바다에서 이곳까지 온 것일까? 바다에 먹을 게 없나?	Sometimes I see seagulls flying in Seoul. I wonder how they came from the sea to the city. Couldn't they find food near the sea?
오늘 길에서 죽어 있는 고양이/비둘기를 봤다. 끔찍했다.	I saw a cat/pigeon dead on the road today. It was terrible.
차에 치인 것 같았다. 마음이 너무 안 좋았다.	It seemed to have been hit by a car. I feel really sorry for it.
오늘 비둘기들에게 모이를 주는 아저씨를 봤다. 훈훈했다.	I saw a man feeding pigeons today. It was so heartwarming.
오늘 고양이에게 먹을 것을 주는 아줌마를 봤다. 아름다운 광경이었다.	I saw a woman feeding a street cat today. It was a beautiful scene.

날씨 · 계절을 표현할 때 유용하게 쓰이는 어휘들

날씨가 좋은	nice	흐린	cloudy
날씨가 끝내주는	beautiful	우중충한	gloomy
따뜻한	warm	안개 낀	foggy
화창한	sunny / sunny and warm	습한	humid
	▶ 후자는 따뜻한 공기의 이미지까지 포함한 경우.	푹푹 찌는, 무더운	sultry / sweltering
		건조한	dry
맑게 갠, 맑은	clear / beautiful and clear	으스스한	chilly
	▶ 후자는 전자보다 훨씬 맑은 이미지.		

| 얼짱이 아니면 어때! |

성격 및 외모 이야기

01 좋은 성격
02 더러운 성격
03 평범하거나 독특한 성격
04 성격 고치기
05 얼짱·몸짱
06 폭탄
07 평범한 외모
08 외모 가꾸기

성격 및 외모 이야기
01 좋은 성격
agreeable personality

착하고 멋있는 것들은 다 모여봐~

그 사람은 무지 착하다고 들었다.	I heard that he/she is very nice.
그 여자애는 참 착한 것 같아.	She seems to be very nice. ★ She seems to be ~는 I think she is ~로 바꿔 쓸 수 있다는 거 알고 있죠?
그 여자애는 마음이 참 예쁜 것 같아.	She seems to have a tender heart.
그 여자애는 참 따듯하고 상냥하다.	She is very warm and kind.
그 남자애는 얼굴은 못생겼지만 마음이 참 따뜻하다.	He has an ugly face but a warm heart.
내 친구 현주는 마음이 따뜻한 아이이다.	My friend Hyeonju is very warm-hearted.
그 남자애는 마음이 넓다.	He is big-hearted.
우리 교수님은 마음이 트인/열린 분이다.	My professor is open-minded.
그 사람, 참 멋있는 것 같아.	I think he is very nice. ★ 물론 I think he is ~는 He seems to be ~로 바꿔 쓸 수 있겠죠.
그 남자애는 참 괜찮은 녀석이다.	He's a great kid.
그 놈 참 괜찮은 녀석인 것 같다.	I think that guy is very nice.
그 사람, 성격 참 좋은/깔끔한 것 같다.	That guy seems to have a very nice personality.
그 남자애는 참 쿨한 것 같다.	I think he is very cool.
그 사람은 참 친절하고 사교적이야.	He/She is very friendly and outgoing.
그 애는 뒤끝이 없어서 좋아.	He never bears a grudge and that's one of his virtues.
그 놈 참 너무 의젓해.	He is a very decent guy.
그 녀석 참 신통한 것 같다.	I think he is very nice.
그 녀석 참 기특하기도 하지!	What a cute guy! • What a nice guy!

윤민이는 참 재미있는 아이이다.	Yunmin is very interesting.
우리 아버지는 정말 훌륭한 분이시다.	My dad is really great. My dad is such a great guy.
우리 선생님은 정말 존경할 만한 분인 것 같다.	My teacher seems to be a really honorable man.
그 여자애 캐릭터, 참 매력 있어.	She has a charming personality.
그 남자애는 사람을 참 편안하게 대해줘.	He always makes people feel at ease.
그 앤 볼수록 괜찮은 아이인 거 같아.	The more I see of him/her, the more I like him/her.
그 앤, 왠지 모르게 끌리는 성격이란 말이지!	I feel myself being drawn toward his/her personality!
걔는 정말 용감한 거 같다.	I think he/she is really brave.
그 애는 정의롭다.	He/She is righteous.
그 애는 참 겸손한 거 같다.	I think he/she is modest.
그래서 사람들이 모두 그 애를 좋아하나 보다. 부럽다.	That's why everybody loves him/her. I envy him/her. ★ That's why 주어 + 동사 그래서 ~하다. 바로 앞에 언급한 원인에 대한 결과를 이어서 말할 때 유용하게 쓰이는 표현이죠.

남자다운 남자, 여자다운 여자

그 애는 참 여성스러운 것 같다.	She seems to be really feminine.
그 애 참 얌전한/점잖은 것 같다.	She/He is really soft and gentle.
그 여자애는 참 참한 것 같다.	She seems to be really nice.
그 여자애는 성격이 참 차분하다.	She is remarkably calm.
그 여자애는 정말 요조숙녀다.	She is such a decent lady.
그 애는 참 남자다운 것 같다.	He seems to be really macho.
내 동생은 진짜 사나이 중의 사나이다.	My brother is a real man's man. ★ a real man's man 진짜 사나이 중의 사나이
철호는 진짜 사나이 중의 사나이처럼 보였다.	Cheolho looked like a real man's man to me.
그 애는 참 늠름하다.	He looks so manly.

그 남자는 박력 있다.	He is a real go-getter.
그 애는 완전 맏며느리감이다.	She will be a really virtuous wife one day. ★ '맏며느리감'에 딱 떨어지는 영어표현이 없기 때문에 a really virtuous wife(정말로 정숙하고 고귀한 아내)로 풀어 써보세요. 또, 자신이 생각하는 맏며느리감의 성향을 다른 형용사로 풀어 써볼 수도 있겠어요.
그 애는 완전 장군감이다.	He will be a very brave and strong man some day. ★ 역시 '장군감'에 딱 떨어지는 영어표현이 없기 때문에 장군감의 성향을 형용사로 풀어 써 보세요.

명랑 소년 소녀

그 애는 무척 활동적/적극적이다.	He/She is very active.
그 애는 정말 활달하다.	He/She is really active and cheerful.
그 애는 무척 명랑하다.	He/She is very bubbly.
그 애는 정말 낙천적이다.	He/She is optimistic.
그 애는 매사에 긍정적이다.	He/She is optimistic about everything.
민정이는 참 낙천적인 것 같다. 본받아야겠다.	I think Minjeong is very optimistic. I figure I'll model myself after her. ★ I figure (that) 주어 + 동사 ~라고 생각하다 ǀ model oneself after + 사람 ~를 모델로 삼아 본받다
그 애를 보고 있으면 절로 기분이 좋아진다.	My heart lifts at the sight of him/her.
그 애랑 같이 있으면 재미있다.	He/She is really fun to be with.

똑똑하고 열정적인 그녀

그 여자애는 정말 똑똑하다.	She is really smart.
그 여자애는 참 지적인 것 같다.	I think she is very intelligent.
그 여자애는 머리가 좋은 것 같다.	She seems to be very bright.
그 애는 정말 능력자인 것 같다. 못하는 게 없다.	With talent like his/hers, the sky's the limit.
그 애는 뭐든지 다 잘한다.	You name it, he/she can do it.

그 애는 다재다능한 것 같다. 부럽다.	He/She has got a lot of talent. I envy him/her. ★ has got은 has의 구어체 표현.
얼마나 매력적인 사람인지!	What an attractive man/woman he/she is!
나는 매사에 열의가 있다.	I am enthusiastic about everything.
나는 매사에 자신을 갖고 임한다.	I go about everything confidently. ★ go about (일)에 임하다
그 남자애는 에너지가 너무 넘쳐서 탈이다.	The bad thing about him is that he is too energetic.
혜경이는 자기 인생에 대해서 자신이 있는 것처럼 보였다.	Hyekyeong looked confident about life.

완벽한 그대는 나의 영웅

그 사람은 완벽하다.	He/She is perfect.
그 여자는 흠잡을 데가 없는 것 같았다.	I thought she was flawless.
그 남자는 세상일에 밝은 것 같았다.	I thought he was very worldly.
그 사람은 나의 영웅이다.	He/She is my hero.
그 사람은 나의 롤 모델이다.	He/She is my role model.
그 사람은 나의 반석/정신적인 지주이다.	He/She is my rock.

아둔해 보일진 몰라도 진국인

그 사람은 참 우직해.	He/She is naively honest.
그 사람은 진국이야.	He/She is a genuine person.
그 사람은 늘 한결같아.	He/She is always the same.
그 사람은 참 한결같이 성실해.	He/She is as sincere as ever.
그 애는 어떤 일 앞에서도 동요하지 않는 것 같아.	He/She seems to be self-possessed. ★ self-possessed[selfpəzést] 어떤 일 앞에서도 동요하지 않는

그 애는 항상 평상심을 유지하는 것 같아.	He/She seems to maintain himself/herself in all circumstances.
그 여자애는 약속을 참 잘 지켜.	She is a woman of her word. ★ 남자애에 대해서 쓰고 싶다면 He is a man of his word.라고 하면 되겠죠?
그 애는 시간 약속을 참 잘 지켜.	He/She is always very punctual.
그 사람은 무지 알뜰하다고 들었다.	I heard that he/she is very thrifty.
그 애는 포기를 모른다.	He/She never gives up.
그 애는 한 번 시작한 일은 끝을 본다.	Once he/she starts something, he/she sees it through to the end.
그 애는 근성이/배포가 있다.	He/She has guts.

감각이 철철 넘쳐

나는 책임감이 있다.	I have a sense of responsibility.
나는 의지력이 강하다.	I have a strong will.
나는 미적 감각이 있다.	I have an eye for beauty. ★ have an eye for ~에 대한 안목이 있다
나는 사람/물건을 보는 안목이 있다.	I have an eye for people/things.
그 남자애는 유머감각이 뛰어나다.	He has got a wonderful sense of humor. ★ has got은 has의 구어체 표현
그 남자애는 진짜 유머감각이 있다. 맘에 든다.	He has a real sense of humor. I like him.
그 여자애는 촉/감이 좋은 것 같다.	She's got good sensibility as well as the ability to make good judgments.

02 더러운 성격
nasty personality

성격 및 외모 이야기

더럽거나 재수없거나

나는 참 못된 아이이다.	I am a naughty man/woman.
그 애, 성질 참 더러운 것 같다.	He/She seems to be nasty.
그 애는 성질이 지랄 같다.	He/She is awfully nasty.
그 애는 무척 히스테리컬하다.	He/She is so hysterical.
그 남자는 정말 영악하다.	He is really shrewd.
그 남자애는 참 치사한/비열한 것 같아.	He seems to be very mean.
치사한/비열한 놈 같으니라구!	What a mean guy (he is)!
고 놈/년 참 비겁한 것 같다.	That guy/girl seems to be a coward.
비겁한 놈/년!	What a yellow coward!
그 남자애는 완전 겁쟁이야.	He is a chicken. ★ chicken은 속어로 '겁쟁이'란 의미.
겁쟁이 같으니라구!	What a chicken he/she is!
그 남자애는 꼭 계집애 같다.	He is a girlie-man. ★ girlie는 자신의 외모에나 신경 쓰는 머리에 든 것 없는 여자를 비하할 때 쓰는 말이에요. 따라서 남자한테 girlie-man이라고 하면 '겉멋만 든, 박력도 기개도 없는 애송이' 정도의 뉘앙스를 풍기는 표현이죠.
그 애는 참 배은망덕하다.	He/She is very ungrateful. He/She is such an ungrateful man/woman.
배은망덕한 놈/년 같으니라구!	What an ungrateful man/woman (he/she is)!
그 여자애는 너무 이기적인 것 같아.	I think she is very selfish.
그 남자는 너무 쫀쫀하다.	He is too small-minded.
그 남자는 소갈머리가 좁다.	He is narrow-minded.
그 사람 순 거짓말쟁이야.	He/She is a terrible liar.
그 사람은 개망나니야.	He/She is a spoiled brat.

그 남자, 이중인격인 것 같아.	He seems to be a Jekyll and Hyde. He seems to have a split/double personality.
그 남자, 다중인격인 것 같아.	He seems to have multiple personalities.
그 남자애는 아주 위선적인 것 같아.	He seems to be very hypocritical. ★ hypocritical [hìpəkrítikəl] 위선적인
위선자 같으니라고!	What a hypocritical guy (he is)!
그 남자, 참 변덕이 죽 끓듯 하네.	What an utterly capricious and unpredictable man (he is)! ★ capricious [kəpríʃəs] 변덕스러운	unpredictable [ʌ̀npridíktəbəl] 예측할 수 없는
그 남자, 참 종잡을 수가 없어.	He is really unpredictable.
그 남자앤 어찌나 철이 없는지!	What a childish man (he is)!
그 남자는 아직도 철이 안 든 것 같다.	He still seems to be childish.
그 남자, 도대체 생각이 있는 사람인지 없는 사람인지 모르겠네.	I doubt if he has any common sense. ★ common sense 보편적인 상식
그 사람은 무지 구두쇠라고 들었다.	I heard that he is a total cheapskate.
그 N사 사장은 완전 사이코라고 들었다.	I heard that the CEO of N Corp. is a total psycho.
쪼다는 하늘이 두 쪽이 나도 쪼다야.	A jerk is a jerk is a jerk is a jerk.
쪼다같은/찌질한 놈/년!	What a jerk!
그 여자는 입이 싸.	She has a big mouth. ★ have a big mouth 수다스럽다, 남의 비밀을 떠벌리다
그 여자는 입만 열었다 하면 남 말하기 바쁘다.	She is a dreadful gossip/gossiper. She really loves to talk about other people's private lives. ★ gossip [gásəp] 남 말하기 좋아하는 사람(= gossiper)
그 남자는 입만 열었다 하면 욕부터 튀어나온다.	He is such a filthy, foul-mouthed man. He is always swearing too much. ★ filthy, foul-mouthed 입만 열었다 하면 지저분스러운 욕만 튀어나오는	swear 욕하다

그 여자는 매사에 너무 잘난 척하는 것 같다.	She is always putting on airs. She is supremely arrogant. ★ put on airs 잘난 척하다 ｜ arrogant[ǽrəgənt] 거만한, 잘난 체하는
그 남자는 돈 좀 있다고 상당히 뻐긴다.	He is really puffed up with his wealth. He is really proud of his wealth. ★ be puffed up with ~로 우쭐해하다
그 남자는 가방끈 좀 길다고 되게 뻐긴다.	He is really puffed up with his higher education. He is very proud of his higher education. ★ higher education 고학력
그 남자는 폼에 살고 폼에 죽는다.	He is so vain about his looks.
그 사람은 허영이 가득하다.	He/She is full of vanity.
그 남자는 어떤 차를 몰고 다니느냐 같은 걸로 자존감을 느끼는 사람인 거 같다.	I think he's full of himself judging by his car.
그 여자는 어떤 집에 사느냐 같은 걸로 자존감을 느끼는 사람인 거 같다.	I think she's full of herself judging by her house.
그 애는 왠지 나를 무시하는 것 같아.	I think he/she is ignoring me for some reason.
그 사람 많이 변한 거 같아. 나쁜 의미로!	I guess he/she has changed a lot. I mean 'changed' in a negative sense.
어쩌다 그 사람은 그렇게 변했을까?	What made him/her change like that?
돈과 명성을 얻게 되면 사람이 바뀌는 법이지.	Money and fame changes people.
그 사람 내면 깊숙한 곳에 분명 내가 알던 좋은 모습이 살아 있을 거야.	I believe that somewhere deep down in him/her is the good man/woman I used to know.
그 사람은 적이 많은 것 같다.	I think he/she has a lot of enemies. He/She seems to have a lot of enemies.

너, 참 무서운 아이구나!

그 남자는 무척 폭력적인 것 같다. 무섭다.	I think he's too violent. I'm scared.
그 남자는 분노 조절이 안 되나 보다.	It seems that he can't control his anger.

그 남자는 포악해.	He's cruel and violent.
그 여자는 너무 잔인해.	She's too cruel.
그 여자는 동정심이라곤 눈곱만큼도 없는 사람인 것 같아.	It seems that she has no pity at all.
그 사람은 너무 비정해.	He/She is very heartless. He/She is such a heartless guy/woman.
피도 눈물도 없는 놈/년 같으니라구!	What a cold-blooded guy/woman!
그 남자애는 완전 사이코패스야.	He's a real psychopath.
그 여자애는 완전 조울증 환자야.	She is really manic-depressive.
그 사람 완전 스토커 같아.	He/She is such a stalker.
그 남자는 야비해. 상종을 말아야지.	He is so mean that I don't want to be associated with him.
선무당이 사람 잡는다는데, 아무래도 그 여자애가 그런 사람인 것 같다. 조심해야겠다.	A little knowledge is a dangerous thing. She sounds like a person who only has a little knowledge. I should watch out for her.
그 여자는 무식해. 무식하면 용감하다는데…	She is so ignorant. They say the more ignorant you are, the more daring you are.
그 여자애는 완전 시어머니야!	She is such a fault-finder/nitpicker! ★ '남의 사소한 잘못을 캐내고 꼬집고 하는 사람'을 fault-finder 또는 nitpicker라고 하죠. 여기서 '시어머니'란 바로 그런 뜻으로 쓴 말이지요.
어휴, 시어머니 같으니라고!	What a fault-finder/nitpicker!
내 여자친구는 늘 내게 이래라저래라 한다. 질린다.	My girlfriend is always telling me what to do. I am sick of it. My girlfriend is always bossing me around/about. I am sick of it.

깝깝한 그대여~

그 사람은 무척 고지식하다.	He/She is always very serious. ★ 매사에 너무 진지하고 심각하다는 면에서 고지식하다는 의미. He/She is very strict. ★ 융통성 없이 자기 나름의 원칙에만 너무 엄격하게 굴어서 고지식하다는 의미.
그 사람은 융통성이 없다.	He is not very flexible.
우리 선생님은 너무 권위적이다.	Our teacher is too authoritarian. ★ authoritarian [əθɔ:rətέəriən] 권위적인
난 성격이 좀 까다로운 편이다.	I am sort of picky.
나는 사람이 좀 실없다.	I am a little frivolous sometimes.
나는 너무 우유부단해서 탈이다.	The bad thing about me is that I am very wishy-washy.
나는 매사에 열의가 없는 편이다.	I suppose I am not enthusiastic about anything.
나는 잔걱정이 많다.	I am a worrywart.
나는 너무 소심하다.	I am too timid.
그 애는 매사에 너무 소극적이다.	He/She is very passive about everything.
그 애는 매사에 너무 부정적이다.	He/She is very negative about everything.
그 애는 매사에 너무 비관적이다.	He/She is very pessimistic about everything.
그 남자는 너무 무력한 거 같아.	I think he is really powerless. I think he hasn't any power at all.
그 남자는 무능해.	He is incompetent.
그 애는 참 한심해.	He/She is pathetic. ★ pathetic [pəθétik] 한심한
내 남자친구는 나약해빠졌다.	My boyfriend is very weak-minded.
그 여자는 가끔 참 둔한 것 같다. (감정이 무딘 경우)	She sometimes seems to be very insensitive.
그 남자는 미련 곰탱이 같아.	He seems to be very dumb.
그 남자는 행동거지가 참 둔하다.	He really moves very awkwardly.
그 남자는 항상 좀 지저분하다.	He always looks a little messy.

PART 03 다양한 성격

난 완전 바보멍청이야!	I'm such an idiot!
멍청한 녀석 같으니라구!	What an idiot (he/she is)!
참 쓸모없는 녀석 같으니라구!	What a helpless/useless guy (he is)!
그 남자는 정말 구제불능이야!	He's really hopeless!

이런 면은 없어서 아쉬워

나에겐 여자다움/남자다움이 없다.	I lack femininity/masculinity.
나는 책임감이 부족하다.	I lack responsibility.
나는 의지박약이다.	I have a weak will. • I am weak-willed.
나는 유머감각이 없다.	I have no sense of humor.
나는 미적감각이 없다.	I have no eye for beauty.
나는 사람/물건을 보는 안목이 없다.	I have no eye for people/things.
그 애는 자존감이 없는 것 같다.	I guess he/she has no pride.
그 애는 자신을 사랑하지 않는 것 같다.	I guess he/she doesn't love himself/herself.
그 애는 자신을 사랑할 줄 모르는 것 같다.	I guess he/she doesn't know how to love himself/herself.

너, 진짜 왜 그러니?

걔는 만날 때마나 하품질이야.	He/She is always yawning whenever we meet.
그 남자는 자꾸 내 이름을 까먹어.	He is always forgetting my name.
걔는 자꾸 우리 약속을 까먹어!!!	He/She is always forgetting our dates!!!

03 평범하거나 독특한 성격
ordinary or unique personality

성격 및 외모 이야기

독특한

그 남자애는 성격이 상당히 독특하다.	He is fairly unique. His character is pretty unique.
나는 좀 엉뚱한/유별난 구석이 있다.	I suppose I have my own peculiarities. ★ peculiarity [pikjùːliǽrəti] 유별난 점
그 여자애는 묘한 구석이 있다.	She is a little quirky. ★ quirky [kwə́ːrki] 기이하고 묘한
그 여자애는 신비하다.	She is mysterious.
그 여자애는 흥미롭다/관심이 간다.	She is interesting.
그 남자애는 완전 괴짜다.	He is such a weirdo. ● He is a real queer fish. ★ queer fish 괴짜. 여기서 fish는 사람을 일컫는 비속어.
그 남자애는 마치 돈키호테 같다.	He is just like Don Quixote. ★ Don Quixote [dàn kihóuti]
그 남자애는 완전 허풍쟁이야/허세 쩔어.	He is such a bluffer. ● He is a real bluffer.
그 여자애는 꼭 과대망상증 환자 같아.	She looks like a megalomaniac. ★ megalomaniac [mègəlouméiniæk]
그 남자애는 완전 피해망상증 환자야.	He seems to suffer from a persecution complex.
그 남자애는 꼭 편집증 환자 같아.	He is just paranoid. ★ paranoid [pǽrənɔ̀id]
그 남자애는 천재기질이 있는 것 같다.	He has the temperament of a genius.
그 남자애는 몽상가이다.	He is a dreamer.
그 여자애는 배부른 몽상가이다.	She is a rich dreamer.
나는 꿈꾸는 소녀이다.	I am a little dreamer girl.
사람들은 나더러 철이 안 들었다고들 말한다.	They say I am still immature.
나는 평생 가도 철이 안 들 것 같다.	I guess I will never grow up.
그 애는 여자를 너무 밝힌다.	He is a real stud. ★ '남자색골'을 가리켜 stud [stʌd]라고 하죠.
그 애는 남자를 너무 밝힌다.	She is a real nympho. ★ '여자색골'을 가리켜 nympho [nímfou].

PART 03 평범하거나 독특한 성격

주책없는

나는 좀 수다스러운 편이다.	I suppose I am a little bit talkative.
나는 좀 주책없는 편이다.	I guess I behave a little foolishly sometimes.
그 여자애는 완전 푼수이다.	She is a total goof.
푼수는 푼수지 별 수 없어.	A goof is a goof is a goof is a goof.

그럴 수도 있지

나는 그저 평범한 여자애다.	I am just an ordinary girl.
나는 성미가 좀 급한 편이다.	I am sort of quick-tempered.
나는 외향적인 편이다.	I am sort of extroverted/outgoing.
나는 무척 내성적이다.	I am very introverted/reserved.
나는 선머슴 같다. (여자의 경우)	I am a tomboy. ★ tomboy[támbɔ́i] 말괄량이
나는 새색시 같다. (남자의 경우)	I am a sissy boy. ★ 남자애가 '계집아이 같은' 경우에는 sissy라고 합답니다.
그 여자애는 완전 말괄량이야.	She is such a tomboy.
그 여자는 성격이 괄괄하다.	She is kind of tough.
그 여자애는 무척 다혈질이야!	What a hot-tempered girl (she is)!
우리 아버지는 성격이 불같다.	My father is really hot-tempered.
그 남자애는 터프해.	He is a tough guy.
그 여자애는 남자들만큼이나 터프해.	She is as tough as any man.
나는 감수성이 예민하다.	I am very sensitive.
그 애는 마음이 여린 것 같다.	He/She seems to be soft-hearted.
그 애는 욕심이 없는 것 같다.	He/She seems to have no greed.
그 애는 욕심이 많은 것 같다.	He/She seems to be very greedy.

04 성격 고치기
성격 및 외모 이야기
improving one's personality

이런 성격이면 좋을 텐데

나는 좀 여성스러우면 좋겠다.	I want to be more feminine.
나는 좀 남자다웠으면 좋겠다.	I want to be more masculine.
나도 유머감각이 있으면 좋겠다.	I want to have a better sense of humor.
성격이 좀 외향적이면 좋을 텐데.	I wish I were more outgoing.
성격이 좀 시원스러우면 좋을 텐데.	I wish I weren't so reserved.
성격이 좀 차분하면 좋을 텐데.	I wish I were calmer.
남자친구가 허풍만 안 떨면 딱 좋겠다.	If only my boyfriend would not brag! ★ If only 주어 + would... ~가 …하기만 하면 딱 좋겠는데
여자친구가 히스테리만 안 부리면 딱 좋겠다.	If only my girlfriend would not get so hysterical!
여자친구가 약속시간만 잘 지키면 딱 좋겠는데 말야.	If only my girlfriend would not be late when we get together.
내가 그 애처럼 박력만 있다면 더 이상 바랄 게 없겠다.	If only I were as energetic/powerful as him! If only I were as driven and strong as him!

성격 좀 고쳐야겠다

성격 좀 고쳐야겠다.	I want to change my personality.
그 여자애는 성격만 고치면 완벽한데.	Only if she changed her personality, would she be perfect.
이제부터 좀 조신하게 굴어야겠다.	I want to behave demurely from now on. ★ demurely [dimjúərli] 품위 있게, 조신하게
요조숙녀가 되어야겠다.	I want to become a decent lady.
어떤 일 앞에서도 동요하지 않는 사람이 되어야겠다.	I want to become self-possessed. ★ self-possessed [selfpəzést] 어떤 일 앞에서도 동요하지 않는

항상 평상심을 유지하도록 해야겠다.	I want to maintain my usual self at all times.
이제부터 좀 남자답게 굴어야겠다.	I will be more macho from now on.
내 성격이 어때서?	What is the matter with my personality?
내가 그렇게 성격이 더러운가?	Is my personality that bad?
사람들의 잣대가 너무 까다로운 거 아냐?	Isn't people's yardstick too strict? ★ yardstick 척도, 잣대
사람들의 잣대가 너무 획일화된 거 아냐?	Aren't people too conformist? ★ conformist 획일적인
그 남자 아주 좋게 변한 거 같아. 예전 같지 않아.	He has become a very good man. He isn't what he used to be.
그 남자 변한 거 같아. 좋은 의미로!	He seems to have changed. I mean 'changed' in a positive sense.

필수어휘 따로보기

성격 · 성향을 나타낼 때 유용하게 쓰이는 어휘들

멋진	nice / cool	거만한, 잘난 척하는	arrogant
착한	nice	권위적인	authoritarian
마음이 따뜻한	warm-hearted	엄한, 엄격한	strict
마음이 넓은	big-hearted	까다로운	picky
마음이 트인/열린	open-minded	성질 더러운	nasty / ugly
진지한	serious	치사한, 비열한	mean
성실한	earnest	위선적인	hypocritical
의젓한	decent	다혈질인, 성격이 불 같은	hot-tempered
열의가 있는	enthusiastic	성미가 급한	quick-tempered
명랑한	bubbly	감정이 무딘, 둔한	insensitive
예의 바른	polite	우유부단한	wishy-washy
여성스런, 여자다운	feminine	수다스러운	talkative
남자다운	masculine / macho	변덕스러운	changeable / whimsical
소심한	timid	낙천적인	optimistic
내성적인	reserved / introverted	비관적인	pessimistic
외향적인	outgoing / extroverted	긍정적인	positive
무례한	rude / impolite	부정적인	negative
소갈머리가 좁은	narrow-minded	활동적인, 적극적인	active
이기적인	selfish	소극적인	passive

05 얼짱 · 몸짱
beautiful face / shapely body
성격 및 외모 이야기

재민이는 우리 과 얼짱

재민이는 참 잘생겼다.	Jaemin is hot. Jaemin is really handsome/good-looking. ★ hot은 여자/남자가 '매우 예쁘고/잘생기고 몸도 잘빠지고 끝내준다'는 의미로 하는 말.
영애는 우리 과 얼짱이다.	Yeongae has the best looking face of all the students in my department.
그 남자애는 완전 킹카다.	He is tall, dark and handsome. ★ tall, dark and handsome을 한 덩어리의 표현으로 써서 남자가 '아주 멋있는' 것을 가리키죠. 이때 dark는 섹시하다는 의미로 쓴 말.
그 여자애는 완전 퀸카다.	She is so hot!
그 꼬마아이는 너무 예쁘게 생겼다.	That little girl is exceptionally pretty.
그 애는 미스코리아 뺨 칠 정도로 예쁘다.	Her beauty would put the flowers to shame.
오늘 유달리 미영이가 더 예뻐 보였다.	Miyeong looked more beautiful than usual today.
오늘 유달리 그 애가 더욱 숨이 막힐 정도로 예뻐 보였다.	Today she looked more breathtakingly beautiful than usual.
그 애는 평소 숨이 막힐 정도로 예뻐 보이는데, 오늘도 여지없이 그랬다.	She usually breathtakingly beautiful, and today was no exception. ★ exception [iksépʃən] 예외
그 애 참 섹시한 것 같다.	I think she is really sexy.
그 여자애는 참 섹시해서 매력적인 것 같다.	I think she is very foxy. ★ foxy [fáksi]는 여자가 '섹시하고 매력적인'것을 가리키는 말.
오늘따라 그 여자애는 엄청나게 섹시해 보였다.	She looked incredibly sexy today.
오늘따라 그 남자애가 아주 멋져 보였어.	He looked really gorgeous today.
그 애 너무 귀여운 것 같아.	I think he is very cute.
그 남자는 참 귀엽게 생겼다!	What a cute guy (he is)!

그 여자애는 너무 청순해.	She's too pure and innocent.
세상에서 박신혜가 제일 예쁜 것 같아.	Park Shinhye seems to be the most beautiful woman in the world.
세상에서 소지섭이 제일 잘생긴 것 같아.	So Jisub seems to be the most handsome man in the world.
인성이는 정말 간지 난다.	Insung is really attractive.
희선이는 아우라가 장난 아니다. 멀리서도 빛이 난다.	Heesun gives off an intense aura. You can see her look radiant from a distance. ★ give off (빛 등을) 발하다 ǀ aura [ɔ́ːrə] 아우라 ǀ radiant [réidiənt] 환희 빛나는
그 남자애는 성격도 좋고 얼굴도 잘생기고 부족한 게 없는 것 같다.	I think he doesn't lack anything since he has a good personality and a handsome face.
그 여자애는 성격도 좋고 얼굴도 예쁘고 부족한 게 없는 것 같다.	I think she doesn't lack anything since she has a good personality and a beautiful face.
남자들은 걔한테 사족을 못 쓴다!	Men are crazy about her!
여자들은 그 녀석한테 사족을 못 쓴다!	Women are crazy about him!

오밀조밀 흠 잡을 데가 없도다

나영이는 눈이 정말 크다.	Nayeong has really big eyes.
예진이는 웃을 때 눈이 반달이 된다. 너무 예쁘다.	Yejin's eyes become half moons when she smiles. They are so beautiful.
연재는 속눈썹이 어쩜 그리 길까?	Yeonjae's eyelashes are so long.
그 아이의 속쌍거풀은 너무 예쁘다.	Her inner double eyelids are so beautiful.
동건이는 코가 오똑하다.	Dongeon has a long, shapely nose.
수연이의 입술은 앵두같이 빨갛다.	Suyeon has ruby red lips. ★ 우리는 새빨간 입술을 앵두같이 빨갛다고 하지만, 영어에서는 빨간 빛을 띠는 보석인 ruby에 빗대어 ruby red lips라고 하죠.
명진이의 입술은 복숭아같이 탐스럽다.	Myeongjin has luscious red lips. ★ luscious [lʌ́ʃəs] 탐스러운, 관능적인

그 여자애는 보조개가 예쁘다.	She has pretty dimples.
근영이는 미소가 참 예쁘다.	Gunyeong's smiles are really pretty.
진의 미소는 너무 섹시하다.	Jin's smiles are so sexy.
혜숙이는 이도 가지런히 예쁘다.	Hesuk's teeth are beautifully arranged.
은혜는 송곳니가 매력 있다.	Eunhye's eye teeth are attractive.
그 여자애 피부는 백옥 같다. 잡티 하나 없다.	Her skin is as white as snow. She has no blemishes on her skin.
그 남자애 피부는 구릿빛이다. 멋있다.	He has beautiful bronze skin.
효리는 피부가 예쁘게 까무잡잡하다.	Hyori has dark and sensual skin.
지현이는 머릿결이 진짜 좋다.	Jihyeon has smooth, sleek hair. ★ sleek [sliːk] 매끄러운, 윤기 있는
혜수는 머리숱이 많아서 부럽다.	Hyesu has thick hair. I envy her.
동원이는 얼굴이 정말 작다.	Dongwon has a really small face.

왕년엔 나도 얼짱

그 애 예전에는 정말 예뻤는데.	She used to be really beautiful.
나도 어렸을 때는 정말 예뻤는데.	I was beautiful too when I was young.
20대 때는 아무렇게나 하고 다녀도 예뻤는데.	I was beautiful in my twenties even though I was careless about my looks then. ★ in one's twenties 20대에 ｜ be careless about ~에 신경을 안 쓰다, 무관심하다
나도 얼굴이 예쁘면 좋을 텐데.	I wish I had a more beautiful face.
눈이 조금만 더 크면 좋을 텐데.	I wish I had bigger eyes.
코가 조금만 더 높으면 좋을 텐데.	I wish I had a higher nose.
피부가 깨끗하면 좋을 텐데.	I wish I had better skin.
나도 피부가 새하야면 좋겠다.	I wish I had snow-white skin.
나도 얼굴이 작으면 좋겠다.	I wish I had a small face.

나도 송혜교처럼 예쁘기만 하면 얼마나 좋을까?	If only I could be as beautiful as Song Hyekyo. ★ be as + 형용사 + as A A만큼 ~하다
지인이처럼 귀엽게 생기면 참 좋을 텐데.	I wish I were as cute as Jiin.
그 애, 너무 예쁜 것 같아. 나도 그랬으면.	I think she is very beautiful. I wish I were her.
내가 그 아이처럼 예쁘면 근심걱정이 없겠다.	I would have no worries at all if I were as beautiful as her.

미숙이는 우리 과 몸짱

미숙이는 우리 과 몸짱이다.	Misuk has the most shapely body of all the students in my department. ★ have a shapely body 몸매가 좋다
우리 과 지호는 키도 크고 몸도 끝내준다.	Jiho in my department is tall with a shapely body.
그 여자애는 얼굴은 못생겼지만 몸매는 죽인다.	She has a plain face but a gorgeous body. ★ plain[plein] 볼품없는, 평범한
그 애는 키가 훤칠하다.	He/She is really tall.
현정이는 완전 롱다리다.	Hyeonjeong has really long legs.
그 애는 너무 날씬하다.	He/She is extremely slim.
그 애는 말랐다.	He/She is thin.
그 여자애는 너무 빼빼 말랐다.	She is really skinny.
이나영은 팔등신이래. 아~ 부러워.	They say Lee Nayoung has a perfect body. I envy her.
그 애는 어쩜 그렇게 몸 관리를 잘했을까?	She is quite good at taking care of her body.

왕년엔 나도 몸짱

나도 왕년에는 한 몸매 했지.	I used to be in great shape, too. ★ be in great shape 몸매가 좋다
결혼하기 전에는 진짜 한 몸매 했는데.	I had a really gorgeous body before getting married.
나도 몸매가 예뻤으면 좋겠다.	I wish I had a shapely body.
내가 날씬해진다면 남자들이 좀 붙을까?	Would boys be attracted to me if I were slimmer?
뱃살이 좀 빠지면 여자애들이 좀 붙을까?	Would girls be attracted to me if I lost my belly? ★ lose one's belly 뱃살이 빠지다
나도 왕년엔 배에 王자가 있었는데.	I used to have a washboard stomach.
어쩌다 이렇게 살이 쪘을까?	How come I have gained so much weight?
어쩌다 이렇게 배가 튀어나왔을까?	How come I have got a big potbelly?

젊음이여 영원하라~

유리는 너무 동안이다.	Yuri has a baby face.
성환이는 노안이다.	Jeonghwan has an old face.
윤주는 제 나이보다 어려 보인다.	Yunju looks younger than her age.
나는 제 나이보다 들어 보인다.	I look older than my age.
현주는 나이가 들어도 미모가 여전하다.	Hyeonju's good looks are still the same in spite of her advancing years.
요즘엔 다들 제 나이보다 어려 보이는 것 같다. 나만 빼고.	These days, everyone seems to look younger than their age, except for me.
요즘엔 다들 관리를 잘해서 그런지 제 나이보다 어려 보이는 것 같다.	These days, everyone seems to look younger than their age, probably because of good care.
하루아침에 폭삭 늙은 것 같다. 슬프다.	I am sad that I seem to have become such an old woman overnight.
거울을 보기가 무섭다.	I am afraid to look in the mirror.

어쩌다 이렇게 폭삭 늙었지?	How come I have become such an old woman?
내 나이 서른, 얼굴은 스물, 몸은 쉰 살! 삭신이 쑤신다.	My actual age is thirty, but my face age is about twenty, and my body age is about fifty! My whole body aches.
계속 젊음을 유지할 수 있으면 좋겠다.	I wish I could stay young forever.
안 늙으면 좋겠다.	I wish I would not grow old.
죽는 건 나쁘지 않지만 늙는 건 싫다.	I don't mind dying, but I hate getting old. ★ I don't mind + -ing ~하는 건 싫지 않다, 개의치 않는다
계속 내 젊음과 미모를 유지할 수 있으면 좋을 텐데.	I wish I would keep my youth and good looks.

성격 및 외모 이야기
06 폭탄
being ugly as sin

너무 못생겼다

그 애는 너무 못생겼다.	He/She is really ugly.
그 애는 완전 폭탄이었다.	He/She was as ugly as sin. He/She was coyote-ugly. ★ '완전 폭탄'을 뜻하는 형용사로 '못생긴 건 죄'라는 의미에서 비롯된 ugly as sin을 써 보세요. 속어로 coyote-ugly라고 해도 같은 의미.
나는 왜 이렇게 못생겼을까?	Why am I so ugly?
나는 얼굴이 너무 크다.	I have such a big face.
나는 피부가 까맣다. 맘에 안 든다.	I have dark skin. I don't like it.
소희는 피부가 안 좋다.	Sohee's skin is not good.
내 얼굴에는 잡티가 많다.	I have a lot of blemishes on my face.
젠장, 얼굴에 왜 이렇게 잡티가 많은 거야!	Damn it, why do I have so many blemishes on my face?
내 얼굴에는 주근깨가 많다.	I have a lot of freckles on my face.
그 남자애 얼굴에는 여드름이 많다.	He has a lot of pimples on his face.
요즘 여드름이 자꾸 난다.	I keep breaking out in pimples these days. ★ break out in (종기, 여드름 등)이 생기다, 나다
나는 완전 새우 눈이다.	I have small, narrow eyes.
내 눈은 왜 이렇게 작지?	Why are my eyes so small and narrow?
나는 코가 너무 납작하다.	I have a short, flat nose.
코는 왜 이렇게 낮은 거야!	Why is my nose so flat?
경식이는 돌출 입이다.	Kyungsik has protruded lips.
나는 입이 너무 크다. 보기 싫다.	I have such a big mouth. I hate to see it.
건우는 머릿결이 무척 나쁘다.	Geonwu's hair texture is really bad. ★ hair texture 머릿결

나는 머릿결이 너무 건조하다.	I have really dry hair.
지혜는 머리숱이 적다.	Jihye has thin hair.
머리숱은 왜 이렇게 적을까?	Why is my hair so thin?
살면서 예뻤던 적이 한 번도 없었다.	I have never been beautiful in my life.
못생긴 남자는 용서해도 무능한 남자는 용서할 수 없다.	I can put up with an ugly man but not with an incompetent one. ★ put up with ~을 참다, 견디다 | incompetent [inkámpətənt] 무능한

나는야 몸꽝

그 남자애는 짜리몽땅하다.	He is short and plump.
나는 왜 이렇게 짜리몽땅할까?	Why am I so short and plump?
그 여자애는 너무 뚱뚱하다.	She is hugely fat.
그 남자애는 키가 너무 작아.	He is really short.
나는 완전 무 다리다.	I have really stumpy legs. ★ 우리는 굵은 다리를 무에 비유해 말하지만 영어에서는 나무 그루터기(stumpy)에 비유해 말하지요.
나는 완전 숏다리다.	I have really short legs.
뱃살이 장난 아니다.	My belly is no joke.
요즘 배가 너무 많이 튀어나왔다.	These days my belly has gotten too big.
이 뱃살을 어찌할고?	How can I get rid of my belly? ★ get rid of ~을 없애다, 제거하다
날개 살(옆구리 살)이 붙기 시작했다.	I have started to put on fat around my sides. ★ put on fat 살이 붙다
요즘 들어 자꾸 살이 붙는다.	I have gotten fatter lately.
지금껏 날씬했던 적이 한 번도 없었다.	I have never been slim.
지금껏 군살이 없었던 적이 한 번도 없었다.	I have never lost my baby fat completely. ★ baby fat 군살
못생긴 여자는 용서해도 뚱뚱한 여자는 용서할 수 없다.	I can put up with an ugly woman but not with a fat one.

07 평범한 외모
plain looks

평범하게 생겼다

나는 평범하게 생겼다.	I am very plain-looking.
나는 예쁘지도 못생기지도 않았다.	I am neither beautiful nor ugly.
나는 보통 키다.	I am of average height.
나는 그렇게 크지도 작지도 않고 어중간하다.	I am not tall and I am not short. I am somewhere in between.
나는 그렇게 잘 빠지지도 그렇게 뚱뚱하지도 않다.	I am not shapely nor am I fat.

잘생기진 않아도

그 남자애는 잘생기진 않았지만, 인상이 좋다	Though he is not good-looking, he is agreeable.
그 여자애는 예쁘진 않지만, 인상이 푸근하다.	She is not beautiful, but she looks kind/warm.
그 남자애는 잘생기진 않았지만, 친근감이 있다.	Although not good-looking, he is friendly.
그 여자애는 예쁘진 않지만, 확실히 매력이 있다.	She may not be beautiful, but she is certainly attractive.
그 여자애는 하나하나 뜯어보면 예쁜 데가 없다.	She is not beautiful at all when you look her over very carefully.
그 남자애는 덩치가 커.	He is beefy.
그 남자애는 몸집이 작아.	He has a small build. ★ small build 작은 체격. 남자의 '체격'을 말할 때 이런 식으로 build를 써요.
그 남자애는 몸집은 작지만, 꽤 단단해.	He has a small but solid build.
그 남자애는 몸집만 컸지 맷집이 없어.	He is large and flabby.

08 외모 가꾸기
caring for one's looks

성격 및 외모 이야기

피부 관리 좀 받아야겠다

피부 관리 좀 받아야겠다.	I am going to my esthetician. ★ esthetician [ès θitíʃən] 피부 미용 관리사. '병원에 간다, 진찰 받으러 간다'를 영어로는 '의사한테 간다(go to the doctor)'라고 표현하는 것처럼 '피부 관리를 받는다'는 것도 '피부 미용 관리사에게 간다'는 식으로 표현한답니다.
요즘 피부가 까칠해졌다. 관리 좀 해야겠다.	My skin has become rough. I am going to my esthetician.
피부가 너무 더럽다. 관리 좀 해야겠다.	My skin has become too dirty. I am going to my esthetician.
박피 좀 해볼까?	Maybe I will get a skin peeling treatment.
인스턴트 음식은 피부에 안 좋대.	They say instant food is not good for your skin. ★ be good for ~에 좋다
피부에 좋다고 해서 나는 일주일에 한 번씩 한증막에 간다.	They say a sauna is good for your skin, so I go to a sauna once a week. ★ sauna [sɔ́:nə]
최고의 피부 관리는 잘 씻고 잘 먹고 잘 자는 것이라고 한다.	They say the best way to take care of your skin is by washing your face regularly, and eating and sleeping well.
피부를 생각해서 일찌감치 담배를 끊었어야 했는데.	I should have quit smoking earlier for my skin.
20대 때 관리를 좀더 잘할 걸.	I should have taken care of my skin better in my twenties.
미인은 잘 씻고 잔다는데, 난 미인 체질은 아닌가 봐.	They say beautiful girls always wash up before bed. I don't think I am destined to be beautiful. ★ be destined to + 동사원형 ~할 운명이다

좀 뜯어고쳐 볼까?

좀 뜯어고쳐 볼까? / 좀 뜯어고쳐서 업그레이드 좀 시켜볼까?	I might go under the knife to improve my appearance. ★ 우리도 '성형한다'는 말을 '칼 댄다'는 식으로도 말하듯 영어에서도 go under the knife라고 말해요.
쌍꺼풀 수술이나 해볼까?	I might have a double-eyelid operation.
코를 고쳐야 할까? 눈을 고쳐야 할까?	Should I have a nose job or a double-eyelid operation? ★ nose job 코 성형
어디를 고치면 좀더 예뻐 보일까?	What part of me should I put under the knife to look more beautiful? ★ put ~ under the knife ~를 고치다, 성형하다
보톡스를 한번 맞아볼까?	I might get a Botox shot. ★ '주사를 맞는다'고 할 때는 get a shot을 이용해 보세요.
여름방학 때 쌍꺼풀 수술을 해야겠다.	I am going to have a double-eyelid operation during summer vacation.
여름휴가 때 라식 수술을 해야겠다.	I am going to have a lasic operation during summer vacation.
지방흡입 수술을 해야겠다.	I am going to get liposuction.
치아교정을 해야겠다.	I am going to get my teeth straightened.
턱을 깎고 싶다.	I want to get my jawbone line shaved.
가슴 성형을 해야겠다. 너무 절벽이다.	I want to get a breast job. I am completely flat-chested. ★ breast job 가슴 성형
그 애는 성형 중독이다.	She is addicted to cosmetic surgery. ★ be addicted to ~에 중독되다
성형 중독되는 거 아냐?!	I am afraid I am becoming addicted to cosmetic surgery.
성형 수술은 무슨~ 그냥 생긴 대로 살 테야.	I don't need any cosmetic surgery. I am happy with how I look right now.

살을 빼야겠다

살을 빼고 싶다.	I want to lose weight.
군살을 빼야겠다.	I have to get rid of my baby fat.
살을 빼려면 우선 술부터 끊어야겠다.	I have to quit drinking first to lose weight.
살을 빼려면 우선 먹는 것부터 줄여야겠다.	I have to cut down on the amount of food I eat first to lose weight.
살을 빼려면 자기 전에 군것질하면 안 된다.	I have to quit eating snacks before bed to lose weight.
요즘 난 살을 빼려고 아침밥을 먹지 않는다.	These days I skip breakfast to lose weight. ★ skip ~을 건너뛰다, 거르다
아침밥을 잘 먹어야 살이 빠진다고 하던데.	They say you should eat a proper breakfast if you want to lose weight.
다이어트를 해야겠다.	I have to go on a diet.
요가를 한번 해봐야겠다.	I will try to do yoga.
헬스클럽에 다녀볼까 생각 중이다.	I am thinking about joining a gym. ★ '헬스클럽'을 fitness center 외에 gym[dʒim]이라는 말로도 많이 씁니다.
아침에 일찍 일어나서 운동을 하기로 마음먹었다.	I have decided to get up early and work out every morning.
갑자기 살이 찌니까 무릎이 너무 아프다. 매일 1시간씩 걸어야겠다.	My knees are really hurting from my sudden weight gain. I have to walk for one hour every day.
다시 날씬한 몸짱이 되어 기분이 너무 좋다.	It feels great getting back in shape.
살 뺄 필요 없어. 그냥 생긴 대로 살 테야.	I don't have to lose weight. I am happy with how I look.

누구를 위해 가꾸는가?

행복은 미모순이야. 가꿔야 해.	Only beautiful people have the right to lead a happy life. You need to take care of your looks. ★ have the right to + 동사원형 ~할 권리가 있다 ｜ lead a happy life 행복한 생활을 누리다
좋은 남자 만나려면 외모를 가꿔야 해.	I have to take care of my looks to meet a nice guy.
슈퍼모델 대회에 나가려면 몸을 가꿔야 해.	I have to take care of my body to enter a supermodel contest.
누구에게 보이기 위해서라기보다는 나 자신을 위해 좀 가꿔야겠다.	I should take care of my looks not for anyone else but for myself. ★ not A but B A가 아니라 B
예뻐지려고 애쓰는 것도 결국은 다 자기만족인 것 같다.	I think trying to be beautiful is a way to satisfy oneself after all.
요즘엔 남자들도 외모에 신경 써야 해.	These days men should care of how they look. These days men should take care of their looks.
요즘엔 꽃미남 찾는 여자애들이 많아.	These days lots of women are looking for a really cute man.

외모를 나타낼 때 유용하게 쓰이는 어휘들

잘생긴	handsome / good-looking
예쁜	pretty / beautiful
귀여운	cute
섹시한	sexy
(여자가) 섹시하고 매력적인	foxy
끝내주는	hot / gorgeous
못생긴	ugly
키가 큰	tall
키가 작은	small
덩치가 큰	beefy
덩치가 작다	have a small build
몸집이 큰	large
몸집이 작은	small
짜리몽땅한	short and plump
뚱뚱한	fat
날씬한	slim
삐쩍 마른	skinny
눈이 크다	have big eyes
눈이 작다	have small eyes
새우 눈이다	have small, narrow eyes
코가 오똑하다	have a long, shapely nose
코가 납작하다	have a short, flat nose
보조개가 있다	have dimples
주근깨가 있다	have freckles
잡티가 있다	have blemishes
여드름이 있다	have pimples
머리숱이 많다	have thick hair
머리숱이 적다	have thin hair
머리결이 좋다	have smooth hair
머리결이 건조하다	have dry hair
얼굴이 작다	have a small face
얼굴이 크다	have a big face
롱다리이다	have long legs
숏다리이다	have short legs
무 다리이다	have stumpy legs
몸매가 좋다	have a shapely body / be in (great) shape
다이어트하다	go on a diet
살을 빼다	lose weight
뱃살을 빼다	lose one's belly
피부 관리 받으러 가다	go to the esthetician
성형 수술	cosmetic surgery
쌍꺼풀 수술	double-eyelid operation
코 성형	nose job
가슴 성형	breast job
지방흡입 수술	liposuction
라식 수술을 하다	get/have lasik surgery on one's eyes
치아를 교정하다	get one's teeth straightened
턱을 깎다	get one's jawbone line shaved

| 우리들의 아름다운 청춘 |

학교 이야기

01 학업
02 동아리 및 학과 활동
03 **축제**
04 방학
05 휴학
06 입학
07 졸업

01 학업 studying
학교 이야기

이번 학기에는 뭘 듣지?

수강신청을 해야 되는데.	I have to sign up for my courses.
이번 학기에는 뭘 들어야 하나?	Which courses should I take this semester?
여간해선 수업이 재미있는 경우는 거의 없지.	There are hardly any interesting courses.
점수 잘 주는 강의를 택해야 해.	I have to take easy courses. I have to take bird courses. I have to take a basket-weaving class. ★ '점수를 잘 주는 과목'을 bird course 또는 basket-weaving class라고 하죠.
이번 학기에는 음악사를 한번 들어보고 싶다.	I'd like to take History of Music this semester.
작년에 펑크 낸 초급 독일어를 재수강해야겠다.	I have to take German 101 again because I failed it last year. ★ 영어에서는 개론이나 입문에 해당하는 과목명 뒤에는 101을 붙이죠.
지난 학기에 C⁻ 받은 일반 화학을 재수강해야겠다.	I have to take Chemistry 101 again because I got a C⁻ last semester.
이번 학기에는 수업을 많이 신청해야 한다.	I have to take a lot of courses this semester.
학점을 거의 다 채웠으니까 이번 학기에는 5학점만 신청하면 된다.	I only need to earn five more credits. I have almost got enough required credits to graduate.

내겐 너무 지루한 수업

영문학 수업은 너무 지루하다.	English Literature is totally boring.
철학 교수님은 강의를 너무 재미없게 하신다.	The philosophy professor's lectures are very boring.
생물학 교수님은 강의를 너무 재미있게 하신다.	The biology professor's lectures are very interesting.

이번 학기에는 심리학 수업이 가장 맘에 든다.	I like my psychology class best this semester.
경제학 수업은 진짜 듣기 싫다.	I don't really want to attend my economics class. I really hate my economics class.
이 교수님의 강의는 무슨 소리인지 하나도 못 알아듣겠다. 발음도 부정확하고 말도 너무 빠르고…	Professor Lee isn't articulate and he speaks so fast that I can never understand what he is saying.
김 교수님의 강의는 무슨 소리인지 하나도 모르겠다. 좀 쉽게 설명해 주시지.	I can never understand Professor Kim's lectures. Can't he state his views so it's easier for us to understand?
화학 수업은 괜히 신청했다. 이미 내가 다 알고 있는 내용들인데.	I shouldn't have signed up for this chemistry class. I already know most of the course content.
한국사 교수님은 좀 편협한 분인 것 같다. 역사를 한 쪽 방향으로만 해석하는 경향이 있다.	The Korean History professor shows a certain narrowness of mind. He tends to interpret history one-sidedly.
오늘 수업시간에 졸려서 죽는 줄 알았다.	I was dead sleepy in class today. ★ sleepy 졸린
오늘은 수업시간 내내 졸았다.	I dozed off all through my classes today. ★ doze off 졸다
차라리 집에서 잠이나 잘 걸.	I should have slept at home instead.
오늘 깜빡하고 학교에 안경을 안 가져갔다.	I forgot to take my glasses to school today.
그래서 수업을 제대로 못 들었다.	That's why I couldn't understand my classes. ★ That's why 주어 + 동사 그래서 ~하다. 바로 앞에 언급한 원인에 대한 결과를 이어서 말할 때 유용하게 쓰이는 표현이죠.
요즘 수업에 집중이 잘 안 된다.	I can't concentrate on my classes these days.
난 수업시간에 주로 만화책을 읽는다.	I usually read comic books in class.
수업시간에 자꾸 엉뚱한 상상을 하게 된다.	My imagination often goes wild in class.
요사이 수업시간에 딴 생각을 할 때가 많다.	I am often somewhere else in class these days.
대학 들어오니까 공부를 더 안 하게 된다.	I have studied less since I entered college.
어제 실험하느라 학교에서 밤 꼴딱 새웠다.	I stayed up all night experimenting in a college lab. ★ stay up all night + -ing ~하느라 밤을 새우다

현대 미술사 시간에 우리 조 대표로 피카소에 대해 발표했다.	I gave a presentation on Picasso on behalf of my group in my History of Modern Art class. ★ give a presentation on A A에 관해 발표하다 ǀ on behalf of ~를 대신해서

수업 째자고!

아~ 수업 들어가기 싫어.	Ugh, I don't want to attend my classes.
오늘같이 비 오는 날엔 휴강 되면 좋을 텐데.	I wish classes were cancelled on rainy days like today.
오늘 수업을 전부 다 땡땡이쳤다.	I played hooky from school today. ★ play hooky from school 수업을 다 땡땡이치다
오늘 수업 땡땡이치고 하루 종일 술을 마셨다.	I played hooky from school and drank all day.
오늘 친구한테 수업 대출시키고 미팅했다.	I went on a blind date after I made a friend attend class and answer the roll call in my place. ★ answer the roll call 출석체크에 대답하다 ǀ in one's place ~대신에
사실 수업 들어가는 날보다 째는 날이 더 많다.	Actually, there are more days when I play hooky than attend my class.
신나게 놀다가도 이따금 졸업 후 미래가 걱정되기도 한다.	It is fun and games for me in college, but I am sometimes worried about my future after college.
자꾸 이렇게 농땡이 피면 취업은커녕 졸업도 힘들겠지?	I think I can't even graduate from college, let alone get a job as I'm goofing off too much. ★ let alone ~ ~은 고사하고, ~은 커녕
친구들은 수업도 열심히 듣고 토익 공부도 열심히 한다.	All of my friends are attending classes diligently and preparing for the TOEIC test.
내 돈 내고 내가 수업 안 들어간다는데 누가 뭐라 그래?	Why the hell does it matter if I play hooky from school when I pay the tuition? ★ Why the hell does it matter if 주어 + 동사 ~? ~하는 게 대체 뭐가 문제지? 의문사 뒤에 the hell을 넣으면 말이 강조된답니다.
난 '놀 수 있을 때 놀자'주의다.	I stick to my rule of "Gather roses while you may." ★ stick to my rule of ~ ~라는 나의 원칙을 고수하다
난 '공부할 수 있을 때 공부하자'주의다.	I stick to my rule: "There is a time for everything."

사실 강의실 밖에서 배우는 것도 많다.	Actually, there are lots of things I learn outside school, too.

리포트를 써야 해

기말 리포트를 써야 한다.	**I have to write a term paper.** ★ 영어로 '리포트', 즉 '보고서'는 paper라고 해요. '기말 리포트'는 term paper. 또, 리포트 중에서도 특히 '작문' 숙제 같은 것은 essay라고 하죠.
하루 종일 도서관에서 리포트를 썼다.	**I wrote a paper in the library all day long.** ★ 컴퓨터로 쓰든, 연필로 쓰든 '리포트를 쓴다'고 할 때는 write a/my paper라고 하면 되죠.
수업 다 마치고 도서관에서 한국사 리포트 자료를 조사했다.	**I researched my paper on Korean history in the library after class.**
내일까지 리포트를 제출해야 하는데.	**I have to hand in a paper by tomorrow.** ★ hand in ~을 제출하다 (= turn in; submit)
숙자 리포트를 베꼈다.	**I copied Sukja's paper.**
그냥 주일이 리포트를 카피해서 몇 군데만 살짝 바꿔서 냈다.	**I handed in a paper which I copied from Juil save a few minor changes.** ★ save a few minor changes 몇 군데 살짝 바꾼 거 말곤. 여기서 save는 '~을 제외하고'란 의미이며, minor는 '아주 작은, 사소한'이란 뜻.
그냥 리포트를 안 냈다.	**I simply didn't hand in my paper.**
웬 놈의 리포트가 이리도 많은 거야?!	**How come there are so many goddamn papers I have to write?**
으악~ 작문 리포트 때문에 돌아버리시겠다.	**Ugh, writing essays makes me crazy.** ★ A makes me crazy. A 때문에 미치겠다. (= A drives me crazy.)
아~ 리포트 쓰기 싫어라.	**Oh, I don't want to write this paper.**
아~ 울고 싶어라.	**Oh, I feel like crying.** ★ feel like + -ing ~하고 싶은 기분이다
대학생 되면 숙제 같은 거 없는 줄 알았는데.	**I didn't think I would have any homework as a college student.**

숙제하기 싫다.	I don't like doing homework. I hate doing homework. ★ 이들 문장에서 doing은 to do로 바꿔 써도 같은 의미가 된다는 거, 알죠?

스터디를 했다

오늘 물리학 스터디를 했다.	I met my physics study group today. ★ 영어권 사람들은 '전공 스터디를 했다'라고는 말하지 않아요. 구체적인 과목명을 들어 '~과목의 스터디를 했다(met one's + 과목명 + study group)'라는 식으로 말하죠.
오늘 영어 스터디를 했다.	I met my English study group today.
마음 맞는 친구들끼리 스터디를 만들었다.	We formed a study group with like-minded friends. ★ like-minded[laik-máindid] 마음이 맞는, 뜻이 맞는
우리는 매주 수요일마다 학교 앞 커피숍에서 모인다.	We get together in a coffee shop near the school on Wednesdays. ★ on Wednesdays 매주 수요일마다 (= every Wednesday)
오늘 스터디 준비를 하나도 안 해 갔다.	I attended my study group without preparing at all today.
우리 그룹에서 내가 제일 농땡이다.	I am the number one goof-off in my study group. ★ goof-off[gúːfɔ(ː)f] 농땡이를 부리는 사람
이러다가 강퇴 당하는 거 아냐?	I might be driven out of my study group if I keep goofing off. ★ be driven out of ~에서 쫓겨나다 │ keep + -ing 자꾸 ~하다 │ goof off 농땡이를 부리다
이제부터는 마음먹고 잘 준비해야겠다.	I will prepare for my part diligently from now on.
함께 공부하는 게 훨씬 즐거운 것 같다.	I think it is much more enjoyable to study with others.
함께 공부하는 게 훨씬 효율적인/능률적인 것 같다.	I think it is much more efficient to study with others.

시험의 압박

| 중간/기말 고사 기간이다. | We are in the middle of midterms/finals. |

오늘 친구들이랑 시험공부를 했다.
I studied for an exam with my friends today.

어제 시험공부 하느라 밤 꼴딱 새웠다.
I pulled an all-nighter for an exam yesterday.
★ pull an all-nighter 밤을 새워 공부하다

내일 물리학 시험이 있어서 공부해야 한다.
I have to study since I have a physics exam tomorrow.

시험공부 해야 되는데, 잠 와 죽겠다.
I have to study for the exam, but I am dying for some sleep.

시험공부를 하나도 안 했다.
I didn't study for the exam at all.

시험 시간까지는 지금부터 정확히 12시간 남았다.
There are exactly twelve hours left until the exam.

밤새워야겠다.
I have to pull an all-nighter.

난 하루 정도는 밤새워서 공부할 수 있다.
I can stay up all night studying for at least a whole day without sleeping.

난 안 자고는 아무것도 못 하는데.
I can't do anything without enough sleep.

잠도 안 자고 공부하기는 정말 싫다.
I really hate studying without any sleep.

차라리 공부 좀 덜 하고 잠자는 게 낫다.
I would rather sleep than study more.
★ I would rather A than B B하느니 차라리 A하는 게 낫다

평소에 공부 좀 해둘 걸.
I should have studied when I had the chance.

내일 교수님한테 무슨 일이 생겼으면 좋겠는데.
I hope something happens to the professor tomorrow.

시간이 나를 위해 몇 시간만 멈춰주면 좋겠다.
I wish time would stop for a few hours for me.

시험이 연기되면 좋을 텐데.
I wish the exam would be postponed.

그냥 커닝 페이퍼를 만들까?
Should I just make a cheat sheet?
★ '커닝 페이퍼'는 cheat sheet이라고 해야지, cunning paper라고 하면 안 돼요.

이놈의 시험 진짜 치기 싫다.
I don't want to take this exam.

경제학 시험을 치기 싫다.
I don't want to take my economics exam.

시험에서 해방되고 싶다.	I want to be free from the bondage of examinations.
왜 우리는 평생 시험에 시달려야 하는가?	Why are we always living under the great pressure of examinations?
하느님, 내일 시험 잘 치게 해주세요.	Oh Lord, let me get a good grade on the exam tomorrow. ★ get a good grade 성적을 잘 받다

시험을 쳤다

오늘 미적분학 쪽지시험을 봤다.	I had a pop quiz in calculus today. ★ have a pop quiz 쪽지시험을 치다 (= take a pop quiz)
난 오늘 화학시험을 치지 않았다.	I didn't take my chemistry exam.
그냥 백지 내고 나왔다.	I just turned in my exam paper blank. ★ blank 백지로
친구들끼리 서로 커닝했다.	My friends and I helped each other cheat on the exam. ★ help each other cheat 서로 커닝하다
커닝 페이퍼 덕에 어렵지 않게 시험을 봤다.	I wrote my exam without any difficulty thanks to my cheat sheet.
커닝하다 들켜버렸다.	I was caught cheating.
난 아무리 공부를 안 했어도 '커닝은 안 한다'는 주의다.	I stick to my rule of "No cheating" however little I have studied. ★ stick to my rule of ~ ~라는 나의 원칙을 고수하다
시험 볼 때 커닝하면 안 된다고들 하지만 대학에서 커닝은 관행인 것 같다.	We are not supposed to cheat on exams, but it is customary to do it in college, I think. ★ It is customary to + 동사원형 으레껏 ~하다
그런대로 시험을 잘 본 거 같다.	I think I will get relatively good grades.
성적이 잘 나올 거 같다.	I think I will get good grades.
A⁺를 받았다.	I got an A⁺.
이번 학기에 장학금을 받았다!	I got a scholarship this semester!
시험을 완전 망쳤다.	I flunked the exam. • I totally bombed the exam.
이번 학기에 전부 F를 받았다.	I got straight F's this semester.

으악~ 학사경고를 받았다.	Ugh, I got an academic warning.
공부를 좀더 열심히 했어야 했는데.	I should have studied harder for my exams.

전공에 울고 전공에 웃고

전공이 내 적성에 안 맞는 거 같다.	I guess I am not fit for my major. I guess I don't have an aptitude for my major. ★ '~에 적성이 맞다'고 할 때는 be fit for 또는 have an aptitude for를 이용해 보세요. have an aptitude for는 좀더 formal한 표현입니다.
부모님 성화에 못 이겨 마지못해 의대에 들어왔다.	I finally gave in to my parents' hounding and got into medical school.
부모님 성화에 못 이겨 마지못해 법대에 들어왔지만, 정말 적성에 안 맞다!	I finally gave in to my parents' hounding and got into law school, but studying law does not suit me.
난 내 전공이 재미없어서 싫다.	I don't like my major because it is boring.
학교를 그만둘까 생각 중이다.	I am thinking of dropping out of school. ★ drop out of school 학교를 중퇴하다
전공을 바꿀까?	Should I change my major?
다른 학교로 편입해서 전공을 바꿀까?	Should I transfer to another university and change my major?
재수를 할까?	Should I take the college entrance examination again?
전공이 싫지만 바꾸면 대학을 2년 더 다녀야 한다.	I hate my major, but switching majors involves two more years of college.
전공이 싫지만 그냥 무사히 졸업만 하면 된다.	I hate my major, but all I want to do is graduate from college without any trouble. ★ all I want to do is + 동사원형 ~ ~만 하면 된다, 하고 싶은 건 단지 ~뿐이다
뭘 전공하든 어차피 전공 살리기는 힘들 거다.	I guess after graduation it will be difficult to use my major whatever it is.

전공이 재미없지만 그렇다고 딱히 관심 있는 분야도 없다.	I am bored with my major, but then I am not interested in any department. ★ 여기에서 '분야'란 포괄적인 의미의 field를 써도 되지만, 특별히 관심 있는 '분야의 과'가 없다는 의미로 쓰고 싶다면 department를 쓰세요.
의외로 전공이 나한테 딱 맞는 거 같다.	Unexpectedly, I feel I am fit for my major. Unexpectedly, I feel I have an aptitude for my major.
나는 전공이 도전적이어서 좋다.	I like my major because it is challenging.
나는 전공도 좋아하고 지금 다니는 대학도 좋다.	I like my major and my college.
졸업하면 전공을 살릴 수 있는 일을 하고 싶다.	I hope to get a job using my major after graduation. I want to make use of my major after graduation. ★ make use of ~을 활용하다
유전공학은 재미있긴 하지만 이따금 섬뜩하다. 이렇게까지 생명을 인위적으로 조작해도 되는 건가 싶어서…	Genetic engineering is interesting, but I am sometimes terrified about its potential to be abused. I wonder if human beings have the right to tamper with lives to such an extent. ★ extremity[ikstréməti] 정도가 지나침 ｜ tamper with ~을 맘대로 주무르다, 조작하다
동물을 너무 좋아해서 수의대에 들어왔는데, 의술을 배우기 위해서는 동물 실험을 해야 한다. 너무 괴롭다.	I got into veterinary school because I love animals, but the fact that we have to use lab animals to learn troubles my conscience. ★ trouble one's conscience ~의 양심을 괴롭히다

02 동아리 및 학과 활동
club and department activities

동아리에 들었다

동아리에 하나 들고 싶은데.	I'd like to join a club at college.
어떤 동아리가 좋을까?	What kind of club should I join?
연극도 한번 해보고 싶고, 그룹사운드도 해보고 싶고.	I want to act in a play and play in a band, too. ★ act in a play 연극을 하다 ǀ play in a band 그룹사운드에서 연주하다
자람이가 춤 동아리에 같이 들어가자고 하는데 어떡하지?	Jaram asked me to join a dance club with her. What should I do?
학교 신문사에 들어가고 싶다.	I'd like to join the campus newspaper staff.
아나운서가 되는 데 좋은 경험/스펙이 될 거 같아 학교 방송국에 지원했다.	I applied to the school's broadcast station because it can be a good experience to work there for my future career as an announcer.
내가 들어갈 수 있을까?	Can I be admitted to it?
오늘 사진 동아리에 들었다.	I joined the photo club today.
난 동아리를 두 군데 들었다.	I have joined two clubs.

동아리 활동보다는…

난 동아리에 하나도 안 들었다.	I didn't join any clubs in college.
동아리에 하나 들 걸 그랬나?	Should I have joined one of the clubs?
지금 내 처지에 동아리 활동은 사치다. 등록금 벌기도 바쁘다.	My circumstances will not allow me such a luxury as doing a club activity. I am extremely busy earning the tuition for next semester.
취업 준비하랴 아르바이트하기도 바쁜데 동아리는 무슨?!	I am extremely busy preparing for getting a job and doing part-time jobs. I have no time for participating in club activities.

동문 사람들이랑 노느라 동아리에 안 들었다.	I didn't join any clubs because I was into hanging out with friends from high school. ★ 여기서 be into는 '~에 푹 빠지다'란 의미. 또한, 영어에 '동문 사람들'이란 표현은 달리 없기 때문에, '고등학교 때 친구들(friends from high school)'이라고 풀어서 써주면 되겠어요.
과 친구들이랑 놀기 바빠서 동아리고 뭐고 아무 데도 안 들었다.	I didn't join a club or anything because I was into hanging out with my friends who were in the same department. ★ club or anything 클럽이고 뭐고
난 동아리 활동보다는 과 활동에 더 적극적이다.	I am more active in my department activities than in my club ones.
우리 과에도 여러 모임이 있다.	There are several clubs in my department.
얼마 전에 우리 과 풍물패에 들었다.	I joined a *samullori* (Korean traditional percussion quartet) club in my department a while ago. ★ *samullori*라고만 써도 되지만, 좀더 친절하게 사물놀이가 어떤 거라는 것을 Korean traditional percussion quartet와 같이 짤막하게 덧붙여 써주는 것도 좋겠지요. percussion quartet는 '타악기 4중주'를 뜻해요.
얼결에 과대표가 됐다.	Before I knew what had happened, I had been elected the student representative of my department. ★ before I knew what had happened 얼결에

즐거운 동아리, 즐거운 우리 과

우리 동아리는 한 달에 한 번씩 고아원에 간다.	Our club members visit an orphanage once a month.
우리 동아리는 주말마다 사진 찍으러 여기저기 다닌다.	Our club goes out to take pictures every weekend.
우리 동아리는 말만 영어 동아리지, 완전 놀자판이다.	Our club is an English club in name only. We are just into fun and games. ★ in name only 말뿐인, 이름뿐인
우리 동아리는 여름방학 때마다 시골로 전수 떠난다.	Our club goes to the country to study every summer vacation.
나는 풍물을 하는 게 너무 좋다.	I love performing in my *samullori* band (Korean traditional percussion quartet).

오늘 김 교수님 방에 취재하러 갔다.	I went to professor Kim's office to interview him today.
난 요즘 수업 '땡'하면 동아리 방으로 직행한다.	I go directly to our club room as soon as all my classes end.
1, 2학년 때는 동아리 방에서 살았다.	I spent almost all my time hanging out in my club room during my freshman and sophomore years. ★ 대학 '1학년'은 freshman, '2학년'은 sophomore, '3학년'은 junior, '4학년'은 senior라고 하죠.
요즘 난 과방에서 산다.	I spend almost all my time hanging out in my department's student room these days.
공강 시간에는 과방에서 책도 보고 놀기도 한다.	I spend my time reading or hanging out in my department's student room when I am between classes. ★ 공강 시간은 '수업과 수업 사이에 시간이 빌 때(when I am between classes)'를 말하죠.

동아리 사람들

동아리 사람들이 너무 좋다.	I like my club members very much.
동아리 선배들이 참 잘해준다.	The older members in my club treat me very nicely. ★ 영어에는 '선배, 후배'의 개념이 따로 없고 모두가 friend 한 마디로 통하죠. 굳이 선배, 후배란 느낌을 살리고 싶다면 그때그때 상황에 따라 맞춰 써야 하는데, '동아리 선배/후배'의 경우에는 older/younger member in my club이라고 하면 되겠어요.
오늘 동진 선배가 우리들한테 점심을 사줬다.	Dongjin, one of the older members in my club, treated us to lunch today. ★ treat + 사람 + to lunch ~에게 점심을 쏘다
동아리 사람들이랑 노는 게 너무너무 즐겁다.	It is a lot of fun to hang out with my club members.
요즘 동아리 사람들이랑 거의 매일 밤 술이다.	These days I drink with my club members almost every night. ★ almost every night 거의 매일 밤
술만 마시는데도 너무 재미있다.	It is so much fun even if we only drink.

주말에 동아리 친구들이랑 경주 남산에 갔다.	I went to Gyeongju Namsan with my club friends last weekend.
이번 학기에 동아리 친구들이랑 일어 수업을 같이 듣는다.	I am taking a Japanese class with some of my club members this semester.
이번에 우리 동아리에 들어온 여자 후배들이 하나같이 너무 예쁘다.	All of the new female members in my club are really beautiful.
용구 선배는 우리 동아리의 분위기 메이커다.	Yonggu always lightens up the atmosphere of our club.
상식이는 비호감이다. 웬만하면 마주치고 싶지 않다.	Sangsik is a jerk. I always try to avoid him.
동호가 요새 자꾸 나한테 추근댄다. 불편하다.	Dongho has been pestering me. I am uncomfortable.
은숙이가 요새 자꾸 나한테 들이댄다. 날 좋아하나?	Eunsuk has been making advances toward me. Does she like me?
혜린 선배가 나한테 삐진 것 같다.	Hyerin seems to be sore at me.
진영이는 나를 계속 못 본 체한다. 내가 뭘 잘못했지?	Jinyeong keeps ignoring me. What did I do wrong?
내가 뭘 잘못했길래 그 앤 사람을 계속 유령 취급하지?	Why does he/she keep treating me like a ghost? What did I do wrong?
어제 수연 선배랑 정우 선배가 한바탕했다. 빨리 화해했으면 좋겠다.	Suyeon and Jeongwu had a huge fight yesterday. I hope they will kiss and make up soon. ★ kiss and make up 화해하다
두 사람 때문에 동아리 분위기가 영 싸하다.	The atmosphere of the club meetings is rather chilly due to the two people.
요새 동미 때문에 동아리 방에 가는 게 불편하다.	I feel rather uncomfortable staying in our club room due to Dongmi these days.
유진이가 요새 자꾸 내 문자를 씹는다. 건방진 계집애 같으니라구!	Yujin keeps ignoring my text messages these days. What a stuck-up girl!

복학하고 맨 먼저 동아리 방을 찾았다.	**The first place I went to when I returned to college was my club room.** ★ return to college 복학하다. 군 제대 후 복학한 경우에는 뒤에 after (my) military service를 덧붙여줘도 좋겠어요.
모두 낯선 얼굴들뿐이었다.	**There was not a single familiar face in the club room.**
그래도 금세 친해졌다.	**However, we soon became close.** ★ become close 친해지다
같은 관심사를 가진 사람들이라 그런가?	**Is it because we are interested in the same things?** ★ Is it because 주어 + 동사 ~? ~라서 그런가?, ~때문인가?
동아리 들기를 참 잘한 것 같다.	**It was a good thing to join the club, I think.**

엠티를 가다

다음 주에 양평으로 과 엠티를 간다.	**We are going on a department outing to Yangpyeong next week.** ★ '엠티'를 보통 membership training의 줄임말로 알고 있는데요. 영어에 membership training이란 표현은 없습니다. 이런 경우에는 outing 또는 excursion 등의 표현을 쓰면 적당하겠어요.
대학 들어와서 처음 가보는 엠티이다.	**It is my first college outing.**
이번 주 내내 엠티 준비를 했다.	**I prepared for our outing all week.**
숙소에서 밤에 장기자랑을 했다.	**We put on a talent show at night in the place we were staying.** ★ put on a talent show 장기자랑을 하다
우리 조는 연극을 했다.	**Our team put on a play.** ★ put on a play 연극을 하다
우리 조는 합창을 했다.	**Our team sang together.**
우리 조는 춤을 췄다.	**Our team danced together.**
쑥스럽긴 했지만 재미있었다.	**I felt awkward but it was fun.**
과 사람들이랑 얘기도 많이 나눴다.	**I talked a lot with my department mates.**
오늘 엠티에서 돌아왔다.	**I returned home after the outing.**

피곤은 하지만, 너무 즐거운 시간이었다.	I am a little tired, but I have had a very fun time. ★ have a fun time 즐거운 시간을 보내다
과 사람들이랑도 더욱 친해지게 된 것 같다.	I believe I have also gotten closer to my department mates. ★ get close to + 사람 ~랑 친해지다

나는야 아웃사이더

나는 우리 과에서 아웃사이더이다.	I am an outsider in my department.
학과 행사에는 거의 참여하지 않는다.	I attend almost none of my department activities.
오티나 엠티는 한 번도 안 가봤다.	I have never attended department orientations or outings.
동아리 사람들이랑 놀다 보니 과 활동은 완전 소홀하다.	I don't pay any attention to department activities because I am busy hanging out with members of the club I belong to. ★ don't pay any attention to ~에 조금도 신경을 안 쓰다 ǀ be busy + -ing ~하느라 바쁘다
이번 학기에는 수업 하나도 안 들어갔다.	I have not attended any of my classes this semester.
이번 학기에는 수업도 시험도 안 빠졌다.	I have not missed any of my classes or tests this semester.
그래도 몇몇 친구들이 나를 참 잘 챙겨준다.	However, some of my department friends treat me very nicely.
그래도 과 친구들이 내 존재를 아는 걸 보면 참 신기하단 말야.	It is a mystery to me how some of the students in my department know my name.

단과대학 및 과목을 나타내는 유용한 어휘들

자연과학대학	the College of Natural Science	물리학	physics
공과대학	the College of Engineering	생물학	biology
인문대학	the College of Liberal Arts	유전학	genetics
경상대학	the College of Economics & Business Administration	유기화학	organic chemistry
		수학	math / mathmatics
예술대학	the College of Arts	미적분학	calculus
음악사	history of music	통계학	statistics
현대 미술사	history of modern art	경제학	economics
독일어	German	회계학	accounting
일본어	Japanese	정치학	politics
프랑스어	French	철학	philosophy
영문학	English literature	심리학	psychology
화학	chemistry		

동아리 및 학과 활동을 나타낼 때 유용하게 쓰이는 어휘들

동아리	club	클래식 기타 동아리	classical guitar club
과	department	밴드, 그룹사운드	school band / university band
동아리 방	club room		
과 방	department room	영어 동아리	English club
과 대표	student representative of one's department	봉사 동아리	volunteer club
		대학 신문사	campus newspaper club
과내 동아리	club in one's department	대학 방송국	campus broadcasting station
춤 동아리	dance club	학술제	academic events
사진 동아리	photo club	체육대회	sporting events
풍물 동아리	*samullori* (Korean traditional percussion quartet) club	대학교 학생회	university student council
		자연대 학생회	Natural Science Student Society/Association
연극 동아리	theater club		
영화 동아리	film club		
음악 동아리	music club		

▶ '~과/단대 학생회'는 〈전공명 + Student Society/Association〉.

03 축제
college festivals
학교 이야기

축제다~!

곧 있으면 봄 축제 기간이다.	The spring festival is just around the corner. The spring festival is coming soon.
중간고사가 끝날 때쯤이면 축제가 시작된다.	Our festival starts when mid-terms are finished.
대학 들어와서 처음 맞는 축제이다. 아~ 설레라!	It is my first college festival. I am really excited!
우리 과에서는 포장마차를 할 계획이다.	My department is planning to set up a drink stand and sell drinks. ★ drink stand 포장마차
이번 축제 때 우리 과에서는 학술제를 한다.	During the festival my department is going to hold several academic events.
우리 동아리에서는 축제 기간 동안 연주회를 할 계획이다.	My club is going to hold concerts during the festival.
이번 축제 때는 투애니원이 우리 학교에 온단다.	I heard that 2NE1 is going to be invited to the festival. ★ 투애니원이 온다는 것은 초청되어 오는 것이니까, be invited를 이용해 보세요.
축제 때가 되면 학교 곳곳에서 다양한 공연을 한다.	Various performances are held all over the campus during the festival.
학교 곳곳에서 축제 준비가 한창이다.	All around the campus, they are preparing for the festival.
나는 동아리 축제 준비를 많이 했다.	I prepared a lot for my club's festival event.
요즘 축제 준비를 하느라 매일 늦게 집에 온다.	These days I come home late every day because I am preparing for the festival.
축제 때만 되면 왜 이렇게 마음이 들뜨지?	How come I am so excited whenever the festival comes around?

특별할 것도 없는 축제인데 너무 설렌다.	I am so excited even though there is nothing special going on during the festival.
올해는 다른 학교 축제에도 놀러 가봐야지.	I am going to visit some other schools' festivals this year.
오늘 친구들이랑 학교 여기저기 다니며 축제 구경을 했다.	I walked around campus with my friends to check out some of the festival's events.
저녁 때 동아리 포차에 가서 신나게 퍼마셨다.	I went to my club's stand in the evening and drank heavily.
어젯밤에 학교에서 노느라 밤새웠다.	I was up all night hanging out on campus last night.
어젯밤에 우리는 모닥불에 둘러앉아 각자의 첫사랑 이야기를 했다.	We talked all about our first loves while sitting around a bonfire last night. ★ sit around a bonfire 모닥불에 둘러앉다
으악~ 시험이 하나 덜 끝나서 축제 기분이 영 안 난다.	Ugh, I am not in the mood to enjoy the festival because I have an exam left. ★ be in the mood to do something ~할 기분이다
축제고 뭐고 취업 준비 때문에 도서관에서 열공하고 있다.	I don't give a damn about the festival or anything else for that matter. I am just studying hard at the library to get a job. ★ I don't give a damn about ~에 관심 없다, 상관없다

체육대회를 했다

체육대회 준비를 했다.	I prepared for sports day.
오늘 공대 체육대회를 했다.	Today was the College of Engineering sports day.
나는 소프트볼 대표로 출전했다.	I took part in our sports day as a softball player. ★ take part in ~에 참가하다
우리 과가 우승했다.	Our department won.
응원 열기가 장난이 아니었다.	The cheering was wild.

불문과 응원이 끝내줬다.	The Department of French Literature's cheering was tops.
응원하는 애들, 춤을 어찌나 잘 추던지!	The cheering students' dancing was excellent!
체육대회를 마치고 뒷풀이를 했다.	After the sporting event, we had a finishing get-together. ★ finishing get-together 뒷풀이
독문과랑 합석했다.	My department mates got together with students from the Department of German Literature. ★ department mate 과 친구
뒷풀이 자리에서 현민이가 혜진이에게 좋아한다고 고백했다.	At the finishing get-together Hyeonmin confessed his love to Hyejin.
그 덕분에 또 한 번 축제 분위기가 났다.	Thanks to that, the festival mood hit us again.
술에 떡이 돼서 오바이트를 했다.	I got blind drunk and puked. ★ get blind drunk 술에 떡이 되다, 인사불성이 될 정도로 곤드레만드레 취하다(= get plastered) ǀ puke 오바이트하다
필름이 끊겨서 집에는 어떻게 들어왔는지 기억이 안 난다.	I blacked out and don't remember how I got home. ★ black out (술이 많이 취해서) 필름이 끊기다
수민이가 술에 취해서 어찌나 땡깡을 부리는지 혼났다.	I had a hard time when Sumin got plastered and became really obnoxious. ★ obnoxious [əbnákʃəs] 땡깡을 부리는
뒷풀이 자리는 늘 떠들썩하고 엉망진창이다.	Finishing get-togethers are always noisy and crazy.
하지만 너무 즐겁다.	However, they are also a lot of fun.

04 방학 vacation

방학을 기다리며

어서 빨리 방학이 됐으면 좋겠다.	I can't wait for my vacation.
대학 들어와서 처음 맞는 방학이다.	It is my first college vacation.
대학생이 되니까 방학이 길어서 너무 좋다.	I am so happy that vacations in college are long.
이번 방학 때는 뭘 할까?	What will I do during the vacation?
아르바이트를 해야겠다.	I will get a part-time job.
아르바이트를 해서 등록금에 보태야겠다.	I will pay for part of my tuition by working part-time.
일본으로 배낭여행을 가야겠다.	I will go backpacking around Japan.
한 달 정도 아르바이트해서 인도로 배낭여행 가야지.	I will get a part-time job for about a month and then go backpacking around India.
이번 방학 때는 영어공부를 집중적으로 해야겠다.	I will study English intensively this vacation.
이번 방학 때는 토익을 꼭 900점대로 올릴 거다.	I will certainly raise my TOEIC score to the 900s.
이번 방학에 중국어를 한번 배워보기 시작할까?	Should I start to learn Chinese this vacation?
으~ 계절학기를 들어야 한다.	Ugh, I have to attend summer school.

아르바이트를 하다

오늘 여기저기 아르바이트 자리를 알아봤다.	I tried to get a part-time job today.
오늘부터 과외를 시작했다.	I started my tutoring job today.
오늘 학교 앞 술집에서 알바를 시작했다.	I started my part-time job at a bar in front of the university today.

내일부터 저녁시간에 PC방에서 아르바이트를 하기로 했다.	I am going to work part-time at a cyber cafe in the evening from tomorrow. ★ 'PC방'은 cyber cafe 또는 Internet cafe라고 합니다.
방학 동안 목욕탕에서 청소 아르바이트를 했다.	I worked part-time cleaning at a public bath during my vacation. ★ public bath 대중목욕탕
여기서 아르바이트하는 애는 나 말고도 2명 더 있다.	There are two more part-time workers besides me here.
한 명은 건축과 남자앤데, 꽤 멋지다.	One guy is a student of architecture and he is quite nice.
아르바이트를 하니까 참 다양한 사람을 만나게 되는 것 같다.	I get to meet various kinds of people because of working part-time.
아르바이트하면서 좋은 사람도 많이 만나게 되는 것 같다.	I get to meet a lot of nice people because of working part-time.
시급이 너무 짜긴 하지만 좋은 경험이 될 것 같다.	I earn a mere pittance, but the job is good experience. ★ pittance[pítns] 쥐꼬리만한 돈, 껌값
오늘 아르바이트 비를 받았다.	I got paid (for my part-time job) today. ★ get paid (for) (~에 대한) 급여를 받다
아르바이트 비를 받아서 부모님께 드렸다.	I gave my parents the money earned from my part-time job.
아르바이트 비를 받아서 친구들한테 저녁을 거나하게 한턱 쐈다.	I treated some of my friends to a nice dinner with some of the money I earned from my part-time job.
되레 적자 났다.	I have gone into the red in spite of making money. ★ go into the red 적자이다

배낭여행을 하다

이번 겨울방학 때 인도로 배낭여행을 갔다.	I went backpacking around India this winter vacation.

이번 방학 때 유럽 친구네 집에 갔다 왔다.	I went to a friend's place in Europe this past vacation.
내 친구, 미진이는 이태리 여행 중이다. 아~ 부러워라.	My friend Mijin is traveling around Italy now. Ah~ I envy her.
말이 안 통해도 여행 다니는 데는 별 무리가 없었다.	I didn't speak the local language, but I didn't have much trouble getting around there. ★ don't have much trouble + -ing ~하는 데 어렵거나 곤란한 일이 별로 없다
가는 곳마다 한국 사람이 있었다.	There were always Korean people wherever I went.
글로벌 시대가 맞긴 맞나 보다.	They say it's the global age, and I guess that's right.
확실히 나라마다 색깔이 다르긴 다르더라.	Definitely every country has its own character.
다른 나라의 음식들도 색다르고 맛있었다.	Each country has its own unique and delicious food.
음식이 입에 안 맞아서 좀 고생스러웠다.	I had some hard times because the food of other countries doesn't agree with me.
어딜 가나 김치 생각이 났다.	I really liked to have some kimchi wherever I went.
외국에 나가보니 새삼 우리나라가 그리웠다.	Once being abroad, surprisingly I missed Korea.
다음번에는 그리스에 한번 가보고 싶다.	I'd like to go to Greece next time.

흑흑~ 계절학기를 들어야 해

이번 방학 때는 계절학기를 들어야 한다.	I have to attend summer school this vacation.
그나마 3학점짜리 한 과목만 들으면 된다.	Fortunately, I only have to take a three-credit course.　★ a three-credit course 3학점짜리 한 과목
이번에는 좀 착실히 수업을 들어야겠다.	I will attend my classes with an attitude of respect this time.

생각보다 계절학기 듣는 애들이 많다.	Unexpectedly, a lot of students are attending summer school.
다들 학점 땜빵하려고 듣는 걸까?	Are they all attending summer school to repeat their failed courses? ★ repeat [ripíːt] 재수강하다
찌는 듯한 더위에 수업 듣는 것도 생각보다 나쁘진 않네.	Attending summer school classes in the sweltering heat isn't as bad as I thought it would be. ★ sweltering [swéltəriŋ] 찌는 듯한, 푹푹 찌는
계절학기 들으러 학교 나오는 김에 도서관에 들러 공부도 한다.	When I am attending summer school classes, I go to the library to study.
이번 방학 때는 어쩐지 공부를 너무 열심히 하는 것 같다.	I guess I am studying too hard this vacation.
평소 때 이렇게 했으면 지금쯤 어떻게 돼 있을까?	If I had studied as hard as I do now, what would have become of me by now? ★ If I had + p.p. ~, what would have become of me by now? ~했다면 지금쯤 어떻게 돼 있을까?

방학을 보내며

방학이 얼마 안 남았다.	My vacation will be over soon.
방학이 순식간에 지나갔다.	In the blink of an eye my vacation was gone.
어느새 방학이 지나갔다. 시간 참 빠르네!	My vacation passed before I had realized it. Time flies!
이번 방학은 참 기억에 남을 것 같다.	I guess this vacation will be memorable for me. ★ memorable [mémərəbl] 기억에 남을 만한
잊지 못할 방학이 될 것 같다.	I will never forget this vacation.
무척 뜻 깊은 시간이었다.	This vacation was very meaningful to me.
이번 방학 때는 아무것도 한 게 없다.	I did nothing this vacation.
늘 그렇지 뭐!	It's the same as always.
방학이 좀 더 길었으면 좋겠다.	I wish that this vacation would last longer.

학교 이야기 05 휴학
taking time off from school

휴학을 할까?

휴학을 할까 생각 중이다.	I am thinking of taking time off from school. ★ take time off from school 휴학하다
휴학하고 재수를 할까 싶다.	I am thinking of taking some time off from school and taking the college entrance examination again.
휴학하고 워킹홀리데이로 캐나다에 갈까 싶다.	I am thinking of taking time off from school and going to Canada on a working holiday.
휴학하고 영어 어학연수를 다녀올까?	Should I take some time off from school and go abroad to study English?
휴학하고 미국으로 여행이나 가볼까?	Should I take some time off from school and go traveling around the U.S.?
휴학하고 아프리카에서 봉사 활동을 할까?	Should I take some time off from school and go to Africa for doing volunteer work?
1년 휴학하고 사법고시 공부에 몰두해야겠다.	I am going to take time off from school for 1 year and concentrate on preparing for the bar exam. ★ 우리나라의 '사법고시'에 해당되는 시험이 미국에서는 bar examination이랍니다. exam은 examination의 줄임말.
뭐 특별히 이유가 있어서 휴학하겠다는 건 아니다.	I don't have any special reason to take time off from school.
왠지 이대로 졸업하기가 아쉽다.	I think I will feel unsatisfied and unfulfilled for some reason if I graduate now. ★ 여기서 '아쉽다'는 말은 뭔가 '만족스럽지 못하고 채워지지 않은 것들이 있어 채워야만 할 것 같다(I will feel unsatisfied and unfulfilled)'는 의미이죠.
오늘 가족들에게 휴학하겠다고 말했다.	I told my folks that I am going to take some time off from school. ★ folks[fouks] 가족들

등록금을 벌어야 해

어휴, 또 휴학해야 한다. 등록금 낼 돈이 없다.	Ugh! I have to take some time off from school once again. I have no money to pay the tuition.
휴학하고 등록금을 벌어야 한다.	I have to take some time off from school and earn money for the tuition.
휴학, 아르바이트, 복학의 연속이다.	My college life is a succession of taking some time off from school, doing part-time jobs and coming back to school.
이게 도대체 몇 번째 휴학이야!	How many times should I take some time off from school?
이러다 졸업하는 데 10년은 족히 걸리겠다.	As it stands, it will take ten years for me to finish college.
일하면서 학교 다니는 게 너무 고달프다.	It is so tough to go to school and go to work at the same time.
등록금 걱정 없이 학교 다니는 애들이 부럽다.	I envy the students who go to school without worrying about paying the tuition.

군대에 가야 해

영장이 나왔다.	I received my draft notice to join the military. ★ draft notice 영장 ｜ join the military (service) 입대하다
입대를 연기했다.	I postponed joining the military.
가을에 입대한다.	I am going to join the military in the fall.
1학년만 마치고 바로 입대해야겠다.	I will join the military immediately after my first year of college.
ROTC를 할까? 그것도 만만치 않다던데.	Should I join the ROTC? They say that life in the ROTC is not easy.
오늘 휴학계를 냈다.	I am taking time off from school as of today. ★ as of today 오늘 부로, 〈as of + 날짜〉하면 '~일 부로'란 뜻이죠.

한국의 젊은 남성은 누구나 군대에 가기로 되어 있다.	Every young Korean man is supposed to serve in the military. ★ serve in the military 군 복무하다
군대에 가기 싫다.	I don't want to join the military.
군대에서 시간을 보내기엔 내 젊음이 아깝다.	I think my youth will be wasted in the military.
전쟁이란 것만 없으면 군대란 것도 필요 없을 텐데.	If there were no war in the world, we wouldn't have any need for the military.
대체 사람들은 왜 서로 전쟁을 할까?	Why the hell do people wage war with one another?
과연 군대가 없어지는 날이 올까?	I doubt very much if the day will ever come when there will be no armies left in this world. ★ I doubt if 주어 + 동사 ~인지 의심스럽다
여자애들이 부럽네 그래.	I envy women.
군대나 가야겠다. 누나랑 내 등록금 마련하느라 매 학기마다 부모님 등골이 빠진다.	I am going to do my military service. My parents are working their fingers to the bone to make money for each semester's tuition for my sister and me.
제대하고 나면 누나는 졸업하니깐 엄마 아빠가 덜 힘드실 거다.	By the time I am discharged from the military, my sister will have finished college. My parents' toil will be lessened then. ★ toil 수고, 고생

복학했다

복학했다.	I returned to school.
제대하고 한 학기 뒤에 복학했다.	I returned to school one semester after being discharged from the military. ★ be discharged from the military 제대하다
제대하고 두 학기 등록금 벌어서 복학했다.	After being discharged from the military, I made an amount of money worth two semesters' tuition and returned to school.

제대하자마자 운전면허부터 땄다.	I got my driver's license as soon as I was discharged from the military. ★ get one's driver's license 운전면허를 따다
복학하고 나서는 매일 차 몰고 학교 다닌다.	I have driven to school every day since returning to school.
그사이 (내가 군 복무한 동안) 학교는 별로 변한 게 없었다.	Not much changed at school while I was in the military.
그사이 (내가 휴학한 동안) 학교는 별로 변한 게 없었다.	Not much changed at school while I was away.
2~3년 사이에 학교가 많이 변한 것 같다.	A lot has changed at school over the past couple of years.
못 보던 건물도 몇 개 생겼다.	I saw a few new buildings.
동기들은 여전하다.	My friends who entered college at the same time as me are the same as ever. ★ 영어에 '동기'란 말이 특별히 없기 때문에 그 의미를 풀어서 쓰면 되겠어요.
동기들은 별로 안 보이고 낯선 얼굴들이 많다.	There are a lot of unfamiliar faces with only a few school mates who entered college at the same time as me.
다시 학교생활에 잘 적응할 수 있을까?	Can I adapt well to school life again?
역시 군대사회랑은 분위기가 무척 다르군.	Needless to say, the atmosphere at school is really different from that of the military. ★ needless to say 두말할 것도 없이
이제 제대로 공부 한번 해봐야겠다.	I will study really hard from now on.
휴학 기간 동안 몸도 마음도 더 건강해진 것 같다.	I feel my mind and body have become healthier during my time away from school.

06 입학
학교 이야기
starting college life

오리엔테이션을 했다

이번 주에는 신입생 오리엔테이션을 한다.	This is orientation week for the new students.
선배들이 학교생활에 대해 이것저것 얘기해 주었다.	Some upperclassmen told us about this and that of college life.
마지막 이틀 동안은 대성리로 엠티를 갔다.	We went on an outing to Daeseongni for the last two days of the orientation week. ★ go on an outing 엠티를 가다
여러 가지 재미있는 게임을 했다.	We played several interesting games.
과 동기 몇몇이랑 꽤 친해졌다.	I got to know several department mates quite well.
첫날엔 무척 서먹서먹했었는데.	I felt very distant from them on the first day. ★ feel distant 거리감을 느끼다
오늘은 입학식 날이었다.	The entrance ceremony was held today.
오늘 대학 들어와서 첫 수업을 들었다.	I attended my first college class today.
저녁 때 신입생 환영회에 참석했다.	I attended a welcoming party for all the new students in the evening. ★ welcoming party 환영회
오티 때 못 봤던 동기랑 선배도 많았다.	There were lots of classmates and upperclassmen who I hadn't seen during orientation.
2학년 중에 맘에 드는 남자 선배가 하나 있었다.	One of the male sophomores is my ideal type. ★ ideal type 이상형
난생 처음 술도 마셨다.	I also drank for the first time. ★ for the first time 난생 처음
분위기 진짜 좋았다.	The atmosphere was really great.

앞으로 대학 생활이 너무나 기대된다.	I am really looking forward to university life. ★ be looking forward to ~가 기대되다, 고대되다
앞으로 멋진 대학 생활을 하고 싶다.	I hope college life will be great.
졸업할 즈음엔 더 멋진 내가 되어 있기를 바란다.	I hope I will be a better person by the time I graduate from college. ★ better person 더 멋진 사람 ｜ by the time 주어 + 동사 ~할 즈음엔

신입생이 들어온다

좀 있으면 2학년이 된다.	I will be a sophomore soon.
드디어 나에게도 후배가 생긴다.	I finally have younger classmates. ★ 영어에 '후배'란 말은 따로 없지만, 굳이 구별해 쓰고 싶다면 '후배'란 보통 자기보다 '나이 어린 급우'를 말하는 거니까, younger classmates와 같이 표현하면 되겠어요.
진식이가 올해 우리 대학에 들어오면 좋겠다.	I hope Jinsik can enter my college this year.
이번 주 내내 신입생 오리엔테이션 준비를 했다.	I prepared for freshmen orientation all this week.
오늘 신입생 환영회를 했다.	We had a welcoming party for freshmen today.
역시 신입생들은 너무도 풋풋해 보였다.	Needless to say, all of the freshmen looked really fresh-faced.
한창 좋을 때지!	Those freshmen are enjoying the best days of their life! ★ enjoy the best days of one's life 인생의 가장 좋은 때를 즐기다
신입생 중에 눈에 쏙 들어오는 여자애가 하나 있었다.	One of the female freshmen is my ideal type.
후배들한테 잘해야겠다.	I will treat my freshmen classmates nicely.
좋은 선배가 되고 싶다.	I want to be a helpful upperclassman.
새로운 사람들과의 학교생활이 무척 기대된다.	I am really looking forward to college life with new faces around me.

캠퍼스에 낭만이란 없다

요즘 대학엔 낭만 따윈 없다. 다들 1학년 때부터 취업 준비하느라 놀 틈이 없다.	There is no such thing as romance on college campuses these days. All of the students are so busy preparing for getting a job as soon as they enter college that they have no free time.
졸업해도 취업을 못할까봐 걱정이다.	I'm worried that I won't be able to find/get a job when I graduate.
옛날엔 캠퍼스의 낭만이란 게 있었다는데…	They say that there used to be such a thing as romance on college campuses in the old days.
요즘 대학생들은 안쓰럽다. 등록금이 너무 비싸서 휴학 한 번 안 하고 학교 졸업하기도 힘들고, 학교를 졸업해도 일자리가 없어 애를 먹고…	I feel sorry for college students these days. Tuition is so high that it is hard to graduate from college without taking some time off from school, and there is no guarantee to get a job after graduation.

07 학교 이야기 — 졸업 graduation

졸업사진을 찍다

좀 있으면 졸업이다.	Graduation is just around the corner. Graduation is coming soon.
오늘 졸업시험을 봤다.	I took my last college exam today.
오픈 북이라 부담이 없었다.	I felt no burden because it was an open-book exam. ★ feel burden 부담을 느끼다
오늘 졸업 사진을 찍었다.	I had my graduation pictures taken today. ★ have one's picture taken ~의 사진을 찍다
오늘은 학사모를 쓰고 사진을 찍었다.	They took a picture of me in my cap and gown today. ★ 우리가 보통 '학사모를 쓰고' 사진을 찍는다고 하는 것은 '학사모를 쓰고 가운까지 입고' 사진을 찍은 것을 말하죠. take a picture of A는 'A의 사진을 찍다'란 의미.
다들 정장을 쫙 빼입고 왔다.	Everyone dressed up in suits. ★ dress up (옷을) 쫙 빼입다
미용실에 가서 머리를 하고 온 친구들도 많았다.	Many of my classmates got their hair done (for graduation pictures). ★ get one's hair done (미용실에서) 머리를 손질하다
사진사 아저씨가 어찌나 웃기던지!	The cameraman is really funny! What a funny guy the cameraman is!
우리는 매우 즐겁게 졸업 사진을 찍었다.	We happily had our graduation pictures taken.
사진이 예쁘게 나왔으면 좋겠다.	I hope that I will look good/beautiful in the pictures.
사진이 잘 나와서 기분이 좋다.	I am happy that the pictures came out well.
사진이 마음에 안 든다.	I don't like the pictures.

추억은 방울방울

드디어 졸업이구나.	Finally, I am graduating.
4년이 참 빠르다!	Four years flew by!
지난 대학 생활을 돌이켜보면 전부 아름다운 추억뿐이다.	When I look back on college, I have nothing but happy memories. ★ look back on ~를 돌이켜보다 ｜ nothing but ~밖에 없는
힘든 일도 참 많았는데.	I had lots of hard times, too.
사랑 때문에 상처도 참 많이 받았지.	I have been hurt so many times by love.
그래도 난관들을 무사히 잘 지나왔네.	I got through/over all of my troubles, though. ★ get though (힘들고 어려운 일을 겪으며 잘 이겨나가다) ｜ get over ~을 극복하다
돌아보면 참 즐거운 일도 많았다.	In retrospect, I had a lot of great times too. ★ in retrospect 돌아보면
좋은 추억이 참 많다.	I have so many good memories from university.
그동안 참 여러 가지 경험을 했다.	I experienced various things in college.
이제 좋은 시절은 다 간 건가?!	Are those good old days gone for good? ★ for good 영영, 영원히
어른들 말씀이 사회에 나가면 고생이라던데.	Grown-ups say a pretty hard life is waiting for us out there.
졸업할 때가 다 되어가니까 벌써부터 아쉽네.	As graduation nears, I am already beginning to miss college.

아쉬운 기억들

대학 4년 동안 신나게 놀아본 것도 아니고, 그렇다고 공부를 정말 열심히 한 것도 아니고… 좀 후회된다.	I haven't had a lot of fun during my four years of college nor have studied really hard. I regret that I have wasted my college years.
이럴 줄 알았으면 놀기라도 신나게 놀아보는 건데.	I should have had a lot of fun during my four years of college.
아르바이트라도 이것저것 하면서 경험이라도 좀 쌓아두는 건데.	I should have gained more experience doing various part-time jobs.

기타 동아리에 들어서 기타라도 배워두는 건데.	I should have joined a guitar club and learned to play the guitar.
공부 말고 다른 특기라도 하나 만들어두는 건데.	I should have developed some skills.
연애라도 뜨~겁게 해보는 건데. 짝사랑만 하다가 4년 다 지났네.	I should have had some passionate love affairs. I have wasted my four years of college loving someone secretly.
너무 삭막하게 대학생활을 한 거 같다. 집, 학교, 학교, 집만 왔다갔다 하면서.	My college life has been very dry. I have spent four years going back and forth to school.

졸업을 했다

어제 졸업식을 했다.	I went to my graduation yesterday.
물론 졸업식에는 안 갔다.	I didn't attend my graduation ceremony, of course.
저녁 때 졸업동기들끼리 술 한잔했다.	I drank with my classmates to celebrate our graduation in the evening.
졸업을 해도 한동안은 학교에 나가야 할 것 같다.	I guess I have to go to college for a while even after graduation.
취업할 때까지는 학교 도서관에 나가서 공부해야지.	I will study at the college library until I get a job.
다행히 졸업 전에 취업이 되었다.	Fortunately, I got a job before graduation.
일주일 있다가 바로 서울로 연수 받으러 간다.	I am going to Seoul for training in a week.
요즘 같은 세상에 취업이 바로 되어 얼마나 감사한지 모르겠다.	I am really grateful I got a job immediately after graduation in this tight job market. ★ in this tight job market 이렇게 취업하기 힘든 때에
희진이는 정말 자기가 하고 싶은 것을 찾았다고 했다.	Huijin told me that she discovered what she really wants to do.
그 남자애는 장차 만화를 그릴 생각이다.	He will write comics in the future. ★ 만화가가 되어서 '만화책을 그리고 쓰는' 것은 write comics라고 해요.

그래서 그 남자애는 처음부터 다시 시작할 거다.	So, he is going to start all over again.
자기 꿈을 찾아가는 걸 보면 그 남자애는 참 대단한 것 같다.	I think he is really amazing to want to carry out his dream. ★ carry out one's dream 자기 꿈을 실현해가다
현실적인 문제에도 아랑곳하지 않는 그 남자애가 참 부럽다.	I envy him as he doesn't care about real world problems.
나라면 그렇게 못 할 텐데.	If I were him, I couldn't do that.

필수어휘 따로보기

학교 이야기를 할 때 유용하게 쓰이는 어휘들

학기	semester
학점	credit
평점	GPA ▶ Grade Point Average의 약자.
리포트	paper
중간 고사	midterm
기말 고사	final (exam)
계절학기	summer school
여름/겨울 방학	summer/winter vacation
커닝 페이퍼	cheat sheet
점수 잘 주는 과목	easy-A course / bird course / basket-weaving class
수강신청을 하다	sign up for one's courses
(~과목)을 수강하다	take + 과목명
(~과목)을 펑크내다	fail + 과목명
(~과목)의 시험을 치다	take a/my + 과목명 + exam
(~과목)의 시험이 있다	have a/my + 과목명 + exam
쪽지시험을 치다	have a pop quiz
시험을 망치다	flunk/bomb the exam
커닝하다	cheat
리포트를 쓰다	write a/my paper
리포트를 제출하다	submit / hand in / turn in a paper
숙제를 하다	do one's homework
(~과목) 스터디를 하다	meet one's + 과목명 + study group
밤을 새워 공부하다	pull an all-nighter / stay up all night studying
장학금을 받다	get a scholarship
동아리에 들다	join a club
축제 준비를 하다	prepare for the festival
엠티를 가다	go on an outing/excursion
아르바이트를 하다	have a part-time job / work part-time
~로 배낭여행을 가다	go backpacking around + 장소
휴학하다	take time off from school
복학하다	return to school
입대하다	join the military / do one's military service
군 복무하다	serve in the military
제대하다	be discharged from the military
신입생 환영회	welcoming party for freshmen /the new students
(신입생) 오리엔테이션	(freshmen) orientation
졸업	graduation
(~을) 졸업하다	graduate (from)

Part 05

| 먹고 사는 걱정 |

취업 이야기

01 뭘 해먹고 살까?
02 취업 준비를 하며
03 취업 시험을 치르고
04 결과를 기다리며

취업 이야기 01 뭘 해먹고 살까?
What should I do to earn a living?

졸업하면 뭘 하지?

졸업하면 뭘 하지?	What should I do after graduation?
무슨 일을 해야 할까?	What kind of job should I get?
어디에 취직해야 할까?	Where should I work?
꼭 취업을 해야 하나?	Do I have to get a job?
공무원 시험을 쳐볼까?	Maybe I will take the civil service examination. ★ civil service examination 공무원 시험 (= public servant examination)
요즘 공무원 시험 붙기도 장난 아니게 힘들다던데.	These days even passing the public servant examination is no picnic.
세무직 공무원 시험을 준비해야겠다.	I will prepare for the tax official examination.
경찰 공무원 시험을 준비해야겠다.	I will prepare for the police officer examination.
소방관을 해야겠다.	I want to be a firefighter.
환경미화원을 해야겠다.	I want to be a garbage collector.
119 구급대원이 되고 싶다.	I want to work for emergency services. I want to work for an emergency response team. ★ '119구급대'를 영어식으로 표기할 때는 그냥 emergency services 또는 emergency response team이라고 하면 돼요.
스튜어디스를 하고 싶다.	I want to be a flight attendant.
(회계사로) 기업체에 들어갈까?	Maybe I will get a job in a company (as an accountant).
아무래도 대기업이 좋겠지.	I am sure working at a big company is the right choice.
중소기업 쪽으로 알아봐야겠다.	I will look for a job at a mid-sized company.

공사 시험 준비를 해야겠다.	I will prepare for the public corporation examination.
은행 쪽으로 알아봐야겠다.	I will look for a job at a bank.
출판사 쪽으로 알아봐야겠다.	I will look for a job at a publishing company.
연예계에서 일하고 싶다.	I want to get a job in the entertainment business.
여행업계에서 일하고 싶다.	I want to get a job in the tourism industry.
항공사 쪽에서 일하고 싶다.	I want to work for an airline.
전공을 살려서 연구소 쪽으로 가고 싶다.	I want to get a job in research/R&D to make use of my major. ★ make use of ~을 활용하다
대학원에 진학할까?	Maybe I will go to graduate school.
취업하기도 힘든데 유학이나 갈까?	As it is so hard to get a good job, maybe I will go abroad to study.
나는 대학원에 진학해 공부를 좀더 할 생각이다.	I am planning to go to graduate school to study further.
나는 유학을 가고 싶다.	I want to go abroad to study.
앞으로 공부를 계속해서 장차 교수가 되고 싶다.	I want to study further and become a professor in the future.
앞으로 공부를 계속해서 인류 역사에 한 페이지를 장식할 족적을 남기고 싶다.	I want to study further and leave my mark on history. ★ leave one's mark on history 인류의 역사에 족적을 남기다
로스쿨에 들어가서 장차 변호사가 되고 싶다.	I want to go to law school and become a lawyer in the future.
나는 돈을 많이 벌고 싶다. 그러려면 아무래도 금융계가 제일 좋겠지?	I want to make a lot of money and I think working in the financial sector is the best way to do that.
내가 진짜로 하고 싶은 건 뭘까?	What do I really want to do?
어떤 일이 나한테 맞을까?	What kind of job suits me? ★ suit는 '적합하다, 맞다'는 뜻으로 유명한 동사랍니다.

대학 들어올 때도 점수 맞춰서 적당히 들어왔는데, 앞으로 할 일도 그런 식으로 선택하긴 싫다.	I chose a college based solely on my college entrance examination score, but I don't want to choose a career or job like that. ★ based (solely) on A (그저) A를 기준으로, A에 맞춰서 │ career 평생 추구하려고 하는 전문 직종
내가 정말 좋아하는 일을 찾을 수 있으면 좋겠다.	If only I could find a job I really want to do! ★ If only I could ~는 '~할 수만 있다면[~만 할 수 있다면] 정말 좋겠다'는 어감의 표현이죠.

회사를 옮길까?

회사를 옮길까?	Should I change jobs?
지금 하는 일이 나한테 안 맞는 것 같다. 직종을 바꿔야 하나?	My current work doesn't seem to suit me. Should I change careers?
회사 관두고 뭘 하지?	What can I do if I quit my current job?
내 사업을 해볼까?	Maybe I will start my own business.
자그마한 장사를 해볼까?	Maybe I will start a mom and pop business. ★ mom and pop business 구멍가게, 즉 개인이나 가족 차원에서 조그맣게 벌이는 장사를 말해요.
무슨 사업을 하지?	What kind of business should I start?
이런 불경기에 사업은 무슨?!	In the current recession, I am sure that starting a business is not easy.
장사해서 먹고 살기는 쉬울라구?!	Running a store is a really hard way to make ends meet these days.
경기도 안 좋은데 당분간은 회사에 잘 붙어 있자!	I won't leave my company for a while in this recession.
직장 구하기도 힘든데 쫓겨날 때까지 회사에 붙어있자.	It is very hard to find another job. I won't leave my company unless they sack me. ★ sack 자르다, 해고하다
이런 불경기에 이만한 직장 구하기도 힘들지!	It is really hard to get a job like this in this recession!

그냥 참고 다니자.	I will just put up with everything and stay with my company.

고시공부가 안 맞나?

나는 요즘 교사 임용 고시를 준비하고 있다.	I have been preparing for the teacher certification exam these days.
2년째 변리사 공부를 하고 있다.	I have been preparing for the patent attorney examination for two years. ★ patent attorney 변리사
3년째 사법고시 공부를 하고 있다.	I have been studying for the bar examination for three years. ★ 우리나라의 '사법고시'에 해당되는 시험이 미국에서는 bar examination이랍니다.
사법고시 공부가 나한테 안 맞는가 보다.	Studying for the bar examination doesn't seem to suit me.
이제 나이도 있고 먹고 살 걱정도 해야 할 텐데.	Now that I am older, I have to worry about making a living. ★ now that 주어 + 동사 이제 ~니까
언제까지 마냥 부모님 신세를 질 수도 없고.	I don't think I can depend on my parents anymore.
이번에 떨어지면 그냥 아무 회사나 들어가야겠다.	I will just get a job at any company if I fail the exam this time.

02 취업 준비를 하며
preparing for getting a job

어떻게 준비하지?

| 행정직 공무원은 어떻게 준비해야 하나? | How should I prepare for the administrative official examination? |

| 경찰 시험은 뭘 준비해야 하지? | What should I prepare for the police officer examination? |

| 119 구급대원이 되려면 어떻게 해야 하지? | How should I prepare for a job with an emergency response team?
★ '119구급대'를 영어식으로 표기할 때는 emergency response team. |

| 대기업에 가려면 무엇을 중점적으로 준비해야 할까? | What should I concentrate on to get a job at a big company? ★ concentrate on ~에 집중하다, 주력하다 |

| 증권회사에 들어가려면 어떻게 해야 할까? | How should I prepare to get a job at a security firm? |

| 어딜 가든 영어는 해야겠지? | I guess I have to study English for whatever job I want to get. |

| 영어 때문에 미치겠다. | English is driving me crazy.
★ A drives me crazy. A 때문에 미치겠다.(= A makes me crazy.) |

| 다른 과목은 다 자신 있는데 영어가 문제다. | I have no problem with the other subjects, but English is a big headache. |

| 어떻게 하면 영어를 잘할 수 있을까? | How can I speak English more fluently?
★ fluently 유창하게 |

| 영어면접을 봐야 하는데, 어떻게 준비하지? | How should I prepare for a job interview in English? |

| 자기소개는 어떻게 써야 하나? | How should I make out a cover letter?
★ make out ~을 작성하다 |

나는 글재주가 없는데.	I am not good at writing. • I am poor at writing. I am not much of a writer. ★ be not much of + 직업명 대단한 ~는 아니다. 결국 그쪽 일에 재능이 없다는 뜻으로 하는 표현.
내일 취업한 선배들한테 이것저것 좀 물어봐야겠다.	I will ask my former upperclassmen who are now working this and that about getting a job tomorrow. ★ my former upperclassmen who are now working 취업한 선배들 | this and that about getting a job 취업에 대한 이런저런 것
서점에 가서 공부할 책 좀 사야겠다.	I will go to a bookstore to get some exam preparation books. ★ 여기서 '공부할 책'이란 공무원 시험이든 유학 시험이든 그런 시험들에 필요한 '수험 대비서'이므로 exam preparation books로 표현하면 되겠어요.
공무원 학원에 등록해야겠다.	I will enroll in a civil service exam preparation course. ★ enroll in ~에 등록하다
고시 학원에 좀 다녀봐야겠다.	I will enroll in a state exam preparation course. ★ state exam 국가고시
영어 학원에 좀 다녀봐야겠다.	I will study English at a language school.
스튜어디스 학원에 등록해야겠다.	I will enroll in a flight attendant preparation course.
자격증을 몇 개 따놓아야겠다.	I will get several certificates of qualification.
본격적으로 토익공부 좀 해야겠다.	I will begin to study seriously to prepare for the TOEIC test.
다음 달에 토익시험을 한번 쳐봐야겠다.	I will take a TOEIC test next month.

나는 요즘

나는 요즘 공무원 시험을 준비하고 있다.	I am preparing for the civil service exam these days.
아직까지는 그래도 공무원이 좀 안정적이지 않을까?	I guess a civil service job is my best bet for a stable career.

나는 요즘 대학원 시험을 준비하고 있다.	I am preparing for the graduate school entrance exam these days. ★ graduate school entrance exam 대학원 시험
나는 요즘 영어공부를 하고 있다.	I am studying English these days.
나는 요즘 토익시험을 준비하고 있다.	I am preparing for the TOEIC test. I am studying to take the TOEIC test.
나는 요즘 오픽시험을 준비하고 있다.	I am preparing for the OPIc test. I am studying to take the OPIc test.
나는 요즘 하루 종일 도서관에서 공부를 하고 있다.	I have been studying at the library all day long these days.
며칠째 이력서랑 자기소개서를 쓰고 있다.	I have been making out my resumes and my cover letters for several days.
매일같이 놀다가 갑자기 공부하려니 힘드네.	It is hard to begin to study suddenly after being idle (doing nothing) for so long. ★ be idle (+ -ing) 아무것도 안 하면서 그냥저냥 놀고 시간을 보내다
몇 년째 회사만 다니다 보니 머리가 안 돌아간다.	My brain doesn't work properly after working at a company for several years. ★ work에는 뭔가가 제대로 '작동하다, 돌아가다'라는 의미도 있죠.
하루 종일 친구들이랑 PC방에 죽치고 있었다. 공부해야 되는데…	I should have studied, but I hung out at a cyber cafe with some friends all day long. ★ hang out 놀다

이만하면 될까?

학교 성적은 이만하면 되겠지?	I guess my GPA is good enough. ★ GPA 평점(Grade Point Average의 약자)
학교 성적이 이래서야 서류전형을 통과할 수 있을까?	Can I pass the document screening stage with my rather poor GPA? ★ document screening stage 서류전형 ǀ rather 상당히, 꽤
성적 안 보는 회사는 어디 없나?	Aren't there any companies that don't consider a candidate's GPA?

난 토익 점수가 좋으니까 (성적이 좀 나빠도) 괜찮을까? 설마 그럴 린 없겠지!	Can my high TOEIC score make up for my poor GPA? Definitely not! ★ make up for ~을 상쇄시키다, 보완하다
요즘엔 토익 고득점자들이 워낙 많아서 토익 점수만 좋다고 될 게 아니다.	These days there are so many high scorers on the TOEIC test that a high TOEIC score is not a guarantee to get a job.
토익 점수는 기본 자격 조건 중 하나일 뿐이다.	A TOEIC score is just one of several qualifications.
요즘엔 여러 기업들에서 오픽 점수를 본다.	These days there are some companies which require an OPIc score.
토익 점수가 높다고 영어로 의사소통을 잘할 수 있는 건 아니라서 그런 것 같다.	That's probably because some high scorers on the TOEIC test have some difficulties in communicating in English.
일류대가 아니니까, 대기업 서류전형은 좀 밀릴까?	Will it be a little hard for me to pass a big company's document screening stage because I didn't go to a prestigious college? ★ prestigious college 명문대, 일류대
일류대 나와야만 대기업 들어가란 법이 있나?	Is there a rule that only prestigious college graduates can work at big companies? ★ graduate [ɡrǽdʒuət] 졸업생
요즘엔 학벌보다는 인성이나 능력 위주로 본다지.	I heard that these days they put greater emphasis on an applicant's personality and potential abilities than his/her educational background. ★ put greater emphasis on ~에 더 비중을 두다 | personality 인성 | potential ability 잠재 능력
물론 학벌보다 개인 소양이나 역량을 본다지만, 실젠 안 그런 것 같다.	They say that personal aptitude and abilities are more important than one's educational background, but I think that is just a saying.
난 자신 있어! 무슨일이 있어도 그 일을 할 거야!/거기 취직하고 말 거야!	I am confident! I will get that job no matter what!

취업하기가 하늘의 별따기

나는 취업 재수생이다.	I am a so-called 'repeat student' attempting to get a job. I have been looking for a job for two years. ★ 미국에는 우리가 말하는 뜻의 '재수생'이란 말은 없고, 대학에서 수업을 낙제해서 재수강하는 학생을 일컬어 repeat student라고 하죠. 이 말을 활용하여 '취업 준비에 있어서 소위 말하는 repeat student이다'라는 식으로 표현해볼 수도 있겠어요. 하지만, 우리 사고방식에 익숙지 않은 외국인 가운데는 이런 비유식 표현 자체를 이해하지 못하는 사람도 있으니까, 그럴 때는 평이한 두 번째 문장으로 그 의미를 설명해주면 돼요.
요즘 취업하기가 하늘의 별따기다.	Getting a job is just pie in the sky these days. Getting a job is just a pie-in-the-sky dream these days. It is almost impossible to get a job these days. ★ 우리말의 '그림의 떡', '하늘의 별따기' 등에 딱 떨어지는 영어표현은 pie in the sky.
이력서를 몇 군데나 넣었는지 모른다.	I don't know how many resumes I have sent to prospective employers.
이번에 떨어지면 무려 21번째다.	If I fail this time, I think I will have had as many as 21 failures.
만수는 졸업하자마자 은행에 취직했다. 운 좋은 녀석! 부럽다!!	Mansu got a job at a bank as soon as he graduated. What a lucky dog he is! I envy him. ★ as soon as 대신에 immediately after를 써도 돼요.
승수가 오늘 내게 회사 다니기 힘들다고 토로했다. 만년 취업 준비생인 나한테 말이다!	Seungsu told me that it was really hard to work for his company. He said that to me who is forever a job-seeker!
직장에 다니면서 벌어먹고 사는 것도 힘들겠지만 제대로 취업하는 것 자체가 너무 힘들다.	Of course, it may be hard to work for a living, but it is so hard to get a good job these days.
요즘 같은 시대에 직업의 귀천이 어디 있겠어!	There isn't any difference between decent jobs and menial jobs in today's world! ★ decent[díːsnt] 근사한 ｜ menial[míːniəl] 하찮은
어디든 붙기만 하면 얼른 가야겠다.	I am more than willing to accept any job offered. ★ '기꺼이 ~한다'는 뜻의 〈be willing to + 동사원형〉에서 willing 앞에 more than을 넣으면 '얼씨구나 하고 ~한다'는 뜻으로, 느낌이 더욱 강조된 표현이 되죠.
어디든 붙기만/오라고만 하면 "고맙습니다~" 하고 얼른 가야겠다.	I'd immediately say "Thank you, sir," and accept it if only they would offer me a job.

03 취업 시험을 치르고
취업 이야기

after taking an employment examination

취업 시험을 봤다

드디어 내일이 시험 날이다.	Finally tomorrow is the exam day.
빠뜨린 건 없는지 모르겠다.	Did I forget anything?
오늘 공무원 시험을 봤다.	I took the civil service exam today.
오늘 대학원 시험을 봤다.	I took the graduate school entrance exam today.
오늘 직무적성검사를 봤다.	I took a job aptitude test today.
직무적성검사는 의외로 재미있었다.	The job aptitude test was unexpectedly interesting for me. ★ unexpectedly 의외로, 예상 밖에
으악~ 직무적성검사는 뭐가 뭔지 하나도 모르겠더라.	Ugh, I was totally confused by that job aptitude test. ★ be confused by는 '뭐가 뭔지 몰라서 당혹스럽다'는 의미.
아무래도 시험을 망친 거 같다.	I am pretty sure I completely bombed the exam.
마음을 비워야겠다.	I have to empty my mind.
기대하지 말아야겠다.	I would rather not count on it.
시험은 그런대로 잘 본 거 같은데.	I guess I did pretty well on the exam.
이번엔 진짜 기대해봐도 좋을 것 같다.	I am really counting on this opportunity.
왠지 붙을 거 같다. 예감이 좋다.	For some reason, I feel positive about getting the job this time.
지원자들이 예상대로 정말로 많긴 많더라.	There were a huge number of applicants as expected.
지원자들이 워낙 많아서 잘 될지 모르겠다.	I am not sure I will make it because of the huge number of applicants. ★ make it 성공하다, 해내다

면접을 봤다

다행히 서류심사에는 통과했다.	Fortunately, I have passed the document screening stage.
면접을 보라고 연락이 왔다.	They informed me of the job interview schedule. ★ inform A of B A에게 B를 알리다
드디어 내일이 면접날이다. 무지하게 긴장된다.	Finally tomorrow is the job interview day. I am extremely nervous.
잘할 수 있을까?	Can I make it?
이번 면접만 잘 보면 게임 끝인데.	My job-hunting crusade will be over if I can pass this interview. ★ job-hunting crusade는 '일자리를 구하기 위해 이렇게 저렇게 애쓰며 시간을 보내는 것'을 비유적으로 멋있게 한 말이에요. 굳이 우리말로 옮겨보자면 '취업사냥의 여정' 정도라고나 할까요.
오, 하느님! 도와주세요~	Oh God, please help me.
면접 본 게 영 마음에 안 든다.	I think I messed up my job interview. ★ 면접 본 게 영 마음에 안 든다는 말은 '면접을 영 망친 것 같다'는 의미이죠.
버벅대기만 하다가 나왔다.	I just mumbled to the interviewers all through the interview session. ★ mumble 버벅거리며 말하다 ǀ all through the interview session 인터뷰 내내
안 되겠지? 다른 데 알아봐야겠다.	I am pretty sure I screwed up. I'll have to look for another job. ★ screw up 망치다
다른 사람들은 다들 말도 잘하고 무척 당당하던데.	All of the other applicants spoke very fluently and confidently.
세상에 잘난 사람들이 왜 이리 많은 거야?	Why are there so many smart people in the world?
날고뛰는 사람들이 진짜 많긴 많구나.	There must be hundreds of thousands of men and women much more competent than me. ★ must be 틀림없이 ~이다 ǀ hundreds of thousands of 엄청나게 많은(많다는 것을 매우 강조한 표현) ǀ competent 유능한
연봉을 너무 세게 불렀나?	Did I ask for too high of an annual salary?

연봉을 너무 세게 불러서 안 될지도 모르겠다.	Maybe I can't get the job because I asked for too high of an annual salary.
나 정도 경력에 그 정도 연봉은 돼야 되는 거 아냐?	I guess that amount of annual salary is proper for a person with work experience like mine.
그 정도 연봉 안 주면, 나도 별로 가고 싶은 마음이 없다.	I am not interested in that job if they don't offer me that amount of annual salary. I don't feel like accepting that job if they don't offer me that amount of annual salary.
그런대로 면접을 잘 본 거 같다.	I guess I did pretty well at the job interview.
기대해도 좋을 것 같다.	I am counting on this opportunity.

필수어휘 따로보기

취업 분야 및 시험과 관련된 유용한 어휘들

공무원	government official / public servant / civil servant	회계사	accountant
세무직 공무원	tax official	공인 회계사	CPA ▶ CPA는 Certified Public Accountant의 약자.
행정직 공무원	administrative official	부동산 중개업자	realtor
소방관	firefighter	여행사	travel agency
119 구급대원	emergency response team member	여행사 직원	travel agent
		항공사 승무원	flight attendant
환경미화원	garbage collector	연구소	research center / laboratory
기업체, 회사	business / company / firm ▶ firm은 '법률 사무소(law firm)', '회계사 사무소(accounting firm)' 등과 같이 어떤 한 분야의 전문가들로 이루어진 비교적 작은 규모의 '회사'를 말할 때 쓰임.	대학원	graduate school
		대학원 시험	graduate school entrance exam ▶ exam은 examination의 약자.
		사법고시	bar exam
대기업	big company	학력	education background
중소기업	mid-sized company	인성	personality
공사	public corporation	잠재 능력	potential ability
은행	bank	직무적성검사	job aptitude test
은행 창구 직원	teller	지원자	applicant / candidate
증권회사	securities firm	서류심사	document screening
주식 중개인	stock broker	면접	job interview
보험회사	insurance company	~에 지원하다	apply for/to
생활 설계사	insurance agent	취업하다	get a job
변리사	patent attorney		

04 취업 이야기 — 결과를 기다리며
waiting for the examination result

합격하면 좋겠다

꼭 합격하면 좋겠다.	If only I could get this job. I really hope to get this job.
이번에는 꼭 합격해야 하는데.	I absolutely have to get this job.
이번에도 떨어지면 어떡하지?	What if I fail this time, too?
세 군데나 면접을 봤는데, 그 중 한 군데는 붙겠지?	I hope that I will pass at least one of the three job interviews I have.
세 군데에서 다 연락이 오면 어떡하지?	What if all three companies tell me to come to their place?
남은 건 결과를 기다리는 것뿐.	All I have to do is wait for the result. ★ 〈All I have to do is + 동사원형 ~?〉은 '내가 해야 할 일은 오직 ~뿐이다'라는 뜻으로 매우 유용한 표현이니 기억해 두세요.
나머지는 하늘의 뜻에 맡기자!	I will leave the rest to God's will.
할 만큼 했으니까 마음을 비우고 기다리는 수밖에 없다.	I have to stop worrying and wait for the result since I did all I possibly could.
올해는 오빠가 꼭 취직이 돼야 할 텐데.	My big brother has to get a job this year.
상식이가 지원한 자리에 취직이 됐으면 좋겠다.	I hope Sangsik gets that job he applied for.

야호! 합격했다!

합격했다!	I got a job!
오늘 지원한 회사에서 합격 통지를 받았다.	The company I applied to informed me that I got the job. ★ the company I applied to 내가 지원한 회사 ǀ inform A that 주어 + 동사 A에게 ~을 알리다[통지하다]

오늘 하버드대에서 대학원 입학 허가를 받았다.	Harvard University informed me that I was admitted to their graduate school.
지원한 데에서 모두 합격 통지가 왔다.	All the places I applied to sent me an admittance letter. ★ admittance letter 합격 통지
연봉이 제일 높은 데로 가야겠다.	I will choose the company that offers me the highest annual salary.
업무가 마음에 드는 데로 가야겠다.	I will pick the job which is the most agreeable with me. ★ be agreeable with ~의 마음에 든다
다음 주부터 연수를 받게 될 거라고 한다.	They said that I will get training from next week.
다음 주 월요일에 첫 출근을 한다.	I am going to start working (for the first time) next Monday. ★ for the first time 처음으로
어떤 일을 하게 될까? 아~ 설렌다.	I wonder what kind of job I am supposed to do. I am pretty excited.
11월쯤 되면 발령이 난다고 한다.	I heard that I will enter the company in November.
발령 날 때까지 여행이나 좀 갔다 올까?	Should I travel until I start working?
다음 달에 출국을 한다. (유학생)	I am going abroad to study next month.
출국할 때까지 이것저것 준비할 게 많을 것 같다. (유학생)	There seems to be a number of things that should be prepared before going abroad to study.

으앙~ 떨어졌다!

으앙~ 떨어졌다!	Boo hoo, I failed! ★ Boo hoo는 엉엉 우는 소리로, '엉엉', '으앙~' 정도의 우리말로 옮길 수 있겠어요.
지원한 데에 모두 떨어졌다.	I didn't get a job at any of the places I applied to.

지금까지 모두 일곱 군데 떨어졌다.	I didn't get a job at any of the seven places I applied to.
오늘, 지원한 회사에서 불합격 통지를 받았다.	The place I applied to informed me today that I didn't get the job.
오늘 하버드대 대학원에서 불합격 통지를 받았다.	Harvard University's graduate school informed me that I wasn't accepted.
이럴 줄 알았으면 학교 다닐 때 공부 좀 열심히 해둘 걸.	In retrospect, I should have studied harder when I was in college. ★ in retrospect 돌이켜 생각해보니, 되돌아보니
대체 나를 받아줄 회사는 어디 있는 것이냐고?!	Where the hell is a company that is willing to hire me? ★ '대체' 뭐가 어쩌고저쩌고 하면서 질문을 강조해서 말할 때 의문사 뒤에 the hell을 넣어 써보세요.
학교 성적도 괜찮고 토익 점수도 오픽 점수도 높은데 왜 떨어진 거지?	How come I failed to be employed with my high GPA and great TOEIC and OPIc scores? ★ be employed 채용되다(= be hired)
내가 뭐가 모자라서 떨어진 걸까?	I don't know why they rejected me. I have got all the qualifications they require.
나 같은 인재를 몰라보다니!!!	How could they reject one of best brains like me?!
그 회사 날 안 뽑은 걸 후회할 거다! 흥!	I am absolutely sure they will regret rejecting me! Humph! ★ Humph! 흥!(콧방귀 끼는 소리)
누가 죽은 것도 아니고, 전쟁이 난 것도 아닌데 뭐. 힘내자!	This is not a tragedy like someone's sudden death or a world war; this is only a job. Cheer up!
다시 한 번 해보는 거야!!!	I will try again! • I will give it a try again! ★ give it a try 시도해보다
굶어 죽으란 법 없을 테니까!!!	I will never starve to death!

| 말도 많고 탈도 많은 |

회사 이야기

01 업무
02 회식
03 사람들과의 관계
04 승진
05 급여
06 휴가
07 가십거리
08 입사
09 퇴사

01 업무 work
회사 이야기

맨날 출근, 맨날 지각

오늘도 변함없이 출근했다.	I went to work as usual.
아픈데 억지로 출근했다.	I was sick, but I forced myself to go to work. ★ force oneself to + 동사원형 억지로 ~하다
오늘도 또 회사에 지각했다.	I was late for work today, too.
지각했다고 팀장한테 엄청나게 깨졌다.	My team leader gave me a good telling-off for being late. My team leader really gave me hell for being late. ★ give me a good telling-off for ~때문에 야단치다, 호통치다(= give me hell for)
지각하는 날이면 하루 종일 정신이 없다.	When I am late for work, my whole day sucks.
10분만 더 일찍 일어나면 되는데, 왜 그게 잘 안 될까?	If only I had got up ten minutes earlier! ★ If only 주어 + 동사 '~만 하면 좋을 텐데, 현실은 그렇지가 않다'는 의미.
난 보통 출근시간 30분 전에 사무실에 도착한다.	I usually get to work thirty minutes before work starts.
난 아침에 일찍 출근해서 30분 정도 그날 할 일을 정리해본다.	I get to work early in the morning and plan the day's work for about thirty minutes.
요즘 일이 너무 많아서 1시간이나 일찍 출근한다.	These days I get to work one hour early because I have a lot to do.
윗선에서 출근은 30분 일찍, 퇴근은 1시간 늦게 하란다.	My company higher-ups told us to come to work thirty minutes earlier and leave the office one hour later.

이런저런 일을 했다

오늘 회사에서 프레젠테이션을 했다.	I gave a presentation at work today.

오늘 중요한 고객과 미팅을 했다.	I had a meeting with one of our important clients today.
오늘 종일 보고서 작성만 했다.	I made out reports all day today. ★ make out ~을 작성하다
오늘 종일 회의만 했다.	I had to sit through endless meetings all day today. ★ sit through endless meetings 줄창 회의를 하며 앉아 있다
그렇게 끊임없이 회의를 해도 뭔가 속 시원히 결정되는 게 없다.	Nothing is decided on definitely even after endless meetings.
나는 회의가 정말 싫다.	I really hate meetings.
오늘 종일 외근을 했다.	I worked outside the office all day today. ★ work outside the office 외근하다
나는 외근이 좋다.	I like working outside the office.
오늘 종일 외근을 했더니 너무 피곤하다.	After working outside all day I was really tired.
오늘 회사에서 무척 열심히 일했다.	I worked really hard at the office today.
오늘 회사에서 평소 나답지 않게 무척 열심히 일했다.	I was not myself today; I worked really hard at the office.
오늘 회사에서 일을 게을리 했다.	I goofed off at work today. ★ goof off 게으름 피우다, 농땡이 치다
오늘 회사에서 할 일은 많았는데, 집중이 안 돼서 일을 많이 못 했다.	There were lots of things to do at work today, but I didn't do much because I wasn't able to concentrate.
오늘 회사에서 정말 일이 하기 싫었다.	I really hated working at the office today.

새로운 프로젝트를 맡았다

새로운 프로젝트를 맡았다.	I took on a new project. ★ take on ~을 맡다
이번 건은 회사의 사활이 달린 프로젝트이다.	Our company's life or death depends on this project. ★ depend on ~에 달려 있다, ~에 의해 좌지우지되다
이번 건은 나한테 무척 중요한 프로젝트이다.	This project is very important to me.

난 잘할 자신 있어.	I'm sure I can do it.
이번 프로젝트 때문에 신경을 너무 많이 썼나? 계속 위가 쓰리네.	Have I worried too much over this project? My stomach hurts constantly.
이번 프로젝트 때문에 미치겠다.	This project is driving me crazy. ★ A drives me crazy. A 때문에 미치겠다.(= A makes me crazy.)
이번 프로젝트 때문에 골치 아파 죽겠다.	This project is a pain in the ass.
이번 프로젝트는 나한테 안 맞는 거 같아.	I think this project doesn't suit me. ★ A suits B A가 B한테 잘 맞다
잘해낼 자신이 없다. 어쩌지?	I'm not sure if I can do it successfully. What should I do?
일이 뭔가 잘못 돌아가고 있는 것 같다.	I believe something is going wrong with the project.
어떡하지? 아무리 생각해도 대안이 안 떠오른다.	What should I do? I can't come up with an alternative however hard I think. ★ come up with (아이디어 등이) 떠오르다 ｜ alternative[ɔːltə́ːrnətiv] 대안
마감이 임박했는데 왜 이리 진도가 안 나가는 걸까?	Why can't we make any progress even though the deadline is drawing near? ★ draw near 가까이 다가오다
하느님, 요거 끝낼 때까지만 시간 좀 멈춰주세요, 제발.	Oh Lord, stop time until we finish this, please.

왜 이렇게 바쁜 거야?!

오늘 회사에서 정신 없이 바쁜 하루를 보냈다.	I had a hectic day at work today. ★ hectic 정신 없이 바쁜
바빠서 종일 아무것도 안 먹고 일했다.	I worked all day without eating anything because I was too busy.
동료 한 명이 육아휴직 중이어서 요새 내 일이 두 배가 됐다. 충원 좀 해주지?	Since one of my colleagues went on maternity leave, my workload has doubled. I really need some help.

일을 너무 열심히 했더니 온몸이 쑤신다.	My whole body is aching because I worked too hard at the office. ★ maternity leave 육아휴직
하루 종일 서류를 검토했더니 눈이 아프다.	My eyes are sore because I was going over papers all day. ★ go over papers 서류를 검토하다
너무 바빠서 친구들 전화를 한 통도 못 받았다.	I didn't answer a single call from my friends because I was too busy. ★ answer a call 전화를 받다. call 앞에 single을 넣으면 '단 한 통의 전화'란 의미로 call이 강조되죠.
친구들이 날 죽이려 들겠다.	I guess my friends will kill me.

야근을 밥 먹듯

오늘도 야근했다.	I worked overtime yet again today. ★ work overtime 잔업하다, 야근하다	yet again 또 다시. 여기서 yet은 again을 강조하는 말.
일요일인데 출근했다.	It is Sunday, but I went to work anyway.
공휴일인데 출근했다.	It is a public holiday, but I went to work anyway.
매일같이 쉬지 않고 일하는데도 일이 계속 밀린다.	I'm getting behind with my work although I am working day and night.
매일같이 야근을 해도 일이 계속 밀린다.	I'm getting behind with my work although I am working overtime every day.
매일같이 야근을 해도 계속 대형 프로젝트에 묶여 있다.	I work overtime every day but I'm still tied up with a big project.
무슨 야근을 이리도 밥 먹듯이 할까?	Why do I have to work overtime almost every day?
나한테 문제가 있나?	Do I have some problems?
내가 요령이 없어서 그런가?	Don't I have a knack for it?
내가 일을 잘 못해서 그런가?	Don't I have the skill to do it?
예정에 없던 야근을 했다.	I worked overtime unexpectedly.

보고서 쓰느라 철야했다.	I stayed up all night working on a report.
무슨 영화(榮華)를 보겠다고 이렇게 뼈 빠지게 일하는 건지?!	Will a glamorous life be waiting for me if I break my back like this? I seriously doubt it! ★ glamorous life 삐까번쩍한 인생, 영화 ｜ break one's back 등골이 빠지다, 등골 빠지게 일하다
진짜 매일 이렇게 죽자 사자 일만 하면서 살아야 하나?!	Do I really have to work my fingers to the bone like this every day? ★ work one's fingers to the bone 손가락에 뼈만 남을 정도로 일하다, 즉 '죽자 사자 일한다'는 의미.
먹고 살려면 어쩔 수 없이 야근을 해야 하는 건가?	Do I have to work overtime to earn a living?
맘껏 놀기 위해서라도 돈은 벌어야 하는 건가?	Do I have to make money to enjoy myself as much as I can?

출장을 가다

나는 내일 대만으로 출장 간다.	I am going to Taiwan on business tomorrow. ★ go to + 장소 + on business ~에 출장 가다
그 남자는 일본에 출장 갔다.	He went to Japan on business.
오늘 나는 이곳, 경주에 출장을 왔다.	I came here to Gyeongju on business today.
오늘 세미나 참석차 제주도에 왔다.	I came here to Jeju Island to attend a seminar.
새 기계 사용법을 배우러 내일 호주로 출장을 떠난다.	I am going to Australia tomorrow to learn how to operate a new machine.
우리 부장은 회의 참석차 일주일간 미국 출장을 갔다. 좀더 오래 있다 오시지~!	My manager went to the U.S. to attend a one-week conference. I wish he would stay there longer.
회사 와서 처음 가는 출장이다.	This is my first business trip since I started work at this company.
생전 처음 비행기를 타봤다.	I have never flown before.
생전 처음 해외에 가보는 거라 그런지 긴장된다.	I have never gone abroad, so I am nervous for that reason.

오늘은 출장 첫날이었다.	This is the first day of my business trip.
거래처 사람들과 협상이 잘될 것 같다.	I believe negotiations with our partners are going well. ★ '거래처 사람'이나 '거래처'와 같이 협력관계에 있는 상대를 partner라고 합니다.
계약건만 성사되면 이번 출장은 성공이다.	If the contract is concluded, my business trip will be a success. ★ contract[kɑ́ntrækt] 계약
한국에 돌아가기 전에 시내 구경이라도 한번 해야 할 텐데.	I hope I can go sightseeing downtown before going back to Korea. ★ go sightseeing 구경하다, 관광하다
출장을 마치고 돌아왔다.	I returned home after my business trip.
너무 좋은 경험이었다.	It was really a good experience for me.
너무 피곤한 출장이었다.	It was really a tiring business trip for me.
앞으로도 자주 출장을 갔으면 좋겠다.	I hope I will have more business trips in the future.

워크숍을 가다

우리 회사는 보통 매년 해외로 워크숍을 간다.	We usually go abroad for a workshop every year.
올해는 경기가 안 좋아서 제주도로 워크숍을 간다.	This year for our workshop we are going to Jeju Island instead due to the current economic recession.
내일 설악산으로 워크숍을 간다.	I am going to Seorak Mountain for a workshop tomorrow.
우리 신랑은 일주일간 속리산으로 워크숍을 갔다.	My husband went to Songni Mountain for a one-week workshop.
오늘 워크숍 준비를 했다.	I prepared for our workshop.
워크숍 가기 싫다.	I don't want to attend the workshop.
계속 회의하고 토론하는 거 부담된다.	I feel burdened with constant meetings and discussions. ★ feel burdened with A A가 부담스럽게 느껴지다

계속 회의하고 토론하는 거 영 체질에 안 맞다.	Constant meetings and discussions aren't really my thing. Constant meetings and discussions really don't suit me.
난 등산 별로 안 좋아하는데 등산을 한단다.	They say we will go hiking, something I don't like doing very much.
오늘 워크숍에서 돌아왔다.	I returned home after the workshop.
피곤은 하지만, 굉장히 유익한 시간이었다.	I am a little tired, but it was very useful.
워크숍 덕분에 평소 서먹했던 진수 씨와도 좀 더 편하게 된 것 같다.	I believe the workshop has made me feel more comfortable with Jinsu, who I used to find distant. ★ A makes me feel comfortable with B A 덕분에 B와 편하게 되다 ㅣ find someone distant ~와 거리감을 느끼다

가끔은 결근도 해야

오늘 아파서 결근했다.	I didn't go to work today because I was sick.
오늘 아프다고 거짓말하고 결근했다.	I pretended I was sick and didn't go to work. ★ I pretend (that) 주어 + 동사 ~인 척하다
아무리 아파도 지난주에 결근은 하지 말았어야 했다. 일이 너무 많이 밀려버렸다.	I should have gone to work last week no matter how sick I was. Too much work has been piled on me now.
하루 회사 빠질 걸 그랬어. 몸이 더 안 좋아진 것 같다.	I should not have gone to work today. I feel worse now.
생전 지각 한 번 안 하던 민정 씨가 오늘 결근했다. 무슨 일일까?	This is the first time Minjeong hasn't come to work. What's happened to her?
가끔은 결근도 해야지, 어떻게 하루도 안 빠지고 회사에 나가냐고요?!	I think one should not go to work sometimes. How can one go to work every single day?

아~ 회사 가기 싫어

으~ 일하기 싫어라.	Ugh, I hate working. Ugh, I don't want to work.
이놈의 일 때려치우고 싶어 죽겠다.	I am dying to quit this fucking job.
회사에 다니기 싫어 죽겠다.	I am really sick and tired of going to work. ★ be sick and tired of ~에 진절머리가 나다
으~ 더럽고 치사해서 진짜 회사 다니기 싫다.	Ugh, I really hate going to work for this awful company.
애당초 이 회사에 들어오지 말아야 했어. 일이 이렇게 많을 줄이야.	I should not have taken a job at this company in the first place. I should have known that the job was too demanding. ★ in the first place 애당초　｜　demanding 너무 사람을 쪼는
애당초 이 회사에 들어오지 말아야 했어. 하지만 이렇게 비인간적인 조직체일 줄 내가 어떻게 알았겠냐고?	I wish I hadn't started to work at this company in the first place. But how could I have ever known that this was such an inhuman organization? ★ inhuman organization 비인간적인 조직체
왠지 이 회사랑 코드가 안 맞는 거 같다.	My company doesn't seem to suit me for some reason.
일이 적성에 안 맞아서 회사 다니기 싫다.	I hate going to work because my job doesn't suit me.
동료들과 코드가 안 맞아서 회사 못 다니겠다.	I don't want to go to work because I can't get along with my co-workers.
같이 일하는 사람들 때문에 지금 다니는 직장이 싫다.	I hate my job because of my co-workers.
봉급이 적어서 지금 다니는 회사가 싫다.	I don't like my job because I am underpaid. ★ underpaid [ʌ̀ndərpéid] 급료가 적은, 박봉의

난 일이 좋아

나는 내 일이 좋다.	I like my job.
나는 지금 하는 일이 좋다.	I like my current job.
이 일이 나한테 잘 맞는 거 같다.	My current job suits me well.
나는 우리 회사가 마음에 든다.	I like my company.
나는 지금 하는 일이 안정적이어서 너무 좋다.	I like my current job very much because it is stable.
나는 지금 하는 일이 변화무쌍해서 너무 좋다.	I like my current job very much because it is packed with dramatic changes. ★ be packed with ~로 가득하다
나는 지금 하는 일이 스릴 있어서 너무 좋다.	I like my current job very much because it gives me a thrill.
나는 지금 하고 있는 일이 재미있어서 좋아.	I like my job because it is fun.
동료들이 나를 잘 대해줘서 지금 하고 있는 일이 좋아.	I like my job because my co-workers treat me well.
우리 회사는 투명해서 좋다.	I like my company's transparent management.
우리 회사는 직원들에 대한 복지혜택이 잘 되어 있어서 좋다.	I am happy with my company's generous benefits package.
우리 회사는 직원들을 공평하게 대하고 존중해 주어서 마음에 든다.	I like my company because they treat us fairly and with respect.
우리 회사는 사람을 우선으로 생각하는 근래에 보기 드문 회사이다.	Our company is rare these days in that people come first.
우리 회사엔 비정규직이 없다. 요즘 세상에 보기 드문 경우이다.	Our company is rare these days in that it has no temporary positions.
사장님의 마인드가 훌륭한 것 같다.	Our company president is just a great person.
우리 회사가 좋은 이유는 단 하나! 월급을 많이 준다는 것.	There is just one reason I like my company: I make a lot of money!

난 일이 싫어

나는 내 일이 싫다.	I don't like my job.
나는 지금 하는 일이 싫다.	I don't like my current job.
이 일이 나한테 잘 안 맞는 거 같다.	My current job doesn't suit me well.
나는 우리 회사가 마음에 안 든다.	I don't like my company.
나는 지금 하는 일이 안정적이지 못해서 그다지 좋아하지 않는다.	I don't like my current job very much because it isn't stable.
나는 지금 하는 일이 너무 변화무쌍해서 그다지 좋아하지 않는다.	I don't like my current job very much because it is packed with dramatic changes. ★ be packed with ~로 가득하다
나는 지금 하고 있는 일이 재미없어서 싫어.	I don't like my job because it is boring.
우리 회사는 뭔가 구려서 싫다.	I don't like my company because there is something fishy about it. ★ fishy (낌새가) 수상한, 구린
우리 회사는 직원들에 대한 복지혜택이 잘 안 되어 있어서 싫다.	I am not happy with my company's poor benefits package.
우리 회사는 직원들을 기계 부품 취급한다. 대부분 회사들이 다 그렇겠지? 싫다, 정말!!	Our company treat us as a cog of machinery. Almost all of the companies do the same, I think. I hate that, really!
우리 회사는 월급이 너무 짜다.	Our company doesn't pay good wages.

비정규직의 비애

언제까지 비정규직으로 살아야 할까?	How long do I have to work as a temporary worker?
일은 정직원보다 더 많이 하는데 월급도 적고, 복지혜택도 없다.	I have more work to do than full-time employees, but I make less money and have no benefits.
언제 잘릴지 모르니깐, 요령껏 일할 수도 없다.	I can't lie down on the job for fear of being sacked at any time.

1년 성실히 일하면 정규직으로 전환해준다더니 말뿐이었다.	They promised to take me on as a full-time employee if I would work hard for a year, but that was nothing but talk.
이 월급으론 생활비 쓰고 나면 남는 것도 없다.	There's nothing left when I subtract all the living expenses from my salary. ★ subtract ~을 제하다, 빼다
이러다 언제 집 사고, 차 사고 남들처럼 살아볼까?	I wonder if I'll ever live in such a house and drive such a car some day.
죽어라 일하는데 생활이 나아지질 않는다.	I work my fingers to the bones but my life isn't getting any better.
세상이 왜 이리 불공평하지?	Why do things seem so unfair?
더럽고 치사하지만 밥이라도 먹고 살려면 어쩔 수 없다.	It's so disgusting, but I can't help it. I have to survive.
비정규직이라도 참고 우직하게 다녀야지.	I just have to put up with my temporary position.

필수어휘 따로보기

회사 일과 관련된 유용한 어휘들

출근하다	go to work	외근하다	work outside the office
퇴근하다	leave the office	야근하다, 잔업하다	work overtime
회사에 지각하다	be late for work	~에 출장가다	go to + 장소 + on business
프레젠테이션을 하다	give a presentation	마감일	deadline
보고서를 작성하다	make out a report / work on a report	계약	contract
		거래처, 거래처 사람	partner
서류를 검토하다	go over papers	(일을 의뢰하는) 고객	client
팩스를 보내다/받다	send/receive a fax	회람	memo / memorandum
복사하다	make a photocopy		

회사 이야기

02 회식
going out for drinks

오늘은 회식 날

어젯밤에 우리 팀은 회식을 했다.	**The workers in my team went out for drinks last night.** ★ 영어에는 우리말의 '회식'에 해당하는 말이 없어요. 퇴근 후에 부서의 직원들이 모두 한자리에 모여 술 마시고 식사를 하는 풍습이 없으니까요. 그래서 우리가 흔히 하는 '회식'은 상황에 따라 적절한 표현으로 바꿔 쓰는 수밖에 없지요. 굳이 '회식'에 해당하는 영어 표현을 만들자면 co-workers' party 정도로 옮길 수 있겠지만, 이땐 우리의 직장 문화를 덧붙여 설명해 주어야 영어권 사람들이 이해할 수 있어요.
금요일이라 퇴근 후에 사무실 동료들끼리 회식을 했다.	**As it was Friday, the guys in the office went out drinking after work.** ★ '회식을 한다'는 것은 주로 모여서 술을 마시는 것이니까, go out for drinks 또는 go out drinking으로 표현할 수 있죠. ǀ after work 퇴근 후에
팀원이 새로 들어온 기념으로 어젯밤에 회식을 했다.	**We took a new member of our team out for drinks last night.** ★ '팀원이 새로 들어온 기념으로 회식을 했다'는 말은 그 팀원을 데리고 나가서 술을 마셨다는 의미이니까, took a new member of our team out for drinks라고 표현하면 되죠.
매출 상승 기념으로 어젯밤 우린 회식을 했다.	**To celebrate the rise in sales, our boss took us out last night.** ★ 매출 상승 기념으로 하는 회식의 경우, 보통 상사나 사장이 팀원들을 데리고 나가서 한턱 쏘는 경우가 많죠. 따라서 이런 상황을 기준으로 our boss took us out이라고 표현해보죠.
우리 팀은 한 달에 한 번씩 회식을 한다.	**The employees in my team go out drinking together once a month.**
요즘 들어 우리 팀은 회식을 별로 안 한다.	**The employees in my team rarely go out drinking together these days.** ★ rarely 거의 ~안 하다
우리는 회식 날이면 영화를 한 편 보고, 맛있는 걸 먹으러 간다.	**My co-workers and I go to see a movie and then have a nice meal when we go out together.** ★ 여기서는 술을 마시는 것이 아니니까, '회식하다'라는 말을 단순히 go out together라고 표현했어요.

우리 팀은 회식 날이면 완전 '퍼마시고 죽어보자!'식이다.	My team members have a let's-drink-ourselves-to-death attitude when we go out drinking. ★ let's-drink-ourselves-to-death attitude '퍼마시고 죽어보자'식 태도
회식 날 우리 팀은 가는 코스가 정해져 있다.	My co-workers and I routinely go out drinking together. ★ routinely는 무엇을 할 때 항상 어떤 방식을 따른다는 뜻이죠.
1차는 술집, 2차는 꼭 노래방이다.	First we go to a bar, then always to a singing room.
회식 자리에서 술을 너무 많이 마셨나 보다.	I drank too much at the company party. ★ '회식 자리에서'를 경우에 따라 at the company party라고 표현할 수도 있죠.
나이를 생각해서 술을 좀 줄여야 하는데.	I should cut down on my drinking considering my age.
예전에는 술자리가 좋았는데, 요즘은 술이 안 받아서 영~	I used to have a fun time drinking, but I don't drink anymore because I can't hold my alcohol anymore. ★ hold my alcohol 술이 세다, 술이 잘 받다
회식 다음 날은 모두들 출근이 늦어진다.	Everybody goes to work late the day after our team members went out drinking.

회식 자리에선 말 조심?

오늘 회사 창립기념일 회식 자리에서 팀장한테 평소 불만을 털어놨다.	I frankly told my team leader my usual complaints at a company dinner to celebrate our company's anniversary. ★ frankly 솔직하게
기분 나쁘게 듣진 않았겠지?!	I hope that didn't hurt his feelings. ★ hurt someone's feelings ~의 감정을 상하게 하다
술김에 괜한 말을 한 것 같다. 젠장, 되게 신경 쓰이네.	I regret I complained while I was under the influence of alcohol. Damn it, what a worry! ★ while ~한 김에
내일 무슨 낯으로 회사에 가지?	I am too ashamed to go to work tomorrow. ★ be ashamed to + 동사원형 ~하기가 부끄럽다

오늘 회식 자리에서 윤주 씨가 내게 불만을 말했다.	Yunju complained to me today when our boss took us out for drinks.
괜찮은 척하고 들었지만 기분이 영 안 좋다.	I listened to her pretending everything was okay, but I feel awful now. ★ pretend [priténd] ~인 척하다

난 회식이 싫어~

나는 회식이 싫다.	I hate going out with my co-workers after work, but I feel I have to. ★ 여기서는 회식 자리를 갖는다는 것을 going out with my co-workers after work라고 표현했어요.
나는 회식 같은 거 하기 싫다.	I just don't want to go out with my co-workers after work.
회식 따위 안 했으면 좋겠다.	I hope our boss doesn't invite us out for dinner and drinks any more.
회식 자리가 영 불편하다.	I feel really uncomfortable when I go drinking with my co-workers. I am completely out of my element when I try to socialize outside of work with my co-workers. ★ be out of one's element (어떤 자리가) 영 거북하다, 체질에 안 맞다 '회식 자리'라는 것은 동료들과 회사 밖에서 일종의 '사교적'인 자리를 갖는 것이니까, socialize outside of work with my co-workers라고 표현할 수도 있죠.
회식 자리는 재미가 없다. 모두들 회사에서 일어난 일에 대해서 열을 올릴 뿐이다..	Company parties are not fun. Everyone is too busy talking about work!
난 내성적이라 회식 분위기에 잘 어울리질 못 하겠다.	I am shy so I just can't seem to fit in when I go out drinking with my co-workers.
난 술을 잘 못 마시기 때문에 회식 자리가 아주 곤혹스럽다.	It's extremely uncomfortable for me to go out with the people in my office because I don't drink very much.

회식 때 분위기를 잘 맞춰야 상사한테 점수를 딸 텐데.	I'll score points with my higher-ups if I socialize well with everyone when our manager takes us out tonight.
회식 자리에서 부장이 자꾸 추근대서 미치는 줄 알았다.	My manager kept harassing me sexually when he took us out for drinks last night. It drove me crazy. ★ keep + -ing 자꾸 ~하다 | harass + 사람 + sexually ~에게 추근대다
팀장이 자꾸 블루스를 추자고 해서 짜증났다.	My team leader kept forcing me to slow-dance with him. That really upset me. ★ 우리가 말하는 '블루스'는 영어로 slow dance. 여기에 하이픈을 넣어 slow-dance 라고 하면 동사가 되지요.
난 술을 잘 못 마시는데, 민철 씨는 자꾸 내게 술을 권한다.	I don't drink much, but Minchul kept telling me to drink. ★ tell + 사람 + to + 동사원형 ~하라고 권하다. 설득하다

난 회식이 좋아~

나는 회식이 좋다.	I like going out drinking with my co-workers.
우리 팀 회식은 참 재미있다.	I have a lot of fun when I go out drinking with my co-workers.
우리 팀 회식 자리는 참 편하다.	I feel comfortable when I go out drinking with my co-workers.
사람들이 모두 성격도 좋고 놀기도 잘 논다.	All of my team members are nice and fun to be around.
평소 별 낙이 없다가도 회식하는 날이면 기분이 업된다.	I have almost no fun in my everyday life, so I love going out with my co-workers after work.
회식 한 번 하고 나면 다음날 아침에 다시 활력이 생긴다.	I feel full of energy the morning after going out drinking with my co-workers. ★ feel full of energy 활력을 느끼다
벌써부터 다음 회식이 기다려진다.	I am really looking forward to going out drinking with my co-workers again.

회사 이야기 03 사람들과의 관계
relationship

오늘도 깨졌다

오늘 또 부장한테 엄청 깨졌다.	My manager gave me hell again today.
시어머니가 따로 없다.	What a fault-finder! • What a nitpicker! ★ '남의 사소한 잘못을 캐내고 꼬집고 하는 사람'을 fault-finder 또는 nitpicker라고 하죠. 여기서 '시어머니'란 바로 그런 뜻으로 쓴 말이지요.
우리 팀장은 사사건건 왜 그리 간섭이 많은 거야!	How come my team leader meddles in every single thing? ★ meddle in ~에 간섭을 하다
우리 팀장은 나만 보면 왜 그렇게 떽떽거리는지 모르겠다.	I have no idea why my team leader is always nastily accusing me of everything. ★ I have no idea why 주어 + 동사 왜 ~하는지 모르겠다 | nastily accuse A of everything A한테 사사건건 아주 지랄같이 떽떽거리다
우리 팀장은 왜 그렇게 나를 못 잡아먹어서 안달일까?	Why is my team leader always treating me as if he wants to kill me?
우리 부장, 내 눈앞에서 좀 사라졌으면 좋겠다.	I wish my manager would disappear before my eyes.
하느님, 우리 과장 좀 딴 부서로 옮겨주세요.	Oh God, please transfer my section manager to another position.
신이시여, 팀장이 제발 저 좀 괴롭히지 않게 해주세요.	Oh Lord, don't let my team manager harass me. ★ harass ~를 괴롭히다

우리 팀장 정말 왜 이래?!

우리 팀장은 너무 권위적이다.	My boss is too authoritarian. My team leader is too authoritarian. ★ 자신의 직속상사든 부장이든 사장이든 모두 boss라고 할 수 있죠. team leader는 팀의 장, 즉 팀장이고요.

우리 팀장은 너무 히스테리컬하다.	My boss is too hysterical. My team leader is too hysterical.
우리 팀장은 사람이 좀 쫀쫀한 거 같다.	I feel my boss is a little bit small-minded.
내 직속상사는 사람이 좀 야비스럽다.	My supervisor is kind of mean.
우리 팀장은 무능하다. 그래서 팀원들이 힘들다.	Our team leader is incompetent, so the team members have a hard time.
우리 팀장은 정말 유능하다. 그래서 팀원들이 팀장을 정말 존경한다.	Our team leader is really competent, so the team members really respect him.
우리 팀장은 자기는 일 안하고, 팀원들 족쳐서 자기 공을 쌓아가는 스타일이다.	Our team leader does nothing, only pressuring team members to work hard and then taking the credit from them.
우리 팀장은 꼭 똑같은 일을 두 번하게 만든다. 처음에 시킬 때 정할 거 좀 확실히 정해놓고 일을 맡겨야지 원!	Our team leader always makes us redo things because he doesn't give clear instructions the first time. He has to tell us clearly what is supposed to be done before giving us any work.
우리 부장은 직원들이 정시에 퇴근하는 꼴을 못 본다.	Our department head hates workers who leave work right at 6 o'clock.
우리 부장은 모든 일을 사장 중심으로 생각하고 해결해가는 스타일이다.	Our department head focuses his attention on the president and acts accordingly.
우리 과장은 완전 회사 대변인이다.	My section manager is a total mouthpiece for the company. ★ mouthpiece for A A의 입장만을 대변하는 사람
평사원을 대변해주는 간부는 어디 없나?	Isn't there a single manager who can speak for the rank and file? ★ rank and file 평사원
우리 과장은 윗선에서 뭐라 그러면 찍 소리도 않고 그대로 따른다.	My section manager is always blindly following what his higher-ups tell him to do. ★ blindly[bláindli] 맹목적으로

간부급 정도 되면 회사 입장도 생각해야겠지~	I understand all manager must give serious consideration to the company's viewpoints. ★ give consideration to someone's viewpoints ~의 입장을 고려하다, 생각하다
아무리 그래도 직원들 입장도 좀 생각해줘야 되는 거 아냐?	Nevertheless, I believe he should take the rank-and-file's viewpoints into consideration a little at least. ★ take someone's viewpoints into consideration ~의 입장을 고려하다, 생각하다
나는 사장 중심형 관리자를 별로 좋아하지 않는다. 사장이야 좋겠지만!	I don't like managers who only pay attention to the president so that the president will like them.
사장이든 팀원이든 똑같이 대하는 관리자를 만나고 싶다.	I want a manager who treats the president and his team members alike.
부장이 출근은 30분 일찍, 퇴근은 1시간 늦게 하란다.	My manager told us to come to work thirty minutes earlier and leave the office one hour later.
이게 도대체 무슨 소리래?	What the hell are they talking about?
말이 되는 소리를 해야지, 나 원 참!	What a crap idea! Who wants that?
그렇게 살고 싶을까? 어떻게 생각하면 좀 불쌍하다.	Why does he want to lead his life like that? I pity him.
그래도 할 수 없지, 먹고 살려면 말 잘 들어야지. 에고고~	However I have to follow that to stay alive. What a miserable life!

그놈은 얄밉다

이번에 새로 온 신입, 되게 싸가지 없다.	The new guy is an asshole.
선호 자식, 왜 그렇게 싸가지가 없는 거야?	Why is Seonho behaving like a total jerk?
그 녀석, 왜 해준 거 없이 밉지?	I wonder why I hate the guy for no reason. ★ for no reason 이유도 없이
그 사람은 하는 짓이 너무 얄밉다.	He is such a nasty smart ass.
그 사람은 한 번도 술을 사는 법이 없다.	He has never bought me a drink.

하기 곤란한 일은 다 나한테 떠넘기고 부장한테 알랑방귀나 뀌고.	He pretty much leaves it up to me to get tough things done while he just kisses the manager's ass. ★ leave A up to B A를 B에게 떠넘기다 ｜ kiss A's ass A에게 알랑방귀를 뀌다
그 사람만 내 눈앞에서 없어진다면 소원이 없겠다!	If only that guy would disappear before my eyes!

고놈 참 말 안 듣네

그 여자는 왜 그리 말귀를 못 알아들을까?	What a slow-witted woman she is! ★ slow-witted[wítid] 말귀를 못 알아듣는
그 남자는 왜 그리 말대꾸가 많은 거야?	He really talks back too much.
이번에 새로 온 신입은 일을 너무 못한다.	The new guy does things too poorly.
그 속 좁은 남자랑은 같이 일 못하겠다.	I think I can't team up with him because he is so narrow-minded. ★ team up with ~랑 팀으로 같이 일하다
시키는 대로 하면 어디가 덧나나?	It wouldn't kill him to do what I tell him to do. ★ '~하면 어디가 덧나나?'란 말에 딱 어울리는 영어표현은 ⟨It wouldn't kill + 사람 + to + 동사원형 ~⟩이죠. '~한다고 죽을까?'란 의미로, 일종의 가정법 문장이랍니다.
일 시키기 참 힘들다 힘들어.	What a tough job it is to make people work!
팀장 노릇하기가 이렇게 힘들 줄이야.	What a tough job it is to be a team leader!
차라리 팀원이 속 편한 거 같다.	I would rather be an ordinary carefree team member. ★ I would rather~ 차라리 ~하는 게 낫다 ｜ carefree[kέərfrìː] 걱정 없는, 속 편한
으~ 스트레스 받아.	Ugh, what a stressful situation this is!

신경전을 벌이다

오늘 회사 동료, 박수영이와 말다툼을 했다.	I had an argument with my co-worker, Park Suyeong, today.

회사 동료, 김철수와 싸웠다.	I got into a quarrel with my co-worker, Kim Cheolsu.
오늘 회사 동료, 이민재랑 신경전을 벌였다.	I had a war of nerves with my co-worker, Lee Minjae, today. ★ have a war of nerves with ~와 신경전을 벌이다(= get into a war of nerves with)
오늘 과장이랑 신경전을 벌였다. 과장 아저씨 꼴 보기 싫어 죽겠다.	I got into a war of nerves with my section manager. I absolutely hate that middle-aged jerk. ★ jerk[dʒəːrk] 쪼다. 남자를 비하해서 경멸적으로 하는 말.
오늘 부장한테 대들었다. 부장 아줌마 진짜 꼴 보기 싫다.	I stood up to my manager today. I absolutely hate that middle-aged windbag. ★ stand up to ~에게 대들다 ｜ windbag 못생긴 여자. 여자를 비하해서 경멸적으로 하는 말.
그 사람이랑은 도무지 말이 안 통한다.	He/She and I just can't seem to communicate.
준현 씨 때문에 회사생활이 너무 힘들다.	I have had a hard time at work because of Junhyeon.
그 자식이 회사를 관두면 좋을 텐데.	I wish that jerk would quit the company.
오늘 정식 씨한테 벌컥 화를 내고 말았다. 그 땐 하도 바빠서 스트레스가 잔뜩 받혀 있던 터라.	I really lost my temper with Jeongsık today. At the time, I was really stressed out as things have been so hectic at work. ★ lose one's temper with ~에게 화를 벌컥 내다
내일 그 사람한테 사과해야겠다.	I will apologize to him tomorrow.
애써 사과할 필요 없어. 내가 뭘 잘못했다고!	I won't bother to apologize to him. What did I do wrong? ★ bother to + 동사원형 애써 ~하다

좋은 사람도 많죠

내일부터 신입사원이 온다.	I heard a new employee starts work tomorrow.
내일부로 부장님이 새로 오신단다.	I heard a new manager is going to join the staff tomorrow.

어떤 사람일까?	What is he/she like?
새로 온 신입은 꽤 똘똘하다.	The new guy is pretty smart.
새로 온 신입은 꽤 재미있는 사람이다.	The new guy seems to be pretty interesting.
새로 온 인턴은 완전 4차원이다. 덕분에 사무실 분위기가 유쾌해졌다.	The new intern is a very funny fellow. He really cheers up the office.
새로 온 부장님은 꽤 좋으신 분 같다.	I feel the new manager is pretty nice.
새로 온 팀장은 꽤 트인 분인 것 같다.	I feel the new team leader is pretty open-minded.
우리 부장님은 인품이 너무 좋으시다.	Our manager is very nice.
우리 회사 사람들은 다들 사람이 좋다.	All the employees of this company are really nice.
나는 우리 입사동기랑 마음이 잘 맞는다.	I have a great rapport with those who started work at the same time as me. ★ '분위기도 잘 맞고 마음도 잘 맞고 뭔가 통하는 것'을 rapport라고 해요. 따라서 '~랑 잘 통한다, 마음이 잘 맞는다'라고 할 때는 have a (great) rapport with를 써보세요.

04 승진 promotion

회사 이야기

승진하고 시포~

빨리 승진하고 싶다.	I want to get promoted as soon as possible.
어떻게 하면 하루빨리 승진할 수 있을까?	How can I get promoted as soon as possible?
내 친구, 유리는 벌써 과장으로 승진했다.	My friend Yuri has already been promoted to section manager.
이번에도 또 승진에서 밀려났다.	I have failed to get promoted this time again.
이 회사에 다닌 지도 어언 3년이 다 되어 가는데 만년 평사원이다.	It has been almost three years since I started working here, but I am still a low-level employee. ★ It has been + 기간 + since I + 과거동사 ~한지 …째다 ǀ low-level employee 평사원
내가 뭐가 부족해서 이렇듯 만년 평사원일까?	Why am I still a low-level employee? What do I lack to get promoted?
최소한 과장까지는 달아보고 다른 데로 옮겨도 옮겨야 할 텐데.	I'd like to look for another job only after I get promoted to section manager at least.

승진시험을 볼래

다음 달에 승진시험이 있다.	We have a promotion exam next month.
지금부터 승진시험을 준비해야겠다.	I have to prepare for the promotion exam right now.
모처럼 공부하려니 머리가 안 돌아가네.	I am trying to study, but it has been so long that my brain doesn't work well. ★ 여기서 work는 어떤 것이 '작동되다, 돌아가다'라는 의미.
오늘 승진시험을 봤다.	I took a promotion exam today.
시험 완전 망친 거 같다.	I guess I messed up the exam. ★ mess up 완전히 망치다, 엉망진창이 되다

시험 잘 본 거 같다.	I guess I did well on the exam.
이번에는 승진을 기대해 봐도 될 듯하다.	I think it is OK for me to expect a promotion.

승진이요~

오늘 인사발령이 났다.	The company announced some personnel changes today. ★ personnel change 인사이동
나는 대리로 승진했다.	I have been promoted to assistant section manager.
우리 과장은 부장으로 승진했다.	My section manager has been promoted to department manager.
그 사람은 승진할 만해.	He deserves a promotion. ★ '~할 만하다, ~할 자격이 있다'라고 할 때는 deserve를 이용해 보세요.
(그 사람은) 입사 이래 회사를 위해 진짜 열심히 일했지, 암~.	He has been working really hard for the company since he started here.
암전히 회사 몇 년 다니니까 저절로 승진되네.	I was promoted automatically after keeping a low profile and behaving myself at work for a few years. ★ keep a low profile 나서지 않고 가만히 있다 ｜ behave oneself 암전히 행동하다
승진했다니까, 아내가 무척 기뻐했다.	My wife was really delighted at the news of my promotion.
팀원들이 승진 턱 내라고 아우성쳤다.	My team members asked me to take them out for a treat to celebrate my promotion. ★ treat 한턱
팀원들한테 승진 기념으로 점심을 샀다.	I treated my team members to lunch to celebrate my promotion.

승진을 해본들~

나는 승진에 관심 없다.	I am not interested in getting promoted.
나는 평사원이 속 편해서 좋다.	I'd like to remain a carefree, low-level employee.
나는 사회적인 성공에는 별 관심이 없다.	I am not very interested in worldly success.
승진은 해서 뭐하고 성공은 해서 무엇 하리!	What the hell are promotion and success good for? ★ be good for ~에 유익하다, 소용이 있다
나는 욕망이 없는 인간인가 보다.	I seem to have no desires.
우리 회사는 승진이 별 의미 없다. 직급만 올라가지 연봉이 올라가는 건 아니다.	Promotion means little at our company. Your rank increases, but you won't get a corresponding pay increase.
우리 회사는 승진과 연봉은 별개다.	Promotion and a pay increase are two different things at our company.
우리 회사는 연수가 차면 저절로 승진이 된다.	You get a promotion automatically in due course at our company.

PART 06

승진

05 급여
회사 이야기 / wage

월급 좀 더 주세요

우리 회사는 급여가 너무 짜다.	We are grossly underpaid. ★ grossly 엄청나게 많이
우리 회사는 급여가 그런대로 센 편이다.	We are relatively overpaid.
우리 회사는 직급에 상관없이 실적에 따라 연봉을 준다.	You get paid according to your performance regardless of your rank at our company.
우리 회사에는 문화비도 나온다.	We are paid even 'cultural expenses.'
우리 회사에는 교육지원비 같은 건 없다.	There is no such thing as educational expenses at my company.
우리 회사에는 야근수당 같은 건 없다.	There is no such thing as overtime pay at my company.
출장비도 제대로 안 챙겨주는 건 불법 아닌가?	Isn't it illegal not to give employees a proper travel allowance? ★ allowance 수당
공무원은 기본급은 얼마 안 되지만 혜택이 많아서 괜찮은 것 같다.	Civil servants' basic salary is small, but it is OK because they get a lot of benefits.
월급 좀 올랐으면 좋겠다.	I wish my salary would go up a little.
난 승진 같은 건 전혀 관심이 없지만, 월급은 좀 올려줬으면 좋겠다.	I simply don't care about being promoted, but I wish my salary would go up a little. ★ I (simply) don't care about ~에는 (전혀) 관심 없다
매달 쥐꼬리만한 월급 받아서 카드 값 내고 나면 남는 게 없다.	I get paid an absolute pittance every month. There is nothing left after paying my credit cards off. ★ pittance 쥐꼬리만큼 작은 돈, 껌 값

난 월급은 많지만 돈 쓸 데가 별로 없다.	I get paid a handsome salary, but there are so few things to spend money on. ★ handsome에는 '많은, 좋은'이란 뜻도 있다는 거, 알아두세요.
월급이 많으면 무엇 하리~ 받는 즉시 다 나가고 없는데.	What good is it to get paid a handsome salary when it goes out as soon as I get it?
매달 돈 나가는 데가 왜 이리 많은 거야?!	Why are there so many things that demand my salary every month?

야호~ 보너스다!

구정 보너스를 받았다.	I got a Lunar New Year's bonus.
연말 보너스를 받았다.	I got a year-end bonus.
특별 보너스를 받았다.	I got a special bonus.
갓 들어온 인턴한테도 명절 보너스를 주네. 참 좋은 회사야!	Even new interns get special holiday bonuses. What a great company!
올해는 보너스를 꽤 많이 받았다.	I got a very handsome bonus.
회사가 잘 나가나 보다.	The company is doing fine.
올해 우리 팀 실적이 좋아서 우리 팀만 특별히 보너스를 받았다.	Only our team members got a special bonus due to our team's excellent performance this year. ★ performance 실적
올해 우리 팀 실적이 좋아서 보너스가 꽤 많이 나왔다.	Our team's performance this year has been good so we just got a pretty good bonus.
덕분에 올 연말은 따뜻하게 날 수 있겠다.	Thanks to the bonus, I guess I can ride the winter out without being cold and hungry. ★ ride the winter out 겨울을 이겨내다
보너스로 뭘 하지? 기분 너무 좋다.	What should I do with my bonus? I feel just great.
우리 회사는 보너스고 뭐고 없다.	There is no such thing as a bonus at this company.

나도 보너스 같은 거 한번 받아봤으면.	I wish I could get something called a bonus.
아~ 보너스 주는 회사에 다니고 싶어라.	If only I could work at a company that gives bonuses. ★ '~만 할 수 있다면 얼마나 좋을까?'라는 여감이 담긴 표현은 If I only I could ~.
판매실적이 많이 올라서 올해 벌써 인센티브를 한몫 단단히 받았다. 요즘 같으면 일할 의욕이 팍팍 생긴다.	As my sales have increased greatly, I have already got one incentive bonus for this year. I am really motivated to work these days.
올해 우리 팀 실적이 나빠서 인센티브를 하나도 못 받았다. 요즘 일할 의욕이 안 생긴다.	I got no incentive bonus because of our team's poor performance this year. I am not motivated to work these days.

연봉협상을 했다

오늘 연봉협상을 했다.	I entered into a salary negotiation today. ★ enter into a salary negotiation 연봉협상에 들어가다
곧 있으면 연봉협상을 한다.	I am going to enter into a salary negotiation soon.
얼마를 불러야 할까?	How much should I ask for? ★ ask for ~를 부르다
올해 실적이 좋았으니까, 이 정도는 불러도 되지 않을까?	Isn't it OK for me to ask for this much because of my good performance this year?
실적이 시원찮아서 별 기대는 못하겠다.	I can't expect too much because of my poor performance.
말이 연봉협상이지, 사실은 일방적인 통보다.	'Salary negotiation' is a misnomer since it is actually a one-sided affair. ★ misnomer 잘못 붙여진 이름
연봉/봉급 좀 많이 올려주면 좋겠다.	I hope I get a substantial pay hike. ★ pay hike 봉급인상
연봉/봉급 좀 많이 올려주면 얼마나 좋아. (현실은 그렇지 않음)	I wish I would get a substantial pay hike.
어쩐 일로 연봉/봉급을 대폭 인상해 주었다.	Somehow I got a large pay hike.

아니나 다를까 연봉/봉급이 쥐꼬리만큼 올랐다.	As expected, my pay hike is a mere pittance.
회사 형편이 안 좋다고 연봉이 대폭 삭감됐다.	My annual salary has been cut drastically because of the alleged poor performance of the company. ★ 실제로 회사 형편이 좋은지 안 좋은지는 모르지만, 누가 그렇다고 하니까 그런가보다~ 라는 느낌을 살리고 싶다면 poor performance of the company 앞에 alleged 라는 말을 붙여 보세요.
경기가 안 좋다고 연봉이 조금 삭감됐다.	My annual salary has been cut a little due to the economic recession.
경기가 안 좋다고 올해는 연봉 동결이다.	This year my salary is the same as it was last year due to the economic recession.
물가도 오르고, 공과금도 오르고, 모든 게 오르는데, 왜 연봉만 내려가냐고요?!	Why did my salary go down whereas all the prices including utility rates went up?

필수어휘 따로보기

부서 • 지위 및 급여와 관련된 유용한 어휘들

사장 / 최고 경영자	president / CEO	영업부	sales department
부사장	vice president	홍보부	public relations department
회사 중역	executive	기획실	planning department
지점장	branch manager	인사이동	personnel change
부장	department manager	승진 / 승진하다	promotion / promote
과장	section manager	~부서로 이동하다	transfer to + 부서
대리	assistant section manager	급여	pay
직원	employee	급여 인상	pay raise / pay hike
평사원	low-level employee / rank and file	시급, 일당, 주급	wage
		월급	salary
총무부	general affairs department	연봉	annual salary
경리부	accounting department	연봉협상	(annual) salary negotiation
인사부	personnel department / human resources department	실적	performance
		실적 수당	incentive
		소득세	income tax

06 휴가 vacation
회사 이야기

연월차는 좋~은 것이여

오늘은 몸이 안 좋아서 월차 내고 하루 쉬었다.	I am allowed one day off a month and I took it today in order to get some rest because I was feeling a little under the weather.
월차랑 연차 모아서 다음 달에 해외로 한번 떠야겠다.	I will use some of my unused vacation days and travel abroad next month. ★ 영어엔 '연차(annual leave)'란 개념은 있지만, '월차'란 개념은 없기 때문에 '월차'에 해당되는 표현이 없어요. 따라서 '월차랑 연차 모아서'를 '안 쓴 휴가 일수를 쓴다'는 의미로 뭉뚱그려 use some of my unused vacation days로 옮기면 본질적인 의미 전달에 무리가 없겠어요. 이때 unused vacation days는 '안 쓴 휴가 일수'란 의미.
연차가 아직 이틀 남았는데, 해 바뀌기 전에 빨리 써야지.	I still have two days of unused annual leave left. I will take them by the end of this year.
올해는 연차 다 안 쓰고 돈으로 받아야겠다.	This year I will get compensated for my unused annual leave. ★ get compensated for ~에 대한 보상을 받다
우리 회사는 연차고 월차고 없다.	Our company has no monthly or annual leave. ★ 영어권 문화엔 '월차'란 개념이 없지만. 굳이 영어로 표현하고 싶다면 monthly leave 정도로 옮기면 되겠어요. 단, 실제 영어권 사람들과 대화를 할 땐 monthly leave가 뭔지에 대한 부연 설명을 통해 우리 문화권에만 있는 특별한 개념을 전파해 보세요.
연차 쓰고 월차 쓰는 친구들이 부럽다.	I envy my friends who take their monthly and annual leave.
연월차는커녕 요즘 같은 주 5일 근무 시대에 난 일요일에도 출근한다.	The problem of no monthly or annual leave aside, I go to work on Sundays even in this age of a five-day workweek. ★ The problem of A aside A라는 문제는 치치하고라도 ｜ on Sundays 일요일마다(= every Sunday)

여름휴가는 반드시 사수하라

곧 있으면 여름휴가다.	Summer vacation starts soon.
여름휴가를 언제로 받을까?	When should I take my summer vacation?
올 여름휴가는 며칠 받을 수 있을까?	How many days can I take for summer vacation?
올 여름휴가 때는 뭘 하지?	How should I spend my summer vacation?
여름휴가 때 친구들이랑 일본에 갔다 왔다.	I went to Japan with some friends for my summer vacation.
여름휴가 때 혼자서 조용히 동해 쪽을 죽 훑었다.	I traveled all along the east coast by myself during my summer vacation.
올 여름휴가는 그냥 집에서 차분히 보냈다.	I enjoyed some peace and quiet by staying at home all through the summer vacation this year. ★ peace and quiet 조용히, 평화롭게
여름에 회사 일이 너무 바빠서 이제야 뒤늦은 여름휴가를 받았다.	I have just taken a belated summer vacation because I was too busy at work this summer. ★ belated 때늦은
9월에 여름휴가를 쓰는 것도 나쁘지 않은 것 같다.	It doesn't seem to be so bad to take a summer vacation in September. ★ It doesn't seem to be so bad to + 동사원형 ~하는 것도 그렇게 나쁘지 않은 것 같다
올해는 여름휴가고 뭐고 없다. 암울하다.	I can take no summer vacation whatsoever this year. This summer will be gloomy.
남들 여름휴가 갈 때 회사 나가서 일했다.	I went to work while other workers enjoyed their summer vacation.
작년 이맘때는 남들 여름휴가 갈 때 회사 나가서 일했다.	I went to work while other workers enjoyed their summer vacation this time last year. ★ this time last year 작년 이맘때
무슨 일이 있어도 여름휴가를 꼭 사수할 테야.	I will absolutely take a summer vacation no matter what.
무슨 일이 있어도 여름휴가는 꼭 사수해야 한다.	I must absolutely take a summer vacation no matter what.

PART 06 휴가

여름휴가는 나의 유일한 낙이다.	My only enjoyment in life is taking a summer vacation.

휴직계를 냈다

출산휴가를 석 달 받았다.	I took maternity leave for three months. ★ maternity leave 출산휴가
출산휴가는 유급휴가라 너무 좋다.	Maternity leave is so good because it is paid.
출산예정일이 코앞으로 다가왔다. 1년 휴직계를 냈다.	My due date is just around the corner, so I submitted my maternity leave papers yesterday. ★ due date 출산 예정일 ｜ maternity leave papers 출산 휴직계
아무래도 육아 휴직을 6개월 더 연장해야겠다.	I have to extend my maternity leave for six more months.
육아 휴직을 연장하려고 오랜만에 회사에 잠깐 들렀다.	I dropped by the company for the first time in a long while to extend my maternity leave.
에너지가 바닥난 거 같아 휴직을 신청했다.	I submitted a leave of absence because I seem to be burned out. ★ leave of absence 휴직계 ｜ be burned out (육체적으로나 정신적으로) 에너지가 바닥나다, 녹초가 되다
6개월 정도 영어 어학연수를 떠나고 싶어 휴직을 신청했다.	I submitted a leave of absence because I want to go abroad to study English for around 6 months.
MBA 과정을 2년 정도 밟고 싶어 휴직을 신청했다.	I submitted a leave of absence because I want to study for two years to get an MBA degree. ★ MBA는 Master of Business Administration의 줄임말로, 4년제 대학을 나온 사람들이 경영학 석사 학위를 받기 위해 거치는 과정, 또는 그 학위를 뜻합니다.
다행히 회사에서 휴직을 허락해주었다.	Fortunately the company approved my leave of absence.
안 되면 사표 내려고 했는데 다행히 회사에서 휴직처리를 해주었다.	I intended to hand in my resignation if the company didn't approve of my leave of absence, but fortunately they did. ★ intend to + 동사원형 ~하려고 의도하다 ｜ hand in ~을 제출하다(= submit) ｜ resignation 사표

07 회사 이야기 / 가십거리
gossip

갑돌이랑 갑순이가 사귄대요

진수 씨랑 현정 씨가 사귄다는 소문을 들었다.	Rumor has it that Jinsu and Hyeonjeong are going out. ★ Rumor has it that 주어 + 동사 소문에 따르면 ~라고 한다. ~라는 소문을 듣다
지현 씨는 7살 연하랑 사귄다고 들었다.	I heard (that) Jihyeon is going out with a man seven years her junior. ★ '그 여자보다 ~살 연하인 남자'라고 할 때는 〈a man + 나이차 + her junior〉라고 하고, 반대로 연상이라고 할 때는 junior 자리에 senior를 쓰면 되죠.
내현 씨는 3살 연상이랑 사귄다고 들었다.	I heard (that) Daehyeon is going out with a woman three years his senior.
요즘은 연상연하 커플이 대세구만!	That the woman is the older partner is a big relationship trend these days.
요즘 기획실의 상국 씨가 사장 딸이랑 사귄다는 소문이 돈다.	Rumor has it that these days Sangguk in the planning department is going out with the president's daughter.
우리 사장은 비서와 바람났다는 말을 들었다.	I heard (that) my boss is cheating on his wife with his secretary. ★ 결혼한 사람이 '배우자인 A를 속이고 B와 바람을 피우다'는 cheat on A with B라고 하면 되죠.
정애 씨가 우리 사장의 애인이라는 소문을 들었다. 그래서 다른 사람 다 잘릴 때도 정애 씨 안 잘렸나?	Rumor has it that Jungae is my boss' mistress/lover. Is that why she didn't get fired when the others got the sack? ★ lover/mistress 애인, 정부. lover는 결혼하지는 않았지만 섹스를 하는 사이란 어감이 있는 반면에 mistress는 유부남의 lover란 어감이 강하죠.	Is that why 주어 + 동사 ~? 그래서 ~인가?	get fired / get the sack 해고당하다. 잘리다
요즘 현철 씨와 윤정 씨의 관계가 심상찮다.	It seems that these days Hyeoncheol and Yunjeong are in a serious relationship.

아무래도 그 두 사람, 사귀는 거 같단 말야.	By all appearances these two people are going out. ★ By all appearances 주어 + 동사 보아하니 아무래도[분명] ~인 것 같다
병태 씨가 유진 씨를 짝사랑하고 있단다.	I heard that Byeongtae is carrying a torch for Yujin. ★ carry a torch for ~를 짝사랑하다
나도 유진 씨를 마음에 두고 있는데.	I set my mind on Yujin, too.
다른 사람이 채가기 전에 빨리 대쉬해야겠다.	I must make advances on her before any other man conquers her heart.

당신의 회사는 안녕하십니까?

회사 사정이 좋지 않다는 얘기를 들었다.	Rumor has it that the company is in trouble.
오늘 사내 비품을 아껴 쓰라는 회람이 돌았다.	A memo went around the office, reminding the staff of not wasting office supplies. ★ memo 회람 ㅣ remind A of B A에게 B를 상기시키다 ㅣ office supplies 사내 비품
곧 감원이 있을 거라는 소문이 돌고 있다.	Rumor has it that there are going to be some layoffs soon. ★ layoff 정리해고
사장이 우리 팀을 탐탁치 않게 생각하나 보다.	It seems that the president doesn't think our team is a must for the company. ★ a must 꼭 필요한 것
사장이 우리 팀을 없애려고 한다는 얘기가 돌고 있다.	Rumor has it that the president is going to get rid of our team. ★ get rid of ~을 없애다, 제거하다
사장이 우리 팀원 한 명을 내보내려 한다는 얘기를 들었다.	I heard that the president is going to lay off a member of our team. ★ lay off 정리해고하다
팀장이 사장을 적극 만류해서 겨우 감원위기를 넘겼단다.	I heard that we have narrowly escaped the layoff crisis thanks to our team leader, who aggressively talked the president out of doing that. ★ aggressively talk + 사람 + out of -ing ~하지 말라고 …에게 적극적으로 말하다

우리 부장이 감원에 적극 반대했다는 얘기가 있다.	I heard that our manager is firmly arguing against layoffs. ★ firmly arguing against ~에 강력하게 반대하다
우리 부장이 감원대상 1호란다.	I heard that our manager is the first target of the layoffs.
요즘 사내에 사장이 바뀔 거라는 소문이 돈다.	Rumor has it that the president is going to be replaced by someone else. ★ be replaced by ~로 교체되다
요즘 사내에 회사가 합병될 거라는 소문이 돈다.	Rumor has it that the company is going to be merged with another one. ★ be merged with ~와 합병되다
재무팀의 직원 한 명이 수년 동안 공금을 횡령한 게 얼마 전에 발각됐다는 얘기를 들었다.	They said that it was revealed that one employee of the accounting department had been embezzling company funds. ★ embezzle[imbézl] 횡령하다
사내 분위기가 장난이 아니게 살벌하다.	The company atmosphere has turned thoroughly nasty.
조만간 중간 관리자가 새로 올 거라는 얘기를 들었다.	I heard that a new middle manager will join us sooner or later. ★ sooner or later 조만간
새로운 프로젝트 때문에 사람을 더 뽑을 거라는 얘기를 들었다.	I heard that new people will be employed due to the new project.
모든 게 다 잘 해결되면 좋겠다.	I hope everything is going to be all right.

사장님은 모든 걸 알고 계신대

최 과장은 사장 처남이란다.	I heard that Section Manager Choe is the president's brother-in-law.
이번에 들어온 신입은 낙하산이라는 소문이 있다.	Rumor has it that the new guy got the job through favoritism. ★ favoritism[féivəritizm]은 정식 채용과정을 거쳐 뽑는 게 아니라, 가족이라서, 이사 아들이라서, 아는 사람이라서, 등등의 이유로 채용하는 '정실인사'를 뜻한답니다.

기획실의 신참은 무척 유능한 사람이라고 들었다.	I heard that the new employee in the planning department is a very able man. ★ able man 유능한 사람
사장 아들이 우리 회사에 있다는 소문을 들었다.	Rumor has it that a son of the president's is an employee of the company.
사장 아들이 곧 회사를 인수받을 거라는 얘기가 있다.	Rumor has it that the son of the president is going to take over the company soon. ★ take over ~을 인수하다
회사 명의가 사장 부인 앞으로 되어 있다는 얘기를 들었다.	Rumor has it that the president's wife is the company's owner on paper. ★ on paper 서류상
회의실에 도청장치가 되어 있다는 소문이 있다.	Rumor has it that the conference room is bugged. ★ be bugged 도청되다
사무실에 몰래 카메라가 설치되어 있대나 뭐래나?!	Rumor has it that the offices are rigged with hidden cameras or something. ★ be rigged with ~가 설치되어 있다
우리 사무실에는 CCTV가 설치되어 있다.	The offices are rigged with CCTV.
우리는 사장님이랑 같은 사무실에서 일한다. 되게 눈치 보인다.	We are working with our boss in the same office. I feel very ill at ease.
조지 오웰이 그랬다지, "빅브라더가 너를 지켜보고 있다"고! 그 말이 딱 들어맞네!	George Orwell said, "Big brother is watching you." He is quite right!

08 입사
회사 이야기
welcome aboard

오늘은 출근 첫날

오늘 정식으로 회사에 입사했다.	This is my first day of work after officially joining the company.
오늘 첫 출근을 했다.	This is my first day of work at the company.
나 말고 신입이 두 명 더 있었다.	There are two more new employees starting to work here besides me. ★ besides ~외에
첫날이라 오리엔테이션만 했다.	There was only an orientation session because this is my first day at the company.
이번 주는 업무에 대해 이것저것 배우게 될 거라고 한다.	They said that I am going to learn everything about my job.
신입사원들은 한 달간 연수를 받게 될 것이라고 한다.	They said that we, new employees, are going to take a training session for a month.
저녁 때 신입사원 환영회를 했다.	They threw a welcoming party for new employees. ★ throw a welcoming party 환영회를 하다(= have a welcoming party)
입사동기들은 모두 좋은 사람들인 것 같다.	It seems that all of those who have entered the company at the same time as me are nice. ★ those who have entered the company at the same time as me 나랑 같은 시기에 입사한 사람들, 즉 '입사동기들'을 뜻하는 말이죠.
회사 사람들은 모두들 좋은 분들인 거 같다.	I feel that all of the employees at the company are really nice.
회사 분들이 모두 잘 대해 주셨다.	All of the employees at the company treated me well.

출근 첫날이라 그런지 사람들 대하기가 좀 어려웠다.	It was a bit hard for me to deal with all the people at the company because it was my first day at work. ★ deal with ~를 대하다
출근 첫날이라 하루 종일 잔뜩 긴장했다.	I was extremely tense all day because it was my first day at work.
첫 출근 느낌은 매우 좋았다.	My first day at work seemed very good.
앞으로 멋진 회사생활을 하고 싶다.	I hope my life at work will be great.

너무 풋풋한 신입사원들

내일 신입사원들이 첫 출근하는 날이다.	Tomorrow is the first day of work for new employees.
오늘은 종일 신입사원 오리엔테이션 준비를 했다.	I prepared for the new employees' orientation session all day.
오늘 신입사원 환영회를 했다.	We had a welcoming party for new employees.
신입사원들은 모두 똘똘해 보였다.	All of the new employees looked smart.
신입사원들은 모두 풋풋해 보였다.	All of the new employees looked fresh-faced.
신입사원들은 모두 사람이 좋아 보였다.	All of the new employees looked nice.
신입사원 중에 쏙 마음에 드는 친구가 하나 있었다.	One of the new employees is my ideal type. ★ ideal type 이상형
새로운 사람들과의 회사생활이 무척 기대된다.	I am really looking forward to working with the new employees.

09 퇴사
회사 이야기
quitting work

회사를 관둬야겠다

요즘 회사를 관둘까 고민 중이다.	These days I have been seriously debating whether or not to quit my job. ★ 여기서 debate는 이렇게 할까 저렇게 할까 하며 '고민하다'라는 뜻이에요.
회사를 관두려고 한다.	I am going to quit my job.
회사를 관둬야겠다.	I will quit my job.
더 이상 버틸 수가 없다.	I can't stand my job anymore. ★ can't stand 견딜 수 없다
일이 나한테 안 맞는 거 같다.	My current job doesn't seem to suit me.
회사 일이 더 이상 별 의미가 없다.	My current job has hardly any meaning anymore.
사람들이랑 잘 안 맞는 거 같다.	I don't seem to get along with my co-workers very well. ★ get along with ~와 잘 어울리다, 잘 지내다
부장이랑 잘 안 맞는 거 같다.	My manager and I don't seem to get along well.
팀장이 하도 성질이 별나서 힘들어 죽겠다.	I have had a hard time with my eccentric team leader. ★ eccentric [ikséntrik] 성질이 별난
절이 싫으면 중이 떠나야지 뭐!	There is an old Korean saying that goes, "If a Buddhist monk doesn't like the temple, he leaves." I will just quit!
허구한 날 닭장 같은 사무실에 갇혀서 뭐 하는 짓인지 모르겠다.	I don't know what the hell I am doing being cooped up every day in a small office like a rabbit hutch. ★ 우리는 닭장 같은 사무실이라고들 말하지만, 영어에서는 '토끼 굴 같은 사무실(office like a rabbit hutch)'이라고 말해요. be cooped up in은 '~에 갇혀 있다'란 뜻.

회사를 관두려고 마음먹은 지가 언젠데 아직도 이 빌어먹을 회사에 다니고 있다.	I am still working in this bloody company, even though I decided to quit a long, long time ago. ★ bloody는 fucking과 같은 의미로, 주로 영국에서 많이 쓰이죠.
건우는 관둔다 관둔다 하면서도 여전히 그 회사를 다니고 있다.	Geonwu has been harping on his intention to quit, but he is still working at that company. ★ 같은 소리를 계속 되풀이해서 말하는 것을 harp라고 하죠. 즉, '~하겠다는 소리를 계속 되풀이한다'고 할 때는 〈harp on one's intention to + 동사원형〉의 형태로 표현할 수 있어요.

드디어 사표를 냈다

오늘 사표를 냈다.	I handed in my resignation today.
드디어 오늘 사표를 냈다.	Finally I tendered my resignation letter. ★ '~을 제출한다'고 할 때는 tender라는 동사도 쓴다는 것, 알아두세요.
몇 달을 망설이다 드디어 오늘 사표를 냈다.	After several months of hesitation, I finally handed in my resignation today.
망설이고 망설인 끝에 드디어 사표를 냈다.	After hesitating for a long time I finally tendered my resignation.
속이 다 후련하다.	Now I feel greatly relieved
부장님이 다시 생각해볼 수 없냐고 하셨다.	My manager told me to give it a second thought. ★ give it a second thought 다시 생각하다, 재고해보다
사장님이 간곡히 붙잡으셨다.	My boss tried very hard to persuade me to stay. ★ persuade A to + 동사원형 A에게 ~하라고 설득하다
사장님이 간곡히 붙잡으셨지만 결정을 돌이키고 싶진 않았다.	My boss tried very hard to persuade me to stay, but I didn't want to change my mind. ★ change one's mind 마음을 바꾸다
사장님이 하도 간곡히 붙잡으셔서 마음이 약해져 버리고 말았다.	My boss tried so hard to persuade me to stay that my determination faltered. ★ so + 형용사 + that 주어 + 동사 너무 ~해서 …하다 ｜ falter[fɔ́:ltər] 비틀거리다
사장님이 하도 간곡히 붙잡으셔서 결국 사표를 내지 못했다.	My boss tried so hard to persuade me to stay that I didn't hand in my resignation.

한 달 전에 사표를 제출했지만, 결국 수리되지 않았다.	I tendered my resignation a month ago, but it was not accepted.
아~ 난감하네. 어쩌면 좋지?	What a dilemma! ★ dilemma[dilémə]는 이렇게 하자니 이게 걸리고 저렇게 하자니 다른 게 걸리는 '난감한 상황, 이러지도 저러지도 못하는 상황'을 말해요.
그래도 한 번쯤 붙잡아줄 줄 알았는데, 순순히 사표를 수락하셔서 좀 서운했다.	I thought my manager would try to talk me out of quitting, so I was a little disappointed that he accepted my resignation without any hesitation.
붙잡으면 어쩌나 고민했는데, 순순히 사표를 수락해 주셔서 안심했다.	I was worried that my manager would try to talk me out of quitting, so I was relieved when he accepted my resignation without any hesitation.

잘렸다

오늘 회사에서 잘렸다.	I was sacked from work today. ★ be sacked 잘리다
오늘 회사에서 해고통지를 받았다.	My company gave me the pink slip today. ★ pink slip 해고통지
오늘 회사에서 문자로 해고통지를 받았다.	My company gave me the pink slip by text message today.
가족들도 뒷전으로 하고 10년 넘게 충성했는데 어떻게 나한테 이럴 수가 있지?	Neglecting my family, I have been devoting myself to this company for over 10 years. How can the company treat me like this?
젠장, 내가 뭐 땜에 잘린 거야?!	Why the hell was I sacked?
내가 왜 잘렸는지 이해가 안 된다.	I can't understand why I was sacked.
하루아침에 어떻게 이럴 수가 있지?	How can they do that to me without a single day's notice? ★ 회사는 보통 대명사 they로 받는다는 거, 알아두세요.
가족들한테는 뭐라고 얘기해야 하지?	What should I tell my family?
앞으로 어떻게 먹고 살지? 눈앞이 캄캄하다.	I'm worried sick about how I'm going to make ends meet.

젠장, 노동부에 신고할까 보다.	Damn it, maybe I should report my case to a government labor office. ★ report는 경찰 같은 데에 '신고하다'라고 할 때도 쓰여요.

회사를 관두고 나면

회사를 관두고 나면 뭘 할까?	What should I do after quitting my job?
여태껏 너무 일만 하며 지냈는데.	Until up to now all I have done is nothing but work.
회사를 관두고 나면 당분간은 휴식을 좀 취해야겠다.	For a while I will get some rest after quitting my job.
회사를 관두고 나면 잠깐 해외에 나가 바람 좀 쐬고 와야겠다.	After quitting my job I will take a trip abroad for a short period for relaxation and refreshment.
조금만 쉬다가 바로 일자리 알아봐야겠다.	I will look for another job after a little rest.
조금만 쉬다가 바로 창업 준비를 해야겠다.	I will prepare to start my own business after a little rest.
프리랜서로 일해야겠다.	I will work as a freelancer.
직종을 아예 바꿔볼까?	Will I change careers?

필수어휘 따로보기

입사 • 퇴사와 관련된 유용한 어휘들

입사하다	join a company	회사를 관두다	quit one's job
첫 출근	one's first day at/of work	잘리다	be sacked/fired
신입사원	new employee/hire/comer		get sacked/fired
신입사원 환영회	welcoming party for new employees		get the sack
		정리해고하다	lay off
사표	resignation	정리해고	lay-off
사표를 제출하다	submit/tender one's resignation hand/turn in one's resignation	해고통지	pink slip
		노동부	government labor office

| 빵만으론 살 수 없다! |

즐기며 살기

01 영화
02 공연·전시
03 스포츠
04 독서
05 여행
06 쇼핑
07 음주가무
08 취미

즐기며 살기
01 영화
going to the movies

영화 한 편 보고 싶은데

오늘 영화 한 편 보고 싶었다.	I wanted to see a movie today.
통쾌한 액션영화 한 편 보고 싶었다.	I wanted to see a thrilling action movie.
요즘은 바빠서 영화도 한 편 제대로 못 본다.	I have no time to see a movie because I am really busy these days.
같이 보러 갈 사람이 없어서 그냥 일찍 들어왔다.	I have no one to go see a movie with, so I just came home early. ★ 극장에 영화를 보러 가는 것은 go to the movies 또는 go (to) see a movie라고 하면 되겠어요.
같이 보러 갈 사람이 없어서 그냥 집에서 인터넷으로 봤다.	I have no one to go see a movie with, so I saw it on the Internet at home. ★ on the Internet 인터넷으로(= online)
나는 공포/액션/멜로/코미디 영화를 좋아한다.	I like horror/action/romance/comedy movies.
나는 만화 영화가 좋다.	I like cartoons.
나는 무서운 영화는 싫다.	I hate scary movies.
나는 슬픈 영화는 싫다.	I hate sad movies.
그 영화의 남자 주인공은 마지막에는 죽는단다.	I heard that the hero in the movie dies at the end.
그 영화는 해피엔딩이란다.	I heard that the movie ends happily.
〈도둑들〉이 천만 관객을 넘어 섰단다.	They say that more than ten million people have seen "The Thieves."
나는 그 영화를 아직 못 봤지만, 사람들이 그러는데 굉장한 영화라고 한다.	I have not seen the movie yet, but they say it is really great. I have not seen it myself, but it is supposed to be a great movie.
아~ (그 영화) 보고 싶어라.	Oh, I really want to see it.

영화를 보러 가다

나는 영화 보는 게 취미이다.	I enjoy watching movies. ★ 여기서 영화 보는 게 취미란 말은 영화를 즐겨 본다는 얘기이죠. 따라서 '~를 즐겨 하다'란 의미의 <enjoy + -ing>를 이용해 보세요.
나는 주말에 주로 영화를 보러 간다.	I usually go to the movies on weekends.
나는 종종 혼자서 영화를 보러 간다.	I often go to the movies alone.
난 절대 혼자서는 영화 보러 안 간다.	I never go to the movies alone.
난 남자끼리는 절대 영화 보러 안 간다.	I never go to the movies with men only.
친구랑 영화를 보러 갔다.	I went to the movies with a friend.
오늘 혼자서 영화 〈쏘우〉를 봤다.	I saw/watched the movie "SAW" alone today.
퇴근길에 혼자 영화를 보러 갔다.	I went to see a movie alone on my way home from work. ★ on one's way home 집으로 가는 길에
저녁 때 영화 동호회 사람들이랑 영화를 한 편 봤다.	I saw a movie with my movie club members in the evening.
내일 영자랑 〈베를린〉을 보러 갈 거다.	I am going to go see the movie, "The Berlin File" with Yeongja tomorrow.
여자친구 있을 때는 영화 보러 자주 갔었는데.	I used to go to the movies when I had a girlfriend.
요즘은 영화 보러 극장에 잘 안 간다.	I don't go to the movies often these days.
요즘은 주로 인터넷으로 영화를 보는 편이다.	I usually watch movies on the Internet these days.
요즘은 집에서 DVD로 영화를 보는 편이다.	I usually watch movies on DVD at home these days.

영화를 보고 난 뒤 ① 너무 재미있었다

그 영화는 너무 재미있었다.	The movie was really funny. The movie was hilarious. ★ hilarious [hiléəriəs] 너무 재미있는

그 영화는 나름 재미있었다.	The movie was sort of fun.
킬링타임용으로는 볼 만했다.	The movie was good for killing time.
그 영화는 정말 흥미로웠다.	The movie was really interesting.
정말 끝내주는 영화였다.	The movie was awesome.
정말 감동적인 영화였다.	The movie was really moving. ★ 나를 주어로 해서 I was deeply touched/moved/impressed.(정말 감동적이었어.)라고 해도 같은 의미이죠.
정말 괜찮은 영화였다.	The movie was really good.
말로 형용할 수 없을 정도로 훌륭한 영화였다.	It was a great movie beyond description. ★ beyond description 말로 형용할 수 없을 정도로
"지금 이 순간을 즐기라!"고 했던 영화 속 대사가 머릿속에서 계속 맴돈다.	A line in the movie, "Carpe diem (Seize the day)!" keeps going around in my head. ★ '까르페 디엠(Carpe diem)'은 영화 Dead Poets Society(죽은 시인의 사회)에 나온 유명한 말로, 영어로는 Seize the day!이죠.
진짜 강추하고 싶다.	I really want to recommend the movie. I really want to tell people to see the movie.
또 보고 싶다.	I want to see it again.
배우들 연기가 너무 좋았다.	The acting (in the movie) was really good.
여자 주인공이 너무 매력적이었다.	The heroine (in the movie) was really attractive.
여자 주인공이 너무 매력적이었다. (외모)	The heroine (in the movie) was really gorgeous.
남자 주인공이 너무 멋있었다.	The hero (in the movie) was really good/nice.
여자 주인공은 어쩜 그리도 연기를 잘 할까?	I can't believe how amazing the heroine's acting is!
구성도 매우 탄탄하다.	Besides, it has a very well-structured plot. ★ besides 게다가
연출이 참 놀라웠다.	I found the directing really amazing.
우리나라 감독들, 참 영화 잘 만드는 것 같다.	I think Korean directors make really good films.

영화를 보고 난 뒤 ② 너무 웃겼다

그 영화는 너무 웃겼다.	The movie was very funny.
배우들 대사가 너무 재미있었다.	The lines of the actors (in the movie) were really funny. ★ fun은 일반적인 의미의 '재미있는'이란 뜻이고, funny는 '웃겨서 재미있는'이란 뜻이죠.
신나게 한번 웃을 수 있는 영화였다.	It was that movie we had a good laugh over. ★ have a good laugh over ~ 때문에 한바탕 신나게 웃다
영화 보는 내내 하도 웃어서 배꼽 빠지는 줄 알았다.	I almost split my sides laughing all through the movie. ★ split one's sides laughing 하도 웃어서 배꼽이 빠지다
어쩜 그렇게 천연덕스럽게 바보 연기를 할 수 있을까?	How can he/she be such a foolish and stupid character so naturally?
스트레스가 확 달아나는 것 같았다.	It seemed that all my stress was immediately released.
속이 다 후련했다.	I was all refreshed.
머릿속에 남는 건 별로 없다.	There is not much left in my head.
웃기면서도 왠지 모를 감동도 전해지는 영화였다.	The movie was funny and kind of moving at the same time.
입은 웃고 있는데 눈에서는 눈물이 맺혔다.	Tears welled up in my eyes while I was laughing. ★ well up in one's eyes 눈물이 맺히다
돈이 아깝지 않았다.	I think that I spent my money well. I am satisfied with spending my money on it. ★ be satisfied with ~에 만족하다

영화를 보고 난 뒤 ③ 너무 슬펐다

너무 슬픈 영화를 봤다.	I saw a really sad movie.
이렇게 슬픈 영화는 생전 처음 봤다.	Never in all my life have I seen such a sad movie. ★ I have never seen such a sad movie in all my life.에서 의미를 강조하기 위해 never와 in all my life를 앞으로 빼면서 I와 have의 위치가 바뀌게 된 문장이에요.
상상할 수 없을 정도로 슬픈 영화였다.	It was an awfully sad movie.

눈물이 나는 걸 억지로 참았다.	I fought back tears. I tried very hard not to cry. ★ fight back ~에 맞서서 고군분투하다. 즉 여기서는 눈물을 '애써 참다, 참느라 혼나다'라는 의미.
눈물 콧물이 범벅이 되었다.	Tears and snot were mixed messily on my face. ★ be mixed messily 범벅이 되다
여기저기서 훌쩍대는 소리가 들렸다.	I heard sobbing sounds from here and there.
안타깝게도 결국 남자 주인공이 죽었다.	Unfortunately, the hero (in the movie) died in the end.
너무 가슴이 아팠다.	I was really heartbroken.
여자주인공이 너무 가여웠다.	I felt terribly sorry for the heroine (in the movie).
왠지 모르게 기분이 씁쓸했다.	I felt bitter for some reason. ★ for some reason 왠지 모르게
마지막 장면에서는 감정이 북받쳐서 숨이 다 막혔다.	I almost choked with emotions during the last scene. ★ choke with emotions 감정이 북받쳐서 숨이 막히다
어떻게 이렇게 슬픈 이야기를 생각해냈을까?	How could they come up with such a sad story? ★ come up with (아이디어나 스토리 같은 것을) 생각해 내다
영화가 다 끝났는데도 눈물이 멈추질 않았다.	I couldn't stop the tears from flowing down my face at the end of the movie.
카타르시스를 느꼈다.	I felt a catharsis. ★ catharsis [kəθɑ́ːrsis] 카타르시스
아직까지도 기분이 너무 울적하다.	I am still depressed.
당분간 슬픈 영화는 자제해야겠다.	I will avoid watching sad movies for a while. ★ avoid + -ing ~하기를 피하다 ｜ for a while 당분간

영화를 보고 난 뒤 ④ 너무 시시했다

그 영화는 지루했다.	The movie was boring.
지루해서 죽는 줄 알았다.	The movie was dead boring.

나는 그 영화가 너무 지루했다.	I was bored to tears during the movie. ★ be bored to tears란 '눈물이 날 정도로 지루하다', 즉 '지루해도 너무 지루하다'는 의미이죠.
영화가 너무 시시하게 끝났다.	The ending of the movie was very flat.
영화의 줄거리와 액션이 너무 뻔했다.	The plot of the movie and the action was too predictable.
책보다 못 했다.	The movie wasn't as good as the book.
그저 그랬다.	The movie was so-so. The movie was mediocre. ★ so-so 좋지도 나쁘지도 않고 그저 그런, 평범한(= mediocre)
예고편이 내용의 전부였다.	If you see the trailer of the movie, you've seen just about all there is to see. ★ trailer[tréilər] 예고편 | just about all there is to see 볼만한 건 거의 다
진짜 이렇게까지 재미없을 줄은 몰랐다.	I didn't expect it to be so dull.
기가 막혔다.	I was really disappointed.
배우들 연기도 영 어색했다	The acting of the actors (in the movie) was awkward.
이렇게 주인공과 감정이입 안 되는 영화는 처음 봤다.	I have never seen such cold characters in a movie before. I had no feeling for the main character in the movie. I could not relate to him/her at all.
누가 이 영화 보라 그랬어?	Who told me to see this movie?
이 영화 괜찮다고 소개한 기자의 꿍꿍이가 궁금하다.	I wonder what the reporter who said this movie is so good was thinking about.
이렇게 재미없는 줄 알았으면, 보지 않았을 텐데.	I wouldn't have seen it if I had known it would be so dull.
으~ 돈 아까워.	Ugh, I regret spending my money on it. Ugh, I am sorry (that) I spent my money on it. Ugh, I wasted my money.
괜히 시간만 버렸다.	I wasted my time.

영화를 보고 난 뒤 ⑤ 진짜 무서웠다

그 영화는 진짜 무서웠다.	The movie was really scary.
너무 무서워서 거의 눈을 가리고 있었다.	I was so scared that I covered my eyes with my hands almost throughout the whole movie.
〈식스센스〉의 마지막 장면은 진짜 오싹했다.	The last scene of "The Sixth Sense" was really frightening.
그 장면을 본 순간 간담이 서늘해졌다.	The scene made my blood run cold.
영화 보는 내내 조마조마했다.	I was on the edge of my seat throughout the whole movie. ★ be on the edge of one's seat 좌불안석하다. 극장에서 영화를 보며 너무 조마조마해서 편하게 앉아 있지 못하고 의자 끝에 앉아서 촉각을 곤두세우고 있는 자신의 모습을 상상하면 쉽게 감이 올 거예요.
영화 보는 내내 입술이 바짝바짝 말랐다.	My lips dried out during the movie.
영화 보는 내내 살인범이 누굴까 계속 생각했다.	During the movie, I followed the story closely and I tried to figure out who the killer was.
너무 의외의 반전 때문에 영화가 끝날 때쯤에는 감독한테 농락당한 기분이 들었다.	The plot took a twist that I never saw coming, and at the end of the movie I felt that the director had made a complete fool out of me. ★ make a fool out of ~를 놀리다, 바보로 만들다
여기저기서 사람들이 꽥꽥 괴성을 질렀다.	People screamed here and there.
영화보다 사람들 괴성에 더 놀랐다.	I was more frightened by the audience's shrieks than by the movie itself. ★ audience[ɔ́ːdiəns] 관객
난 무서운 줄 몰랐는데 여친은 너무 무서워했다.	I was not frightened at all, but my girlfriend was really scared.
저녁 때 본 영화 속 귀신이 자꾸 떠올라서 잠이 안 온다.	I can't go to sleep because the ghost in the movie I saw this evening keeps coming back to my mind. ★ keep + -ing 자꾸 ~하다 ｜ come back to one's mind 머릿속에 떠오르다, 생각이 나다

드라마 보는 재미도 쏠쏠해

요즘 드라마가 볼 게 너무 많다.	There are so many TV dramas I want to watch these days.
요즘 드라마 보는 낙에 산다.	I take comfort from watching TV dramas.
우리나라 드라마가 이렇게 재미있는 줄 미처 몰랐다.	I didn't know Korean TV dramas are so good.
우와, 여자 작가가 이런 추리물을! 남자 작가가 쓴 시나리온 줄 알았잖아! 박수!!	Oh, this mystery is written by a woman writer! I thought the writer is a man! I'd like to give a big hand to her!
인상 깊은 드라마? 최근 몇 년 새 본 것 중엔 〈싸인〉이 인상 깊었어.	What is the TV drama which impressed me most strongly? The drama "Sign" is the most impressive among the TV dramas I have watched in recent years.

영화 • 공연 • 전시와 관련된 유용한 어휘들

공포 영화	horror movie	극장에 영화 보러 가다	
액션 영화	action movie		go to the movies / go (to) see a movie
멜로 영화	romance movie	연극/뮤지컬을 보러 가다	
코미디 영화	comedy movie		go (to) see a play/musical
만화 영화	cartoon	콘서트/전시회를 보러 가다	
연극	play		go to a concert/an exhibition
그림 전시회	art exhibition		

02 공연·전시
즐기며 살기
going to see a performance or an exhibition

문화생활도 하며 살고 싶다

연극 한 편 보고 싶다.	I want to see a play. ★ play 연극
아~ 〈맘마미아〉 보고 싶어라.	Oh, I really want to go see "MAMMA MIA." ★ '~를 보러 가다'는 뜻의 go to see에서 to는 습관적으로 곧잘 생략해서 쓴답니다. 하지만, 과거형으로 쓸 때는 went to see처럼 to를 꼭 붙여 주세요.
발레 공연도 한번 가봤으면.	I wish I could go see a ballet. ★ ballet[bæléi] 발레
예술의 전당에서 고흐 전시회를 한다던데.	I heard that they are holding a van Gogh exhibition at Seoul Arts Center. ★ hold an exhibition 전시회를 열다
제이슨 므라즈 공연을 보러 가고 싶은데 벌써 매진이래.	I want to go see Jason Mraz's concert, but the tickets are sold out. ★ be sold out 매진이다
콜드플레이 공연을 보러 가고 싶었는데 같이 갈 사람이 없어서 단념했다.	I wanted to go see Coldplay's concert, but I gave up because I had no one to go with.
나는 그 뮤지컬을 아직 못 봤지만, 사람들이 그러는데 정말 괜찮다고 한다.	I have not seen the musical yet, but they say it is great. I have not seen it myself, but it is supposed to be a great musical.
그 연극은 왠지 안 당긴다.	I just don't feel like seeing the play.
연극 한 편 볼 시간도 없다.	I have no time to go see a play.
콘서트 한 번 볼 돈도 없다.	I have no money to go see a concert.
뮤지컬은 너무 비싸서 보러 갈 엄두가 안 난다.	Musicals are so expensive that I can't even consider going to see them.
나도 문화생활도 좀 하면서 살고 싶다.	I also want to enjoy a cultural life.
새해부터는 문화생활을 좀 해야겠다.	I want to enjoy a cultural life from the new year.

공연을 보러 갔다

나는 연극/뮤지컬을 좋아한다.	I like to see plays/musicals.
나는 매월 연극을 한 편 정도 본다.	I go to see a play once a month on average. ★ once a month 한 달에 한 번 ｜ on average 평균적으로
나는 콘서트를 즐겨 본다.	I enjoy going to concerts.
나는 락 음악이 좋다.	I like rock 'n' roll. ★ rock 'n' roll 자리에 classical music(클래식), pop music(대중음악), jazz(재즈), hip hop(힙합), rap(랩) 등 자기가 좋아하는 음악의 장르를 넣어보세요.
나는 그림전시회를 즐겨 본다.	I enjoy going to art exhibitions.
현대미술관에 갔다.	I went to the Museum of Modern Art.
친구랑 연극 〈라이어〉를 봤다.	I went to go see the play "Liar" with my friend.
맨 앞좌석에서 공연을 봤다.	I saw the performance from a seat in the front row.
VIP석에서 공연을 봤는데 진짜 끝내줬다.	I saw the performance in a VIP seat, and it was really awesome.
무대가 너무 멀어서 잘 안 보였다.	I couldn't see it well because the stage was too far away.
R석이나 VIP석에서 봤으면 더 좋았을 텐데.	If I had sat in a royal seat or a VIP seat, it would have been better.
지난 주말에 남친이랑 자우림 공연에 갔다 왔다.	I went to Jaurim's concert with my boyfriend last weekend.
우리는 이번 토요일에 뮤지컬 〈지킬 앤 하이드〉를 보러 갈 거다.	We are going to see the musical "Jekyll and Hyde" this Saturday.
내일 지훈이랑 콘서트를 보러 갈 것이다.	I am going to (go to) a concert with Jihun tomorrow.

연극을 보고 난 뒤

너무 재미있었다.	The play was really funny.

너무 감동적인 연극이었다.	It was a very moving play.
그런대로 괜찮았다.	It was all right.
기대만큼 재미있지 않았다.	It wasn't as good as I expected.
실망했다.	I was disappointed with it.
연극을 하는 사람들이 너무 부럽다.	I really envy stage actors.
나도 연극배우가 되고 싶다는 충동이 인다.	I feel an urge to be a stage actor. ★ feel an urge to + 동사원형 ~하고 싶은 충동이 일다

뮤지컬을 보고 난 뒤

참 스토리가 엉성했다.	The storyline was very loose.
노래가 너무 좋았다.	The songs (in the musical) were very good.
정말 신났다.	It was really exciting.
기대 이상으로 괜찮았다.	It was really better than I expected.
어마무지하게 감동적이었다.	It was extremely moving.
너무 슬퍼서 목이 다 메었다.	I got choked up with sorrow. ★ get choked up with ~ 때문에 목이 다 메다
연극, 영화, 뮤지컬을 통틀어 이렇게 감동적인 건 처음이다.	That is the most touching performance among all of the plays, movies and musicals I've ever seen.
공연이 끝난 뒤에도 감동이 가시지 않았다.	I was so deeply moved that the feeling didn't die down until long after the show was over. ★ die down 사그라들다 ｜ until long after ~한 뒤에도 한참이나
조승우의 연기는 어떻게 말로 표현할 수가 없을 정도로 좋았다.	Cho Seungwoo's acting was beyond description.
한참을 멍하게 무대만 바라보고 있었다.	I was looking at the stage blankly for a while.
관객들이 모두 기립박수를 쳤다.	The show got a standing ovation. ★ get a standing ovation 기립박수를 받다
나도 모르게 벌떡 일어나 박수를 쳤다.	I suddenly stood up and clapped in spite of myself. ★ in spite of myself 나도 모르게

내년에도 하면 또 봐야겠다.	I will go see it again if the musical is still playing next year.
아무리 돈이 없어도 그 뮤지컬은 꼭 봐야겠다.	I definitely intend to go to see that musical, however little money I have.
뮤지컬을 하는 사람들이 너무 매력적인 것 같다.	I am strongly attracted to musical actors. ★ be attracted to ~에게 끌리다, 매력을 느끼다
뮤지컬 배우들은 진짜 대단한 것 같다.	It seems to me that musical actors are really amazing.
나도 뮤지컬 배우가 되고 싶다.	I want to become a musical actor.

콘서트를 보고 난 뒤

너무 좋았다.	It was really good.
너무 좋은 연주였다.	It was a great performance. ★ 연극이든 뮤지컬이든, 가수의 콘서트든 연주자의 연주공연이든 무대에서 공연하는 것은 모두 performance로 표현할 수 있어요.
너무 즐거운 시간이었다.	It was really fun. I had a really fun time.
3시간이 짧게 느껴졌다.	The three hours flew by.
무척 열정적인 공연이었다.	It was a very passionate performance.
역시 노래는 공연장에서 직접 들어야 해.	Needless to say, it is better to hear songs at a concert in person. ★ needless to say 두말할 것도 없이 ｜ in person '직접' 내가 행차한다는 의미에서의 '직접, 몸소'란 뜻.
역시 노래는 라이브가 짱이다.	Needless to say, it is best to hear songs played live.
그 공연의 생생한 감동은 이루 말할 수가 없다.	The vivid emotions I experienced at the concert are beyond description.
어디서 그런 열정이 솟아나는 걸까?	Where does he/she get his/her passion from?
그들의 열정이 너무 부럽다.	I really envy their passion.

스트레스가 확 달아나는 것 같았다.	It seemed that all my stress was immediately released.
다음 번에 또 YB밴드의 공연을 보러 가야겠다.	I will go to see YB band's concert again.

미술 전시회를 보고 난 뒤

뭐가 뭔지 잘 이해가 안 된다.	I don't understand what the works of the artist mean. ★ 화가의 '작품'을 통상 work라고 하죠.
머리만 아팠다.	I only had a headache.
뭔지는 잘 모르겠지만 좋다는 건 알겠더라.	I don't understand what the works of the artist mean, but I found them good.
왠지 마음이 편안해지는 느낌이 들었다.	I felt comfortable in my mind for some reason.
아이와 같은 화가의 해맑음이 느껴졌다.	I felt the artist's childlike innocence.
화가의 고통이 고스란히 전해지는 것 같았다.	I felt the agony of the artist just as it was. ★ just as it was (그 당시) 있는 그대로, 고스란히
나도 모르게 눈물이 났다.	I gave way to tears in spite of myself. ★ give way to tears 눈물이 나다
그 정도 그림은 나도 그리겠더만.	I think I could have painted that!
뭐가 대단하다는 건지 모르겠다.	I don't understand why the works are considered so amazing.
내가 잘 몰라서 그런가?	Is that because I don't get it? ★ Is that because 주어 + 동사 ~ ? ~ 때문에 그런 건가? ǀ get it 이해하다, 알다
그림을 그리고 싶은 강한 충동이 일었다.	I felt a strong urge to draw a picture.

즐기며 살기 03 스포츠 sports

축구/농구/배구/족구를 하다

오늘 과 친구들이랑 축구를 했다.	I played soccer with my department mates today.
점심 때 회사 동료들이랑 족구를 했다.	I played jokgu with my co-workers during lunch break. ★ co-worker 직장 동료 ǀ lunch break 점심 휴식 시간
난 주말마다 동호회 사람들이랑 배구를 한다.	I play volleyball with my club members on weekends. ★ on weekends 주말마다 (= every weekend)
나는 주말이면 친구들이랑 농구를 즐겨 한다.	I enjoy playing basketball with my friends on weekends.
전력을 다해 뛰었다.	I played my best. ★ 동사 + one's best 최선을 다해 ~하다
우리 팀이 이겼다/졌다.	Our team won/lost.
농구는 너무 재미있다.	Playing basketball is really fun. ★ 여기서는 자신이 직접 '농구하는 것(Playing basketball)'이 재미있다는 의미로 한 말.
난 축구가 너무 좋다.	I really like soccer. • I really like playing soccer. ★ 첫 번째 문장은 포괄적으로 한 말이며, 두 번째 문장은 자신이 직접 '축구를 하는 것 (playing soccer)'이 좋다고 명확하게 한 말.
열심히 뛰면서 땀 한번 쫙 빼고 나면 기분이 너무 좋아진다.	I feel really great after sweating a lot. ★ sweat[swet] 땀을 흘리다. 땀 흘려 열심히 하다
역시 경기는 구경만 하는 것보단 직접 뛰는 게 최고다.	Needless to say, it is better to play sports in person than to watch them.
예전엔 걸핏하면 친구들이랑 농구하며 놀았는데.	I used to play basketball with my friends frequently.
나도 친구들이랑 농구를 하고 싶은데, 여자애들은 왜 뛰는 걸 싫어할까?	I want to play basketball with my friends. Why do girls hate running around?
내가 좀 별난 건가?	Am I a little weird?

경기를 보러 가다

어제 남친이랑 농구 보러 갔다.	I went to watch a basketball game with my boyfriend yesterday.
이번 주말에 야구 보러 갈 예정이다.	I am going to go to watch a baseball game this weekend.
경기장에 가서 축구하는 거 직접 한번 봤으면.	I really want to go to watch a soccer game in person. ★ in person 자체에 '직접 현장에 가서'란 의미가 내포되어 있어요.
경기장에 가서 배구 경기 보는 건 생전 처음이다.	I have never watched a volleyball game in person before.
나는 삼성 팬이다.	I am a big fan of the Samsung Lions.
남친은 박지성 팬이다.	My boyfriend is a big fan of Park Jisung.
선수들이 너무 멋있었다.	The players were awesome.
내가 응원한 팀이 이겼다/졌다.	The team I rooted for won/lost. ★ root for ~를 응원하다
경기장의 열기가 장난이 아니었다.	The stadium was just insane.
응원하는 사람들의 모습이 참 재미있었다.	The cheering people were really fun to look at.
역시 TV로 보는 것보다 직접 보는 게 훨씬 재미있었다.	As expected, it was more fun to watch the game in person than watch it on TV.

볼링/당구/골프를 치다

난 볼링 치는 게 취미이다.	I really enjoy bowling.
난 당구 동호회에 들었다.	I joined a billiards club.
난 요즘 골프를 배운다.	I take golf lessons these days.
퇴근 후에 동료들이랑 볼링 치러 갔다.	I went bowling with my colleagues after work. ★ go bowling 볼링을 치러가다
친구들과 함께 볼링장에 갔다.	I went to a bowling alley with some friends. ★ bowling alley 볼링장

수업 땡땡이치고 친구들이랑 당구/포켓볼 치러 갔다.	I played hooky from school and went to play billiards/pool with some of my friends. ★ play hooky from school 학교수업을 땡땡이치다 ǀ play billiards 당구를 치다 ǀ play pool 포켓볼을 치다
요즘엔 당구 치는 사람들이 별로 없는 것 같다.	It seems that there aren't many people who play billiards these days.
얼마 전부터 토요일마다 골프 연습장에 가기 시작했다.	I started going to a driving range on Saturdays a while ago. ★ driving range 골프연습장 ǀ on Saturdays 토요일마다(= every Saturday)
난 볼링을 잘 치는 편이다.	I am good at bowling. ★ be good at ~를 잘 한다(↔ be poor at)
난 당구를 잘 못 친다.	I am not much of a billiards player. I am not good at playing billiards. I am poor at playing billiards. ★ be not much of + 무엇을 하는 사람 대단한 ~는 아니다
난 골프를 잘 치지는 못하지만, 재미있다.	I am not a good golfer, but it is fun.
골프는 재미는 있는데 돈이 너무 많이 든다.	Golf is fun, but it costs too much money.
이제 겨우 골프 맛을 들였는데 돈이 없어서 관둬야겠다.	I have finally started to enjoy golfing, but I have to quit because it costs too much to play. ★ golf는 명사로도 쓰이고 동사로도 쓰이죠. 이 문장에서는 동사로 쓰였어요.

스키/인라인스케이트를 타다

스키의 계절, 겨울이다.	It is winter, the season of skiing. ★ ski 스키를 타다
난 스키 타는 게 취미이다.	I really enjoy skiing.
겨울만 되면 스키 타러 가고 싶어 좀이 쑤신다.	I am getting itchy to go skiing whenever winter comes around. ★ get itchy to + 동사원형 ~하고 싶어 좀이 쑤시다
스키는 너무 재미있다.	Skiing is really fun.
지난 주말에 용평에 스키 타러 갔다.	I went skiing in Yongpyeong. ★ go skiing (in + 장소) (~에) 스키 타러 가다

오늘 난생 처음 스키 타러 갔다.	Today I went skiing for my first time ever. ★ for one's first time ever 난생 처음
아~ 또 스키 타러 가고 싶다.	Oh, I really want to go skiing again.
요즘 남친한테 인라인스케이트를 배운다.	My boyfriend is teaching me how to in-line skate. ★ in-line-skate 인라인스케이트를 타다
난 주말이면 올림픽 공원에 인라인스케이트를 타러 간다.	I go in-line skating at Olympic Park on weekends. ★ go in-line-skating (in + 장소) (~에) 인라인스케이트를 타러 가다
난 인라인스케이트는 너무 무서워서 도저히 못 타겠다.	I am too scared to in-line skate. ★ too ~ to + 동사원형 너무 ~해서 …할 수 없는

건강을 생각해서

건강을 생각해서 운동 좀 해야 하는데.	I should work out for my health. ★ work out 운동하다
올해는 운동을 꾸준히 해야겠다.	I will work out regularly this year.
운동을 해서 몸매를 좀 가꿔야겠다.	I will work out and get in good shape. ★ get in good shape 좋은 몸매를 갖다
예전에는 규칙적으로 운동했었는데.	I used to work out regularly.
바빠서 운동할 시간도 없다.	I am too busy to work out. I have no time to work out because I am so busy.
수영을 배워볼까?	Should I take swimming lessons?
요가를 한번 해봐야겠다.	I will try yoga.
헬스클럽에 다녀볼까 생각 중이다.	I am thinking about going to a fitness center. ★ fitness center 헬스클럽(= health club)
재즈댄스를 다시 배우고 싶다.	I want to learn jazz dance again.
어제부터 헬스클럽에 나갔다.	I began to work out at a health club yesterday.
어제부터 방과 후에 검도를 배우러 갔다.	I began to learn kendo after school yesterday.
얼마 전부터 테니스/스쿼시를 배우기 시작했다.	I started to learn tennis/squash a while ago.
얼마 전부터 새벽에 수영장에 다니기 시작했다.	I started to go swimming at a pool in the early morning a while ago.

얼마 전에 자전거 동호회에 들었다.	I joined a bike club a while ago.
내일부터 퇴근 후에 요가를 시작할 거다.	I am going to start doing yoga after work tomorrow.
내일부터 아침에 일찍 일어나서 조깅을 해야겠다.	I will get up early and start to go jogging every morning from tomorrow. ★ go jogging 조깅하러 가다
난 아침마다 동네 공원을 산책한다.	I take a walk around my neighborhood park in the morning every day.
난 요즘 운동 삼아 자전거로 출퇴근한다.	I exercises by riding my bike to and from work these days.
난 운동 삼아 주말마다 자전거를 탄다.	I exercises by riding my bike on weekends.
난 퇴근 후에 매일 우리 집 강아지를 산책시킨다.	I walk my dog after work every day. ★ walk one's dog 개를 산책시키다
난 주말마다 동생이랑 동네 공원에서 배드민턴을 친다.	I play badminton with my little brother/sister in our neighborhood park on weekends.
나름 운동이 되는 것 같다.	It seems to be good exercise.

필수어휘 따로보기

스포츠와 관련된 유용한 어휘들

축구를 하다	play soccer	수영하다	go swimming / swim
배구를 하다	play volleyball	스키타다	go skiing / ski
농구를 하다	play basketball	인라인스케이트를 타다	go in-line skating / in-line skate
야구를 하다	play baseball		
족구를 하다	play jokgu	운동 삼아 자전거를 타다	exercise by riding a bike
테니스를 치다	play tennis		
배드민턴을 치다	play badminton	산에 가다	go hiking
탁구를 치다	play ping pong	요가를 하다	do yoga (exercises)
골프를 치다	play golf / golf	에어로빅을 하다	do aerobics
당구를 치다	play billiards	합기도를 하다	do aikido
포켓볼을 치다	play pool	헬스클럽에 다니다	go to a gym/fitness center/ health club
볼링을 치다	go bowling / bowl		

04 독서 reading
즐기며 살기

책이 좋아

난 책 읽는 게 너무 좋다.	I really like reading books.
난 일주일에 한 권 정도 책을 읽는다.	I read about a book every week.
난 주로 출퇴근길에 책을 읽는다.	I usually read books commuting to and from work. ★ commute to and from work 출퇴근하다
난 주로 등교길에 만화책을 읽는다.	I usually read comic books going to school. ★ comic book 만화책
난 만화책 광이다.	I am a comic book maniac/nut. ★ 무슨무슨 '광'이라고 할 때는 maniac [méiniæk], nut 등의 표현을 쓸 수 있답니다.
난 소설책이 좋다.	I like novels. • I like reading novels.
난 시집이 좋다.	I like poetry books. • I like reading poetry books. ★ '수필'은 essay, '고전'은 classic이라고 한다는 것도 알아두세요.
난 《누가 내 치즈를 옮겼을까?》 같은 류의 자기개발서가 좋다.	I like motivational/inspirational books such as "Who Moved My Cheese"? ★ Who Moved My Cheese?는 Spencer Johnson 박사가 쓴 세계적인 베스트셀러죠.
난 하루라도 책을 안 읽고는 못 살겠다.	I can't spend a single day without reading a book.
하루라도 책을 읽지 않으면 마음이 허전하다.	I feel so empty if I don't read a book every day.
나는 하루 중 전철 타고 가면서 책을 읽는 시간이 제일 행복하다.	My happiest time every day is when I am reading a book on the subway.
만화책은 왜 그렇게 재미있는 게 많을까?	How come there are so many interesting comic books?
난 책 읽는 게 귀찮다.	It is too much trouble for me to read books.
매일 책 읽는 사람 보면 참 신기하다. 책 읽는 게 그렇게 좋은가?	I really wonder how someone can read books every day. Is it so great to read books?

책을 읽다

드디어 《세일럼즈 랏》을 다 읽었다.	I finally finished reading "Salem's Lot." ★ *Salem's Lot*은 Stephen King의 수작 중 하나로 〈공포의 별장〉이라는 제목의 미니시리즈로 우리나라에서 방영된 적도 있답니다.
얼마 전에 우라사와 나오키의 《몬스터》를 다 읽었다.	I finished reading "Monster" by Urasawa Naoki. ★ *Monster*는 너무너무 유명한 만화책으로, 우라사와 나오키의 수작 중 하나이죠.
요즘 시드니 쉘던의 《내일이 오면》을 읽고 있는 중이다.	I am reading "If Tomorrow Comes" by Sidney Sheldon.
요즘 진짜 재미있는 책을 읽고 있는 중이다.	I am reading a really good book these days.
앞으로 이야기가 어떻게 전개될지 너무 궁금하다.	I really wonder how the story develops.
다음 권도 빨리 보고 싶다.	I can't wait to read the next book of the same series. ★ can't wait to + 동사원형 어서 빨리 ~하고 싶다, 몹시 ~하고 싶다
지하철에서 책 읽는 데 푹 빠져서 내릴 정거장을 지나쳤다.	I missed my station because I was totally absorbed in my book on the subway. ★ be absorbed in ~에 빠지다
들어오자마자 어제 읽다 만 만화책부터 읽었다.	I picked up the comic book and turned to the page I had left off at yesterday as soon as I stepped into my room. ★ pick up ~을 집어들다 │ turn to the page 페이지를 넘기다, 페이지를 펼치다 │ leave off at (어떤 것을 하다가) 그만두다
앞으로 영어소설책을 좀더 많이 읽어야겠다.	I will read a lot more English novels from now on. ★ from now on 지금부터는
모처럼 서점에 갔다.	I went to a bookstore for the first time in many days. ★ for the first time in many days 모처럼, 간만에
읽고 싶은 책이 너무 많았다.	There are too many books I want to read.
만화방에 가서 하루 종일 만화책을 읽었다.	I read comic books in a comic-book cafe all day long. ★ comic-book cafe 만화방
만화책 읽다보면 시간가는 줄 모르겠다.	I lose track of time whenever I read comic books. ★ lose track of time 시간 가는 줄 모르다

PART 07 독서

그 만화책을 보며 얼마나 키득거렸는지 모른다.	I don't know how many times I chuckled while reading this comic book. ★ chuckle + -ing ~하면서 키득거리다
책을 읽는 내내 훌쩍거렸다.	I kept sobbing all through the book. ★ sob 훌쩍거리다

책을 읽고 난 뒤

이 책은 재미있다/유쾌하다.	This book is funny.
감탄을 금할 수가 없었다.	I couldn't help but admire the book. ★ can't help but + 동사원형 ~하지 않을 수 없다
나도 모르게 눈물이 나왔다.	I got tears in my eyes in spite of myself. ★ get tears in one's eyes 눈물이 나다
감동에 겨워 가슴이 먹먹했다.	I was so moved that my heart was choked.
이런 기분은 뭐라고 표현해야 할까?	How can I put into words what I feel? How can I put these feelings into words? ★ put에는 말로 '표현하다'라는 뜻이 있어요. 따라서 put into words A 또는 put A into words는 'A를 말로 표현하다'란 의미.
자꾸만 책 속의 주인공이 생각나서 잠을 이룰 수가 없다.	I can't go to sleep because the hero/heroine in the book keeps coming back into my mind.
'세상에 이런 인생도 있구나.'라는 생각이 들었다.	I thought, "In this world there is also this kind of life."
내가 살아있다는 게 새삼 너무 감사하다.	I am so grateful once again that I am alive.
열심히 살아야겠다는 생각이 들었다.	I thought I had to do my best to live life well. I think I have to do my best to live life well.
내가 얼마나 보잘것없는 인간인지 깨달았다.	I realized how insignificant I am. I found (out) that I am truly insignificant.
내가 얼마나 무지한 인간인지 깨달았다.	I realized how ignorant I am. I found (out) that I am so ignorant.
그 책에는 그 당시 사람들의 사고와 문화가 잘 드러나 있다.	The book reflects really well the thoughts and cultures of those who lived that era.

작가가 천재라는 생각이 들었다.	I think the writer is a genius.
작가가 정신병자라는 생각이 들었다.	I think the writer is insane.
작가가 장사꾼이라는 생각이 들었다.	I think the writer is a con artist. ★ 여기서 말하는 '장사꾼'이란 '사기꾼'을 의미하는 것이니까, con artist라는 표현을 이용해 보세요.
스티븐 킹이 얼마나 대단한 작가인지 알게 되었다.	I found Stephen King to be a really amazing writer. I found (out) that Stephen King is a really amazing writer.
나도 그런 소설가가 되고 싶다.	I hope I will become a novelist like him/her.
재미없어서 읽다 말았다.	It wasn't interesting, so I stopped reading halfway through. ★ stop + -ing + halfway through ~하다 도중에 그만두다
재미없어서 죽는 줄 알았다.	It was really boring.
이 책 읽지 말았어야 했는데. 완전 쓰레기다!	I shouldn't have read this book. It sucks!
요즘엔 개나 소나 다 책 쓴다고 난리인 것 같다.	It seems to me that every Tom, Dick and Harry is trying to write a book these days.
우씨~ 나도 책이나 써볼까?	Damn, should I write a book or something?

 필수어휘 따로보기

책과 관련된 유용한 어휘들

(장편)소설	novel	시집	poetry book
중편소설	novella	고전	classics
단편소설	short story	만화(책)	comic book
수필	essay	만화방	comic-book cafe
시	poetry	서점	bookstore

▶ 시 한 편을 따로 떼어서 말할 때는 poem.

05 여행 traveling
즐기며 살기

해외로 뜨고파~

여행가고 싶다.	I'd like to go traveling somewhere. ★ go traveling 여행가다
해외여행 한번 해봤으면.	I'd like to go traveling abroad for the first time. ★ 여지껏 해외여행을 한 번도 못해봐서 한 번 해봤으면 좋겠다는 말이니까, 해외여행하고 싶다는 말 뒤에 '난생 처음으로(for the first time)'를 덧붙여주면 어감이 딱 맞아떨어지지요.
세계일주를 하고 싶다.	I'd like to go traveling around the world.
유럽으로 배낭여행을 가고 싶다.	I'd like to go backpacking around Europe. ★ go backpacking around ~로 배낭여행을 가다
일본으로 온천여행을 가고 싶다.	I'd like to go traveling around Japan's hot springs. ★ hot spring 온천
프랑스에서 한 1년 정도 살아보고 싶다.	I'd like to live in France for around a year. ★ around 약(= about)
요즘은 초등학생도 방학 때가 되면 해외로 뜬다는데.	I heard even elementary school children go abroad during vacation these days. ★ elementary school 초등학교
머릿속이 복잡할 때는 어디론가 훌쩍 떠나고 싶다.	I feel like leaving with the wind when I am totally confused. ★ leave with the wind 어디론가 훌쩍 떠나다
책 몇 권 들고 발길 닿는 대로 돌아다니는 게 평생소원이다.	All my life, I have always wanted to take a few books and go wherever the wind blows me. ★ '발길 닿는 대로 돌아다니다'란 말의 영어식 표현은 go wherever the wind blows, 즉 '바람 부는 대로 어디든 가다'란 의미죠.
돌아다니면 고생이다.	Traveling around is nothing but trouble. ★ nothing but ~외에는 아무것도 아닌, ~일 뿐인
뭐니 뭐니 해도 집에 있는 게 최고지.	There's no place like home.

난 천성이 게을러서 그런지 돌아다니는 건 딱 질색이다.	I just hate traveling around maybe because I was born lazy. ★ maybe because ~해서 그런지 ǀ born lazy 천성이 게으른
난 여지껏 해외여행이라곤 해본 적이 없다.	I have never been abroad.
제주도도 한 번 못 가봤다.	I have never been to Jeju Island.
해외여행이라곤 출장 차 중국에 한 번 간 게 다다.	I have never traveled abroad except for a business trip to China. ★ business trip 출장
언제쯤이면 홍콩이라도 한번 다녀올 여유가 생길까?	When can I afford to take a trip to Hong Kong? ★ take a trip to + 장소 ~로 여행가다
예전에는 여행 자주 갔었는데.	I used to travel often.

여행을 떠나요

한 학기 휴학하고 미국으로 여행이나 가볼까?	Should I take a semester off from school and go traveling around the U.S.? ★ take a semester off from school 한 학기 휴학하다
휴학하면 여기저기 여행도 많이 다녀야지.	I want to go traveling in my time off from school.
우리나라도 제대로 여행을 못해봤네.	I have not traveled very much even around Korea.
우리나라를 제대로 한번 돌아다녀 봐야겠다.	I will travel everywhere around Korea.
올해는 2주에 한 번씩 주말마다 여행가야지.	This year I will go on a weekend trip every other weekend.
이번 주말에 제주도로 가족여행을 간다.	My family and I are going to Jeju Island this weekend.
이번 주말에 여친이랑 영덕 대게 축제에 가기로 했다.	I plan to go to Youngduk with my girlfriend this weekend to participate in the Snow Crab Festival.
지난 주말에 남친이랑 진해 벚꽃 축제에 갔다.	I went to the Jinhae Cherry Blossom Festival with my boyfriend last weekend.

아버지 환갑을 맞아 가족끼리 대만여행을 가기로 했다.	My family and I plan to go to Taiwan to celebrate my father's sixtieth birthday.
친구들이랑 콘도 빌려서 2박 3일 놀다 왔다.	My friends and I reserved a room at a resort and had a fun time for three days.
이번 휴가에는 콘도 하나 빌려서 혼자 푹 쉬다 와야겠다.	I am going to reserve a room at a membership resort and stay alone during the vacation.
이번 방학 때 유럽 친구네 집에 놀러 갈 것이다.	I am going to visit my friend's in Europe this vacation. ★ visit someone's (house) ~네 집에 놀러 가다
작년에 혼자서 인도에 여행간 적이 있다.	I traveled around India alone last year.
이번 휴가 때는 싱가포르로 떠야겠다.	I will take a trip to Singapore this vacation.
오늘이 이태리에 도착한 첫째 날이다.	This is the first day of my visit to Italy.
예술의 도시, 파리에 왔다.	I have come to the city of art, Paris.
몽마르뜨 언덕에 갔다.	I went to Montmartre.
지난 봄에 일본에서 온천에 갔다.	I went to a hot spring in Japan last spring.
2년 전에 그 유명한 이집트의 피라미드를 보러 갔다.	I went to see the famous pyramids of Egypt two years ago.

여행을 다녀온 후

이번 여행은 너무 좋았다.	This trip has been just great.
참 신기한 게 많았다.	I saw a lot of interesting things there.
자연경관이 너무나 아름다웠다.	The scenery was spectacular.
가는 곳마다 한국 사람이 있었다.	There were always Korean people wherever I went.
그곳 사람들은 무척 친절했다.	People there were really kind.
좋은 것도 많이 보고 좋은 사람도 많이 만났다.	I have seen a lot of great things and met a lot of nice people.

확실히 나라마다 색깔이 다르긴 다르더라.	Definitely every country has its own character.
다른 나라의 음식들도 색다르고 맛있었다.	Each country has its own unique and delicious food.
새로운 문화를 접하니까 기분도 새로워지는 느낌이었다.	It was really enlightening to experience a new culture. ★ 여기서는 새로운 문화를 접하면서 '새로운 것을 알게 되고 일깨워준다(be enlightening)'는 의미에서 기분이 새롭다는 것이죠.
여행 가서 찍은 사진만 봐도 기분이 좋다.	I feel great when I look at the pictures taken during my trip.
앞으로도 한 번씩 이렇게 여행을 좀 해야겠다.	I will go traveling like this once in a while from now on. ★ once in a while 가끔 한 번씩
역시 여행은 생활의 활력소가 되는 것 같다.	Needless to say, traveling seems to be the perfect tonic for my everyday life. ★ be the perfect tonic for one's everyday life 일상생활의 활력소가 되다
여행 한번 다녀오고 나면 새로운 에너지가 솟는 것 같다.	I feel energized any time I take a trip. ★ any time 주어 + 동사 ~할 때면 언제나
이번 여행은 너무 힘들었다.	This trip has been tough.
아직도 여독이 안 풀린다.	I haven't beaten the fatigue of travel yet. ★ beat 이겨내다 ｜ fatigue of travel 여독
쉬려고 갔다가 고생만 줄창 했다.	I took a trip to relax, but it was hard work rather than fun. ★ take a trip to + 동사원형 ~하려고 여행하다
음식이 입에 안 맞아서 좀 고생스러웠다.	I had some hard times because food of other countries doesn't agree with me.
어딜 가나 김치 생각이 났다.	I really liked to have some kimchi wherever I went.
외국에 나가보니 새삼 우리나라가 그리웠다.	Once being abroad, surprisingly I missed Korea.

산으로 떠나요

난 산이 좋다.	I like going to the mountains.

난 거의 매주 주말마다 산에 간다.	I go to the mountains almost every weekend.
우리나라 산은 거의 다 가봤다.	I have been to almost every mountain in Korea.
기회가 되면 외국에 있는 산도 한 번 올라보고 싶다.	I'd like to go abroad to climb a mountain if given the opportunity. ★ if given the opportunity 기회가 되면
난 산은 좋아하는데 가본 데는 별로 없다.	I like mountains, but I have been to very few.
내일은 윤석이랑 북한산에 가기로 했다.	I am going to Bukhan Mountain with Yunseok tomorrow.
이번 휴가 때 가족들이랑 설악산에 가기로 했다.	I am going to Seorak Mountain with my family this vacation.
사촌오빠랑 지리산에 갔다 왔다.	I was just at Jiri Mountain with one of my cousins. ★ 굳이 '오빠'라는 점을 확실히 드러내고 싶다면 one of my cousins를 my older male cousin이라고 쓰면 돼요.
사방에 진달래랑 개나리가 가득했다.	Azaleas and golden bells were in full bloom everywhere. ★ azalea[əzéiljə] 진달래	golden bell 개나리	be in full bloom 활짝 피어 있다
단풍이 너무 예뻤다.	The autumn leaves were really gorgeous.
그렇게 높은 산은 생전 처음 가봤다.	I have never hiked up such a high mountain before.
죽을 것 같았다.	I was dying climbing the mountain.
오르는 내내 '내가 왜 왔을까?'하고 후회했다.	I regretted coming to the mountain each step of the way up it. ★ each step of the way up it 그곳까지 올라가는 데 한 발짝 한 발짝 걸음을 옮길 때마다, 즉 '산을 오르는 내내'란 의미이죠.
하지만 정상에 도착하니까 너무 좋았다.	However, upon reaching the summit, I felt really great. ★ upon + -ing ~하자마자(= on + -ing)	reach the summit 정상에 도착하다 (= reach the top)
정상에 도착하니 기분이 날아갈 것 같았다.	Upon reaching the summit, I felt extremely happy and excited.

갑자기 하늘을 날고 싶은 충동이 일었다.	Suddenly I felt a strong urge to fly in the air. ★ fly in the air 하늘을 날다
산에 오르며 땀 한번 쫙 빼고 나면 기분이 너무 좋아진다.	After sweating it out hiking up the mountain, I feel really great. ★ sweat it out 땀을 쫙 빼다, 땀을 흠뻑 흘리다
산에 갔다 오면 왠지 에너지가 충전되는 기분이 든다.	I feel as if my batteries have been recharged after going to the mountains.
지리산에 갔다 와서 근육통에 걸렸다.	My muscles ached after going to Jiri Mountain.
다리가 너무 아파서 일주일 정도 고생을 했다.	I had a hard time for about a week because my legs hurt so much. ★ have a hard time 힘든 시간을 보내다, 고생하다
평소에 운동을 너무 안 해서 그런가?	Is it because I hardly ever work out?

난 바다가 좋더라

난 바다가 좋다.	I like the sea.
난 산보다는 바다가 좋다.	I like the sea better than the mountains.
파도 소리는 정말 듣기 좋다.	The sound of the waves is really nice to listen to.
밤에 혼자서 파도소리를 듣고 있으면 좀 무섭다.	When I am alone at night and I hear the sound of waves, I get scared.
바다에 오면 가슴이 탁 트이는 것 같다.	When I go to the sea, I feel greatly relieved.
언젠가 눈 오는 바다를 한번 보고 싶다.	I hope to look out at the sea when it is snowing.
여름엔 뭐니 뭐니 해도 바다가 최고지.	In summer, nothing beats the sea. ★ nothing beats ~ 어떤 것도 ~을 당해낼 수 없다. 즉 '~가 최고다'란 의미죠. 여기서 beat은 '~을 이기다, 능가하다'란 의미.
여름휴가 때 친구들이랑 속초 해수욕장에 가기로 했다.	I am going to Sokcho beach with my friends this summer vacation.
친구들이랑 캐러비안베이에 갔다 왔다.	I was just at Caribbean Bay with some friends.
회사동료랑 낚시하러 갔다.	I went fishing with a co-worker. ★ go fishing 낚시하러 가다

아버지랑 바다에 밤낚시하러 갔다.	I went sea fishing at night with my father.
바다를 보자마자 우리는 물속에 풍덩 뛰어들었다.	As soon as we saw the sea, we jumped into it.
남자애들이 갑자기 덤벼들며 물에 빠뜨렸다.	The guys suddenly came up to me and carried me into the water.
훈이한테 수영을 배웠다.	I learned how to swim from Hoon.
수영/낚시는 너무 재미있다.	Swimming/Fishing is really fun.
물에서 하는 공놀이는 너무 재미있다.	Playing with a ball in the water is really fun.
우리는 모래사장에서 족구를 했다.	We played jokgu on the beach.
피부가 까맣게 탔다.	I was sunburned.
난 수영은 안 하고 선탠만 했다.	I just tanned instead of going swimming.
피부가 보기 좋게 탔다.	I got a great tan.
피부가 예쁘게 탄 것 같다.	I got a pretty nice tan.
계곡물에 발을 담그자마자 더위가 싹 날아가는 것 같았다.	It seemed that the summer heat disappeared the moment I dipped my feet in the valley stream.

★ the moment 주어 + 동사 ~하자마자 | dip one's feet in ~에 발을 담그다

필수어휘 따로보기

여행 가기 좋은 나라들

유럽	Europe	스위스	Switzerland
일본	Japan	그리스	Greece
중국	China	인도	India
대만	Taiwan	이집트	Egypt
홍콩	Hong Kong	터키	Turkey
프랑스	France	싱가포르	Singapore
영국	England / Great Britain	태국	Thailand
독일	German	베트남	Vietnam
호주	Australia	필리핀	the Philippines
이탈리아	Italy		

06 쇼핑
즐기며 살기
going shopping

혹시 쇼핑중독?!

나는 스트레스를 받을 때면 쇼핑을 한다.	I go shopping whenever I get stressed out. ★ go shopping (at) (~에) 쇼핑하러 가다
나는 거의 주말마다 쇼핑을 한다.	I go shopping almost every weekend.
아이쇼핑만 해도 기분이 좋아진다.	Just window shopping makes me feel good. ★ Just + -ing makes me feel good. 단지 ~하는 것만으로도 기분이 좋다. 여기서 just는 '단지'란 의미. ㅣ window shopping 아이쇼핑
예쁜 물건만 봐도 기분이 좋다.	Just looking around at pretty things makes me feel good.
난 틈만 나면 예쁜 펜들을 사 모으는 게 취미이다.	I enjoy buying pretty pens all the time. ★ 여기서 '틈만 나면'이란 '걸핏하면, 늘상'이란 의미로 한 말이니까, all the time을 쓰면 되겠어요.
난 갖고 싶은 물건은 사지 않고는 못 배긴다.	I can't resist the temptation to get whatever I want to have. ★ can't resist the temptation to + 동사원형 ~하려는 유혹을 뿌리칠 수가 없다
아무래도 나 쇼핑중독인가 봐.	I guess I am a shopaholic. ★ shopaholic 쇼핑중독자
카드빚을 이렇게 지고도 쇼핑을 멈출 수가 없다.	I can't stop going shopping even though I am heavily in debt to credit card companies.
난 보통 충동구매를 하는 편이다.	I am a compulsive shopper.
난 알뜰구매를 하는 편이다.	I am a thrifty shopper.
난 가게에 가서 원하는 물건을 봐뒀다 인터넷으로 산다.	I just go window shopping to find what I want to buy and then I order it online.
한 번 맛들이니까 인터넷 쇼핑에 중독됐다.	Once I got a taste of online shopping, I was hooked. ★ be hooked (on) (~에) 푹 빠져서 헤어나오질 못하다

요즘 난 홈쇼핑에 빠졌다.	I am addicted to buying something from home shopping networks.
하루라도 내가 좋아하는 홈쇼핑 채널을 안 볼 수가 없다.	I can't resist watching my favorite home shopping channel every day.
이러다가 살림 거덜나겠다.	I'm about to go bankrupt.
벌써 한 달 월급 다 썼다. 좀 자중해야겠다.	I've already spent a whole month's salary on home shopping. I have to be more cautious.
홈쇼핑 채널을 볼 때는 물건을 안 사고는 못 배기겠는데, 물건 받고 나면 매번 후회된다.	I eagerly buy things from home shopping channels, but I regret buying them when they are delivered.

쇼핑을 했다

이마트에 쇼핑하러 갔다.	I went shopping at E-mart.
엄마랑 오늘 동대문시장에 갔다.	I went to Dongdaemun Market with my mom. I went shopping at Dongdaemun Market with my mom.
친구들이랑 홍대 앞에서 쇼핑을 했다.	I went shopping at some stores near Hongik University. ★ 우리가 습관적으로 말하는 '홍대 앞'에서 뭐를 했다는 식의 말은 성말 딱 홍대 앞만이 아니라 '홍대 부근 일대'를 말하는 거죠.
여친 따라 하루 종일 쇼핑 다녔다. 지겨워 죽는 줄 알았다.	I followed my girlfriend shopping all day long. I was bored to death.
걔는 뭔 놈의 쇼핑을 그리 좋아하는지 원 참!	She loves going shopping! My goodness!
동네 화장품 가게에서 세일을 한단다.	I heard that one of my neighborhood cosmetics stores is having a sale. ★ cosmetics store 화장품 가게 ｜ have a sale 세일을 하다
세일기간 중에 백화점에 한번 가야 되는데.	I should go shopping at department stores during the sale season.

동네에 할인마트가 새로 생겼다.	A new discount store has opened in my neighborhood. ★ discount store 할인마트
볼 것도 별로 없었다.	There were not many things to look at there.
예쁜 물건이 어찌나 많던지!	There were so many pretty things! What a lot of pretty things (there were)!
사고 싶은 게 왜 그리 많던지!	There were so many things I wanted to buy.
전부 다 사고 싶었지만 꾹 참았다.	I wanted to buy all of them, but suppressed the urge (to do that). ★ suppress the urge 꾹 참다, 충동을 억누르다
현대 백화점에 가서 원피스를 하나 샀다.	I got a dress at Hyundai Department Store. ★ '원피스'는 one-piece가 아니라 dress라는 거, 혼동하지 마세요. 아울러 '추리닝'은 sweat suit 또는 sweats라고 한다는 것도 알아두면 유용하겠죠?
오늘 동대문에 가서 구두를 하나 샀다.	I got a pair of shoes at Dongdaemun Market.
홍대 앞에서 가방을 하나 샀다.	I got a bag at a store near Hongik University.
이제껏 본 것 중에서 제일 예뻤다.	That's the most beautiful bag I have ever seen.
마음에 쏙 들었다.	I really liked it.
마음에 쏙 들었는데 돈이 없어서 못 샀다.	I really liked it, but I didn't get it because I didn't have enough money.
거울 속에 비친 내 모습을 보니 흐뭇했다.	I was completely satisfied with my looks in the mirror.
그 코트를 입으니까 사람이 달라 보였다.	I looked different when I put on the coat.
역시 옷이 날개야!	The proverb is right: Fine feathers make fine birds. An old saying goes "The tailor makes a man." That's right! ★ An old saying goes ~ 옛말에 따르면 ~라고들 한다 ǀ The tailor makes a man. 옷이 날개.(= Fine feathers make fine birds.)

아르바이트라도 해서 꼭 그 부츠를 살 거다.	I will get the boots no matter what even if I have to get a part-time job. ★ no matter what 무슨 일이 있어도 꼭 | even if 주어 + 동사 ~할지언정, ~하는 한이 있어도
스킨을 샀는데 내 피부에 안 맞는 거 같다.	I got some toner, but it doesn't seem to be suitable for my skin. ★ toner (화장품) 스킨
사고 나니까 후회된다.	I regret buying that.
막상 사고 보니 마음에 안 든다. 물릴까?	Actually, I don't like what I bought. Should I take it back? ★ take back (물건을) 반품하다, 물리다 (= return)
딱히 필요도 없는데 괜히 샀다.	I shouldn't have bought what I don't need. I regret buying what I don't need. I am sorry (that) I bought what I don't need.
너무 싸게 샀다.	I got it very cheap.
아주 싸게 잘 산 것 같다.	I think it is a good buy.
엄청 싸게 잘 산 것 같다.	I think I got an awesome deal.
완전 공짜나 다름없었다.	That was a steal.
아무래도 너무 비싸게 준 것 같다.	I guess I paid too much for it.
아무래도 바가지를 쓴 것 같다.	I guess I got ripped off. ★ get ripped off 바가지를 쓰다
으~ 돈 아까워.	Ugh, what a waste of money!

07 음주가무
즐기며 살기
wine, song and dance

한잔 생각이 굴뚝같다

술 한 잔 하고 싶은 밤이다.	It is the night when I want to have a few drinks. It is the night when I feel like having a drink.
맥주 딱 한 잔만 했으면 좋겠다.	I want to drink only a glass of beer. I feel like drinking only a glass of beer.
퇴근길에 한 잔 생각이 굴뚝같았지만, 같이 마실 사람이 없었다.	I was dying to have a drink on my way home from work, but had no one to drink with. ★ have a drink 술 한 잔하다
같이 술 마실 사람이 없어서 그냥 일찍 들어왔다.	I had no one to drink with, so I just came home early.
나는 소주를 즐겨 마신다.	I enjoy drinking soju.
뭐니 뭐니 해도 술은 막걸리가 최고지!	*Makgeolli*, Korean rice wine, is the best of the best of alcoholic drinks.
술도 매일 적당히 마시면 건강에 좋다던데.	I heard that it is good for our health to drink a moderate amount every day.
나도 술을 잘 마시면 좋을 텐데.	I wish I could drink well.
나는 술이 아니라 술자리 분위기가 좋다.	It is not drinking I like but the atmosphere of drinking.
예전에는 술자리가 좋았는데, 요즘은 술이 안 받아서 영~	I used to have a fun time drinking, but drinking doesn't agree with me anymore.
철수는 술 마시는 거 별로 안 좋아한다.	Cheolsu doesn't like to drink very much.
어떻게 술을 안 좋아할 수가 있지? 그 좋은 걸!	How can anyone dislike drinking? I love it!
요즘 술을 끊었더니 영 재미가 없다.	There is no fun left in my life after quitting drinking.

한잔했다

오늘 퇴근길에 회사 사람들이랑 한잔했다.	I had a few drinks with my co-workers on my way home from work.
마음이 허해서 퇴근길에 혼자 포장마차에 갔다.	I dropped by a tent pub on the street alone to fill the void in my heart on my way home from work. ★ tent pub on the street 포장마차 ǀ fill the void in one's heart 마음의 허기를 채우다
저녁 때 집에서 혼자 맥주 한잔했다.	I drank a beer alone at home in the evening.
친구들이랑 술 마시고 노래방에 갔다.	I went to a singing room with my friends after drinking. ★ '노래방'은 우리말을 그대로 표기해서 *noraebang*이라고 해도 좋고, 한국 문화에 익숙하지 않은 외국인을 위해서 singing room이라고 해도 되겠습니다.
나는 요즘 매일같이 술로 하루를 마감한다.	These days I end my night with a few drinks.
그러고 보니 오늘도 술 마셨네.	I drank today, too.
기분이 알딸딸하다.	I am slightly drunk right now. • I am tipsy. ★ be tipsy 술이 살짝 취해서 기분이 알딸딸하다
술 한잔하고 들어왔더니 기분이 죽인다.	I feel terrific because I had a few drinks before getting home.
생맥주 500cc밖에 안 마셨는데 머리가 핑핑 돌았다.	I drank just a pint of draft beer, but it set my head reeling. ★ pint 약 500cc ǀ draft beer 생맥주 ǀ A set one's head reeling. A 때문에 ~의 머리가 핑핑 돌다
술 마셨을 때처럼 항상 즐거울 수 있으면 좋을 텐데.	I wish I would always be as happy as when I am drunk.
어제 술을 너무 많이 마셨나 보다.	I drank too much yesterday. It seems that I drank a little too much yesterday.
하루 종일 머리가 깨질 것 같다.	I have had a splitting headache all day.
하루 종일 술이 안 깨서 혼났다.	I have had a really bad hangover all day. ★ have a hangover 술이 안 깨다. hangover는 '숙취'를 뜻하죠.
하루 종일 화장실을 들락거렸다.	I have been in and out of the bathroom all day. ★ be in and out of ~를 들락거리다

하루 종일 골치가 아프고 속이 매슥거렸다.	I have had a bad headache and have been sick all day.
술을 좀 적당히 마셔야겠다.	I will cut down on my drinking. ★ cut down on ~를 줄이다
술을 좀 줄여야 하는 걸까?	Do I have to cut down on my drinking?

노래방에 갔다

회사동료들이랑 노래방에 갔다.	I went to a singing room with my co-workers.
난 가끔 혼자 노래방에 간다.	I sometimes go to a singing room alone.
내 18번곡은 아델의 Someone Like You이다.	My favorite song to sing at a singing room is "Someone Like You" by Adele. I sing "Someone Like You" by Adele most frequently at a noraebang.
요즘은 노래방에 가도 부르고 싶은 노래가 없다.	There is no song I want to sing at a *noraebang* these days.
진짜 부르고 싶은 노래가 있었는데, 노래방 기계에 없어서 아쉬웠다.	I really wanted to sing a certain song, but there was not that song in the *noraebang* machine.
난 노래방에 가면 박수만 치다가 온다.	I only clap my hands when others sing at a singing room. ★ clap one's hands 박수를 치다
우리는 목이 쉬어라 노래를 불렀다.	We belted out a lot of songs and our voices got hoarse. ★ '고래고래 소리를 지르며 노래를 부른다'고 할 때는 〈belt out + 노래〉란 표현을 이용해 보세요.
노래는 완전 돼지 멱따는 소리 같았다.	Our songs sounded just horrible.
한바탕 신나게 놀았다.	We had a really fun time.
스트레스가 확 달아나는 것 같았다.	It seemed that all my stress was immediately released.
되려 피곤했다.	Far from being fun, I only became tired. ★ far from + -ing ~하기는커녕

나이트에 갔다

내일은 금요일, 홍대 클럽 데이이다!	Tomorrow is Friday, Hongdae Nightclub Day!
난 금요일이면 클럽에 간다.	I usually go to nightclubs on Fridays.
여자/남자 낚으러 가야지!	I will go there to pick up a girl/boy.
어떤 옷을 입고 갈까?	What should I wear?
수업 마치고 친구들이랑 클럽에 갔다.	I went to a nightclub after school.
친구들이랑 퇴근 후에 클럽에 가서 밤을 불태웠다.	I went to a nightclub with my friends after work and had a great time last Friday.
친구들이랑 홍대 클럽 가서 신나게 놀다 왔다.	I had a fun time with my friends at a nightclub around Hongdae.
괜찮은 여자애들이랑 부킹해서 밤새 놀았다.	We met some nice girls at the nightclub and had a great time all night long.
홍대 클럽에 처음 가봤다.	I went to a nightclub around Hongdae for the first time.
내일 클럽 Z에서 내가 제일 좋아하는 밴드 에브리 싱글 데이(Every Single Day) 공연이 있다. 꼭 보러 가야지!	My favorite band Every Single Day is going to perform at the Z club. I won't miss the performance.
OO클럽에서 난생 처음 인디밴드 공연을 봤다. 너무 좋았다.	I enjoyed the music of an Indie band for the first time in the OO club. That's great.
우리는 미친 사람처럼 괴성을 지르며 신나게 흔들어댔다.	We screamed and shook our bodies like crazy. ★ shake one's body 몸을 흔들다
열기가 솟구치고 에너지가 넘쳤다. 이 맛에 클럽에 가나 보다!	Spirits were high in the nightclub and everyone was full of energy. I am sure that's why people go to nightclubs.
스트레스가 다 달아나는 것 같았다.	It seemed that all my stress was immediately released.
한바탕 신나게 놀고 났더니 10년 묵은 체증이 내려가는 것 같다.	After having a really fun time, I feel as if all my tension and stress has just disappeared.

가끔 춤추러 가는 것도 괜찮은 것 같다.	It is good to go dancing sometimes, I think. ★ It is good to + 동사원형 ~하는 게 좋다/괜찮다 ｜ go dancing 춤추러 가다
난 춤을 잘 못 춘다.	I am not much of a dancer. I am not good at dancing. I am poor at dancing.
사람들 많은 데서 춤추는 게 어쩐지 쑥스럽다.	I feel awkward about dancing in front of a crowd. ★ feel awkward 어색하다
춤을 잘 못 추니까 재미가 없었다.	It was no fun because I am poor at dancing.

맛집에 찾아갔다

요즘엔 먹는 재미로 산다.	I have no fun in life other than eating. ★ other than ~말고는, ~외에는
먹는 낙이 없다면 무슨 재미로 살까?	Without the joy of eating, what fun would I have in life?
나는 맛있는 걸 먹으러 다니는 게 취미이다.	I enjoy going to eat good food.
난 친구들이랑 맛집을 찾아다니는 게 취미이다.	I enjoy looking for a restaurant which is well-known for good food with my friends. ★ be well-known for ~로 유명하다
나는 미식가이다.	I am a true food lover.
난 뭐든지 잘 먹는다.	I enjoy eating everything.
난 단 음식이 너무너무 좋다.	I have a sweet tooth. • I love sweets. ★ have a sweet tooth는 '단 것을 좋아한다'는 뜻의 관용적인 표현이에요.
난 매운 음식을 좋아한다.	I like hot, spicy food.
난 치킨/불고기/삼겹살이 좋다.	I like fried chicken/*bulgogi*/*samgyeopsal* (Korean-style bacon).
난 피자/스파게티가 좋다.	I like pizza/spaghetti.
나이가 드니까 피자보다는 빈대떡이 더 좋아지네.	I have grown to like *bindaetteok* (Korean-style pancakes made of mung-beans) more than pizza as the years have passed.

뭐니 뭐니 해도 된장찌개에 김치가 최고다.	*Doenjang-jjigae* (soybean paste stew) with kimchi is the best of the best.
난 복숭아 알러지가 있다.	I am allergic to peaches. ★ be allergic to ~에 알러지가 있다
예전에는 회를 잘 못 먹었는데.	I did not used to eat sashimi.
요새 굴이 왜 그렇게 맛있는지 모르겠다.	I wonder why I like eating oysters so much these days.
요즘 자꾸 초콜릿이 당긴다.	I often feel like (eating) chocolate these days.
요새 왜 이렇게 식욕이 당기지?	Why do I have a big appetite these days?
요즘 식욕이 없다.	I have no appetite these days.
오늘 친구들이랑 아웃백에 갔다.	I went to Outback Steakhouse with some friends today. ★ Outback Steakhouse나 T.G.I.F. 같은 곳을 통틀어 family restaurant라고 하죠.
저녁 때 가족끼리 회집에 갔다.	I went to a sashimi restaurant with my family in the evening. ★ 참고로 '한식당'은 Korean restaurant, '중국집'은 Chinese restaurant, '피자가게'는 pizza parlor, '분식점'은 snack bar라고 한다는 것도 알아두세요.
오늘 남친이랑 삼겹살이 맛있다고 소문난 집에 갔다.	I went to a restaurant that has a reputation for serving great *samgyeopsal* with my boyfriend today. ★ have a reputation for ~로 명성이 있다
퇴근길에 회사 동료랑 초밥을 먹었다.	I ate sushi with my co-worker after work.

너무 맛있었다

너무 맛있었다.	The food there was really terrific/awesome/great. The food there was very good/delicious.
역시 소문대로 맛있었다.	The food there was as great as people say.
그렇게 맛있는 음식은 생전 처음 먹어봤다.	I have never eaten such awesome food before. That is the most delicious food I have ever eaten.
아~ 또 먹고 싶다.	Oh, I really want to try that again.

매일 먹었으면 좋겠다.	I wish I could eat that every day.
너무 맛없었다.	The food there was terrible. The food there was very poor.
기대했던 것만큼 맛있지는 않았다.	The food there wasn't as good as I expected.
소문이 완전 엉터리였다.	I've heard nothing but praise for that restaurant, but in fact it's nonsense.
니맛도 내맛도 아니었다.	The food was too bland.
맛없어서 죽는 줄 알았다.	The food was absolutely terrible.
그 집 음식은 전혀 내 입에 안 맞았다.	The food there wasn't to my taste at all.
완전 입맛만 버렸다.	The food just made me lose my appetite. ★ make + 사람 + lose one's appetite ~의 식욕을 감퇴시키다. lose one's appetite는 '식욕을 잃다'란 의미.
너무 달았다/짰다/시었다.	It was too sweet/salty/sour.
너무 매워서 겨우 다 먹었다.	The food was so hot and spicy that I had a hard time finishing it.

뭐니뭐니해도 집밥이 최고!

사먹는 밥에 질렸다.	I am sick and tired of eating at restaurants.
얼마 전부터 집에서 밥을 해먹는다. 역시 집밥이 최고다.	I started cooking at home not so long ago. Home cooking is just great.
나는 요즘 요리에 빠져 있다.	I am hooked on cooking these days.
인터넷 검색하면 각종 레시피가 다 뜬다.	I can find all kinds of recipes on the Internet.
인터넷만 뒤져보면 웬만한 레시피는 다 나온다. 참 편리한 세상이다!	I can find a recipe for anything just by surfing the Net. This is an amazing world!
블로그에 나와 있는 레시피 대로 반찬을 만들어봤다. 제법 괜찮았다.	I cooked a dish with a recipe I got from a blog. It actually tasted pretty good.
내일은 또 어떤 요리를 해볼까?	What kind of dish should I make tomorrow?

08 취미
즐기며 살기
hobbies

나의 관심사

나는 등산을 좋아한다.	I like hiking in the mountains.
나는 낚시를 좋아한다.	I like fishing.
나는 여행을 좋아한다.	I like traveling.
나는 음악 감상이 취미다.	I like listening to music.
나는 피아노 치는 걸 좋아한다.	I like playing the piano.
피아노를 잘 치면 좋을 텐데.	I wish I could play the piano well.
바이올린/드럼을 배우고 싶다.	I want to learn how to play the violin/drums.
나는 어릴 때부터 기타에 관심이 많았다.	I have been really interested in the guitar since I was young. I have been greatly interested in playing the guitar since I was young.
나는 재즈에 관심이 많다.	I am really interested in jazz.
나는 그림 그리는 걸 좋아한다.	I like drawing pictures.
그림을 잘 그리면 좋을 텐데.	I wish I was better at drawing pictures. ★ be better at ~를 더 잘하게 되다
난 그림 감상이 취미이다.	I enjoy looking at drawings and paintings.
난 사진 찍는 게 취미이다.	I enjoy taking pictures.
나는 영화 보는 걸 좋아한다.	I like watching movies. I like going to the movies. ★ watch/see movies라고 하면 인터넷으로 보든 비디오로 보든 하여간 '영화를 본다'는 것 자체를 포괄적으로 의미하는 표현이고요, go to the movies나 go to see a movie라고 하면 '극장에 가서 영화를 본다'는 의미가 된답니다.
나는 액션영화 보는 걸 매우 즐긴다.	I love watching action movies. I love going to see action movies.

나는 연극/뮤지컬을 즐겨 본다.	I enjoy going to see plays/musicals.
나는 콘서트를 즐겨 본다.	I enjoy going to see concerts.
나는 일본 드라마를 좋아한다.	I like Japanese TV dramas. I like watching Japanese TV dramas.
나는 미국 시트콤을 좋아한다.	I like American sitcoms. I like watching American sitcoms.
나는 인터넷으로 일본 만화영화를 즐겨 본다.	I enjoy watching Japanese anime online. ★ '일본 애니메이션(Japanese animation)'은 흔히 Japanese anime라고들 말하죠.
나는 TV 보는 게 취미이다.	I enjoy watching TV.
나는 스마트폰으로 게임을 즐겨 한다.	I enjoy playing games on my smartphone.
나는 만화책을 좋아한다.	I like comic books. I like reading comic books.
나는 책 읽는 게 취미이다.	I enjoy reading books.
나는 공부가 취미이다. 별종인가?	I enjoy studying. Am I a weirdo? ★ weirdo 기이한 사람, 별난 사람
나는 잠자는 게 취미이다. 틈만 나면 잔다.	I really enjoy sleeping. I sleep whenever I can.
난 놀고먹는 게 취미이다.	I really enjoy doing nothing.
나는 먹는 게 너무 좋다.	I love eating.
나는 쇼핑하는 게 너무 좋다.	I love shopping.
나는 새로 나온 물건 구경하는 걸 좋아한다.	I like looking around for new items. ★ look around for ~를 구경하러 다니다
나는 춤에 관심이 많다.	I am really interested in dancing.
재즈댄스/라틴댄스/플라맹고/사교댄스를 배우고 싶다.	I want to learn jazz/Latin/flamenco/ballroom dancing.
나는 운동하는 게 취미이다. 틈만 나면 헬스 클럽에 간다.	I enjoy working out. I go to a fitness center whenever I have free time.
호신술을 배우고 싶다.	I want to learn some self-defense techniques.
태권도/합기도를 배우고 싶다.	I want to learn taekwondo/aikido.

난 보드게임방에 자주 간다.	I often go to a board-game cafe.
보드게임은 너무 재미있다.	Playing board games is really fun.
난 남친이랑 놀이동산에 자주 간다.	I often go to an amusement park with my boyfriend. ★ amusement park 놀이공원
난 놀이기구 타는 게 취미이다.	I enjoy going on rides (at an amusement park).
난 바이킹 타는 게 제일 재미있다.	I love going on a pirate ship ride (called Viking in Korea).
남친은 무섭다며 롤러코스터를 잘 못 탄다.	My boyfriend is too scared to ride/get on a roller coaster.

여러 가지 취미활동

요즘 방과 후에 재즈댄스를 배운다.	These days I learn jazz dance after school.
요즘 퇴근 후에 그림을 배운다.	I practice drawing after work these days.
요즘 남친한테 인라인스케이트를 배운다.	My boyfriend is teaching me how to in-line skate.
요즘 새벽에 영어회화학원에 다니고 있다.	I go to an English conversation class in the early morning these days.
요즘 요리학원/제빵학원에 다닌다.	These days I am taking a cooking/baking class.
요즘 요리 블로그를 운영한다.	I am running a cooking blog.
새로운 요리를 개발해서 사진과 함께 레서피를 블로그에 올리는 게 취미가 됐다.	It has become my hobby to make a new dish and post its photo with its recipe on my blog.
최근에 기타를 배우기 시작했다.	I started to learn how to play the guitar recently.
최근에 헬스클럽에 다니기 시작했다.	I began to work out at a health club recently.
얼마 전부터 스쿼시를 배우기 시작했다.	I started to learn how to play squash a while ago.
얼마 전부터 새벽에 수영장에 다닌다.	I started swimming in a pool in the early morning a while ago.
나는 주말에 주로 영화를 보러 간다.	I usually go to the movies on weekends.

난 주말마다 동호회 사람들이랑 등산을 한다.	I go hiking in the mountains with my club members on weekends. ★ go hiking 등산하러 가다
나는 주말이면 친구들이랑 농구를 즐겨 한다.	I enjoy playing basketball with my friends on weekends.
난 겨울만 되면 주말마다 스키 타러 간다.	I go skiing on weekends in winter.
나는 매년 여름에 래프팅을 하러 간다.	I go rafting every summer. ★ go rafting 래프팅하러 가다
나는 가끔 번지점프를 한다.	I sometimes go bungee-jumping.

| 이거 없인 못 살아! |

컴퓨터·핸드폰 이야기

01 인터넷 서핑을 하며
02 또 다른 만남의 공간을 열며
03 컴퓨터 게임을 하며
04 휴대폰을 사용하며
05 말썽을 부리는 첨단기기

01 인터넷 서핑을 하며
Internet surfing

컴퓨터·핸드폰 이야기

살 것도 많고

오늘 인터파크에서 책을 한 권 주문했다.	I ordered a book from Interpark today.
오늘 인터넷 쇼핑몰에서 옷을 한 벌 주문했다.	I ordered an outfit from an Internet shopping mall today. ★ outfit 옷 한 벌
오늘 티켓링크에서 영화표를 예매했다.	I reserved a movie ticket online at Ticketlink today.
인터넷으로 주문하는 게 대부분 더 싸다.	Online shopping is generally less expensive.
요즘은 배송도 장난 아니게 빠르다.	These days the delivery of online shopping items is also remarkably fast.
한 번 맛들이니까 인터넷 쇼핑에 중독됐다.	Once I got a taste of online shopping, I was hooked. ★ be hooked (on) (~에) 푹 빠져서 헤어나오질 못하다
요샌 웬만한 건 다 인터넷으로 구입한다.	I purchase almost everything online these days.
난 가게에 가서 원하는 물건을 봐뒀다 인터넷으로 산다.	I just go window shopping to find what I want to buy and then I order it online.
며칠 전에 인터넷으로 주문한 가방이 왔다.	The bag I ordered online a few days ago was just delivered.
막상 물건을 받고 보니 사이트에서 본 것과는 조금 달랐다.	The product delivered looked a little different from the sample I saw online. ★ look different from ~와는 달라 보이다
반품을 해야 되나?	Do I have to return the item?
난 인터넷으로 물건을 사는 게 영 내키지가 않는다.	I just don't feel like buying things online. ★ I don't feel like + -ing ~하고 싶은 기분이 아니다, ~하는 게 내키지 않는다
난 여지껏 인터넷으로 물건을 사본 적이 없다.	I have never bought anything online.

볼 것도 많고

인터넷으로 영화를 보았다.	I watched a movie online.
요즘은 주로 인터넷으로 영화를 보는 편이다.	I usually watch movies on the Internet these days.
나는 집에 가면 일본 드라마 다운부터 받는다.	I download Japanese TV dramas as soon as I come home.　★ as soon as 주어 + 동사 ~하자마자
나는 어제 밤새도록 인터넷으로 일본드라마를 보았다.	I watched Japanese TV dramas on the Internet all night yesterday.
요즘 인터넷 덕에 일본 애니메이션에 한창 빠져 있다.	These days I am indulging myself in Japanese animations thanks to the Internet.　★ indulge oneself in ~에 푹 빠지다, 열중하다
나는 인터넷으로 일본 애니메이션을 즐겨본다.	I enjoy watching Japanese anime online.　★ '일본 애니메이션(Japanese animation)'은 흔히 Japanese anime라고들 말하지요.
요즘 나는 인터넷으로 미국 시트콤을 다운받아 보고 있다.	These days I watch American sitcoms downloaded from the Internet.
방송국 사이트에 들어가 드라마를 이것저것 보았다.	I visited the websites of various TV stations and watched many dramas.　★ TV station 방송국
요즘 그날 놓친 프로는 방송국 사이트 들어가서 꼭꼭 챙겨보고 있다.	These days I always visit the websites of TV stations and watch the shows I missed on TV.
얼마 전에 인터넷 영어회화 동영상 강좌를 하나 신청했다.	I signed up for an online English conversation video course the other day.　★ sign up for ~을 등록하다, 신청하다
인터넷으로 이것저것 받아보다 보면 날이 금방 샌다.	I sometimes end up staying up all night downloading this and that from the Internet.　★ end up + -ing 결국 ~하게 되다 ｜ stay up all night 밤을 새다
인터넷으로 이것저것 서핑하다 보면 시간 가는 줄 모른다.	I sometimes end up losing track of time surfing the Net.　★ lose track of time 시간 가는 줄 모르다
클럽박스에 들어가면 볼거리가 얼마나 많은지, 너무 좋다.	I love Clubbox because there is a huge amount of things to see there.

오늘 인터넷 서핑을 하다가 구하기 힘든 음악 파일을 하나 발견했다.	I found a rare music file that is hard to get while surfing the Net today. ★ rare 희귀한, 드문
요즘은 인터넷만 들어가면 재미있는 게 너무 많다.	These days you can really enjoy yourself while on the Internet.
인터넷이 안 되면 어떻게 살까 몰러~	How could I live without the Internet?

읽을 기사도 많고

난 매일 포털 사이트에 올라온 기사를 읽는다.	I read news articles on portal sites every day.
요즘은 인터넷 덕분에 실시간으로 국내 및 세계정세를 알 수 있다.	We can access domestic and international news in real time thanks to the Net these days.
인터넷에는 매일같이 가십성 기사가 올라온다.	There are almost always gossipy articles on the Net. ★ gossipy 가십성의
인터넷에는 쓰레기 같은 기사가 난무한다.	There are a lot of trashy articles on the Net.
괜찮은 기사가 보기 드문데도, 자꾸만 보게 된다.	Even though there are hardly any decent articles on the Net, I keep surfing and reading.
인터넷 기사는 은근히 중독성이 있다.	Reading articles on the Net can be addictive. ★ addictive 중독성이 있는
인터넷 기사의 제목을 보면 대개 배꼽을 잡는다.	I usually double over in laughter when I see the titles of articles on the Net. ★ double over in laughter (하도 웃겨서) 배꼽을 잡는다
매일같이 제목 보고 낚이는데, 막상 기사를 보면 별 내용 없다.	I get hooked by articles' title almost every day, but their contents themselves are rather boring. ★ get hooked by ~에 의해 낚이다, 걸려들다 ǀ rather 상당히, 꽤
어떻게 네티즌이 블로그에 올린 게시물을 그대로 기사로 쓸 수가 있지? 인터넷 신문 기자 하기 참 쉽군 그래!	How could that reporter copy a Netizen's article on his/her blog? Isn't a Net news reporter's job easy?

댓글 읽는 재미도 있고

기사에 달린 댓글을 읽는 재미도 만만치 않다.	Reading readers' comments about articles on the Net is really fun.
댓글을 보면 사람들도 얼마나 재미있는지 모른다.	Readers' comments about articles on the Net are really amusing.
이따금 기가 막히게 훌륭한 댓글을 볼 때가 있다.	Sometimes I read some exceptionally good comments.
이따금 기가 막히게 재치 넘치는 댓글을 볼 때가 있다.	Sometimes I see some very witty comments.
이따금 어이없다 싶을 정도로 몰상식한 댓글을 볼 때가 있다.	Sometimes I see some rude or abusive comments which disgust me. ★ 여기서 몰상식한 댓글이란 상대방의 입장이나 기사의 객관성 따위는 생각하지 않고 막무가내로 '험한 욕지거리를 섞어가며 무례하게 다는(rude and abusive)' 댓글을 말하는 거죠.
쓰레기 같은 기사가 난무하는 만큼 쓰레기 같은 댓글도 난무한다.	There are as many trashy comments as trashy articles on the Net.
기사에 네티즌들이 떼로 몰려들어 연예인 A씨를 막무가내로 비난하는 댓글들을 봤다.	I have read a lot of Netizens' comments on a Net article in which entertainer A was brutally attacked.
잘못된 정책에 대해 일침을 가하는 아주 건강한 댓글들이 달린 것을 봤다.	I once read a very good comment that criticized a certain government policy that was going wrong.
심각한 사회문제에 대해 본질적인 원인과 해결 방안을 제시하는 댓글이 달린 것을 봤다. 좀 놀라웠다!	I once read a comment that explained well the intrinsic causes of a serious social problem and also stated some solutions. I was somewhat surprised.
재치 넘치는 댓글을 볼 때면 나도 모르게 웃음이 난다.	I smile in spite of myself when I read some very witty comments. ★ in spite of myself 나도 모르게
몰상식한 댓글을 볼 때면 무척 짜증난다.	It really annoys me to read rude or abusive comments. ★ annoy ~를 짜증나게 하다, 신경 거슬리게 하다

사람들 참 잔인하다는 생각이 들 때가 한두 번이 아니다.	I often think that they are really cruel.
자신의 욕구불만이나 분노를 댓글로 해소하는 사람들이 많아지고 있는 것 같다.	More and more people are venting their frustrations and anger by writing comments on the Net.
얼굴이 안 보이더라도 기본적인 예의는 지켰으면 좋겠다.	I wish that they would practice basic manners even though they are anonymous. ★ practice basic manners 기본 예의를 지키다 ｜ anonymous 익명의
공해가 따로 없다.	What a public nuisance!
잘만 활용하면 건전한 비판과 토론을 통해 우리 사회를 건강하게 이끌 수도 있고, 잘못하면 욕설과 비난이 난무하는 혼란의 장이 될 수도 있는 것 같다.	If we use cyber space wisely, our society will become healthy through sound discussion and debate. If we use it wrongly, our society will become a chaotic place where verbal abuse is rampant.

모르는 건 다 나오고

인터넷 지시검색은 참 편리하다.	It is convenient and easy to find information on the Net. via ~를 통해, ~를 수단으로
인터넷은 21세기의 백과사전인 것 같다.	The Internet is a 21st-century encyclopedia.
나는 모르는 게 있으면 주로 인터넷을 이용해 해결한다.	I usually get an answer to any question I have through the Internet.
요새는 인터넷 덕에 웬만한 정보는 다 얻을 수가 있다.	These days I can get almost any information I need thanks to the Net.
나는 요즘 요리에 빠져 있다. 인터넷 검색하면 각종 레서피가 다 뜬다.	I am hooked on cooking these days. I can find all kinds of recipe on the Internet.
인터넷만 뒤져보면 웬만한 레서피는 다 나온다. 참 편리한 세상이다.	I can find a recipe for anything just by surfing the Net. This is an amazing world!

인터넷에는 참로 유용한 사이트가 많다.	There are lots of really useful sites on the Net.
오늘 괜찮은 사이트를 하나 발견했다.	I found a pretty good site today.
인터넷에는 별의별 정보가 다 있다.	There is a lot of odd and wacky information on the Net. ★ odd and wacky 별의별
오늘도 아무 생각 없이 인터넷 서핑을 하며 밤시간을 보냈다.	I just idled away the evening surfing the Internet. ★ just idle away + 때 + -ing 별 생각없이 늘어져서 ~때를 그저 …하면서 허비하다

컴퓨터·핸드폰 이야기

02 또 다른 만남의 공간을 열며
opening another space for getting together

홈피로의 초대

싸이에 내 홈페이지를 만들었다.	I made my homepage on Cyworld.
며칠 전부터 블로그를 시작했다.	I started my blog a few days ago.
성격상 꾸준히 관리할 자신은 없다.	I am not sure I can maintain it because of my personality.
나는 내 블로그 관리하는 재미로 산다.	The only thing I enjoy in life is maintaining my blog.
여행 가서 찍은 사진들을 블로그에 올려놓았다.	I posted my travel photos on my blog.

★ 인터넷 사이트에 사진이나 글을 '올려놓는다'고 할 때 post를 써요.

이따금 싸이 홈피에 일기를 쓰곤 한다.	Sometimes I post my diary on Cyworld.
블로그에 글을 긁적이다 보면 마음이 편안해질 때가 있다.	Sometimes scribbling on my blog makes me feel easy and comfortable.

★ scribble 글을 긁적이다 | A makes me feel easy and comfortable. A로 인해 마음이 편안해지다. .

앞으로 직접 그린 그림을 블로그에 올려 볼까 싶다.	I want to post my personal drawings and paintings on my blog.
친구들이 매일같이 내 블로그를 방문한다.	My friends visit my blog almost every day.
오늘은 블로그에 방문자가 별로 없었다.	There were very few visitors to my blog today.
저녁 내내 친구들이 남긴 방명록에 답글을 달았다.	I posted my replies to my friends' comments in my guest book all evening.
저녁 내내 친구들 블로그를 들락날락했다.	I visited my friends' blogs all evening.
홈피/블로그는 또 다른 만남의 공간인 것 같다.	It seems to me that homepages/blogs are another space/place for getting together.

저녁때부터 홈피/블로그 업데이트를 하다 보니 벌써 이 시간이 되었다.	Time flew by this evening as I updated my homepage/blog.
블로그도 한때인 것 같다. 한 1년 열심히 했더니 흥미가 사라진다.	I'm fed up with running my blog. I've lost interest in it after one year of enthusiasm.
싸이 미니홈피는 이제 한물갔다.	Cyworld Mini Homepage is past its prime now.

트위터로의 초대

얼마 전에 트위터/페이스북 계정을 만들었다.	I opened a Twitter/Facebook account a while ago.
난 소설가 OOO의 트위터를 팔로잉한다.	I follow novelist OOO on Twitter.
탤런트 OOO의 트위터를 팔로잉했다. 유기견 보호센터에 봉사활동을 다녀온 사진이 올라와 있었다. 멋져부러~	I followed TV star OOO on Twitter and saw her photos taken at a stray dog shelter where she did some volunteer work. What a sweet girl!
영화배우 OOO의 트위터를 팔로잉했다. 지금 영국 여행 중이란다. 영국에서 막 찍은 사진이 실시간으로 올라와 있었다. 역시 쌀자 좋구만!	I followed movie star OOO. She is now traveling in the UK. I saw real-time photos of her taken in the UK. What a lucky girl!
스마트폰이랑 트위터 같은 소셜 네트웍 서비스 덕분에 세상에 일어나고 있는 일들을 실시간으로 알 수 있다.	I instantly know what's happening in the world thanks to smartphones and SNSs such as Twitter.
대부분의 연예인들은 자신의 일상을 트위터에 올린다.	Most entertainers post messages about their everyday lives on Twitter.
사회 문제에 관심을 갖고 트위터에 자신의 의견을 피력하는 연예인들도 있다.	Some entertainers who are concerned with social problems post their opinions on Twitter.
유명인들은 트위터에 글을 올릴 때 좀 겁나지 않을까? 말 한 번 잘못하면 네티즌들에게 무슨 질책을 받을지도 모르는데.	Aren't celebrities afraid to post their messages on Twitter? If they make a slip of the tongue, every Netizen blames them relentlessly.
내가 유명인이라면 트위터에서는 최대한 말을 아낄 것 같다. 왜냐하면 나는 겁쟁이니까!	If I were a celebrity, I wouldn't give too much away because I am a coward.

트위터 같은 쇼셜 네트웍 서비스는 또 다른 만남의 공간이다.	An SNS such as Twitter is another space/place for getting together. ★ 주어를 복수로 SNSs라고 해도 돼요. 단, 이때 동사도 복수 형태인 are로 바꿔줘야 하죠. 아래 문장도 마찬가지예요.
트위터 같은 쇼셜 네트웍 서비스는 우리 사는 세상의 또 다른 사회 공간인 것 같다.	An SNS such as Twitter is another social space/place in our world.

카페로의 초대

인터넷 동호회나 하나 들어볼까?	Should I join an online community? ★ online community 인터넷 동호회
심심한데 인터넷 동호회나 하나 들어볼까?	I am bored. Should I join an online community?
어떤 동호회에 들까?	What online community should I join?
내가 직접 인터넷 동호회를 하나 만들어볼까?	Should I make my own online community?
록 밴드 동호회에 들고 싶다.	I want to join an online rock band community.
오늘 인터넷 영어 동호회에 들었다.	I joined an online English study community today.
얼마 전에 인터넷 산악회 모임에 들었다.	I joined an online climbers' club the other day.
카페 방에 들어가면 유용한 정보가 참 많다.	There is lots of useful information in my online cafe.
우리 시샵은 참 부지런한 사람인 것 같다.	Our community's sysop seems to be really diligent.
미주는 동호회 활동을 참 열심히 한다.	Miju is very active in her online club.
난 동호회 든 데는 많은데 활동하는 데는 거의 없다.	I am a member of several clubs but hardly active in any of them.
시샵이 동호회 게시판에 내일 오프라인 모임이 있다고 회원들에게 알리는 공지를 올렸다.	Our community's sysop posted a note on the club's online bulletin board telling members about tomorrow's offline meeting.

나는 온라인 동호회 회원들에게 모두 쪽지를 보냈다.	I posted a note to all members of our online club.
오늘은 정팅이 있는 날이었다.	We had a regular chatting session for members of our online club today. ★ regular chatting session 정팅(정기 채팅 모임)
우리 동호회 사람들은 다들 좋은 사람인 것 같다.	All of our online club members seem to be nice.
다음 정모 날이 기다려진다.	I am looking forward to our next meeting. ★ look forward to ~가 기다려지다, 고대되다

대화로의 초대: 채팅

하루 종일 PC방에서 채팅을 했다.	I chatted online at a cyber cafe all day. ★ cyber cafe PC방(= Internet cafe)
오늘 어떤 사람이랑 1시간 넘게 채팅을 했다.	I chatted online with someone for more than an hour today.
오늘 대만 사람이랑 채팅을 했다.	I had an online chat with a Taiwanese person today.
왠지 모르게 말이 잘 통하는 것 같았다.	We seemed to communicate easily for some reason.
한번 만나자고 하는데 어떡하지?	He wants to meet me. What should I do?
요새 하도 세상이 험해서 함부로 만나면 안 되겠지?	I can't meet an unknown man in this harsh world.

대화로의 초대: 메신저/이메일

오랜만에 소영이가 msn에 들어왔다.	After a long time, Soyeong got in touch with me on Messenger.
친구가 메신저로 사진을 전송해 주었다.	My friend sent me pictures on Messenger.

회사에서 메신저를 쓰게 해줘서 너무 편하다.	It is very convenient now that our company has allowed us to use Messenger. ★ now that 주어 + 동사 이제 ~하니까
동료랑 업무상 대화는 주로 메신저로 한다.	I usually talk business with my colleagues on Messenger.
오늘은 회사에서 메신저로 친구랑 얘기만 하다 퇴근했다.	All I did before leaving the office today was talk with my friend on Messenger. ★ All I do is + 동사원형 내가 하는 것은 ~뿐이다. ~만 한다. be동사 뒤에는 습관적으로 동사원형을 붙인답니다.
저녁때부터 친구랑 메신저로 이야기를 하다 보니 벌써 이 시간이 되었다.	Time flew by this evening as I chatted with my friend on Messenger.
간만에 친구한테서 메일을 한 통 받았다.	After a long time, I got an e-mail from my friend.
올해 크리스마스 때는 친구들한테 이메일 카드를 보내야겠다.	I am going to send e-Christmas cards to my friends this year.

03 컴퓨터 게임을 하며
playing computer games

컴퓨터·핸드폰 이야기

PC방에 갔다

남자친구는 걸핏하면 PC방에 간다.	My boyfriend drops by a cyber cafe all too often. ★ all too often 걸핏하면
저녁 내내 PC방에서 컴퓨터 게임을 했다.	I played computer games at an Internet cafe all evening.
오후에 PC방에서 컴퓨터 게임을 하며 시간을 때웠다.	I killed time playing computer games at a cyber cafe in the afternoon. ★ kill time + -ing ~를 하며 시간을 때우다
저녁 때 친구들이랑 PC방에 가서 한 게임했다.	I played an online game with my friends at a cyber cafe in the evening.
나는 할 줄 아는 게임이 하나도 없다.	I don't know at all how to play computer games.
나는 리니지가 제일 재미있는 것 같다.	I believe Lineage is the most interesting computer game.
예상했던 대로 걔는 디아블로보다는 스타크래프트를 더 재미있어 하는 것 같다.	As I expected, he/she thinks Starcraft is more interesting than Diablo. ★ as I expected 예상했던 대로
오늘 아이템을 많이 잃었다. 아까워 죽겠다.	I lost a lot of items today. What a shame! ★ What a shame! 이렇게 안타까울 수가!
오늘 아이템을 많이 땄다. 기분 짱이다.	I won a lot of items today. What a joy!
여자친구한테도 게임을 좀 가르쳐야겠다.	I want to show my girlfriend how to play computer games.

컴퓨터 게임에 중독되다

한창 때 컴퓨터 게임에 푹 빠졌었다.	I was hooked on computer games when I was young.

251

난 요즘 한창 컴퓨터 게임에 맛 들었다.	I'm into playing computer games these days.
늦게 배운 도둑질이 무섭다고, 이러다 게임 중독되는 거 아냐?!	They say, "It is never too old to learn." I wonder if I will be addicted to computer games.
우리 아들이 요즘 온라인 게임에 너무 빠져서 걱정이다.	I'm worried that my son is extremely hooked on online games these days.
집사람이 컴퓨터 게임에 중독된 것 같아 걱정이다.	I'm worried that my wife is addicted to computer games.
무슨 대책을 세워야지 이대로 방치해뒀다간 무슨 일이 생길지…	I really have to do something about it. If I neglect his/her problems like this, I don't know what will happen in the future.
컴퓨터 게임 좀 줄여야겠다.	I should cut down on playing computer games. ★ cut down on + -ing ~하는 걸 줄이다
남자친구가 컴퓨터 게임을 좀 줄였으면 좋겠다.	I wish my boyfriend would cut down on playing computer games.

인터넷으로 고스톱을 쳤다

아버지는 지금 인터넷으로 바둑을 두고 계신다.	My father is playing go online right now. ★ play go 바둑을 두다. '바둑'을 일본어로는 '고'라고 하는데, 이 음이 그대로 영어화되어 go라고 표기한답니다. 하지만, 바둑 자체를 모르거나 한국에서 '바둑'이란 말로 먼저 알게 된 외국인에게 play go라고 하면 알아듣지 못하는 경우도 있지요.
동생은 지금 인터넷으로 고스톱을 치고 있다.	My little brother is playing go-stop online right now. ★ play go-stop 고스톱을 치다
얼마 전부터 인터넷으로 고스톱을 치기 시작했다.	I started to play go-stop online the other day.
진짜 돈 가지고 하는 것도 아닌데 은근히 재미가 있네.	I must admit that I sort of enjoy playing go-stop online even though no money is involved. ★ I must admit that 주어 + 동사 ~하다는 것을 인정하지 않을 수 없다

요새는 집에만 오면 인터넷으로 고스톱 치기 바쁘다.	These days I am busy playing go-stop online as soon as I come home. ★ be busy + -ing ~하느라 바쁘다
요새는 출퇴근길에 스마트폰으로 고스톱 치는 데 빠져 있다.	These days I am into playing go-stop on my smartphone while going to and from work.
(인터넷 고스톱에) 너무 빠지면 곤란한데.	I will be in trouble if I am hooked on go-stop online.
인터넷으로 이 게임 저 게임 하다 보면 시간 가는 줄 모르겠다.	I lose track of time when I play games online.

필수어휘 따로보기

인터넷 • 컴퓨터와 관련된 유용한 어휘들

인터넷	Internet / Net
인터넷/온라인으로	online
인터넷 동호회	online community
정팅	regular chatting session
웹사이트	website / site
PC방	cyber cafe / Internet cafe
~을 업데이트하다	update
인터넷 서핑을 하다	surf the Net
홈페이지를 만들다	make one's homepage
블로그를 개설하다	open one's blog
트위터/페이스북 계정을 만들다	opened a Twitter/Facebook account
채팅하다	chat
msn에서 A를 만나다	get in touch with A on Messenger
컴퓨터 게임을 하다	play computer games
인터넷 바둑을 두다	play go online
인터넷 고스톱을 치다	play go-stop online

04 휴대폰을 사용하며
컴퓨터・핸드폰 이야기
talking on a cell phone

휴대폰을 샀다

요새 휴대폰은 기능도 참 다양하다.	These days cell phones have many and various functions.
휴대폰을 새로 장만하고 싶다.	I want a new cell phone. I want to get a new cell phone.
나는 휴대폰을 2년 넘게 쓰고 있다.	My cell phone is more than two years old.
휴대폰을 바꿀 때가 된 것 같다.	It is about time I got a new cell phone.
휴대폰을 새로 샀다.	I got a new cell phone.
더 싼 걸로 살 걸 후회된다.	I am sorry (that) I didn't get a cheaper one. I should have bought a cheaper one.

스마트폰을 갖고 싶어

나는 아직도 스마트폰이 없다.	I still have no smartphone.
나도 스마트폰을 갖고 싶다.	I want a smartphone.
요즘 세상에 스마트폰 없는 인간은 나밖에 없을 거다.	I think there is nobody except me who doesn't have a smartphone yet.
남자친구가 스마트폰을 사주었다.	My boyfriend got me a smartphone.
아빠가 내 생일에 최신 스마트폰을 선물해 주었다.	Dad gave me a brand-new smartphone for my birthday.
큰 맘 먹고 스마트폰을 샀다.	I treated myself to a smartphone. I went to great expense to get a smartphone. ★ 돈이 많이 들지만, '큰 맘 먹고 ~를 산다'고 할 때 〈treat oneself to + 물건〉 또는 〈go to great expense to get + 물건〉을 이용해 보세요.

다운 받고 싶은 앱이 있는데, 너무 비싸네.	I want to download a certain application, but it's too expensive.
요즘에는 전철에서 스마트폰으로 영화를 보는 사람들이 많다.	There are lots of people who watch movies on their smartphone on the subway these days.
요즘에는 전철에서 스마트폰으로 드라마를 보거나 음악을 듣는 사람들이 많다.	There are lots of people who watch TV dramas or listen to music on their smartphone while taking the subway these days.
요즘 출퇴근길에 카톡만 계속 한다. 시간을 너무 비생산적으로 쓰는 것 같다.	I only chat on KakaoTalk on my way to and from work. I think I spend my time commuting to work unproductively.
요즘 한창 스마트폰 게임에 빠졌다.	I am hooked on playing games on my smartphone.
좀 절제해야겠다.	I have to learn how to control myself.

으악~ 요금이 사람 잡네

이번 달 스마트폰 요금이 너무 많이 나왔다.	My smartphone bill this month is huge. ★ smartphone bill 스마트폰 요금 청구서 금액
쓴 것도 별로 없는데 이번 달에는 스마트폰 요금이 왜 이렇게 많이 나오지?	Why is my smartphone bill this month so high when I didn't use my smartphone that often?
고작 게임 몇 개 하고 맛집 검색한 게 다인데 요금이 왜 이렇게 많이 나오지?	Why is my smartphone bill so high when all I did with my smartphone was play a few games and search for restaurants for a good meal? ★ All I do with A is + 동사원형 A로 하는 것이라곤 ~뿐이다
유튜브에서 소녀시대 뮤직비디오를 너무 많이 봤나?	Did I watch too many music videos of Girls' Generation on YouTube this month?
인터넷 게임 몇 번 했더니 폰 요금이 너무 많이 나왔다.	My smartphone bill is too high because I played online games a few times on it.
앞으로 폰 사용을 좀 자제해야겠다.	I will cut down on using my smartphone from now on. ★ from now on 앞으로, 지금부터

앞으로 폰으로 인터넷은 안 써야겠다.	I won't use the Internet on my smartphone from now on.
나는 거의 매달 폰 요금이 기본요금밖에 안 나온다.	I am billed only the basic charge on my smartphone almost every month. ★ be billed only the basic charge on ~에 대한 청구서가 기본요금밖에 안 나오다
나는 거의 매달 폰 요금이 기본요금에서 만 원 정도 더 붙어 나온다.	I am billed the basic charge plus 10,000 won on my smartphone almost every month.

폰은 사랑을 싣고~

우리는 거의 매일 통화하는 편이다.	We talk to each other on our smartphones almost every day.
오늘 미숙이랑 1시간 넘게 통화했다.	I talked to Misuk on my smartphone for more than one hour.
여자친구랑 통화할 때면 시간가는 줄 모르겠다.	I lose track of time when I talk to my girlfriend on my smartphone.
오늘 여기저기서 생일축하 문자를 받았다.	I got some text messages on my smartphone for my birthday from several people.
오늘 수능 앞둔 동생에게 응원의 문자를 보냈다.	I sent a pep-talk text message to my brother/sister who will take the college entrance examination soon. ★ '잘하라고 응원해주는 말'을 pep-talk이라고 하죠.
남자친구는 한 시간에 한 번꼴로 문자를 보낸다.	My boyfriend sends me a text message every hour.
친구들이랑 간단한 일은 보통 문자로 주고받는다.	I usually communicate with my friends through text messages when it comes to simple things. ★ when it comes to ~에 관한 한, ~인 경우에는
곧 새해가 밝아온다. 자정 딱 맞춰서 친구들한테 문자 보내야지~.	The New Year is almost here. I will send my friends a text message at midnight sharp. ★ 시간 + sharp ~시 정각

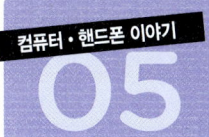

말썽을 부리는 첨단기기
troublesome high-tech gadgets

컴퓨터가 고장났다

내 컴터에 이상이 생겼다.	There is something wrong with my computer.
컴퓨터가 고장 난 것 같다.	My computer seems not to be working.
어라~ 인터넷이 끊겼다.	What...! My Internet is disconnected.
며칠 전부터 인터넷이 연결이 안 된다.	My Internet has been disconnected for a few days.
컴퓨터에 이상이 있는 건가?	Is there something wrong with my computer?
모뎀에 문제가 생긴 건가?	Is there something wrong with my modem? ★ modem [móudèm] 모뎀
모뎀 선이 어디가 끊겼나?	Is my Internet cable broken? ★ 모뎀 선이란 인터넷 케이블 선을 말하는 것이니까, my Internet cable이라고 하면 되겠어요.
컴퓨터를 바꿀 때가 된 건가?	Is it about time I got a new computer? ★ It is about time 주어 + 과거동사 ~할 때가 되다
컴터가 안 되니까 너무 답답하다.	I feel impatient because my computer isn't working properly. ★ work에는 기계 따위가 '작동되다, 돌아가다'란 의미도 있답니다. 따라서 work properly라고 하면 '잘/제대로 작동되다'라는 의미이죠.
인터넷이 안 되니까 진짜 불편하다.	It is really inconvenient when my Internet doesn't work.
오늘 컴퓨터가 고장 나서 하루 종일 인터넷이 안 됐다.	My computer broke down today, so I haven't been able to access the Net all day.
오늘 사무실 인터넷이 안 돼서 업무에 지장이 많았다.	I had a lot of trouble at work today because the Internet didn't work.

인터넷이 안 되니까 집에 오면 뭘 해야 할지 모르겠다.	When the Internet isn't working, I am totally at a loss what to do after work. ★ be at a loss 어쩔 줄 모르다
인터넷이 안 되니까 하루 종일 안절부절 못하겠더라.	I have been agitated all day because my computer has no access to the Internet.
일단 A/S 센터에 연락을 해봐야겠다.	First of all, I have to call the after-sales service center. ★ '애프터서비스'는 after service가 아니라 after-sales service라는 거, 알아두세요.
A/S를 받아야 할까 보다.	I guess I need after-sales service.

휴대폰이 맛이 갔다

휴대폰이 완전 맛이 갔다.	My cell phone is busted. ★ busted (기계 따위가) 완전 맛이 간
며칠 전부터 폰이 좀 이상하다.	My cell phone started going screwy a few days ago. ★ go screwy 뭔가 이상해지다
통화를 시작하기가 무섭게 바로 전화기가 꺼진다.	My cell phone goes off as soon as I start talking. ★ go off (전화기가) 꺼지다(= go out)
인터넷 연결도 잘 안 되고, 속도도 너무 느리다.	My cell phone can't access the Internet well. The speed of it is too slow.
바꿔야 할까?	Do I have to replace it?
휴대폰을 바꿀 때가 된 것 같다.	It is about time I got a new cell phone.
휴대폰을 새로 사야 하는데, 돈이 없다.	I need to buy a new cell phone, but I have no money.
휴대폰이 안 되니까 진짜 불편하다.	It is really inconvenient when my cell phone doesn't work.
휴대폰이 안 되니까 업무에 지장이 많다.	I am having a lot of trouble at work because my cell phone isn't working.
A/S로 간단히 해결돼야 할 텐데.	I hope they will easily fix my cell phone at the after-sales service center.

Part 09

| 우리들의 사랑 이야기 |

청춘사업

01 아름다운 만남
02 미팅과 소개팅은 나의 인생
03 데이트
04 실연의 아픔
05 결혼준비
06 결혼생활
07 이혼

청춘사업 01 아름다운 만남
wonderful first meeting

이상형을 발견했다

오늘 이상형(남자)을 발견했다.	I found my Mr. Right.
오늘 이상형(여자)을 만났다.	I found my dream girl/perfect woman. ★ '이상형 여자'의 경우에는 보통 perfect woman이나 dream girl을 많이 씁니다.
교정에서 우연히 이상형(여자)을 발견하곤 쫓아갔다.	I found my dream girl on campus and ran after her. ★ run after ~을 쫓아가다
그 여자애를 쫓아가서 폰 번호라도 받아뒀어야 했는데.	I should have gone after her and got her cell phone number.
신입생 중에 쏙 마음에 드는 여자애가 하나 있었다.	One of the freshman women is my ideal type. ★ ideal type 이상형
성하는 나의 이상형이다.	Sungha is my perfect man.
그 애, 하는 짓이 참 마음에 든다.	I really like the way he/she behaves.
나는 그 애가 맘에 든다.	I like him/her.
그 애만 보면 가슴이 두근거린다.	My heart flutters whenever I see him/her. ★ flutter (가슴이) 두근두근하다
그 애를 보고 있으면 절로 기분이 좋아진다.	My heart lifts at the sight of her.
그 애랑 같이 있으면 재미있다.	She's really fun to be with.

내겐 너무 아름다운 그대

오늘따라 그 남자애가 아주 멋져 보였어.	He looked really hot today. ★ hot은 여자/남자가 '매우 예쁘고/잘생기고 몸도 잘빠지고 끝내준다'는 의미로 하는 말.
오늘 유달리 미영이가 더 예뻐 보였다.	Miyeong looked more beautiful than usual today.
오늘따라 그 여자애는 엄청나게 섹시해 보였다.	She looked incredibly sexy today.

오늘 유달리 그 애가 숨이 막힐 정도로 예뻐 보였다.	She looked breathtakingly beautiful today. ★ breathtakingly 숨이 막힐 정도로
그 애는 마치 하늘에서 내려온 천사 같아.	She looked like an angel from heaven sent down to earth.
내 눈에 그 애는 마치 왕자처럼 보였다.	He looked like a prince to me.

짝사랑은 괴로워

잔디밭에 앉아 책을 읽는 그 남자애를 보았다. 가슴이 콩닥거렸다.	I saw him reading a book on the grass. My heart gave a flutter.
내가 그 남자애를 좋아하는 걸지도 모른다는 생각이 문득 들었다.	Suddenly it occurred to me that maybe I liked him.
아무래도 나 그 여자애를 좋아하나 봐.	I guess I love her.
그 여자애는 알까? 내가 자기를 좋아하고 있다는 걸.	I wonder if she knows that I love her.
그 애는 날 어떻게 생각할까?	I wonder what he/she thinks about me.
그 애가 보고 싶어 죽겠다.	I am dying to see him/her.
지금쯤 그 여자애는 뭘 하고 있을까?	I wonder what she is doing now.
그 애 생각 땜에 잠을 이룰 수가 없다.	I can't get to sleep because I keep thinking of him/her.
그 애 얼굴이 자꾸 떠올라서 잠이 안 온다.	I can't sleep because his/her face keeps coming back to my mind. ★ keep + -ing 자꾸 ~하다 ǀ come back to one's mind ~의 마음에 떠오르다
하지만 그 애는 다른 사람을 좋아한다.	However, he/she seems to like another girl/boy.
하지만, 그림의 떡일 뿐이다.	However, he/she is beyond my reach.
하느님, 그 아이가 저를 좋아하게 해주세요.	Oh Lord, please make him/her love me.
안 되겠어, 지혜에게 좋아한다고 말해야겠어.	I can't deny it anymore. I have to tell Jihye I love her.

02 청춘사업 | 미팅과 소개팅은 나의 인생
blind dates are my lifeline

내가 찾는 그이는…

난 얼굴이 예쁜 여자가 좋다.	I like beautiful/good-looking women.
난 섹시한 여자가 좋다.	I like sexy women.
난 청순한 여자가 좋다.	I like innocent girls.
난 이지적인 여자가 좋다.	I like intelligent women.
난 능력 있는 여자가 좋다.	I like competent women. ★ competent 유능한 (↔ incompetent)
난 마음이 착한 여자가 좋다.	I like warm-hearted women.
난 잘생긴 남자가 좋다.	I like handsome/good-looking guys.
난 키 큰 남자가 좋다.	I like tall guys.
난 몸이 잘빠진 남자가 좋다.	I like well-built guys. ★ well-built (남자의) 몸이 잘 빠진. 남자의 '체격'을 말할 때 built라는 표현을 쓰죠.
난 경제력 있는 남자가 좋다.	I like men with money.
난 듬직한 남자가 좋다.	I like warm and dependable men. ★ dependable 신뢰할 만한, 의지할 만한
난 마음이 넓은 남자가 좋다.	I like big-hearted men.
난 유머가 있는 남자가 좋다.	I like humorous men. I like men with a sense of humor.
사랑이 밥 먹여주나? 난 돈 많고 돈 잘 버는 남자랑 결혼할 거다.	Love won't pay the bills. I will get married to a man who is wealthy and is making a lot of money.

이런 사람, Oh no!!!

난 쫀쫀한 남자는 싫다.	I hate small-minded men. ★ hate 대신 don't like를 써도 되죠.
난 소갈머리가 좁은 남자는 싫다.	I hate narrow-minded men.
난 고지식한 남자는 싫다.	I hate stuffy men.
난 융통성이 없는 남자는 싫다.	I hate inflexible men.
난 입만 열었다 하면 욕하는 남자 싫다.	I hate filthy, foul-mouthed men. I hate men with a dirty mouth. ★ filthy, foul-mouthed 입만 열었다 하면 지저분스러운 욕만 튀어나오는
난 잘난 척하는 남자 싫다.	I hate men who put on airs. I hate arrogant men. ★ put on airs 잘난 척하다 ǀ arrogant 거만한, 잘난 체하는
나 권위적인 남자 진짜 싫다.	I really hate authoritarian men.
여자 너무 밝히는 남자 진짜 싫다.	I really hate men who are always chasing after women.
난 소심한 남자는 진짜 싫다.	I really hate timid men.
난 계집애 같은 남자 싫다.	I hate sissy men.
난 못생긴 여자 진짜 싫다.	I really hate ugly women.
난 뚱뚱한 여자 진짜 싫다.	I really hate fat women.
난 똑똑한 여자 진짜 싫다.	I really hate smart women.
신경이 너무 예민한 여자는 감당 못하겠다.	I can't deal with women who are really nervous.
감수성이 너무 풍부한 여자는 감당 못하겠다.	I can't deal with women who are too sensitive. ★ deal with ~을 감당하다
못생긴 남자는 용서해도 무능한 남자는 용서할 수 없다.	I can put up with ugly men but not with incompetent ones. ★ put up with ~을 참고 봐주다
못생긴 여자는 용서해도 뚱뚱한 여자는 용서할 수 없다.	I can put up with ugly women but not with fat ones.

미팅을 했다

미팅을 했다.	**I had a (group) blind date.** ★ 미팅을 하는 것도 소개팅을 하는 것도 모두 have a blind date죠. go on a blind date라고 해도 된답니다.
학교를 마치고 단체 미팅을 했다.	**I had a group blind date after school.**
내일 오후에 소개팅을 하기로 했다.	**I am going to have a blind date tomorrow afternoon.**
소개팅에 뭘 입고 가야 할지 모르겠다.	**I don't know what to wear on my blind date.**
꿈에 그리던 이상형이었다.	**He was my Prince Charming.** ★ Prince Charming 백마 탄 왕자, 즉 '꿈에 그리던 이상형'이란 말이죠.
완전 킹카였다.	**My blind date was tall, dark and handsome.** ★ tall, dark and handsome을 한 덩어리의 표현으로 써서 남자가 '아주 멋있는' 것을 가리키죠. 이때 dark는 섹시하다는 의미로 쓴 말.
완전 퀸카였다.	**My blind date was so hot!** ★ date에는 '데이트 상대'란 의미도 있다는 거, 알아두세요.
그냥 평범한 애였다.	**She/He is an ordinary girl/boy.**
몇 번 더 만나볼까 싶다.	**I'd like to go on a few more dates with her/him.**
좋은 친구가 될 것 같다.	**Perhaps we will become great friends.**
완전 폭탄이었다.	**He/She was ugly as sin.** **He/She was coyote-ugly.** ★ '완전 폭탄'을 뜻하는 형용사로 '못생긴 건 죄'라는 의미에서 비롯된 ugly as sin을 써 보세요. 속어로 coyote-ugly라고 해도 같은 의미.
내 스타일이 아녔다.	**He/She is not my type.** **He/She is not my cup of tea.**
난 마음에 안 드는데 그 애가 날 마음에 들어 하는 것 같다.	**I don't feel attracted to her/him, but she/he seems to like me.**
꽤 괜찮은 남자애 같은데, 왠지 끌리지가 않는다.	**I think he is a very nice guy, but I don't feel attracted to him for some reason.** ★ for some reason 어쩐지, 왠지
연락 오면 어떡하지?	**What if she/he calls me?**

올해는 꼭 연애 한번 해봐야 되는데.	I plan to fall in love this year. ★ fall in love 사랑에 빠지다
이 나이 되도록 연애 한번 못 해보고 참 한심하다.	I have never been in love before. What a miserable life I have!
마음에 드는 남자를 만날 때까지 계속 소개팅을 해볼까?	I think I am going to continue going on blind dates until I find Mr. Right.
앞으로는 닥치는 대로 미팅을 해야겠다.	I will go on any blind dates that come my way.
소개팅을 많이 하고 싶다.	I want to go on lots of blind dates.
여자/남자를 많이 만나보고 싶다.	I want to go out with lots of women/men. ★ go out with ~와 사귀다
여친/남친을 만들고 싶다.	I want to find a girlfriend/boyfriend.
명숙이 소개팅은 어떻게 됐을까?	How did Myeongsuk's blind date go?

선을 봤다

선을 봤다.	I had a blind date with the intent of finding a marriage partner. ★ 선은 결혼할 목적으로 소개팅을 하는 것이니까 have a blind date 뒤에 with the intent/aim of finding a marriage partner 또는 with the intent/aim of getting married라고 덧붙이면 의미가 제대로 전달되겠지요.
맞선이라도 볼까 생각 중이다.	I am thinking of going on a few blind dates with the aim of finding a husband/wife.
듀오에 등록하려고 한다.	I will sign up at DUO, a marriage agency. ★ sign up at + 단체 ~에 등록하다
엄마 성화에 못 이겨 결국은 선을 봤다.	Due to my mom nagging me to get married, I went on a blind date. ★ nagging 잔소리하며 사람을 마구 들볶는 것
나이가 나이인만큼, 요즘은 퇴근 후에 매일같이 선을 본다.	These days due to my age, I go on blind dates after work with the aim of finding a marriage partner.

내일 선 보면 열 번째이다.	Tomorrow will be my tenth blind date in my search for a husband/wife.
하루빨리 내 반쪽을 찾고 싶다.	I can't wait to find my future better half. ★ better half 반쪽
나도 친구들처럼 가정을 꾸미고 싶다.	I want to settle down and get married like my friends.
다들 시집가고 장가가니까 같이 놀 사람도 없다.	I have no one to hang out with since all my friends are married. ★ hang out 놀다
올해는 꼭 시집/장가가야 되는데.	I will absolutely get married this year.
평생 같이 살 사람인데 적당히 선택할 수도 없고!	I can't possibly choose hastily the person who I am supposed to live with for the rest of my life. ★ hastily 급하게 막
마음에 드는 사람 만나기가 참 쉽지가 않다.	It is really hard to find someone I like.
사람이 맘에 들면 조건이 맘에 안 들고, 조건이 맘에 들면 사람이 맘에 안 들고…	When I'm attracted by some man's looks and behavior, I don't like his background, and vice versa.
괜찮은 사내는 찾기 힘들다는 것을 새삼 깨달았다.	Once again I realized a nice guy is hard to find.
인연을 만난다는 게 참 쉽지 않다는 것을 새삼 알게 되었다.	Once again I found it really hard to meet the man/woman of my destiny. ★ the man/woman of one's destiny ~의 운명의 남자/여자
내 운명의 남자/여자는 어디에 숨어 있는 걸까?!	I wonder where the man/woman of my destiny is hiding out.
내 반쪽은 도대체 어디에 있는 거야?	Where the hell is my future better half?
점쟁이가 내년에 짝을 만나게 될 거라고 했다.	A fortuneteller said to me, "You will meet your future better half next year." A fortuneteller told me (that) I would meet my future better half next year.

점쟁이가 내년에 결혼할 거라고 했다.	A fortuneteller said to me, "You will get married next year." A fortuneteller told me (that) I would get married next year.
선을 보고 싶지 않다.	I don't want to go on a blind date with the aim of finding a marriage partner.
결혼을 꼭 해야 하는 걸까?	Do I have to get married?
결혼하기 싫다.	I don't want to get married.
굳이 결혼할 필요가 없어. 혼자 즐기며 살지 뭐.	I don't have to get married. I will just enjoy being single.

필수어휘 따로보기

청춘사업과 관련된 유용한 어휘들

미팅, 소개팅	blind date
헌팅	boy/girl hunting
선	blind date with the aim/intent of finding a husband/wife blind date in my search for a husband/wife ▶ husband나 wife 대신 marriage partner를 쓰면 상당히 formal한 표현이 됨.
결혼정보업체	marriage agency
이상형(남자)	Mr. Right
백마 탄 왕자	Prince Charming ▶ 신데렐라 이야기에서 유래된 표현.
이상형(여자)	perfect woman / dream girl
여자친구	girlfriend
남자친구	boyfriend
연인	lover ▶ 잠자리를 같이하는 연인의 경우를 일컫는 말.
데이트 상대	date
~와 데이트하다	date with / have a date with
~와 사귀다	go out with
A에게 데이트 신청하다	ask A out
~와 헤어지다	break up with
~에게 차이다	be dumped by
A 몰래 양다리 걸치다	two-time A ▶ 주로 미혼 남녀 사이인 경우
양다리 걸치는 사람	two-timer
A 몰래 바람피우다	cheat on A ▶ 주로 기혼 남녀 사이인 경우
~와 부적절한 관계를 맺다	have an affair with

03 데이트
dating

좋아한다고 말하다

나는 민영이가 좋다.	I love Minyeong.
이렇게 누구를 무지하게 사랑해 본 것은 생전 처음이다.	I have never loved anyone this much before.
하지만, 얘기할 용기가 없다.	However, I have no courage to speak to her.
그 애한테 사귀자고 하면, 뭐라고 할까?	If I ask her to go out with me, what will she say?
그 애에게 내 영원한 사랑을 고백해야 해.	I must confess my undying love to her.
마침내 그 애한테 말을 꺼낼 수 있는 용기가 생긴 것 같다.	I finally found the courage to speak to her.
내일 민영이에게 데이트 신청을 해야겠다.	I will ask Minyeong out tomorrow. ★ ask out ~에게 데이트 신청하다
오늘 민영이에게 좋아한다고 고백했다.	I confessed my love to Minyeong today.
망설이고 망설인 끝에 결국 그 애에게 내 마음을 고백했다.	After lots of hesitation, I finally confessed my love to her.
그 애도 내가 좋다고 했다.	She said, "I love you, too." She said she also loves me.
그 애는 미안하다고 했다.	She said, "I am sorry." She said she was sorry.
그 여자애는 달리 좋아하는 사람이 있다고 했다.	She said, "I love another man." She told me that she loves another man.
친구 이상으로는 날 생각해 본 적이 없다고 했다.	She told me that I was just a friend to her.

동생 이상으로는 날 생각해본 적이 없단다.	She told me that I was just a little brother figure to her. ★ little brother figure는 실제로 남동생은 아니지만, 남동생처럼 여길 수 있는 존재를 뜻해요. 진짜 아버지는 아니지만, 아버지처럼 여길 수 있는 존재는 father figure이구요.
지금처럼 그냥 편한 친구로 지내자고 했다. 마음이 쓰렸다.	She told me we should remain good friends just like we are now. I feel pain in my heart.
상철이가 나에게 그냥 친구로 지낼 수 없냐고 물었다.	Sangcheol asked me, "Can't we just be friends?" Sangcheol asked me if we couldn't just be friends. ★ Can't we just be friends?(우리 그냥 친구로 지낼 수 없을까?)는 헤어지고 싶을 때에도 상투적으로 하는 말이죠.
남녀 사이에 우정이 존재할 수 있을까?	Can men and women be friends?
하지만, 아직 포기할 순 없다!	However, I can't give up!
철수가 내가 마냥 좋다고 했다.	Cheolsu said, "I love you dearly." Cheolsu said he loves me dearly.
거짓말! 그럴 리가 없다.	Oh no, that can't be true.
그렇게 파릇파릇한 애가 다 늙고 못생긴 나를 좋아할 리가 없다.	I don't believe a young guy like him loves an old and ugly woman like me.
그런데 왜 이렇게 가슴이 뛰지?!	But then why is my heart beating like this?

데이트를 하다

오늘 미현이랑 데이트를 했다.	I went out with Mihyeon today.
말하자면 우리의 첫 데이트지.	It is, so to speak, our first formal date.
우리는 내일 설레는 첫 데이트를 할 예정이다.	We are going to have our long-awaited first date tomorrow. We are going on our long-awaited first date tomorrow. ★ long-awaited 기다리고 기다린
아~ 오늘밤은 너무 설레서 잠이 안 온다.	Oh, I am too excited to get to sleep tonight.

내일 미현이를 만날 생각을 하니 설레서 잠이 안 온다.	I can't get to sleep because my heart keeps fluttering in anticipation of seeing Mihyeon.
우리는 퇴근 후에 매일같이 만난다.	We see each other after work almost every day.
여자친구랑 찜질방에 갔다.	I went to a Korean-style sauna with my girlfriend.
수업 마치고 남자친구랑 영화를 보러 갔다.	I went to see a movie with my boyfriend after school.
남자친구랑 소렌토에 가서 스파게티를 먹었다.	I went to Sorento to have spaghetti with my boyfriend.
가슴이 두근거려서 밥이 입으로 들어가는지 코로 들어가는지 몰랐다.	My heart pounded so fast that I don't remember how I finished my meal. ★ so ~ that ... 너무 ~해서 …하다
좀 전에 막 헤어졌는데 또 그 애가 너무 보고 싶다.	I can't wait to see her again even though it has been only a few minutes since I saw her.
잠만 들면 혜경이 꿈을 꾼다.	I dream of Hyekyeong whenever I fall asleep.
그 사람을 만난 지 10년이 다 되어 가는데, 아직도 그 사람을 보면 마음이 설렌다.	It has been almost 10 years since I went out with him, but I still feel a sudden tingle of excitement when I see him.

첫 키스의 추억

키스를 하면 기분이 어떨까?	How would I feel if I kissed somebody?
그 아이랑 키스하고 싶다.	I want to kiss him/her.
여자친구랑 뽀뽀하고 싶어 미치겠다.	I am dying to kiss my girlfriend.
선영이가 너무 사랑스럽게 느껴졌다.	I think Seonyeong is really lovely.
순간 키스하고 싶은 기분이 굴뚝같았다.	I really felt like kissing her at that moment. I was really in the mood to kiss her at that moment. ★ feel like + -ing ~하고 싶은 기분이 들다(= be in the mood to + 동사원형)
오늘 남친이랑 첫 키스를 했다.	Today I kissed my boyfriend for the first time.

별느낌이 없었다.	I didn't feel much.
오늘 여친이랑 첫 키스를 했다.	Today I kissed my girlfriend for the first time.
정말 달콤했다.	It was so sweet.
길에서 연인이 키스하는 것을 봤다. 부러웠다.	I saw a couple kiss/kissing on the street. I envied them.
요즘에는 거리에서 키스하는 사람들이 많다.	There are lots of people who kiss on the street these days.
난 여태껏 여자랑 키스를 해본 적이 없다.	I have never kissed a woman before.
친구들은 다 했는데 나만 남자랑 키스 한 번 못 해봤다. 흑흑	I have never kissed a man unlike all my friends. Boo hoo.

난 여친이 있다

난 여자친구/남자친구가 있다.	I have a girlfriend/boyfriend.
난 여친이 두 명 있다. 들킬까봐 조마조마하다.	I have two girlfriends. I am nervous about getting caught. I am a two-timer. I am nervous about getting caught. ★ two-timer 양다리 걸치는 사람 ㅣ be nervous about + -ing ~할까봐 조마조마하다
내 여친은 나를 참 잘 챙겨준다.	My girlfriend takes good care of me.
내 여친은 나한테 좀 무심한 것 같다.	I think my girlfriend is a little bit indifferent to me. ★ be indifferent to ~에게 무심하다
내 여친은 나를 너무 구속한다.	My girlfriend really fences me in. ★ fence + 사람 + in ~을 구속하다
내 남친은 스킨십을 너무 좋아한다.	My boyfriend really likes touching me.
내 남친은 무조건 나한테 져준다.	My boyfriend always does what I want no matter what. ★ '무조건 져준다'는 말은 '무슨 일이 있든지 간에 늘 내가 원하는 대로 해준다'는 얘기이죠.
내 남친은 기념일을 무척 잘 챙긴다.	My boyfriend never forgets our special days and always does something special for me.

내 남친은 한 달에 한 번씩 이벤트를 해준다.	**My boyfriend does something special for me every month.**
남자친구는 한 시간에 한 번꼴로 문자를 보낸다.	**My boyfriend sends me a text message every hour.** ★ send + 사람 + a text message ~에게 문자 메시지를 보내다
여자친구랑 통화할 때면 시간가는 줄 모르겠다.	**I lose track of time when I talk to my girlfriend on the phone.** ★ lose track of time 시간 가는 줄 모르다
난 아침에 남자친구 차를 타고 등교한다.	**My boyfriend drives me to school every morning.**
남자친구가 매일 집까지 바래다준다.	**My boyfriend sees me home every day.** ★ see + 사람 + to + 장소 ~를 …에 바래다주다. 여기서는 home 자체가 부사로 '집에, 집으로'라는 의미이기 때문에 전치사 to는 빠진 거죠.
퇴근할 때쯤이면 남자친구가 매일같이 회사 앞으로 데리러 온다.	**My boyfriend picks me up in front of my company after work almost every day.** ★ pick up 차로 ~를 데려오다
감기로 몸져누워 있는데 여자친구가 아침 일찍부터 죽을 싸가지고 왔다.	**My girlfriend brought me some rice porridge early morning when I was in bed due to a cold.** ★ rice porridge 죽 ǀ cold 감기
그 사람이 얼마나 나를 사랑하는지 오늘 새삼 깨닫게 되었다.	**I realized today how much he/she loves me.**
그 사람은 나보다 더 나를 사랑해주는 사람이다.	**He/She is a man/woman who loves me much more than I love myself.**

사랑싸움은 칼로 물 베기?!

남친/여친과 싸웠다.	**I had an argument with my boyfriend/girlfriend.** ★ have an argument with ~와 싸우다. 다투다(= quarrel with)
요즘 남친/여친이랑 냉전 중이다.	**My boyfriend/girlfriend and I are giving each other the silent treatment.** ★ 사람 관계에서 냉전중이란 말은 서로 말도 안 하고 서로를 없는 사람 취급하는 상태를 말하니까 give each other the silent treatment라고 하면 되겠어요.

남친과 스킨십 문제로 싸웠다. (너무 성급하게 진도를 나가려 한 경우)	I had an argument with my boyfriend about going too far too quickly. ★ go too far too quickly 성급하게 진도를 너무 많이 나가다
남친과 결혼문제로 싸웠다.	I had an argument with my boyfriend about marriage.
내 나이를 생각해줘야 되는 거 아냐?	Shouldn't he/she take my age into consideration? ★ take A into consideration A를 고려하다
날 사랑이나 하는 거야?	Does he/she really love me?
여친이 나를 잘 이해를 못해주는 것 같다.	It seems to me that my girlfriend doesn't understand me.
요즘 걸핏하면 여친과 다툰다.	I frequently fight with my girlfriend these days.
권태기인가?	Is it a period of ennui? ★ a period of ennui [a:nwi:] 권태기
애정이 식은 게야!	I am sure his/her love for me has cooled! ★ cool (애정 또는 관계가) 식다, 냉랭해지다
(남친은) 처음 사귈 땐 내 말이라면 껌뻑 죽었는데.	At first my boyfriend would blindly follow every word I said. ★ blindly 맹목적으로, 무조건
(남친은) 예전엔 집 앞까지 꼬박꼬박 바래다 주더니, 사람이 변했어.	In the past he never failed to see me to my house. He has changed. ★ never fail to + 동사원형 ~하지 않는 법이 없다
(남친은) 예전엔 전화도 자주 하더니만. 다 잡은 물고기란 말이지?	In the past he called me quite often, but now he takes me for granted.
남친이 내 생일을 까먹어서 너무 서운했다.	I was quite depressed because my boyfriend forgot my birthday.
여친 잔소리 때문에 미치겠다.	My girlfriend's nagging drives me crazy. ★ A drives me crazy. A 때문에 미치겠다.(= A makes me crazy.)
남친이 사사건건 너무 간섭해서 짜증을 확 내 버렸다.	I suddenly threw a tantrum because my boyfriend always nags me about everything. ★ throw a tantrum 짜증을 내다 ǀ nag at ~에게 잔소리를 하다

약속시간에 늦었다고 여친에게 된통 깨졌다.	My girlfriend gave me a good telling-off for being late for the date. My girlfriend really gave me hell for being late for the date. ★ give me a good telling-off for ~ 때문에 야단치다, 호통치다 (= give me hell for)
내 여친은 걸핏하면 약속시간에 늦는다. 참다 참다 못해 오늘 버럭 화를 내버렸다.	My girlfriend is often late for our dates, so finally I lost my temper with her today. ★ lose one's temper with ~에게 버럭 화를 내다
남친이랑 일주일째 연락 한 번 안 했다.	I have not called my boyfriend for a week now.
이제 슬슬 화해를 해야 할 텐데.	It is about time I made up with him/her. ★ It is about time 주어 + 과거동사 슬슬 ~할 때가 되다 ｜ make up with ~와 화해하다
앞으로 남자친구한테 좀더 잘해야겠다.	I will be nicer to my boyfriend from now on.
나는 내! 남친/여친한테 질질 끌려 다녀서는 안 되지.	My life is my own! I won't be bossed around by my boyfriend/girlfriend. ★ be bossed around by ~에 질질 끌려 다니다
주도권을 잡아야 해.	I should take the initiative.

04 실연의 아픔
broken heart

청춘사업

헤어지고 싶다

남자친구가 걸핏하면 손찌검을 한다.	My boyfriend hits me all too often.
남자친구가 걸핏하면 외모 가지고 날 놀린다.	My boyfriend teases me about my appearance too often. ★ tease ~를 놀리다
남자친구가 요즘 나한테 너무 무심하다.	My boyfriend is really indifferent to me these days.
아무래도 남자친구가 애정이 식은 것 같다.	I guess his love has cooled.
남자친구가 양다리를 걸치고 있었다는 걸 알아버렸다.	I just found out my boyfriend was two-timing me.
믿을 수가 없다! 남자친구가 나랑 내 절친이랑 양다리를 걸치고 있었나.	I can't believe it! My boyfriend two-timed me with my best friend.
여자친구가 주사가 너무 심하다.	My girlfriend gets pretty vicious when she is drunk.
여자친구가 날 너무 구속한다.	My girlfriend really fences me in.
요즘 여자친구가 바람을 피우는 것 같다.	It seems to me that my girlfriend is cheating on me these days. ★ cheat on ~몰래 바람피우다
그 빌어먹을 자식이 나 몰래 바람을 피우고 있을 줄 알았어!	I knew that son of a bitch was cheating on me!
진은 연애상대론 좋은데 결혼상대는 아닌 것 같다.	Jean is a good object for my love, but is not a desirable partner for marriage.
그 애랑 말이 잘 안 통한다.	He/She and I don't speak the same language. ★ speak the same language 말이 통하다

그 애는 나에 대해 잘 이해를 못 하는 것 같다.	I don't think he/she really understands me. ★ really understand + 사람 ~라는 사람에 대해 진정으로 이해하다
그 애가 나한테 더 이상 관심이 없다는 것을 알게 됐다.	I found for him/her to be no longer interested in me. I found that he/she was no longer interested in me. I realized he/she was no longer interested in me. ★ be interested in ~에 관심이 있다
이렇게 굳이 계속 만날 필요가 있을까?	Do I have to continue seeing him/her like this?
열정 없는 사랑, 난 싫다.	I hate love without passion.
도저히 못 만나겠다.	I can't go out with him/her at all.
사랑의 힘으로도 버틸 수가 없다.	I can't get over this even with the power of love. ★ get over ~을 극복하다
빈이는 가진 게 너무 없다. 사랑만 먹고 살 수 있는 것도 아니고…	Bin is so poor. Love won't pay the bills.
어쩌다 가정이 있는 남자/여자를 좋아하게 됐을까? 난 가정 파괴범이 되고 싶진 않다.	How come I have fallen in love with a married man/woman? I don't want to be a home-wrecker.
이쯤에서 헤어지는 게 서로를 위해 좋은 것 같다.	I think we should go our separate ways.
그 애랑 헤어질까 생각 중이다.	I am thinking of breaking up with him/her.
헤어지고 싶다.	I want to break up with him/her.
하지만 헤어지는 게 쉽지가 않다.	However, breaking up isn't easy.
철훈이한테 헤어지자고 하면, 뭐라고 할지 걱정된다.	If I say to Cheolhun "Let's break up," how will he respond? I am worried.
오늘 남자친구에게 헤어지자고 했다.	I said to my boyfriend today, "Let's break up."
들어오자마자 그 애에게 절교편지를 썼다.	The first thing I did after coming home was write a Dear John letter to him/her. ★ The first thing I do is + 동사원형 내가 제일 먼저 하는 일은 ~이다 ｜ Dear John letter 절교편지

혜진이는 헤어진다 헤어진다 하면서 아직도 그 남자를 만나고 있다.	Hyejin has been harping on her intention to break up with him, but she still hasn't. ★ 같은 소리를 계속 되풀이해서 말하는 것을 harp라고 하죠. 즉, '~하겠다는 소리를 계속 되풀이한다'고 할 때는 〈harp on one's intention to + 동사원형〉의 형태로 표현할 수 있어요.
우리는 11월 어느 추운 날 비가 내릴 때 헤어졌다.	It was raining when we parted ways on that cold November night.
나는 우리가 헤어지는 것이 좋다는 것을 마음 속으로 알고 있었다.	I knew in my heart it was better if we part ways.
그 애가 내 앞에서 울었다.	He/She cried in front of me today.
너무 가슴이 아팠다.	It really hurt me.

차였다

여자친구/남자친구한테 차였다.	I was dumped by my girlfriend/boyfriend. ★ be dumped by ~에게 차이다
여친/남친한테 차여서 나 지금 몹시 비참하다.	I am so miserable because I was dumped by my girlfriend/boyfriend.
더 이상 날 사랑하지 않는다고 했다.	He/She told me that he/she doesn't love me anymore.
다른 여자가 생겼다고 했다.	He told me that he has found another woman.
다른 남자를 좋아하게 됐다고 했다.	She told me that she has fallen in love with another man.
우린 너무 다른 것 같다고 했다.	He/She told me that we are completely different people.
성격이 안 맞는 것 같다고 했다.	He/She told me that I seemed to march to the beat of a different drummer.
말이 안 통한다고 했다.	He/She told me that we don't speak the same language.

PART 09 실연의 아픔

술버릇이 너무 나빠서 감당을 할 수가 없단다.	He/She told me that he/she can't deal with me because I get pretty vicious when I am drunk.
나의 변덕을 더 이상 감당할 수가 없다고 했다.	He/She told me that he/she can't cater to my every whim anymore. ★ cater to (필요나 욕구를) 받아주고 충족시켜주다 ㅣ whim 변덕
내가 가진 게 너무 없어서 싫다고 했다.	She said that I was so poor that I didn't deserve her.
대입 치고 나서 만나자고 했다.	He/She told me he/she can't meet me until after the college entrance test.
대학에 합격하고 나서 다시 만나자고 했다.	He/She told me we should date again but only after we both have been admitted to college. ★ be admitted to college (일정 절차를 모두 통과하여) 대학에 입학허가를 받다
사법고시에 합격하고 나서 다시 만나자고 했다.	He/She told me we should get together again after he/she has passed the bar exam. ★ 우리나라의 '사법고시'에 해당되는 시험이 미국에서는 bar examination이랍니다. exam은 examination의 줄임말.
치사한 놈 같으니라구! 두 번 다시 안 만날 거야.	What a mean guy (he is)! I won't ever see him again.

실연의 아픔

아무 것도 먹기 싫다.	I don't want to eat anything.
오늘이 무슨 요일이지?	What day of the week is it today?
며칠 동안이나 내가 잠만 잔 거지?	How many days did I sleep without doing anything?
그 애는 왜 나랑 헤어지고 싶어 했던 걸까?	Why did he/she want to break up with me?
왜 이런 일이 생겼는지 도무지 이유를 모르겠다.	I have no idea why this happened.
그 자식한테 복수를 해주고 싶다.	I feel like getting even with him. ★ get even with + 사람 ~에게 복수하다

애초에 그 애랑 사귀지 말았어야 했는데.	I shouldn't have gone out with him in the first place. ★ in the first place 애초에
너무 힘들다. 죽고 싶다.	It is too tough. I want to die.
이제 두 번 다시 그 애를 볼 수가 없다!	Now I'll never see him/her again!
이제 그 애 없이 어떻게 살아야 하지?	How can I live without him/her now?
그 애 없인 도저히 못 살 것 같은데.	I don't think I can live without him/her at all.
그 애랑 자주 갔던 식당만 봐도 눈물이 난다.	There are tears in my eyes even when I see a restaurant we often went to.
내가 얼마나 그 애를 그리워하고 있는지 깨달았다.	I realized how much I miss him/her.
솔직히 말하면, 난 아직도 그 애를 너무 너무 사랑하고 있다.	Honestly, I am still very much in love with him/her.
그 애랑 헤어지지 말았어야 했는데.	I shouldn't have broken up with him. I regret breaking up with him. I am sorry (that) I broke up with him.
걔 같은 사람은 두 번 다시 못 만날 것이다.	I'll never find someone like him/her.
그 애 같이 괜찮은 애를 앞으로 또 만날 수 있을까?	Will I find someone as good as him/her?
언제쯤이면 이 아픔이 모두 사라질까?	When will all this pain go away?
아무리 힘들어도 계속 살아야겠지.	I should move on even if it is too hard.
이제 그만 툴툴 털고 일어나자! 힘내!	I should get over it! Cheer up!
살면서 힘든 일, 슬픈 일 한 번 안 겪을 순 없잖아. 그냥 받아들이자.	After all, we have to go through at least one tough or sad thing during our life. I should just accept it. ★ go through ~을 겪다

05 결혼준비
preparing for marriage

우리 결혼할까요?

상은이한테 청혼하면, 뭐라고 할까?	If I propose to Sangeun, what will she say? ★ propose to ~에게 청혼하다
그 애한테 오늘 청혼했다.	I proposed to her today.
헨리가 자기랑 결혼해달라고 했다.	Henry said to me, "Please marry me." Henry asked me to marry him. Henry asked me, "Will you marry me?" Henry asked me if I would marry him. ★ Will you marry me?(결혼해 줄래?)는 청혼할 때 상투적으로 하는 말이죠.
너무 기쁜 나머지 바로 알겠다고 했다.	I was really happy, so I immediately said yes to him.
그 애는 활짝 웃으며 고개를 끄덕였다.	She nodded with a big smile.
그 애는 나를 좋아하긴 하지만, 아직은 좀 이른 것 같다고 말했다.	She told me that she loves me, but she thinks it is a little too early to get married.
그 애는 연애하는 건 좋지만, 결혼은 왠지 두렵다고 말했다.	She told me that she likes going out with me but she is kind of afraid of getting married. ★ be (kind of) afraid of + -ing (어쩐지) ~하기가 두렵다

결혼준비는 피곤해

오늘 여자친구 집에 인사드리러 갔다.	I went to my girlfriend's house to meet her parents.
내일 상견례를 하기로 되어 있다.	We are going to meet each other's parents.
다음 달 9일에 결혼식을 올리기로 했다.	We decided to hold our wedding on the ninth day of next month. ★ hold one's wedding ~의 결혼식을 하다
우리는 이번 가을에 결혼할 거야.	We are going to get married this fall.

시어머니 되실 분이 무척 까다로우신 것 같다.	My future mother-in-law seems to be very picky. ★ '시어머니'도 '장모'도 모두 mother-in-law예요. '시아버지, 장인'은 father-in-law.
앞으로 결혼해서 시어머니랑 잘 지낼 수 있을까?	Can I get along with my future mother-in-law after getting married?
우리 시부모님은 참 좋은 분들이신 것 같다.	My future parents-in-law seem to be very nice.
시어머니께서 예단은 간소하게 하자고 하셨다.	My future mother-in-law suggested that the wedding presents exchanged between the two families should be simple. ★ wedding presents exchanged between the two families 예단
예단 문제로 희진 씨랑 다퉜다.	I had an argument with Huijin about the wedding presents exchanged between our families.
내일 동진 씨랑 예물을 보러 갈 거다.	Dongjin and I are going to shop around for our wedding presents. ★ shop around for ~를 사려고 보러 다니다
내일 혜숙이랑 한복을 보러 갈 예정이다.	Hyesuk and I are going to shop around for our wedding *hanbok* (Korean traditional costume) tomorrow.
오늘 그이랑 집을 보러 갔다.	I went looking for a home with him today. ★ go looking for a home 집을 구하러 다니다
오늘 엄마랑 살림살이를 보러 다녔다.	I shopped around for household goods with my mother. ★ household goods 살림살이, 가재도구
오늘 웨딩드레스를 보러 갔다.	We shopped around for my wedding dress today.
웨딩드레스를 입은 그 애의 모습은 너무 아름다웠다.	She was so beautiful in her wedding dress.
오늘 야외촬영을 했다.	We had an outdoor wedding photo session today.
드디어 청첩장이 나왔다.	Finally our printed wedding invitations arrived.
곧 있으면 결혼식 날이다.	Our wedding is just around the corner.

PART 09 결혼준비

결혼 한번 하는데 신경 쓸 게 무지 많다.	I discovered I have to pay attention to many little details when planning a wedding.
결혼준비는 참 피곤하구나.	Preparing for our wedding really tired me out.
이렇게까지 하면서 결혼을 해야 하는 걸까?	Do I have to get married going through all of these problems? Why are all these problems hanging over our wedding?
지금이라도 결혼을 다시 한 번 생각해봐야겠다.	Even now I must think twice about getting married. ★ think twice 다시 생각하다

친구 결혼식에 갔다

상은이 결혼식에 갔다.	I went to Sangeun's wedding.
첫사랑 현정이가 오늘 결혼했다.	My first love, Hyeonjeong, got married today.
신랑신부가 매우 행복해 보였다.	The bride and groom looked so happy.
어쩐 일인지 신랑신부가 행복해 보이질 않았다.	The bride and groom didn't look very happy for some reason.
신부가 너무 사랑스러웠다.	The bride looked lovely.
신부는 마치 하늘에서 내려온 선녀 같았다.	The bride looked like an angel from heaven.
신부가 좀 아깝다는 생각이 들었다.	I thought the bride deserved a better husband. ★ 신부가 아깝다는 말은 신부가 더 나은 신랑을 맞을 만한 사람이라는 말로 바꿔서 표현하면 되겠어요.
신랑은 마치 왕자 같아 보였다.	The groom looked like a prince.
내가 부케를 받았다.	I caught the wedding bouquet.
나도 결혼하고 싶은 기분이 들었다.	I felt like getting married.
상은이가 행복하게 잘살았으면 좋겠다.	I hope that Sangeun will be happy when she is married.
신부 친구 중에 마음에 드는 여자가 있었다.	One of the bride's friends is my ideal type.
신랑 친구 중에 마음에 드는 남자가 있었다.	One of the groom's friends is my ideal type.

06 결혼생활
marriage

청춘사업

신혼의 단꿈에 빠지다

신혼여행을 다녀왔다.	We just got back from our honeymoon. ★ get back from ~에서 돌아오다
너무 꿈만 같은 시간이었다.	Our honeymoon was like a dream.
우리 색시는 너무 예쁘다.	My wife is so lovely.
우리 색시는 너무 부지런하다.	My wife is so diligent and hardworking.
우리 신랑은 너무 자상하다.	My husband is so nice to me.
결혼하니까 너무 좋다.	I am so happy to be married.
역시 혼자보다는 둘이 좋은 거 같다.	As expected, it is better to live together than to live alone. ★ as expected 예상대로
회사 가면 종일 색시 생각만 난다.	I keep thinking of my wife at work all day long. ★ keep thinking of 자꾸 ~생각이 나다
요즘엔 '땡'하면 퇴근해서 곧장 집으로 온다.	I leave work at the end of the day and go straight home these days.
저녁은 내가 하고 설거지는 신랑이 한다.	I make dinner and my husband washes the dishes. ★ wash the dishes 설거지하다
나는 집안일이 서툴지만 배우려고 애쓰고 있다.	I am not good at housework, but I'm trying to learn.
신랑이 항상 집안일을 도와준다.	My husband always helps me do the housework. ★ help + 사람 + (to) 동사원형 ~가 …하는 걸 돕다
오늘 신랑이랑 함께 대청소를 했다.	I cleaned the house thoroughly with my husband.
우리 색시는 음식을 잘 못한다.	My wife doesn't cook very well.

우리 색시는 결혼하고 나더니 완전 밥순이로 돌변했다.	After getting married, my wife has suddenly become a glutton. ★ glutton 밥순이
그래도 난 색시가 너무 좋다.	However, I love my wife.
신랑이 뭐든 맛있게 잘 먹어줘서 너무 고맙다.	I am very grateful to my husband for eating heartily everything I make. ★ I am grateful to + 사람 + for + -ing ~해줘서 …에게 고맙다
우리 색시는 아침밥을 꼭꼭 챙겨준다.	My wife makes breakfast for me without fail. ★ without fail 빠짐없이 꼭
2주에 한 번씩 우리는 주말마다 여행을 간다.	We go on a trip every other weekend. ★ every other weekend 2주에 한 번씩 주말마다. 단순히 '2주에 한 번씩'이라고 할 때는 every other week라고 하면 되죠.
다시 태어나도 이 사람이랑 결혼할 기다.	Even if I were born again, I would get married to him/her.

불만이 하나둘 늘어가다

아내/신랑 때문에 짜증나 죽겠다.	I get so annoyed with my wife/husband. ★ get annoyed with ~때문에 짜증나다
양말은 왜 아무데나 벗어두느냐고?	Why does he always take off his socks and throw them anywhere he wants? ★ take off (옷, 신발 등)을 벗다
물건을 썼으면 제자리에 둬야 될 거 아냐?	Doesn't he have to put things away after using them? ★ put away ~을 제자리에 치우다
어떻게 집에선 손끝 하나 까딱 안 하냐?	How come he never lifts a finger to help with the housework? ★ never lift a finger 손끝 하나 까딱 안 하다 ǀ help with the housework 집안일을 돕다
맨날 곤드레만드레 취해서 들어오는 신랑 진짜 꼴 보기 싫다.	I really hate seeing my husband come home blind drunk every night. ★ blind drunk 곤드레만드레 취한
잠 잘 때 코는 어찌나 고는지 잠을 못 자겠다.	His loud snoring keeps me awake. ★ snore 코를 골다

화장하는 데 왜 그렇게 시간이 많이 걸리냐고?	Why does she take so long to put on her make-up? ★ put on one's make-up 화장을 하다
외출 한번 하기 되게 힘드네. 어휴!	It is really hard to go out with her. Ugh!
여자가 돼 가지곤 왜 그렇게 지저분한 거야.	How can a woman be so messy?
너무 한 거 아냐?	Isn't it too much?
말은 또 왜 이렇게 안 통해.	Also, we don't speak the same language.
너무 달라서 같이 못 살겠다.	I can't live with him/her because we are such different people.
어휴, 성격 차이 나서 못 살겠네.	Ugh, I can't live with him/her because we disagree about everything. We are never on the same page. Ugh, I can't live with him/her because he/she marches to the beat of a different drummer.
연애할 땐 진짜 이런 줄 몰랐는데.	I didn't even think about this when we were dating.
연애할 땐 뭐든지 다 해 줄 것처럼 굴더니.	He talked as if he would do anything for me when we were dating.
내가 속았지!	I was duped!
아이고, 이런 남자가 뭐가 좋다고 내가 결혼 했을까?	Oh my! How could I marry such a man?
내가 눈이 멀었지! 참 후회된다.	What was I thinking? I really regret that.
카드 값은 매달 왜 이렇게 많이 나와?	Why is his/her credit card bill so high every month?
도대체 어디다 돈을 쓰는 건지?	What on earth does he/she spend money on? ★ spend + 돈 + on 돈을 ~에 쓰다
이 남자 바람 났나?	Is he cheating on me?
내가 도대체 누구랑 바람을 피우냐고?!	Who the hell am I having an affair with? ★ have an affair with (배우자 몰래) 다른 이성이랑 관계를 갖다

얌전하게 잘 있는 사람을 왜 이렇게 부추기냐고?	Why does my wife try to goad her faithful husband into having an affair by nagging? ★ goad + 사람 + into + -ing ~에게 …하라고 부추기다
진짜 바람이나 피울까 보다.	Maybe I should have an affair.
집사람 잔소리 때문에 미치겠다.	My wife's nagging drives me crazy.
집사람 잔소리가 너무 심한 것 같은데, 집사람은 그저 도움이 되라고 하는 말이란다.	I think she is being too critical, but she says she just wants to be helpful.
집사람 말이 내가 매사 삐딱하게 본단다.	My wife says I take everything the wrong way.
음, 내가 문제인가, 아내가 문제인가?	Hmmm... Is it my problem? Or hers?
요즘엔 하나에서부터 열까지 집사람/남편 하는 짓이 다 마음에 안 든다.	These days I have come to hate everything my wife/husband does.
별것도 아닌 일로 신랑한테 자꾸 잔소리를 하게 된다.	I keep complaining to my husband about trivial things. ★ trivial things 별것도 아닌 일, 자질구레한 일
이 위기를 어떻게 극복해야 하지?	How can I/we get over this crisis?
결혼생활이란 게 참 쉽지 않네.	Marriage is no picnic.

아이가 생기다

아내 닮은 딸아이를 갖고 싶다.	I want a baby daughter who looks like my wife.
아이가 안 생겨서 걱정이다. (아내 입장)	I am worried that I can't get pregnant.
아내가 임신을 했다.	My wife is pregnant.
며칠 전에 가영이가 태어났다.	Gayeong was born several days ago.
오늘 우리 윤민이가 세상에 나왔다.	My baby boy Yunmin entered the world today.
너무 사랑스러웠다.	He is so lovely.
오늘 우리 나은이가 세상에 나왔다. 너무 감격스러워 나도 모르게 눈물이 났다.	My baby girl Naeun came into the world today. I was moved to tears of joy and happiness.

아들 녀석이 오늘 처음으로 나를 "아빠/엄마"라고 불렀다.	My baby son called me "Dad/Mommy" for the first time.
아이가 생기니까 신랑과도 다시 사이가 좋아지는 것 같다.	My husband and I have been getting along very well since I had the baby.
난 아이를 가지기 싫다.	I don't want to have a baby.
우리 부부는 아이를 안 갖기로 했다.	We decided not to have a baby.
우리 부부는 아이 없이 우리 생활을 즐기기로 했다.	We have decided to enjoy life without raising any children.
시부모님이 아이를 자꾸 가지라고 해서 스트레스 받는다.	I am stressed out because my parents-in-law are urging me to have a baby.
시부모님이 아이가 왜 안 생기냐고 자꾸 채근해서 스트레스 받는다.	I am stressed out because my parents-in-law keep asking me why I haven't had a baby.
스트레스 받아서 아이가 더 안 생기는 것 같다.	I think that I can't get pregnant because I am stressed out.

07 이혼
getting divorced

이렇게 살아야 하나?

| 신랑이 걸핏하면 손찌검을 한다. | My husband hits me all the time. |

| 우리 남편은 술만 먹고 들어오면 손찌검을 한다. | My husband hits me whenever he comes home drunk. |

| 남편이 주사가 너무 심하다. | My husband gets pretty vicious when he is drunk. |

| 집사람 씀씀이가 너무 헤프다. | My wife is too irresponsible with our money. |

★ 절제하지 않고 생각 없이 돈을 마구잡이로 멋대로 쓰는 것은 be irresponsible with one's money라고 하지요.

| 집사람은 나에 대한 집착이 너무 심하다. | My wife is so obsessed with me. |

| 요즘 신랑이 바람을 피우는 것 같다. | My husband seems to be cheating on me these days. |

| 우린 전혀 말이 안 통한다. | We don't speak the same language at all. |

| 도무지 신랑/집사람을 이해할 수가 없다. | I can't understand my husband/wife at all. |

| 집구석에 들어가기가 싫다. | I really hate going home. |

| 집사람/신랑이랑 매일같이 싸운다. | My wife/husband and I fight almost every day. |

| 최근 들어 남편이랑 거의 매일 싸우고 있다. | Recently I have been fighting with my husband almost every day. |

| 아무래도 우리의 애정이 식은 것 같다. | I guess our love has cooled. |

| 이렇게 굳이 계속 같이 살 필요가 있을까? | Do we have to keep living together even in this situation? |

| 우리 둘 다 이렇게 생각한다면 함께 사는 게 무슨 의미가 있지? | What is the good of living together if we both feel this way? |

★ What is the good of + -ing ~? ~하는 게 무슨 소용이 있나?

도저히 같이 못 살겠다.	I can't live with him/her at all.
남편이랑 같이 사는 게 지긋지긋하다.	I am really sick and tired of living with my husband.
애초에 이 사람이랑 결혼을 하지 말았어야 했는데.	I shouldn't have gotten married to him/her in the first place.
너무 힘들다. 차라리 죽는 게 낫겠다.	It is too tough. I would rather die. ★ would rather + 동사원형 차라리~하는 편이 낫다
차라리 이혼하는 편이 좋겠다.	We might as well get divorced. ★ might as well + 동사원형 ~하는 편이 낫다
그런데, 이 사람이 순순히 이혼해줄까?	Will he/she agree to a divorce without making any trouble?
지금 나는 아내/신랑이랑 냉전 중이다.	My wife/husband and I are giving each other the silent treatment.
얼마 전부터 아내랑 별거 중이다.	My wife and I have been separated for some time now. ★ be separated 별거하다
난 이혼한다 이혼한다 하면서 아직도 이 남자랑 같이 살고 있다.	I have been harping on my intention to get divorced from him, but we are still living together. ★ get divorced from ~와 이혼하다

우리 이혼해

이쁘니가 이혼하자고 했다.	Yipeuni said to me, "I want a divorce." Yipeuni told me that she wanted to get divorced.
나의 바람기를 더 이상 참을 수 없단다.	She/He can't tolerate my infidelity anymore. ★ tolerate 눈감아주다, 용인하다 ǀ infidelity 바람기
나의 무능력함에 질렸단다.	He/She told me that he/she is sick and tired of my incompetence.
내 변덕을 받아주는 데 신물이 난단다.	He/She told me that he/she is sick and tired of pleasing my every whim.

나의 더러운 성질에 질렸단다.	He/She told me that he/she is sick and tired of my nasty personality.
나의 속물근성에 질렸단다.	He/She told me that he/she is sick and tired of my snobbery.
너무 달라서 도저히 같이 못 살겠다고 했다.	He/She told me that he/she can't live with me at all because we are such different people.
성격이 안 맞아서 도저히 같이 못 살겠다고 했다.	He/She told me that he/she can't live with me because he/she is never on the same page as me.
	He/She told me that he/she can't live with me because I march to the beat of a different drummer than him/her.
	He/She told me that he/she can't live with me because we disagree about everything. We never see eye to eye on anything.
더 이상 날 사랑하지 않는다고 했다.	He/She told me that he/she doesn't love me anymore.
다른 여자가 생겼다고 했다.	He told me that he has found another woman.
다른 남자를 좋아하게 됐다고 했다.	She told me that she has fallen in love with another man.
이혼하면 아이들한텐 뭐라고 하지?	What do I say to my kids if we get divorced?
이혼하고 싶지만 아이들 때문에 그럴 수가 없다.	I want to get divorced, but I can't because of my kids/children.
아이들에게 엄마가 불행하게 살더라도 이혼하지 않는 게 좋을까, 이혼하더라도 엄마가 행복하게 사는 모습을 보여주는 게 좋을까?	Is it better for my children that I never get divorced and lead an unhappy life, or get divorced and lead a happy life?
절대 이혼할 수 없다.	I cannot agree to a divorce.
이혼하기 싫다.	I don't want to get divorced.

내 사전에 이혼이란 있을 수 없다.	The word "divorce" is not in my dictionary.
어떻게 하면 신랑의 마음이 돌아설까?	How can I make my husband change his mind?
이혼하기 싫지만 아내가 너무 강력하게 원한다.	I don't want to get divorced, but my wife really wants to.
왜 나한테 이런 일이 생기는 걸까?	How come this kind of thing has happened to me?
내가 좀 잘했어야 했는데.	I should have treated him/her better.
이제 와서 후회해봤자 아무 소용없지.	It is useless to regret it now.
우리 사랑은 여기까지인가 보다.	I think the limit of our love has been reached.

| 눈물과 웃음으로 범벅된 우리들의 둥지 |

가족 이야기

01 우리 가족
02 가장 입장에서
03 엄마·아내 입상에서
04 자식 입장에서
05 집안 행사

01 우리 가족
가족 이야기
my family

우리 가족은 네 명이다

우리 가족은 4명이다.	There are four people in my family.
우리 가족은 엄마, 아빠, 그리고 나, 이렇게 3명이다.	There are three people in my family: Mom, Dad, and me.
나는 형제가 모두 4명이다.	I have four brothers and sisters. I have four siblings.
나에겐 형/오빠가 한 명 있다.	I have a big brother. ★ big 대신 older를 써서 an older brother라고 해도 되죠. '언니/누나'도 마찬가지.
나에겐 언니/누나가 한 명 있다.	I have a big sister.
나에겐 남/여동생이 한 명 있다.	I have a little brother/sister. ★ little 대신 younger를 써도 되죠.
나는 장남/장녀이다.	I am the eldest son/daughter. ★ eldest 대신 oldest를 써도 돼요.
나는 막내이다.	I am the youngest in my family.
나는 3남 1녀 중 둘째이다.	I am the second child among three boys and one girl.
나는 외동딸/외동아들이다.	I am an only child.
나에겐 동생이 없다.	I have no little/younger brothers or sisters.
나에겐 형/오빠가 없다.	I don't have an elder/older brother.
나에겐 누나/언니가 없다.	I don't have an elder/older sister.
우리는 식구가 많다/적다.	I have a big/small family.
나는 3살 때 입양되었다. 언젠가는 나를 낳아 준 부모님을 만나고 싶다.	I was adopted when I was 3. Someday I would like to meet my biological parents. ★ be adopted 입양되다

아빠는 회사원이다

우리 아빠는 회사원이다.	My dad is an office worker.
우리 아빠는 교사이다.	My dad is a teacher.
우리 아빠는 환경미화원이다.	My dad is a garbage collector.
우리 엄마는 전업주부이다.	My mom is a full-time housewife.
우리 엄마는 간호사이다.	My mom is a nurse.
우리 엄마는 생활 설계사이다.	My mom is an insurance agent.
엄마는 요즘 집에서 부업을 하신다.	My mom is working part-time at home these days.
우리 형/오빠는 대학원생이다.	My big brother is a graduate student.
우리 언니는 재수생이다.	My elder/older sister is studying hard because she is going to retake the college entrance test this year.
우리 언니는 스카이에 들어가려고 삼수 중이다.	He is retaking the college entrance test for the third time hoping to get into one of the top three colleges.
내 동생은 올해 대학에 입학했다.	My little brother/sister was admitted to college/university this year. ★ 대학교에 '입학한다'는 것은 일정 절차를 거쳐 우리 학교에 와도 좋습니다~하고 학교 측의 공식적인 허가가 있어야 하는 것이므로 '대학에서 받아들여줬다'는 의미의 be admitted to college/university를 이용하면 어감이 딱 맞아떨어지지요.
나는 대학 졸업반이다.	I am a senior in college/university.
나는 고등학교를 졸업하고 대학에 안 갔다.	I didn't go to college/university after high school.
나는 고등학교를 졸업하고 미용전문학교에 다니고 있다.	I have been studying at a hairdressing school since I graduated from high school.

우리 집에는 강아지가 한 마리 있다

우리 집에는 강아지가 한 마리 있다.	My family has a dog.
우리 가족은 강아지를 한 마리 키워보려고 한다.	My family would like to get a dog. We are thinking of getting a dog.
오늘 길에서 다친 강아지를 발견했다. 바로 병원에 데려갔다.	I found a injured puppy on the street today, and I carried it to the vet.
오늘 우리 가족이 하나 늘었다. 엄마가 유기견을 데려왔다.	When Mom adopted an abandoned dog today, my family increased today.
나는 우리 집 예삐가 너무 좋다.	I love my dog Yepi very much.
우리 집 예삐는 내 방에서 나랑 같이 생활한다.	I share my room with my dog Yepi. ★ share A with B A를 B와 함께 공유하다
집에 오면 나를 반기는 건 우리 집 강아지뿐이다.	Only my dog welcomes me when I come home.
우리 집 나비는 하는 짓이 너무 귀엽다.	My kitty's behavior is very cute. ★ 우리는 고양이를 보고 귀여워하는 마음을 담아 흔히 '나비'라고 부르듯, 영어로는 kitty 라고 부른답니다.
나비가 아픈가 보다.	My kitty seems to be sick.
나비가 밥을 안 먹는다.	My kitty won't eat.
나비를 내일 동물병원에 데려가 봐야겠다.	I'll take my kitty to the vet. ★ take A to the vet A를 동물병원에 데려가다(= take A to the animal clinic). 병원에 간다고 할 때 go to the doctor와 같이 doctor를 쓰듯 동물병원에 데려간다고 할 때도 마찬가지로, '수의사'를 의미하는 vet을 쓰면 되죠.
우리 예삐, 내일 동물병원에 예방접종하러 가야 한다.	I have to take my dog Yepi to the vet to get a vaccination tomorrow. ★ get a vaccination 예방접종을 맞다
엄마는 예삐 털 날린다고 매일 잔소리시다.	My mother always complains about my dog Yepi's fur lying all over the floor. ★ complain about ~에 대해 이러쿵저러쿵 투덜대다 ｜ fur 털
엄마는 예삐 털 날린다고 매일 잔소리하시면서도 밥은 꼬박꼬박 챙겨주신다.	My mother always complains about my dog Yepi's fur, lying all over the floor, but she never forgets to feed her.

화목한 우리 가족

우리는 비교적 돈독한 가족이다.	We are a relatively close-knit family. ★ close-knit 돈독한, 끈끈한
엄마는 지금 저녁식사를 준비하고 계신다.	My mom is making dinner right now. ★ make dinner 저녁식사를 준비하다
우리 가족은 저녁밥을 먹으며 이런저런 얘기를 나눈다.	My family usually talks to each other while eating dinner.
우리 가족은 한 달에 한 번씩 외식을 한다.	My family goes out for dinner once a month.
우리 가족은 2주일에 한 번씩 산에 간다.	My family goes hiking every other week. ★ go hiking 산에 가다, 등산하다. 산악인들이 전문적으로 산을 탈 때처럼 해발고도가 높은 산을 작정하고 죽을 고생을 하며 오르거나, 혹은 암벽등반 등을 할 때는 go climbing이라고 해보세요.
아버지 휴가 때 우리 가족은 설악산에 갈 예정이다.	My family is planning to go hiking in Seorak Mountain during my father's vacation.
우리 가족은 한 달에 한 번씩 가족회의를 한다.	My family has a family meeting once a month.
우리 가족은 한 달에 한 번씩 가족신문을 발행한다.	My family makes a family newspaper once a month.
가족신문을 만드는 것은 귀찮긴 하지만, 나름 재미도 있고 보람도 있다.	Making a family newspaper is fun and fulfilling in some respects, though a little troublesome. ★ fulfilling 보람이 있는 ｜ in some respects 어떤 면에서는
가족회의에 대해서 동생이랑 나는 시큰둥하다.	My brother/sister and I are not very excited about our family meeting.
가족회의 때 엄마랑 아빠는 신이 나서 얘기를 하신다.	My parents speak excitedly at family meetings.
엄마랑 아빠는 매사에 죽이 잘 맞는다.	The chemistry is always right between my parents. ★ 마음이 잘 맞고 뭔가 통할 경우, 우리는 보통 '코드'가 잘 맞는다는 말을 하죠. 영어에서 딱 이런 어감을 풍기는 표현은 바로 chemistry랍니다.
이런 걸 두고 천생연분이라고 하는 걸까?	Do they call people like my parents a match made in heaven? ★ call A B A를 B라고 부르다 ｜ people like my parents 우리 부모님 같은 사람들

어떤 때는 눈꼴시다. 나도 빨리 시집/장가를 가든지 해야지 원.	I sometimes become a little jealous of my parents. I'd like to get married soon.
우리 집은 가난하지만 행복하다.	My family is poor but happy.
나는 우리 가족이 너무 좋다.	I love my family very much.

바람 잘 날 없는 우리 가족

엄마랑 아빠랑 또 싸우고 있다.	My parents are fighting again.
잠결에 엄마랑 아빠랑 싸우는 소리를 들었다.	I heard my parents fighting in my sleep. ★ in one's sleep 잠결에
엄마랑 동생은 또 말다툼을 하고 있다.	My mom and brother/sister are fighting again.
엄마, 아빠는 별거 중이다.	My parents are separated. ★ be separated 별거하다
지금 나는 동생이랑 냉전 중이다.	My brother/sister and I are giving each other the silent treatment. ★ 사람 관계에서 냉전 중이란 말은 서로 말도 안 하고 서로를 없는 사람 취급하는 상태를 말하니까, give each other the silent treatment라고 하면 되겠어요.
어쩐 일로 우리 가족이 모두 일찍 들어왔다.	Much to my surprise, all of my family came home early.
나는 우리 집이 지긋지긋하다.	I am really sick and tired of my family. ★ be sick and tired of ~에 진저리나다
하루 빨리 독립해서 살고 싶다.	I'd like to live on my own as soon as possible. ★ live on my own 내 힘으로 살다, 자립해서 살다
엄마, 아빠가 싸울 때는 정말이지 집에 들어오기 싫지만, 달리 갈 곳이 없다.	I really hate coming home when my parents are fighting, but there is no other place to go.
우리 집은 부자지만, 마음은 늘 불행하기 짝이 없다.	My family is rich in things but always very poor in soul. ★ in things 물질적인 면에서는 ｜ in soul 정신적인 면에서는
하느님, 엄마랑 아빠랑 싸우지 않게 해주세요.	Oh Lord, please make them stop fighting.
엄마, 아빠가 사이 좋게 지내면 좋을 텐데.	I wish my parents would just get along with each other.

엄마, 아빠가 다시 합치면 좋을 텐데.	I wish my parents would live together again.
엄마, 아빠를 위해 내가 할 수 있는 일이 뭐 없을까?	Is there anything I can do for my parents?
엄마랑 아빠랑 차라리 이혼하셨으면 좋겠다.	I wish my parents would get divorced. ★ get divorced 이혼하다
엄마랑 아빠랑 이혼하면 동생이랑 나는 어떻게 될까?	What will happen to my little brother/sister and me if my parents get divorced?
엄마가 너무 싫다.	I really hate Mom.
아빠한텐 전혀 관심 없다.	I take no interest in Dad's life at all.
엄마 아빠가 너무 싫다. 그런 엄마 아빠 덕택에 살아가는 나 자신은 가증스럽다.	I really hate my parents and I hate myself for living off of them.

02 가장 입장에서
as head of the family

가장은 힘들어

가장 노릇하는 게 장난이 아니다.	The role of head of the family is no joke.
아빠 노릇하기 힘들구만.	Being a dad is no picnic.
가족들 먹여 살리는 게 장난이 아니다.	Feeding my family is no joke.
주말에는 좀 편히 쉴 수 있으면 좋으련만.	I wish I could relax on weekends.
주말에는 좀 쉬고 싶은데, 어찌된 게 주말이 더 바쁘다.	I wish I could relax on weekends, but somehow I am always busier. ★ somehow 어찌된 게, 어쩐지
아내랑 아이들이 이해 좀 해주면 좋으련만.	I wish my wife and kids could understand me.
요즘 몸이 좀 안 좋다.	I haven't been very well lately. I have been under the weather lately.
술을 너무 많이 마셔서 그런가?	Is that because I drank too much? ★ Is that because 주어 + 동사 ~ ? ~때문인가?
내일 병원에 한번 가봐야겠다.	I have to go see a doctor tomorrow. ★ go (to) see a doctor 병원에 진료받으러 가다
회사에서 잘렸다. 아내에게 차마 얘기를 못 하겠다.	I was sacked from my job. I can't find the courage to tell my wife. ★ 회사에서 '잘리다'라고 할 때는 be sacked 또는 get sacked라고 하면 돼요.
오늘도 출근하는 척하며 종일 일자리를 알아 보러 다녔다.	I pretended to go to work today too, but I walked around looking for work all day long. ★ pretend to + 동사원형 ~하는 척하다 ǀ go to work 출근하다
아내에게 얘기해야 할까? 어떻게 얘기하지?	Do I have to tell my wife? But how?

부엌일을 도왔다

오늘 아내의 부엌일을 도왔다.	I helped my wife in the kitchen today.

주말이면 나는 집안일을 도맡아 한다.	**I do all the housework by myself on weekends.** ★ do the housework 가사일을 하다 ｜ by oneself 혼자서
낮에는 아내랑 이마트에 장보러 갔다.	**I went shopping at E-mart during the day.**
2주에 한 번씩 나는 주말마다 아이들을 데리고 여기저기 놀러 다닌다.	**I take my kids out somewhere every other weekend.** ★ every other weekend 2주에 한 번씩 주말마다. 단순히 '2주에 한 번씩'이라고 할 때는 every other week라고 하면 되죠.
오늘 아이들을 데리고 동물원에 갔다.	**I took my kids to the zoo today.**
애 엄마가 오랜만에 친구들을 만나러 나갔다.	**My wife went out to see some friends for the first time in a while.**
하루 종일 내가 아이를 봤는데, 보통 일이 아니었다.	**I took care of our baby all day long and it was tough.**
새삼 아내가 고맙게 느껴졌다.	**I felt all the more grateful to my wife.**
나 정도면 괜찮은 남편/아버지 아닌가?!	**Am I not a good husband/father?!**

우리 각시는 예뻐

우리 색시는 너무 예쁘다.	**My wife is so lovely.**
우리 색시는 음식을 잘 못한다.	**My wife doesn't cook very well.**
나는 색시가 해주는 음식은 뭐든 맛있게 잘 먹어준다.	**I always eat heartily whatever food my wife makes.** **I always eat heartily everything my wife cooks.**
색시가 아파서 오늘 아침은 내가 직접 챙겨 먹었다.	**I fixed breakfast myself this morning because my wife was sick.** ★ fix에는 음식을 '준비하다, 만들어 먹다'란 뜻도 있답니다.
우리 색시는 너무 예쁘지만 좀 지저분한 편이다.	**My wife is very beautiful, but is a little bit messy.**
우리 색시는 잘 씻기만 하면 좋을 텐데.	**I only hope my wife will clean up well.**
집에 돌아오니 어쩐 일로 색시가 일찍 들어와 나를 반겨주었다.	**Much to my surprise, my beautiful wife was home early and welcomed me when I came home.**

색시가 아프다. 빨리 나았으면 좋겠다.	My wife is sick. I hope she will get better soon.

아이를 갖고 싶다

아내 닮은 딸아이를 갖고 싶다.	I want a baby daughter who looks like my wife.
아이를 갖고 싶은데, 아내가 지금은 일에 매진하고 싶다고 나중에 갖잔다.	I want to have a baby soon, but my wife wants to concentrate on her work and have a baby later. ★ concentrate on ~에 집중하다
아내가 임신을 했다.	My wife is pregnant.
아직까진 실감이 안 난다.	The fact that my wife is pregnant hasn't sunken in yet.
오늘 우리 현수가 세상에 나왔다. 너무 감격스러워 나도 모르게 눈물이 났다.	My baby boy Hyeonsu entered the world today. I was moved to tears of joy and happiness.
아들 녀석이 오늘 처음으로 나를 "아빠"라고 불렀다.	My baby son called me "Dad" for the first time today. ★ for the first time 처음으로
우리 아들/딸이 아프지 않고 건강하게 자라기만 하면 좋겠다.	I only hope my son/daughter will be healthy throughout his/her life.
나에게는 여우같은 마누라와 토끼같은 새끼들이 있다.	I have a beautiful wife and wonderful kids.

아내와 싸웠다

아내와 싸웠다.	I had an argument with my wife.
아내와 돈 문제로 싸웠다.	I had an argument with my wife about money.
아내와 성생활 문제로 싸웠다.	I had an argument with my wife about our sex life.
아내와 애 문제로 싸웠다.	I had an argument with my wife about our child.

사사건건 하도 잔소리를 해대서 아내한테 화를 버럭 냈다.	I suddenly burst into a fit of anger at my wife because she always complains about everything. ★ burst into a fit of anger 화를 버럭 내다
아내 잔소리 때문에 미치겠다.	My wife's nagging drives me crazy. ★ A drives me crazy. A 때문에 미치겠다. | nagging 잔소리하며 사람을 마구 들볶는 것, 바가지
아내랑 이틀째 한 마디도 안 했다.	I haven't spoken a single word to my wife for two days now.
이제 슬슬 화해를 해야 할 텐데.	It is about time I made up with my wife. ★ It is about time 주어 + 과거동사 슬슬 ~할 때가 되다 | make up with ~와 화해하다
나는 몹쓸 남편/아빠이다.	I am a bad husband/dad.
오늘 아내가 내 앞에서 울었다. 너무 가슴이 아팠다.	My wife cried in front of me today. It was really painful for me to watch her.
여지껏 결혼기념일 같은 걸 한 번도 챙겨줘 본 적이 없다.	I have never celebrated our anniversary until now.
아내가 임신했을 때 한 번도 집에 일찍 들어간 적이 없다.	I have never come home early, even when my wife was pregnant.
여지껏 주말에 애들이랑 한 번도 놀아준 적이 없다.	I have never spent time with my kids on weekends until now.
집에 가면 손가락 하나 까딱 안 했다.	I have never lifted a finger to help my wife with the housework. ★ never lift a finger 손끝 하나 까딱 안 하다
여지껏 집안일이라곤 도와준 적이 없었던 것 같다.	I have never helped my wife do the housework.
그 사람, 집안일 하랴 회사일 하랴 얼마나 힘들까?	My wife has surely been under a lot of stress, what with the housework and her job. ★ be under a lot of stress what with A and B A하랴 B하랴 엄청난 스트레스를 받고 있다
지금부터라도 아내한테/애들한테 잘해야겠다.	I will be nicer to my wife/kids from now on. ★ from now on 지금부터라도

03 엄마·아내 입장에서
as a mom/wife

가족 이야기

안주인 노릇하기는 힘들어

아내 노릇하기가 왜 이리 힘들까?!	Why is being a wife so tough?
애 보는 게 장난이 아니다.	It is too tough to take care of my child.
엄마 노릇하기가 너무 힘들다.	Being a mom is a pretty tough job.
집안일이란 게 참 장난이 아니다.	Doing housework is no picnic.
매일같이 밥하고 청소하고 빨래하고 그러다 보면 하루가 다 간다. 에효~	I spend almost the whole day making meals, cleaning the house, and doing the laundry. Darn it! ★ spend + 시간 + -ing ~시간을 …하며 보내다 │ do the laundry 빨래하다
나는 집안일 중에서 설거지하는 게 제일 귀찮다.	I hate doing the dishes more than anything else. ★ do the dishes 설거지하다(= wash the dishes)
요즘 몸이 좀 안 좋다.	I haven't been very well lately. I have been under the weather lately.
회사일이며 집안일이며 너무 무리했나?	Have I overworked myself with my job and the housework?
직장 다니면서 주부 노릇 하기 진짜 힘들다.	It is really hard to be a working housewife.
회사 일하면서 집안일까지 하자니 정말이지 너무 힘들다.	Doing both my job and all the housework is really tough.
애 보랴 집안일 하랴 정말이지 힘들어 죽겠다.	I am pooped out, what with taking care of my child and doing the housework. ★ be pooped out 완전히 녹초가 되다
집안일에도 휴가란 게 있으면 좋겠다.	I wish I could take a vacation from the housework.
신랑이 좀 도와주면 좋으련만.	I wish my husband would help me out.
온몸이 쑤신다.	My whole body is aching.

내일 병원에 한번 가봐야겠다.	I will go see a doctor tomorrow.
나 정도면 괜찮은 아내/엄마 아닌가?!	Am I not a good wife/mom?

청소를 했다

오늘 대청소를 했다.	I cleaned the house thoroughly.
온 집에 먼지가 한 가득이었다.	My house was full of dust.
빨래며 설거지며 장난 아니게 쌓여 있었다.	The laundry and dirty dishes were piled up like crazy. ★ like crazy 장난 아니게
간만에 화장실 청소를 했다.	I cleaned the bathroom for the first time in a while.
어찌나 더럽던지!	What a filthy mess! ★ 똥오줌, 휴지조각 등이 널려 있는 정도로 '아주 더러운' 지경을 filthy라고 하죠.
냄새가 하도 독해서 아직도 코가 아프다.	The bathroom stank so badly that my nose still hurts. ★ stink (냄새가) 코를 찌른다 (stink - stank - stunk)
내가 너무 게으른 건가?!	Am I too lazy?

나는 요리를 잘 못한다

나는 요리를 잘 못한다.	I am not much of a cook. I am not good at cooking. ★ be not much of + 직업명 대단한 ~는 아니다 | cook에는 '요리하다'란 뜻 외에도 '요리사'란 뜻도 있답니다. 따라서 '요리(하는 것)'는 cooking.
요리학원에 좀 다녀볼까?	Perhaps I should take a cooking class.
남편이 뭐든 맛있게 잘 먹어줘서 고마울 따름이다.	I am just grateful to my husband for eating heartily everything I make. ★ I am grateful to + 사람 + for + -ing ~해줘서 …에게 고맙다
난 집에 들어오면 우선 저녁부터 준비한다.	I prepare dinner as soon as I get home.
오늘 김장을 담갔다.	I made kimchi for the coming winter today. ★ 김장을 담근다는 것은 다가오는 겨울을 대비해 그 겨울 동안 먹을 김치를 만든다는 것을 말하죠.

오늘 점심때는 집에서 김밥을 쌌다.	I made *gimbap* for lunch today at home.
오늘 모처럼 쿠키를 만들어봤다.	I baked cookies for the first time in a while today.
아이가 참 맛있게 먹어줬다. 기뻤다.	I was happy that my child liked them.

우리 신랑은 멋쟁이

우리 신랑은 멋쟁이다. (아내와 애들한테 잘한다는 측면에서)	My husband is a great husband and father.
우리 신랑은 멋쟁이다. (외모면에서)	My husband is stylish and handsome.
우리 신랑은 지금 설거지 중이다.	My husband is doing the dishes right now.
고맙게도 우리 남편은 주말만 되면 집안일을 도맡아 한다.	I am grateful to my husband for doing all the housework on weekends. ★ on weekends 주말마다(= every weekend)
우리 신랑은 주말에 애들이랑 잘 놀아준다.	My husband spends a lot of time with the children on weekends.
덕분에 주말이면 좀 살 거 같다.	Thanks to my husband, my weekends are rather easy.
우리 신랑은 대구로 발령나서 우린 주말에만 볼 수 있다.	I can only see my husband on weekends because he moved to Daegu to work there.
잠잘 때 그이가 코만 안 골면 좋을 텐데.	I only wish my husband would not snore when sleeping. ★ snore[snɔːr] 코를 골다
남편은 퇴근 후에 바로 집에 들어오는 꼴을 못 봤다!	I have never seen my husband come home directly after work.
그이가 집에 일찍 좀 들어와주면 좋겠다.	I wish my husband would come home earlier.
어쩐 일로 그이가 일찍 집에 들어왔다.	To my great surprise, my husband came home early.
우리 남편은 '땡'하면 퇴근해서 곧장 집으로 온다.	My husband always leaves the office as soon as his work is done and comes straight home.

그이는 술을 너무 좋아한다.	My husband likes drinking too much.
그이가 술을 좀 덜 마시면 좋겠다.	I wish my husband wouldn't drink as much. ★ as much 지금까지처럼 그렇게 많이
그이가 담배를 끊으면 참 좋을 텐데.	I wish my husband would give up smoking.
그이가 요즘 어딘가 몸이 좀 안 좋아 보인다.	My husband doesn't look so good these days.
우리 신랑, 보약 좀 지어줄까 보다.	Perhaps I should get some restorative oriental medicine for my husband. ★ 우리가 말하는 '보약'은 '몸을 보하는 한방 약'을 말하는 것이니까, 이를 그대로 풀어서 restorative oriental medicine이라고 표현하면 되겠어요. 영어에 '보약'에 딱 떨어지는 단어는 없답니다. 참고로 oriental medicine은 '한약'.
그이가 요즘 무슨 고민이 있는 것 같다.	My husband seems to be worried these days.
무슨 고민인진 모르겠지만, 나한테 말해주면 좋을 텐데.	I don't know what my husband's worries are, but I only wish he would tell me about them.
그이가 하는 일이 다 잘되면 좋겠다.	I hope everything my husband does will go well.

아이를 갖고 싶다

아이가 안 생겨서 걱정이다.	I am worried that I can't get pregnant.
임신을 했다.	I am pregnant.
요즘 태교로 매일같이 해금연주를 듣고 있다.	I listen to *haegeum* (Korean-style fiddle) music every day as a part of my baby's fetal education. ★ fetal education 태교
요즘 뱃속의 아이에게 동화책을 읽어주고 있다.	I have been reading fairy tales to my unborn baby these days. ★ fairy tales 동화
요즘 매일같이 임산부 요가를 하고 있다.	I do yoga exercises for pregnant women almost every day.
아이가 뱃속에서 발길질을 하기 시작했다.	My baby has started to kick inside me.
예정일이 이제 얼마 안 남았다. 마음이 설렌다.	My due date is just around the corner. How exciting! ★ due date 예정일 ｜ ~ is just around the corner ~때가 곧 온다, 얼마 안 남았다

이제 움직이기가 조금 힘들어졌다.	I have started to have some difficulties moving around. ★ have difficulty (in) + -ing ~하기가 힘들다 ｜ move around 돌아다니다
아이를 낳자니 이것저것 준비할 게 참 많은 것 같다.	We need to get a lot of things ready for our baby.
오늘 오전에 나은이가 태어났다.	Naeuni was born this morning.
오늘 우리 지민이가 세상에 나왔다. 너무 사랑스러웠다.	My baby boy Jimin entered the world today. He is so lovely.
출산의 고통은 말로 형용할 수가 없다.	The labor pains were beyond description. ★ labor pains 출산의 고통 ｜ beyond description 말로 형용할 수 없는
지금 마음 같아선 두 번은 못 할 짓인 거 같다.	Right now I don't have any intention to have a second baby. ★ have an intention to + 동사원형 ~하고자 하다
아들 녀석이 오늘 처음으로 나를 "엄마"라고 불렀다.	My baby son called me "Mommy" for the first time today.
우리 아들/딸이 아프지 않고 건강하게만 자라주면 좋겠다.	I only hope my son/daughter will be healthy throughout his/her life.
하느님, 우리 가족이 행복하고 건강하게 생활할 수 있도록 지켜주세요.	Oh, God, please keep my family happy and healthy.

남편과 싸웠다

남편과 싸웠다.	I had an argument with my husband.
남편과 돈 문제로 싸웠다.	I had an argument with my husband about money.
남편과 성생활 문제로 싸웠다.	I had an argument with my husband about our sex life.
남편과 애 문제로 싸웠다.	I had an argument with my husband about our child.

하나도 힘들어 죽겠는데 하나 더 낳잔다.	I have my hands full with only one child, but my husband insists on having a second child.
	★ have one's hands full with ~로 손 빌 틈이 없다
누구 죽는 꼴 보고 싶냐?!	Does he want to see me die?
남편한테 집안 일로 불평 좀 했더니 내게 버럭 화를 냈다.	My husband suddenly burst into a fit of anger at me when I complained a little about domestic matters.
	★ burst into a fit of anger 화를 버럭 내다 | domestic matters 집안에서 벌어지는 이런저런 일들
남편한테 너무 서운해서 나도 버럭 화를 냈다.	I also suddenly burst into a fit of anger at my husband because what he said hurt me badly.
맨날 곤드레만드레 취해서 들어오는 남편, 진짜 꼴 보기 싫다.	I really hate to see my husband come home blind drunk every night. ★ blind drunk 곤드레만드레 취한
신랑이랑 이틀째 한 마디도 안 했다.	I haven't spoken a single word to my husband for two days now.
이제 슬슬 화해를 해야 할 텐데.	It is about time I made up with my husband.
	★ It is about time 주어 + 과거동사 슬슬 ~할 때가 되다 | make up with ~와 화해하다
오늘 남편 앞에서 울었다.	I cried in front of my husband.
나는 몹쓸 아내/엄마이다.	I am a bad wife/mom.
허구한 날 별것도 아닌 일로 신랑한테 잔소리만 해댄다.	I complain to my husband about trivial matters almost every day.
	★ trivial matters 별것도 아닌 일, 사소한 일
여지껏 한 번도 애 아빠나 애들한테 아침밥을 제대로 차려준 적이 없다.	I have never made breakfast for my husband or children.
지금부터라도 남편한테/애들한테 잘해야겠다.	I will be nicer to my husband/kids from now on.
	★ from now on 지금부터라도

가족 이야기 04 자식 입장에서
as a child

제 인생이에요

우리 아빠는 너무 엄하시다.	My dad is too strict.
우리 아버지는 너무 답답해.	My father is very narrow-minded.
오늘 아버지한테 늦게 들어왔다고 야단맞았다.	My father reprimanded me today for coming home late. ★ reprimand ~을 야단치다(= scold)
오늘 엄마한테 학교 마치고 맨날 놀러만 다닌다고 야단맞았다.	My mother scolded me today because I always hang out with my friends after school. ★ hang out 놀러 다니다
오늘 엄마한테 공부 좀 하라고 야단맞았다.	My mother scolded me, telling me to study.
엄마들은 왜 그렇게 허구한 날 공부 타령만 할까?	How come mothers are always telling their child to study, study, study!
요즘 들어 엄마, 아빠가 결혼 안 하냐고 성화시다.	My parents have been putting pressure on me to get married lately. ★ put pressure on ~에게 심리적인 압박을 가하다
요즘 집에 들어가기가 아주 피곤하다.	I have recently grown to hate coming home.
내 나이 정도 되면 부모님도 내가 그냥 알아서 하게 내버려둬야 되는 거 아닌가?	I think my parents should let me do it because I am not a kid anymore.
이 나이에 엄마한테 그런 잔소리를 들어야 되냐고?!	Why do I have to listen to my mom nag me at my age?
어차피 내 인생인데, 우리 부모님은 내 마음대로 하게 좀 내버려둘 수 없나?	This is my life, anyway. Can't my parents just let me live my own life?
내 인생이야! 부모한테 휘둘려선 안 돼.	This is my life. I won't let my parents boss me around. ★ boss me around 나에게 이래라 저래라 하다

아빠는 술을 좋아해

우리 아빠는 술을 너무 좋아하신다.	My dad loves drinking too much.
우리 엄마는 돈을 너무 좋아하신다.	My mom loves money too much.
우리 아빠/엄마는 참 별나다.	My dad/mom is very odd.
우리 아빠/엄마는 참 재미난 분들이시다.	My dad/mother is very interesting.
우리 엄마, 아빠는 자식한테 잔소리가 너무 심하다.	My parents keep nagging me too much. ★ keep + -ing 자꾸 ~하다 ｜ nag 잔소리를 하다
엄마가 매일같이 밥을 해주시는 것만 해도 고마운데, 아빠는 왜 그리 반찬 투정이 많으실까?	I feel grateful to my mom for cooking for us every day, while my dad always complains about her cooking.
나는 엄마가 해주는 밥이 제일 좋다.	I love my mom's cooking.

엄마가 아파요

엄마가 편찮으시다.	My mom is sick.
어제 갑자기 엄마가 쓰러지셨다.	My mom suddenly collapsed yesterday.
엄마가 편찮으셔서 병원에 입원하셨다.	My mom has been hospitalized due to an illness.
우리 엄마는 걸핏하면 온몸이 쑤신다고 하신다.	My mom complains of constant body aches.
하느님, 엄마의 병을 낫게 해주세요.	Lord, please heal my mom.
엄마는 이제까지 고생만 하셨다.	My mom has been leading a hard life. ★ lead a hard life 고생만 하며 살다
나는 몹쓸 아들/딸이다.	I am a bad son/daughter.
엄마가 낫기만 한다면 앞으로는 엄마한테 정말 잘하겠다.	I swear I will be nicer to my mom if she gets better. ★ swear 맹세하다

청소를 했다

간만에 내 방 청소를 했다.	I cleaned my room for the first time in a long time.

간만에 책상 정리를 했다.	I tidied up my desk for the first time in a while. ★ tidy up 깔끔하게 정리정돈하다
침대 밑에 먼지가 한 가득이었다.	There were dust bunnies under my bed. ★ 먼지 등이 뭉쳐서 방안 구석구석에 돌아다니는 것을 dust bunny라고 해요.
오늘 엄마의 집안일을 도와드렸다.	I helped my mom with the housework today. ★ 'A가 ~하는 것을 돕다'라고 할 때는 〈help A (to) + 동사원형〉 또는 〈help A with + (동)명사〉.
오늘 엄마를 도와 빨래랑 설거지, 요리를 했다.	I helped my mom do the laundry, wash the dishes, and cook today.
나는 화장실 청소를 했다.	I cleaned the bathroom.
어찌나 더럽던지…	What a filthy mess! ★ 똥오줌, 휴지조각 등이 널려 있는 정도로 '아주 더러운' 지경을 filthy라고 하죠.
냄새가 하도 독해서 아직도 코가 아프다.	The bathroom stank so badly that my nose still hurts. ★ stink (냄새가) 코를 찌른다 (stink - stank - stunk)
엄마가 무척 흐뭇해 하셨다.	My mom was very pleased with my help.
앞으로도 종종 (엄마의) 집안일을 도와드려야 겠다.	I swear I will often help my mom with the housework from now on.
나 정도면 괜찮은 아들/딸 아닌가?!	Am I not a good son/daughter?

장남은 힘들어

장남은 힘들다. 동생한테는 없는 책임감이 막중하다.	Being the eldest/oldest son is tough. I have a lot of responsibilities that my younger brother doesn't have.
장녀 노릇하기는 힘든 것 같다.	I feel being the eldest/oldest daughter is tough.
집에서 시집/장가 안 가냐고 성화시다. 똥차가 빨리 빠져줘야 된다나 뭐라나.	My family has been putting pressure on me to get married. They say an older unmarried child is just like a jalopy, so they should marry him/her off. ★ jalopy 고물차 ｜ marry + 사람 + off ~를 시집/장가보내 버리다
막내는 막내 나름대로 힘든 게 있다.	Being the youngest child is tough, too.

이 나이 되도록 옷 물려 입는 건 세상에 나밖에 없을 거다.	I think there is no one else but me that wears hand-me-down clothes at my age. ★ but ~를 제외하고 ǀ hand-me-down clothes 물려받은 옷
우리 누나는 어릴 때부터 줄곧 1등만 했다.	My big sister has always been at the top of her class since she was very young.
나는 어릴 때부터 누나랑 비교 당했다.	I have been compared to my big sister since I was very young.
나는 어릴 때부터 공부 안 한다고 맨날 야단만 맞았다.	I have always been scolded for not studying since I was very young.
언니랑 말다툼했다.	I had an argument with my big sister.
형이랑 별것도 아닌 걸로 싸웠다.	I had a fight with my big brother over something trivial. ★ something trivial 별것 아닌 일, 사소한 일
형에게 어서 사과해야지, 마음이 찜찜해서 못 참겠다.	I want to apologize to my big brother as soon as possible because I have to rid myself of my guilt. I will apologize to my big brother ASAP. I can't stand feeling guilty. ★ rid myself of guilt 죄책감을 덜어 내다 ǀ ASAP 가능한 한 빨리, 어서(as soon as possible의 약어) ǀ can't stand 도저히 참을 수가 없다

우리 형은 착해

우리 형/오빠는 무지 착하다.	My big brother is very nice.
우리 누나/언니는 완전 깍쟁이다.	My big sister is very shrewd.
내 남동생은 완전 농땡이다.	My little brother is very carefree.
나도 나은이처럼 든든한 오빠가 있으면 좋을 텐데.	I wish I had a dependable big brother like Naeun's (brother).
나도 윤민이처럼 다정한 누나가 있으면 좋을 텐데.	I wish I had an affectionate big sister like Yunmin's (sister).
나도 성용이처럼 귀여운 여동생이 있으면 좋겠다.	I wish I had a cute little sister like Seongyong's.

05 집안 행사
가족 이야기
family events

내일은 아빠 생일

내일은 아버지 생신이다.	Tomorrow is Dad's birthday.
좀 있으면 아버지 환갑이다.	My father's 60th birthday is just around the corner.
아버지 환갑 때 뭘 하지?	What should I do for my father's 60th birthday?
생일 선물로 뭐가 좋을까?	What should I buy for his birthday?
선물을 하는 게 좋을까, 돈으로 드리는 게 좋을까?	Which is better, giving him a birthday present or giving him cash?
생일상을 뭘로 준비하지?	What special dishes should I make for his birthday?
아버지 생신날에 외식을 할까?	How about going out to eat to celebrate my father's birthday?
온 가족이 함께 아버지 생일 케이크를 만들었다.	The whole family baked my father's birthday cake together.
엄마가 아버지를 위해 멋지게 한상 차리셨다.	My mom set a wonderful table for my father's birthday.
나는 아버지께 넥타이를 선물해 드렸다.	I gave my father a necktie for his birthday.
언니는 용돈으로 드렸다.	My big sister gave my father some money for his birthday.
아버지 환갑을 맞아 엄마랑 함께 중국여행을 보내드렸다.	I sent my parents to China for my father's 60th birthday.
아버지가 기뻐하시는 모습을 보니 나도 기뻤다.	My father was happy, which in turn made me happy.

오늘은 결혼기념일

오늘은 우리 부부 결혼기념일이다.	Today is our (wedding) anniversary.
오늘은 우리 부부 결혼 1주년이다.	Today is our first (wedding) anniversary.
오늘이 결혼기념일이었다는 사실이 문득 떠올랐다.	It suddenly occurred to me (that) today was our (wedding) anniversary.
그이가 결혼기념일을 잊어버렸다.	My husband forgot our (wedding) anniversary.
결혼한 지 이제 1년째인데 어떻게 기념일을 잊어버릴 수가 있지?	How can my husband forget our anniversary! It has only been a year since our wedding!
신랑이 향수를 선물해 주었다.	My husband gave me a bottle of perfume for our anniversary.
아내가 지갑을 선물해 주었다.	My wife gave me a wallet for our anniversary.
우리는 근사한 식당에 가서 멋진 저녁을 먹었다.	We went to a nice restaurant to have a wonderful dinner.
우리는 연애할 때처럼 영화도 보고, 맛있는 것도 사먹었다.	We went to see a movie and had a nice meal just like we used to before getting married.
문득 연애하던 시절이 떠올랐다.	I suddenly remembered the days we were dating. ★ 과거의 아름다운 추억을 떠올릴 때는 〈I (suddenly) remembered the days (when) 주어 + 과거동사 ~〉 표현을 이용해 보세요.
모처럼 둘만의 낭만적인 시간을 보냈다.	We had a romantic time, which was the first time in a while for us.

우리 아가 돌잔치

며칠 있으면 우리 아기 돌이다.	It is my baby's first birthday in a few days. ★ 현재를 기준으로 '~후에'라고 할 때는 전치사 in을 써요.
꼭 호텔에서 성대한 돌잔치를 해야 할까?	Do we have to throw a large party in a hotel for our baby's first birthday? ★ 우리의 '잔치'는 서양으로 치면 '파티'이죠. 그런데 가족끼리 집에서 간소하게 하고 넘어가는 1살 생일파티도 party이니깐, 여기서 말하는 '돌잔치'의 의미를 명확하게 하기 위해서는 위처럼 구체적으로 명시할 필요가 있어요.

친구들 말이 성대한 돌잔치를 안 하면 후회한단다.	My friends say we will regret it later if we don't have the largest and best party possible for our baby's first birthday.
결국 조그만 뷔페에서 돌잔치를 하기로 했다.	In the end, we decided to have our baby's birthday party in a small buffet restaurant.
오늘 우리 아들 돌잔치를 했다.	We had our son's first birthday party today.
친척이며 친구들이 많이 와서 축하해 주었다.	A lot of our relatives and friends came to celebrate our son's first birthday.
민혁이는 돌잡이에서 연필을 잡았다.	My son Minhyeok grabbed a pencil among the three things on the ceremonial birthday table. ★ 영어에 '돌잡이'란 말은 없으니까, '돌잔치 행사 테이블에 있는 물건 세 개(three things on the ceremonial table)'로 풀어 쓰면 의미가 전달된답니다.
내심 돈을 잡기를 바랐는데.	I was hoping secretly my son would grab the money.
정작 주인공인 민혁이는 매우 피곤해 보였다.	The birthday party host, Minhyeok looked very tired. ★ '잔치의 주인공'은 party host.
암튼 돌잔치 하기를 잘한 것 같다.	We were pleased with how our son's first birthday party turned out.
잔치 끝나고 우리 부부는 캠코더에 민혁이에게 보내는 메시지를 녹화했다.	My wife and I recorded a message celebrating the first birthday of Minhyeok on our camcorder after the party.

집안의 경조사

오늘은 사촌 형/오빠 결혼식 날이었다.	My male cousin (older than me) got married today. ★ 괄호를 풀고 My male cousin who is older than me ~로 써도 되죠.
오늘은 사촌 누나/언니 결혼식 날이었다.	My female cousin (older than me) got married today.

오늘은 사촌 (남)동생 결혼식 날이었다.	My male cousin (younger than me) got married today.
오늘은 사촌 (여)동생 결혼식 날이었다.	My female cousin (younger than me) got married today.
엄마, 아빠랑 사촌 오빠 결혼식에 갔다.	My parents and I attended my male cousin's wedding.
친척들을 오랜만에 보니 좀 서먹했다.	I felt awkward being around my relatives because I hadn't seen them for a long time.
지난 금요일에 할아버지가 돌아가셨다.	My grandpa passed away last Friday.
오늘 새벽에 큰삼촌이 돌아가셨다는 소식을 들었다.	I heard that my uncle, my father's eldest/older brother, died in the early morning today. ★ '삼촌, 외삼촌'은 모두 uncle이고, '고모, 이모, (외)숙모'는 모두 aunt.
오늘은 큰삼촌 장례식 날이었다.	My uncle's funeral was held today.
아들을 먼저 보내는 할머니의 심정은 어떨까?	My grandmother must be heartbroken that her son died before her.
큰삼촌이 돌아가시자 나는 죽음에 대해 다시 생각해 보게 되었다.	My uncle's death made me think about death again. ★ A makes me think about B again. A로 인해 B에 대해 다시 생각해 보게 되다.
오늘은 할아버지 제삿날이었다.	My family held our grandfather's ancestral remembrance ceremony today. ★ ancestral remembrance ceremony 제사
오늘은 아버지 제삿날이라 큰 형네에 가족들이 다 모였다.	Everyone in my family got together at my eldest/oldest brother's house today for my father's ancestral remembrance ceremony.
우리는 기독교 집안이라 제사를 지내지 않는다.	My family is Christian so we never hold any ancestral remembrance ceremonies.
우리는 천주교 집안이지만 제사를 지낸다.	My family is Catholic but we hold ancestral remembrance ceremonies.
우리는 절에서 제사를 지낸다.	My family holds ancestral remembrance ceremonies at a Buddhist temple.

집안일과 관련된 유용한 어휘들

집안일을 하다	do the housework	빨래하다	do the laundry
아침을 준비하다	make breakfast	~에 진공청소기를 돌리다	vaccum
저녁을 준비하다	make dinner	방청소하다	clean the room
김밥을 싸다	make *gimbap*	대청소하다	clean the house thoroughly
김치를 담그다	make kimchi	화장실 청소를 하다	clean the bathroom
요리하다	cook	쓰레기를 바깥에 내놓다	take the garbage outside
설거지하다	do/wash the dishes		

Part 11

|특별한 날에 쓰는|
특별한 이야기

01 새해를 맞으며
02 발렌타인 데이
03 추석 연휴
04 크리스마스
05 국경일 및 공휴일
06 내 인생의 특별한 날

특별한 이야기 01 새해를 맞으며
ringing in the New Year

한 해를 보내며

벌써 또 한 해가 저물어간다.	Another year has already drawn to an end.
시간은 참 왜 이리도 빨리 가는지!	Time flies! How time flies! Time flies like the wind!
나이가 들수록 시간이 더 빨리 지나가는 것 같다.	It seems like time goes by faster as I get older. ★ as I get older 나이가 들어갈수록
나이가 들수록 시간이 더 빨리 지나간다는 말이 맞는 거 같다.	It seems right that time goes by faster as we get older. ★ It seems right that 주어 + 동사 ~라는 게 맞는 거 같다
올해도 연초에 세웠던 계획 중에 지킨 게 별로 없다.	As usual, I haven't kept any of my New Year's resolutions this year. As usual, I have broken almost all of my New Year's resolutions this year.
올해는 어쩐 일로 연초에 세웠던 계획을 지금까지 거의 다 지켰다.	Somehow I have kept almost all of my New Year's resolutions so far this year.
올해는 그런대로 꽤 보람찬 한 해였던 것 같다.	It seems that I have had really fulfilling days this year.
그야말로 다사다난한 한 해였다.	It was a very eventful year.
어찌나 바람 잘 날이 없었던지…	What with one thing and another, this year has been really hectic.
올해 가장 뜻 깊었던 일은 현욱이를 만난 거다.	Meeting Hyunwook was the most meaningful event for me this past year.
올 한 해도 별 탈 없이 무사히 지나가는 것 같다.	It seems like this year again has passed by without any big trouble.

올 한 해 우리 가족 모두 별 탈 없이 건강하게 보내서 정말 감사하다.	I'm really grateful that all of my family stayed healthy this past year.
남은 한 해 차분히 잘 마무리해야겠다.	I will say good-bye to this year doing my work as usual.

새해에는…

이제 곧 있으면 새해이다.	The New Year is just around the corner. The New Year is coming soon.
희망찬 새해가 밝아오고 있다.	The New Year is dawning, bringing with it new hopes and dreams.
자정 딱 맞춰서 친구들한테 문자 보내야지~.	I will send my friends a text message at midnight sharp. ★ 시간 + sharp ~시 정각
새해 첫날 친구들이랑 해돋이를 보러 갈 거다.	I am going to see the first sunrise of the New Year with my friends.
새해 계획을 한번 세워볼까?	Should I make some New Year's resolutions this year? ★ make resolutions 결심[다짐]을 하다
새해 계획을 세울 때면 언제나 힘이 솟고 기분이 좋다.	I feel cheerful and energetic whenever I make New Year's resolutions.
아무리 못 지키더라도 새해에 계획을 세우는 건 즐겁다.	It is fun to make New Year's resolutions even though I won't keep them all.
올해는 진짜로 실현 가능한 계획을 세워야겠다.	This year I will make New Year's resolutions that I will really be able to keep.
지키지도 않을 계획은 세우지 말아야지.	I won't make any New Year's resolutions I won't be able to keep.
지키지도 못할 계획을 세워서 뭣하랴?	What good is it to make New Year's resolutions I won't be able to keep? ★ What good is it to + 동사원형 ~? ~하는 게 무슨 소용이 있지?

PART 11

새해를 맞으며

올해는 술을 좀 줄여야겠다.	I will cut down on my drinking this year. ★ cut down on + -ing ~하는 것을 줄이다
올해는 반드시 담배를 끊어야겠다.	I will definitely quit smoking this year. ★ quit smoking 담배를 끊다 (= stop smoking; give up smoking)
올해는 운동을 꾸준히 해야겠다.	I will work out on a regular basis this year.
올해는 꼭 다이어트에 성공해서 예전의 몸매를 찾고야 말겠다.	I will definitely go on a diet to get back in shape this year.
올해는 전공 공부를 좀더 열심히 해야겠다.	I will study my major harder this year.
올해는 나도 장학금 한번 받아보자고! 아자~	I am going to get a scholarship this year! Go for it!
올해는 하루도 빠짐없이 영어소설책을 읽어야겠다.	I will read English novels every single day this year.
올해는 영어일기를 써야겠다.	I will keep an English diary this year.
올해부터는 꼭 시나리오 습작을 시작하겠다.	I will start to practice writing screenplays from this year.
올해는 한 달에 한 권씩 책을 읽겠다.	I will read a book a month this year.
올해는 2주에 한 번씩 어디로든 여행을 가겠다.	This year I will go traveling every other week. ★ every other week 2주에 한 번씩, 격주마다
올해는 피부 관리 좀 제대로 해야겠다. 나이가 나이니 만큼.	I will take good care of my skin this year. I have to consider my age.
올해는 꼭 시집/장가가야겠다.	I will get married this year no matter what.
올해는 꼭 연애 한번 해봐야지!	I am determined to fall in love this year!
올해는 가족들/남친한테 좀더 잘해야겠다.	I will be nicer to my family/boyfriend this year.

설날이래요

곧 있으면 설이다.	New Year's Day is just around the corner.
우리는 신정을 쇤다.	We celebrate Solar New Year's Day.
우리는 구정을 쇤다.	We celebrate Lunar New Year's Day.

귀성길이 장난이 아닐 텐데 어쩌지?	Driving to my hometown will probably be no picnic. What should I do?
설 연휴에 나는 주로 대중교통을 이용한다.	I usually take public transportation during the New Year holidays.
설 연휴 때 고향에 한번 갔다 오면 완전 녹초가 된다.	I get totally pooped out when returning home from my hometown during the New Year holidays. ★ get pooped out 녹초가 되다
구정 때 우리는 부산 큰집에 간다.	We go to my uncle's (my father's oldest brother's) house in Busan on Lunar New Year's Day. ★ 영어에서는 큰아버지, 작은아버지란 말이 없고, 아빠나 엄마의 남자형제는 모두 uncle이라고 말하죠.
우리 집은 큰집이다.	My father is the oldest of his male siblings. ★ 영어에서는 큰집, 작은집이란 말이 없기 때문에 우리 이야기를 하려면 주에 제일 믿이더란 말로 바꿔 쓰면 본질적인 의미는 통하겠지요.
구정 때 친척들이 우리 집에 다 모인다.	My relatives all get together at my house on Lunar New Year's Day.
구정 때만 되면 집안이 친척들로 바글거린다.	My house is swarming with relatives during the Lunar New Year holidays. ★ be swarming with ~로 바글거리다
구정 때만 되면 집안 일 하느라 피곤해 죽겠다.	I get dead tired doing housework during the Lunar New Year holidays. ★ do housework 집안일을 하다
친척들이 시집/장가 안 가냐고 자꾸 물어서 곤혹스럽다.	I get quite embarrassed when my relatives frequently tell me to get married soon.
설에 우리 가족은 윷놀이를 한다.	My family plays the traditional Korean game, *yunnori*, on New Year's Day.
사촌 오빠들이랑 고스톱을 쳤다. 돈을 다 잃었다.	I played go-stop with my male cousins who are all older than me. I lost all my money.
친척 어른들이랑 고스톱을 쳤다. 내가 돈을 다 땄다.	I played go-stop with some older relatives. I won a lot of money. ★ win money 돈을 따다

어른들께 세배를 했다.	I performed New Year's bows to my older relatives. ★ perform a New Year's bow 세배를 하다
하루 종일 친척 어르신들께 세배를 하러 다녔다.	All day long I visited older relatives to perform New Year's bows.
설에는 세뱃돈 수입이 짭짤하다.	I got quite a lot of money as New Year's gifts.
올해는 내가 조카들한테 세뱃돈을 주는 입장이 되었다.	This was the first year that my nephews and nieces performed New Year's bows to me. ★ nephew 남자조카 ｜ niece 여자조카
아침에 차례를 지낸 뒤 우리는 곧장 성묘를 갔다.	We visited our ancestors's graves to pay homage to them immediately after holding the ancestral memorial ceremony in the morning. ★ pay homage to ~에게 공경을 바치다 ｜ ancestral memorial ceremony 차례
차례 후에 먹는 떡국은 일품이다.	The *tteokguk* (rice cake soup) we eat after the ancestral memorial ceremony is quite a treat. ★ 여기서 treat은 '평소에는 먹을 수 없는 아주 맛있는 음식'이란 뜻이에요.
설날 아침에 먹는 떡국은 진짜 최고다.	The *tteokguk* (rice cake soup) we eat on the morning of New Year's Day is really delicious.
우리는 기독교 집안이라 차례를 지내지 않는다.	My family is Christian so we never hold any ancestral memorial ceremonies.
우리는 천주교 집안이지만 차례를 지낸다.	My family is Catholic, but we hold ancestral memorial ceremonies.
저녁에 계모임에 나가서 고향 친구들을 많이 만났다.	I met many of a my hometown friends when I went out in the evening to my Korean-style loan club (*gye*) meeting.
저녁 때 간만에 고향 친구들을 만났다.	I got together with some of my hometown friends in the evening for the first time in a long time.
이번 설 연휴 때는 평소 보기 힘들었던 친구 녀석 하나를 만나서 참 좋았다.	It was really great to get together with a friend of mine that I rarely see during the New Year holidays.

이번 구정 때 너무 많이 먹어서 살이 1kg이나 쪘다.	I put on 1 kg because I ate so much food during the Lunar New Year holidays. ★ '살이 쪘다'고 할 때는 put on을, '살이 빠졌다'고 할 때는 lose를 쓰고 뒤에 찌거나 빠진 만큼의 몸무게를 써주면 돼요.
이번 구정 연휴 내내 배탈이 나서 혼났다.	I severely suffered from stomach trouble all throughout the Lunar New Year holidays.
구정을 맞이하여 다시 한 번 새해 다짐을 해 볼까?	Will I ever make resolutions again for Lunar New Year's Day?

특별한 이야기 02 발렌타인 데이
Valentine's Day

발렌타인 데이를 기다리며

달콤한 계절, 2월이 왔다.	February, the sweet season, has come.
곧 있으면 발렌타인 데이이다.	Valentine's Day is just around the corner.
며칠 후면 발렌타인 데이이다.	Valentine's Day is coming in a few days.
그 애한테 초콜릿을 줘볼까?	Should I give him some chocolates?
이참에 그 애한테 좋아한다고 고백해볼까?	Should I confess my love to him at this time?
올해는 내가 초콜릿을 직접 만들어볼까?	Should I make chocolates by myself this year?
남자친구한테 초콜릿을 줄까, 아님 딴 걸 선물할까?	Should I give my boyfriend chocolates or something else this Valentine's Day?
초콜릿을 사러 여기저기 돌아다녔다.	I shopped around here and there to get some chocolates.
사무실 남자들 줄 초콜릿을 좀 샀다.	I got some chocolates for the men in my office.
여친 없는 남사에들 즐겨 ㄱ 프콜깃을 좀 샀나.	I got some chocolates for my male friends who have no girlfriends.
매년 이맘때만 되면 가게들이 호황인 것 같다.	It seems to me that stores are booming at this time of the year.
제과점이며 편의점이며 온통 초콜릿 천지이다.	Chocolates abound in bakeries and convenience stores.
요즘은 일찌감치 가게들이 특별한 날을 준비하는 것 같다.	These days it seems to me that stores prepare for special days earlier.

오늘은 발렌타인 데이

오늘은 발렌타인 데이이다.	It is Valentine's Day today.

남자친구에게 초콜릿을 선물했다.	I gave my boyfriend chocolates for Valentine's Day.
여친한테서 초콜릿과 선물을 받았다.	I got chocolates and other gifts from my girlfriend.
여친이랑 즐거운 저녁 한때를 보냈다.	I had a wonderful time with my girlfriend in the evening.
오늘 여직원들한테서 초콜릿을 잔뜩 받았다.	I got lots of chocolates from the women in my office today.
오늘 사무실은 초콜릿 향기로 넘쳐났다.	Today, my office smelled richly of chocolates.
거리가 온통 커플들로 득실거렸다.	There are a lot of couples on the street.
오늘 같은 날 남친/여친도 없는 나는 너무 외로워~	I feel so lonely without a boyfriend/girlfriend on a day like Valentine's day.
오늘 뜻밖에 미선 씨한테서 초콜릿을 받았다. 날 좋아하는 건가?	Unexpectedly, I got chocolates from Miseon today. Does that mean she likes me?

화이트 데이엔 사탕을

며칠 있으면 화이트 데이이다.	White Day is coming in a few days. White Day is just around the corner.
오늘은 화이트 데이이다.	It is White Day today.
올해는 사탕 바구니를 몇 개나 받게 될까? 호호호	How many candy baskets will I get this year? Ho ho ho.
오늘 뜻밖에 민준이한테서 사탕 바구니를 받았다.	Unexpectedly, I got a candy basket from Minjun today.
날 좋아하는 건가? 기분은 나쁘지 않지만 왠지 부담스럽다.	Does that mean he likes me? It's not so bad, but somehow I feel a sort of burden.
여친에게 예쁜 사탕 바구니와 향수를 선물했다.	I gave my girlfriend a pretty candy basket and a bottle of perfume for White Day.

여친의 기뻐하는 모습을 보면 나도 너무 흐뭇하다.	When my girlfriend looks really happy, I feel really delighted, too.
남자친구한테서 사탕 바구니를 받았다.	I got a candy basket from my boyfriend.
사실 난 초콜릿이 더 좋은데…	Actually, I like chocolates better...

명절 • 국경일 • 기념일과 관련된 어휘들

설날	New Year's Day ▶ 구정과 신정을 구별하려면 앞에 Lunar 또는 Solar를 붙이면 됨.	근로자의 날	Labor Day
		어린이날	Children's Day
		어버이날	Parents' Day
추석	Chuseok	스승의 날	Teachers' Day
국경일	national holiday	성년의 날	Coming-of-Age Day
삼일절	Independence Movement Day	발렌타인 데이	Valentine's Day
현충일	Memorial Day	만우절	April Fools' Day
제헌절	Constitution Day	결혼 기념일	(wedding) anniversary
광복절	Liberation Day	백일	Baegil, the 100th day after one's baby's birth
개천절	National Foundation Day		
식목일	Arbor Day	돌잔치	Dol, one's baby's first birthday
한글날	Hangul Proclamation Day	환갑	Hwangap, one's 60th birthday
부처님 오신 날	Buddha's Birthday		

특별한 이야기 03 추석 연휴
Chuseok

추석을 기다리며

곧 있으면 추석이다.	Chuseok is just around the corner. ★ A is just around the corner. 곧 있으면 A이다.
올해는 추석연휴가 너무 짧다.	This year's Chuseok is too short.
올해는 추석연휴가 길어서 너무 좋다.	I am really happy that Chuseok is really long this year.
올해는 추석연휴가 일주일이다.	This year Chuseok is one week long.
추석연휴 동안 뭘 하지?	What am I going to do this Chuseok?
귀성길이 장난이 아닐 텐데 어쩌지?	Driving to my hometown will probably be no picnic. What should I do?
에고고, 고향에 갈 기차표를 못 구했다.	Oh my, I was not able to get a train ticket to my hometown.
추석연휴에 나는 주로 대중교통을 이용한다.	I usually take public transportation during Chuseok. ★ take public transportation 대중교통을 이용하다
이번 추석연휴는 홀로 외로이 보내야만 할 것 같다.	I think I will have to spend Chuseok alone this year. ★ spend + 날 + alone ~날을 혼자서 보내다
이번 추석 때는 아무데도 안 갈 거다.	I am not going anywhere for Chuseok.
올해는 추석연휴 때도 일을 해야 되게 생겼다.	I have to work even during Chuseok this year.
올 추석연휴 때는 가족여행을 하기로 했다.	We decided to go on a family trip during Chuseok this year. ★ go on a family trip 가족여행을 하다
올해는 추석 명절을 해외에서 보낼 거다.	I am spending Chuseok abroad this year.

우리 집은 큰집

우리 집은 큰집이다.	My father is the oldest of his male siblings.
추석 때 우리는 대전 큰집에 간다.	We go to my uncle's (my father's oldest brother's) house in Daejeon on Chuseok.
우리는 집에서 가족들이 함께 송편을 빚는다.	My family all makes *songpyeon* (crescent-shaped rice cakes) together.
추석 때 친척들이 우리 집에 다 모인다.	My relatives all get together at my house on Chuseok.
추석 때만 되면 집안이 친척들로 바글거린다.	My house is swarming with relatives during Chuseok.
추석 때만 되면 집안일 하느라 피곤해 죽겠다.	I get dead tired doing housework during Chuseok.
으~ 여자로 태어난 게 잘못이다.	Ugh! I curse my fortune that I was born a woman. ★ I curse my fortune that 주어 + 동사 ~하다니 참 운이 없다. curse는 '~을 저주하다', fortune은 '운'의 뜻함.
친척들이 시집/장가 안 가냐고 자꾸 물어서 곤혹스럽다.	I get quite embarrassed when my relatives frequently tell me to get married soon.
우리는 친척이 별로 없다.	I have very few relatives.
우리는 기독교 집안이라 차례를 지내지 않는다.	My family is Christian so we never hold any ancestral memorial ceremonies.
우리는 천주교 집안이지만 차례를 지낸다.	My family is Catholic, but we hold ancestral memorial ceremonies.

추석이에요

오후에는 아버지랑 성묘를 다녀왔다.	We visited our ancestors' graves to pay homage to them with my father in the afternoon.
올해는 보름달이 유난히 밝았다.	The full moon was unusually bright this year.

애석하게도 보름달이 구름에 가려서 안 보였다.	I am sorry that we couldn't see the full moon because it was hidden by clouds.
저녁 때 보름달을 보며 소원을 빌었다.	I made a wish looking at the full moon in the evening.
소원은 빌면 빌수록 좋은 거다.	The more sincerely we make a wish, the better the chance it comes true. ★ The + 비교급 ~, the + 비교급... ~하면 할수록 더 …하다 ǀ come true (꿈이나 소원이) 이루어지다
저녁 때 계모임에 나가서 친구들을 많이 만났다.	I met many of a my hometown friends when I went out in the evening to my Korean-style loan club (*gye*) meeting
저녁 때 간만에 고향 친구들을 만났다.	I got together with some of my hometown friends in the evening for the first time in a long time.
사촌들이랑 고스톱을 쳤다. 돈을 다 잃었다.	I played go-stop with my cousins. I lost all my money.
가족들끼리 고스톱을 쳤다. 내가 돈을 다 땄다.	I played go-stop with my family. I won a lot of money.
이번 추석 연휴 내내 배탈이 심하게 나서 혼났다.	I suffered from severe stomach trouble throughout Chuseok.
이번 추석 때 너무 많이 먹어서 살이 좀 찐 거 같다.	I seemed to put on a little weight because I ate so much food during Chuseok.
추석 연휴 때 고향에 한번 갔다 오면 완전 녹초가 된다.	I get totally pooped out when returning home from the visit to my hometown during Chuseok.

04 크리스마스
Christmas

크리스마스가 다가오면

12월만 되면 마음이 들뜬다.	I am excited whenever December rolls around. ★ 계절, 월, 크리스마스 등이 항상 규칙적으로 돌아오듯, 이렇게 '~날이 돌아오다'라고 할 때는 roll around라는 표현을 써보세요.
곧 있으면 크리스마스이다.	Christmas is just around the corner.
며칠 있으면 크리스마스 이브이다.	Christmas Eve is coming in a few days. ★ in a few days (지금으로부터) 며칠 후에
크리스마스가 다가오면 곳곳에서 크리스마스 캐롤이 들린다.	We can hear Christmas carols everywhere we go as Christmas draws near. ★ draw near (~날이) 가까이 오다, 다가오다
크리스마스가 다가올 때쯤이면 어찌나 마음이 설레는지…	I get wildly excited as Christmas draws near.
나는 크리스마스 당일보다 크리스마스 이브가 더 좋다.	I like Christmas Eve better than Christmas Day itself. ★ I like A better than B. B보다 A가 더 좋다.
요즘엔 크리스마스가 다가와도 그런가보다 한다.	These days I don't care about Christmas. ★ I don't care about ~에 별 관심 없다
나이가 들수록 크리스마스에 무신경해진다.	I couldn't care less about Christmas as I get older. ★ I couldn't care less about ~대해 전혀 신경 안 쓰다
올 크리스마스는 가족들이랑 오붓하게 보내야지.	I will celebrate Christmas in peace and quiet only with my family this year. ★ in peace and quiet 평화롭고 차분하게
올 크리스마스는 혼자서 조용히 보내야지.	I will celebrate Christmas in peace and quiet alone this year.
난 크리스마스가 다가오면 교회 행사 준비로 무척 바빠진다.	I get really busy preparing for events at my church as Christmas draws near. ★ busy + -ing ~하느라 바쁜

크리스마스는 연인들을 위한 명절?!

남친에게 어떤 선물을 해 주지?	What should I give my boyfriend for Christmas?
올 크리스마스에는 여친에게 어떤 이벤트를 해줄까?	What special thing should I do for my girlfriend this Christmas?
민준이에게 내가 직접 뜬 목도리를 선물했다.	I gave Minjun a winter scarf I knitted by myself for Christmas.
현정이에게 반지를 주면서 프러포즈를 했다.	I proposed to Hyeonjeong with a ring.
뜻밖에 영수한테서 프러포즈를 받았다.	I was unexpectedly proposed to by Youngsoo.
올 크리스마스는 정말이지 잊지 못할 거 같다.	I will never forget this Christmas.
오늘 같은 날 남친/여친도 없는 나는 너무 외로워~	I feel so lonely without a boyfriend/girlfriend on a day like today.
어김없이 올해도 크리스마스는 왔고 난 여전히 애인 하나 없다.	Christmas has come without fail this year and I still have no boyfriend/girlfriend.
올해도 여전히 쓸쓸한 크리스마스를 보냈다.	I spent a lonely Christmas this year too.
내년에는 꼭 여친 만들어서 따뜻한 크리스마스를 보내고 싶다.	I really want to find a girlfriend and have a sweet Christmas with her next year.

크리스마스엔 사랑을 나눠요

오늘 가족들과 크리스마스 트리를 장식했다.	I decorated the Christmas tree with my family today.
올해 크리스마스 때는 친구들한테 모두 이메일 카드를 보내야겠다.	I am going to send a Christmas e-card to all of my friends this year.
예전엔 크리스마스 카드를 직접 만들었는데.	I used to make Christmas cards myself.
몇 년 전부터 크리스마스 때 카드를 안 쓰게 된 것 같다.	In retrospect, I stopped writing Christmas cards several years ago. ★ in retrospect 돌이켜 생각해보니, 되돌아보니

크리스마스 이브 자정에 친구들에게 문자를 보냈다.	I sent my friends text messages at midnight on Christmas Eve.
크리스마스 이브 자정에 친구들한테서 문자를 여러 통 받았다.	I got several text messages from my friends at midnight on Christmas Eve.
크리스마스 때면 곳곳에 사랑이 넘쳐나는 것 같다.	It looks like love is flowing like a river all around us on Christmas.
보이지 않는 곳에서는 외롭게 보내는 사람들도 있겠지?	There are probably lonely people out there who are spending Christmas alone.
올 성탄절에는 몇 년 만에 처음 불우이웃 돕기에 참여했다.	For the first time in a few years, I attended a charity event to help the underprivileged this Christmas. ★ the underprivileged 불우이웃
어릴 때는 산타클로스가 진짜로 있다고 믿었는데.	I believed Santa Claus was real when I was young.
어릴 때는 크리스마스 이브 때 산타클로스를 기다리다 잠들곤 했다.	On Christmas Eve, I would often go to sleep waiting for Santa Claus when I was young.
산타클로스가 실제로 있다면 얼마나 좋을까?	If only Santa Claus were real. ★ If only 주어 + 과거동사 ~라면 좋을 텐데

특별한 이야기 05 국경일 및 공휴일
national holidays

태극기를 달까요?

오늘은 삼일절이다.	It is Independence Movement Day today.
오늘은 현충일이다.	It is Memorial Day today.
오늘은 제헌절이다.	It is Constitution Day today.
오늘은 광복절이다.	It is Liberation Day today.
오늘은 개천절이다.	It is National Foundation Day today.
태극기 다는 걸 깜빡했다.	I forgot to put up the Taegeukgi (the national flag of Korea). ★ forget to + 동사원형 ~하는 걸 잊다
요즘엔 태극기를 안 다는 집도 많아진 것 같다.	It seems that the number of houses that don't put up the Taegeukgi (the national flag of Korea) has increased these days.
삼일절의 의미에 대해선 굳이 생각해 본 적이 없다.	I have never particularly thought about the meaning of Independence Movement Day.
사실 난 노는 날이라 그저 좋을 뿐이다.	Actually, I like it just because it is a holiday. ★ just because 그저 ~라는 이유로
하루 종일 TV 보면서 빈둥거렸다.	I goofed off all day long and just watched TV. ★ goof off 빈둥거리다
하루 종일 잠만 잤다.	I just slept all day long.
남친이랑 가까운 교외로 바람 쐬러 갔다 왔다.	My boyfriend and I went somewhere just outside of the city for a change. ★ for a change 기분전환 삼아, 바람 쐬러
이번 개천절은 월요일이라 너무 좋다.	It is so good that National Foundation Day falls on a Monday this year. ★ It is so good that 주어 + 동사 ~라서 너무 좋다

주말 껴서 어디 놀러가야겠다.	I am going to go on a trip somewhere over the long weekend. ★ a long weekend 월요일이나 금요일 또는 양일이 모두 포함된 긴 주말

식목일/한글날에도 놀면 안 될까?

오늘은 식목일이다.	It is Arbor Day today.
오늘은 한글날이다.	It is Hangeul Proclamation Day today.
한글날도 공휴일이면 좋겠다.	I wish Hangeul Proclamation Day were a holiday, too.
예전엔 식목일도 공휴일이었는데.	Arbor Day used to be a holiday. Arbor Day was a holiday once.
나무 심으러 가야 되는데, 다시 공휴일로 하면 안 될까나?	We need to plant more trees, so why don't we make Arbor Day a holiday again?
내 생각엔 식목일이야말로 정말 중요한 날인 것 같은데…	I think Arbor Day is really important, but how come...
빌딩숲은 점점 늘어만 가고 나무숲은 점점 사라져만 간다.	The forest of buildings gets thicker and thicker, while the forest of trees gets thinner and thinner.
뭔가 대책을 세워야 하지 않을까?	Don't we have to take some measures to stop that?

5월에는 노는 날이 많아

5월에는 노는 날이 많다.	There are a few national holidays in May. ★ 여기서 '노는 날이 많다'는 건 나라에서 정한 빨간 날이 하나도 아니고 몇 개나 된다는 얘기이죠.
5월에는 노는 날이 많아서 좋다.	I like May because there are a few national holidays.

5월에는 공휴일이 많아서 좋긴 한데 돈이 많이 든다.	Though I like May because there are a few national holidays, I have to spend some money.
오늘은 부처님 오신 날이다.	It is Buddha's Birthday today.
점심 때 동네 절에 가서 공짜 밥을 먹었다.	I went to my neighborhood Buddhist temple and ate lunch for free.
절 밥은 진짜 맛있다.	The meal at Buddhist temples is really good.
오늘은 근로자의 날이다.	It is Labor Day today.
우리 회사는 근로자의 날에도 출근을 한다.	We have go to work even on Labor Day.
내일은 어린이날이다.	It is Children's Day tomorrow. Tomorrow is Children's Day.
아이들을 어디에 데려가면 좋을까?	Where should I take my kids?
아이들한테 선물을 뭘 해주지?	What kind of present is good for my kids?
아이들을 데리고 어린이 대공원에 갔다.	I took my kids to Children's Grand Park. ★ take + 사람 + to + 장소 ~를 …에 데려가다
어린이 날이라고 어딜 가나 사람들로 북적댔다.	Every place we went to was swarming with people since it is Children's Day today.
피곤하긴 했지만 아이들이 좋아하니까 나도 좋았다.	I was happy because my kids were really happy, though I was a little tired.
참 부모 노릇 하기가 쉽지 않네.	Being a parent isn't easy. Being a parent is no picnic. Being a parent is a pretty tough call. ★ 여기서 call은 '소명, 천직' 정도의 의미.
좀 있으면 어버이날이다.	Parents' Day is just around the corner.
예전엔 어버이날도 공휴일이었는데.	Parents' Day used to be a holiday. Parents' Day was a holiday once.
엄마, 아빠한테 뭘 해드리면 좋을까?	What kind of present is good for my parents?
아무래도 돈으로 드리는 게 좋겠지?	Isn't it good to give them just some money as a present?

아침에 엄마, 아빠에게 카네이션을 달아드리고 출근했다.	I pinned carnations on Mom and Dad in the morning before going to work.
오늘 같은 날은 그냥 공휴일로 하면 안 되나?	Why don't we make a day like today a holiday?
해드릴 만한 것도 없고 돈도 없고 참 고민이다.	I am really worried because there is nothing I can do for my parents and I have no money either.
시골에 있는 부모님께 전화 한 통 드렸다.	I called my parents at home in the country.
어버이날을 맞아서 주말을 이용해 시골에 갔다 왔다.	I went to visit my parents in my hometown over the weekend since Parents' Day is just around the corner.
부모님 모시고 고깃집에 가서 저녁 먹고 용돈 좀 드렸다.	I took my parents to a meat restaurant and gave them some money as a present.
엄마, 아빠가 많이 늙으신 것 같아 마음 한 켠이 좀 그랬다.	I felt sorry for my parents in a corner of my mind because they look so old.
오늘은 스승의 날이다.	It is Teachers' Day today.
나에겐 진짜 스승이 있다.	I have a true mentor. ★ '정신적인 지주이자 스승'을 mentor라고 하죠.
나에겐 진짜 고마운 선생님이 한 분 계신다/계셨다.	I have/had a teacher that I am grateful for having been his student.
올해 스승의 날에는 고등학교 때 선생님들을 꼭 찾아뵈어야지.	I will definitely go to visit my high school teachers on Teachers' Day this year.
난 학교 다니면서 배운 게 없다.	I never learned anything in school.
나에겐 찾아뵙고 싶은 선생 따윈 없다.	I don't have any teacher I want to visit.
학교 다니면서 스승이라고 부를 만한 선생은 없었다.	I didn't have any teacher who deserved to be called "a mentor" or "a real teacher" when I went to school. ★ deserve to + 동사원형 ~할 만한 자격이 있다

특별한 이야기 06 내 인생의 특별한 날
special days in my life

나도 이제 어른

오늘은 성년의 날이다.	It is Coming-of-Age Day today.
오늘부로 나도 법적인 어른이 되었다.	I became an adult legally as of today.
성년의 날 기념으로 선배들이 우리에게 술을 사주었다.	Our upperclassmen treated us to drinks to celebrate Coming-of-Age Day.
호진 선배가 장미꽃이랑 향수를 선물해 주었다.	Hojin gave me roses and a bottle of perfume for Coming-of-Age Day.
이제부턴 나도 술집에 마음대로 드나들 수 있단 말이지.	I have the right to go to a bar (like all adults do) from now on.
18세 관람가 영화도 볼 수 있다. 하하하!	I have the right to go see a movie rated NC-17 (like all adults do). Ha ha ha!
부모 허락 없이 결혼도 할 수 있고.	I have a right to marry without my parents' permission.
나도 이제 좀 어른답게 행동해야겠지?	Perhaps I should behave like an adult from now on.

오늘은 내 생일

오늘은 내 생일이다.	It is my birthday today.
친구들이 생일 축하 파티를 해줬다.	My friends threw a birthday party for me.
엄마가 아침에 나를 위해 멋지게 한상 차려주셨다.	My mom set a wonderful table for my birthday in the morning.
준호가 어떻게 알았는지 내게 스마트폰을 선물해 주었다.	Somehow Junho knew it was my birthday and gave me a smartphone as a present.

태어나서 이렇게 생일선물을 많이 받아보긴 처음이다.	I have never received so many presents before.
하루 종일 생일축하 문자를 받았다.	I got some birthday text messages all day long.
엄마에게 낳아주셔서 감사하다는 문자를 보냈다.	I sent my mom a text message saying thanks for giving birth to me.
드디어 서른의 대열에 들어서는 건가?	Have I finally entered my thirties?
어쩐지 혼자서 조용히 보내고 싶은 기분이 들었다.	Somehow I felt like being alone in peace and quiet.
퇴근길에 케이크를 사가지고 와서 혼자 자축했다.	I bought a cake on my way home from the office and celebrated my birthday alone.
생일을 자축하는 것도 나름대로 좋은 것 같다.	I think celebrating your birthday alone is good in some ways.
나이 먹는 게 겁난다.	I am afraid of getting old.

우리 만난 지 100일 되던 날

오늘은 철민이와 만난 지 100일째 되는 날이다.	Cheolmin and I have been going out for 100 days. It has been 100 days since I starting going out with Cheolmin. One hundred days have passed since I starting going out with Cheolmin.
우리는 기념으로 커플링을 했다.	We bought a pair of couple rings to celebrate our 100th day together.
저녁때는 한강 유람선을 탔다.	We rode on a cruise ship on the Han River in the evening.
남친이랑 영화도 보고 밥도 먹으며 저녁 내내 함께 있었다.	I spent the whole evening with my boyfriend. We saw a movie and had dinner together.

오늘은 정말 잊지 못할 날이다.	It is a really unforgettable day today.
그 애를 만난 게 얼마나 감사한지 모르겠다.	I don't know how to thank God for letting me meet him!
지금까지처럼 앞으로도 그 애랑 잘 지냈으면 좋겠다.	I hope we will keep getting along well in the future as we have up until now.
그 애랑 결혼까지 무사히 골인하면 좋겠다.	I hope we will get married without any trouble one day.

오늘은 결혼기념일

오늘은 우리 부부 결혼기념일이다.	Today is our (wedding) anniversary.
오늘은 우리 부부 결혼 1주년이다.	Today is our first (wedding) anniversary.
오늘이 결혼기념일이었다는 사실이 문득 떠올랐다.	It suddenly occurred to me (that) today was our (wedding) anniversary.
그이가 결혼기념일을 잊어버렸다.	My husband forgot our (wedding) anniversary.
결혼한 지 이제 1년째인데 어떻게 기념일을 잊어버릴 수가 있지?	How could my husband forget our anniversary! Only one year has passed since our wedding!
신랑이 향수를 선물해 주었다.	My husband gave me a bottle of perfume for our anniversary.
아내가 지갑을 선물해 주었다.	My wife gave me a wallet for our anniversary.
우리는 근사한 식당에 가서 멋진 저녁을 먹었다.	We went to a nice restaurant to have a wonderful dinner.
우리는 연애할 때처럼 영화도 보고, 맛있는 것도 사먹었다.	We went to see a movie and had a nice meal just like when we were dating.
문득 연애하던 시절이 떠올랐다.	I suddenly remembered the days we were dating. ★ 과거의 아름다운 추억을 떠올릴 때는 〈I (suddenly) remembered the days (when) 주어 + 과거동사 ~〉 표현을 이용해 보세요.

모처럼 둘만의 낭만적인 시간을 보냈다.	The two of us had a romantic time together for the first time in many days.

잊을 수 없는 만우절의 추억

오늘은 만우절이다.	It is April Fools' Day today.
학창시절엔 만우절만 되면 무척 신났는데.	I was really excited on April Fools' Days when I went to school.
교실 바꿔서 수업 듣는 건 기본이지.	It is one of the simplest tricks to switch classrooms with another class. ★ switch A with B A를 B와 바꿔치기하다
교실 문을 잠근 적도 있다.	We once locked our classroom's door. ★ lock the door 문을 잠그다
교실 뒤쪽을 보고 대연하게 앉아 있었던 적도 있었다.	We once sat with our backs toward our teacher pretending nothing was going on. ★ sit with one's back toward A A쪽으로 등을 보이며 앉다 ǀ pretending nothing was going on 아무일도 없었다는 듯이 태연한 척하며
한번은 장난인 척하면서 근사한 선물을 교탁에 올려놓은 적도 있었다.	We once put a decent gift on our teacher's desk pretending to play a trick. ★ pretend to + 동사원형 ~하는 척하다 ǀ play a trick 장난을 치다, 속임수를 부리다
그 당시 선생님들은 우리 장난을 모두 잘 받아주셨는데.	Our teachers used to tolerate all of our pranks. ★ tolerate one's prank ~의 장난을 너그럽게 받아주다
그 때는 만우절만이 다가오면 마음이 설레었다.	I used to get excited when April Fools' Day was near.
그 때는 만우절 장난을 계획하느라 신났었다.	I used to get excited planning April Fools' Day tricks.
이제는 만우절이 돼도 별 생각이 없다.	I don't care about April Fools' Day anymore.
모처럼 정진이한테 전화해서 장난 좀 쳐볼까?	Should I call Jeongjin and pull a trick on him for the first time in a while? ★ pull a trick 장난을 치다, 속임수를 부리다

Part 12

| 세상을 움직이는 돈과 권력 |

시사 및 경제 이야기

01 재테크
02 신용카드
03 대출
04 세금
05 사건·사고
06 연예계

01 재테크
investing techniques

난 돈이 좋아

나는 돈이 좋다.	I love money.
돈을 많이 벌고 싶다.	I want to make a lot of money. I'd like to make a lot of money.
부자가 되고 싶다.	I want to be rich.
어디 벼락부자 되는 법 없나?	I wonder if there is some way to be an overnight millionaire. ★ overnight millionaire 벼락부자
제발 하느님, 부자가 되게 해주세요.	Please God, make me rich.
점쟁이가 나더러 부자가 될 거라고 했다.	A fortuneteller said to me, "You will be rich." A fortuneteller told me (that) I would be rich.
나는 빌 게이츠처럼 억만장자가 되고 싶다.	I want to be a billionaire like Bill Gates.
나는 가끔 억만장자가 되는 상상을 한다. 뭐 안 될 것도 없지!	Sometimes I imagine myself as a billionaire. I could be one someday!
나는 돈이 좋은 게 아니라 돈으로 할 수 있는 일들이 좋다.	It is not money itself that I like, but the things I can do with money.
돈을 많이 벌려면 아무래도 장사를 하는 게 좋겠지?	I think starting my own business is a better choice to make a lot of money. Would I rather start a mom-and-pop business to make a lot of money? ★ mom-and-pop business 구멍가게, 즉 개인이나 가족 차원에서 조그맣게 벌이는 장사를 말해요.
참 돈 벌기 힘든 세상이다.	It's so tough to make money.
이렇게 경기가 나빠서야 취업하기도, 사업을 하기도 너무 힘들다.	It's so tough to get a job or start business in such a slow economy.

하늘에서 돈다발이 '툭'하고 떨어지면 좋을 텐데.	If only a windfall of money came from nowhere! ★ windfall 바람이 불어서 툭 떨어지는 것, 공짜로 생긴 것 ǀ from nowhere 어디선가
어디 돈 열리는 나무 없나?	If only I could find a place where money grows on trees!

재테크를 잘해야 돼

재테크를 잘해야 돼.	I should invest my money well.
음, 돈이 날 쫓아오게 만들어야 해!	Okay, I have to let money chase after me!
이제부터 재테크에 신경을 좀 써야겠다.	I will have to take more care of investing my money from now on.
은행에 저금해봤자 이자도 얼마 안 되고.	The interest you earn in a savings account is peanuts. ★ interest 이자 ǀ savings account 저축예금 ǀ peanuts 쥐꼬리만큼 작은 돈, 껌 값
이제부터 주식에 투자를 좀 해야겠다.	I will put my money into stocks from now on. ★ put one's money into A 돈을 A에 투자하다
요 며칠 주식 값이 계속 오르고 있다. 역시 탁월한 선택이었어!	My stocks keep going up these days. After all, my choices were excellent!
달러를 좀 사둬야겠다. 조만간 달러가 오를 것 같은 예감이 든다.	I will buy some dollars. I have a hunch that the dollar will appreciate sooner or later.
이제부터 경제서적을 좀 읽어야겠다.	I will read economy-related books from now on.
공인 중개사 자격증을 따놓아야겠다.	I will get a real estate agent certificate.
일주일에 로또를 다섯 장씩 사야겠다.	I will buy five Lotto tickets every week.
로또에 당첨되면 참 좋을 텐데.	I wish I would win the Lotto.
전능하신 신이시여, 로또 1등에 당첨되게 해주세요.	Oh God Almighty, let me win the first prize of the Lotto.
난 재테크엔 소질이 없는 것 같다.	I think I am not good at investing money.
최고의 재테크는 알뜰 소비!	Being prudent is the best way to invest my money!

언젠가는 여유가 생길 거야

난 어쩜 이렇게 돈 복이 없을까?	How come I am so unfortunate financially?
죽어라고 일해서 겨우 먹고 사는 게 다다.	I am working my ass off just to make ends meet.
세상에 널린 게 돈인데, 왜 나한테는 잘 안 붙지?	Money is flowing everywhere, but how come money won't chase me?
언제쯤이면 내 차를 살 여유가 생길까?	When can I afford to get my own car?
언제쯤이면 집을 살 여유가 생길까?	When can I afford to get my own house?
언제쯤이면 하고 싶은 걸 할 여유가 생길까?	When can I afford to do what I want to?
10년 넘게 정말 열심히 일했는데, 집 한 칸 살 여유가 없다.	I have worked very hard for more than 10 years, but I can't afford to get my own house.
세상에 널린 게 집인데, 왜 내 집 한 칸 마련하는 게 이리 힘든 걸까?	Houses are found all over the world, but I find it so hard to be able to buy a small house.
1, 2년만 더 저축하면 담보대출로 집을 살 수 있는 계약금을 마련할 수 있을 거야.	I can make a down payment on a house if I save money for 1 or 2 years more.
아무리 쪼들려도 보험은 몇 개 들어놓는 게 좋겠지.	I would rather buy several insurance policies even if I am hard up for money now. ★ buy an insurance policy 보험에 들다. insurance policy는 '보험증권'을 말하죠. | be hard up for money 돈에 쪼들리다
아무리 열심히 일해도 10년 전이나 지금이나 생활에 여유가 없긴 마찬가지이다. 이젠 일할 맛이 안 난다.	I have been working very hard for 10 years, but I am just as deprived as 10 years ago. I don't feel like working these days.
언젠가는 여유가 생길 거야. 힘내!	I can afford to do it someday. Cheer up!
좀만 더 참자!	Be patient a little longer!

돈 있을 때 잘할 걸

돈이 있을 때 아꼈어야 했는데.	I should have saved money when I had it.
그때 집값이 내려갔을 때 잽싸게 사뒀어야 했는데.	I should have bought a house quickly when house prices went down then.

며칠 만에 집값이 1,000만원이 올랐네.	Some home prices went up by ten million won within only a few days.
그때 돈이 생겼을 때 아파트라도 한 채 사둘 걸 그랬다.	I should have bought an apartment when I made some money then.
그때 돈이 좀 있을 때 딴 데 투자를 했어야 했는데.	I should have put my money into other things when I had some money.
그때 돈이 좀 있을 때 주식/금이라도 사둘 걸 그랬어.	I should have bought some stocks/gold when I had some money.
그때 그 땅을 사놨어야 하는 건데.	I should have bought that land then.
이 땅을 사지 말았어야 했는데.	I shouldn't have bought this land. I regret buying this land. I am sorry (that) I bought this land.
주식 값이 자꾸 내려간다. 미치겠다.	My stocks keep going down. It is driving me crazy.
이 주식을 사지 말았어야 했어.	I shouldn't have bought these stocks. I regret buying these stocks. I am sorry (that) I bought these stocks.
으악~ 완전 망했다!	Ugh, I am bankrupt! ★ be bankrupt 파산하다

02 신용카드
credit cards
시사 및 경제 이야기

신용카드를 만들다

나는 신용카드가 하나도 없다.	I have no credit cards.
친구들이 나더러 신용카드도 하나 없다고 희한한 애라고 하네.	My friends tell me I am rather eccentric because I have no credit cards. ★ rather eccentric 희한한. 여기서 rather는 '상당히'라는 뜻
신용카드 없는 게 뭐가 어때서?	What's wrong with having no credit cards?
요즘 같은 세상에 신용카드가 없는 사람이 나 말고 또 있을까?	Is there anybody except me who has no credit cards at this age?
오늘 신용카드를 하나 만들었다.	I was issued a credit card today. ★ 신용카드는 발급받는 것이니까 be issued a credit card가 되는 것이죠.
오늘 은행에서 교통카드 겸해서 신용카드를 신청했다.	I applied for a credit card which also doubles as a public transit card at the bank today. ★ double as A A의 역할을 겸하다 ｜ public transit card 교통카드
신용카드 없는 건 별로 안 불편한데 교통카드가 없으니까 무척 불편하다.	It is really inconvenient to have no public transit card, while it is not very inconvenient to have no credit card.

신용카드는 편리해

신용카드는 참 편리하다.	Credit cards are really handy.
나는 신용카드를 두 개 쓴다.	I have/use two credit cards.
돈이 떨어져도 신용카드만 있으면 별문제 없다.	There would be no problem if I had no money, as long as I have a credit card with me.
요즘처럼 수입이 불규칙할 때 신용카드가 없으면 아마 아무것도 못할 것이다.	My income is irregular these days. I couldn't do anything without my credit cards.

이번 달에 현금이 벌써 다 떨어졌다. 교통카드가 없으면 출근도 못할 것이다.	I have already run out of cash this month. I couldn't go to work without my transportation card.
신용카드가 있어서 얼마나 다행인지 모르겠다.	I am really glad to have a credit card.
웬만한 건 다 신용카드로 결제한다.	I usually charge almost everything on my credit card. ★ charge A on one's credit card A에 대한 비용을 신용카드로 결제하다
포인트가 어느 정도 쌓이면 한 번씩 공짜 피자를 먹는다. 호호	I eat a free pizza whenever I accumulate a certain amount of points on my credit card. Ho ho.
잘만 쓰면 현금보다 신용카드를 쓰는 게 훨씬 도움이 된다.	It is much better to use credit cards than cash, but only if I use them wisely.

쓸 때는 좋았는데…

이번 달에 카드 값이 너무 많이 나왔다.	My credit card bill this month is huge. ★ credit card bill 신용카드 청구서 금액
나는 거의 매달 카드 값이 교통비밖에 안 나온다.	Every month my credit card bill only has public transit fees on it.
쓴 것도 별로 없는데 이번 달에는 카드 값이 왜 이렇게 많이 나오지?	Why is my credit card bill this month so high when I didn't charge much on it?
백화점에서 옷 몇 벌 샀더니 카드 값이 너무 많이 나왔다.	My credit card bill is too high because I bought several outfits at department stores.
내가 카드를 너무 무분별하게 쓰나?	Am I using my credit card carelessly?
쓸 때는 참 좋았는데…	I was very pleased when I charged things on my credit card, but ….
앞으로 카드 사용을 좀 자제해야겠다.	I will cut down on using my credit card from now on. ★ from now on 앞으로, 지금부터

카드 값 때문에 이번 달은 완전 적자다.	I have gone into the red due to my credit card bill this month. ★ go into the red 적자이다
아르바이트라도 해서 가능한 빨리 카드 값을 메워야겠다.	I have to get a part-time job to pay off my credit card bill as quickly as possible.
그냥 엄마한테 손 좀 내밀까? 난리 나겠지!	Should I just ask Mom to bail me out? I want to, but I am sure she will get really mad! ★ bail out 재정적인 도움을 줘서 ~를 구해주다

03 대출
loan

대출을 받아야겠다

대출을 좀 받아야겠다.	I will take out a loan.
대출 받아서 전세로 옮겨야겠다.	I will take out a loan and rent a place based on jeonse (a house or room for rent based on a large key-money deposit). ★ key money 보증금
대출 받아서 카드 값을 갚아야겠다.	I will take out a loan to pay off my credit card bill.
카드 론이라도 받을까?	Should I take out a cash advance on my credit card? ★ 신용카드로 '현금서비스'나 '카드론'을 받는 것을 모두 cash advance라고 하면 돼요.
여름휴가 때 대출을 받아서라도 유럽 여행을 꼭 가야겠다.	I will certainly go on a trip to Europe during summer vacation even if I have to take out a loan.
좀 무리가 되더라도 대출을 받아서 아파트를 한 채 사놓는 게 좋을 것 같다.	I would rather take out a loan and get an apartment even if it is a little beyond my means. ★ beyond one's means ~의 능력을 벗어나는
내일 은행에 가서 대출 상담 좀 받아야겠다.	I will go to the bank to ask about a loan tomorrow.
내일 은행에 가서 학자금 융자에 대해 좀 알아봐야겠다.	I will go to the bank to ask about a student loan tomorrow. ★ student loan 학자금 융자
내일 은행에 가서 중소기업 융자에 대해 좀 알아봐야겠다.	I will go to the bank to ask about a small business loan tomorrow.

대출 상담을 했다

오늘 은행에 가서 대출 상담을 받았다.	I went to the bank to ask about a loan today.

오늘 대출 신청을 하러 은행에 갔다.	I went to the bank to apply for a loan today.
소득이 적어서 신용대출은 힘들단다.	They say that I can't take out a credit loan because my income level is low.
가난한 사람은 은행 대출 받기도 힘들구나.	I know that it is so hard for the poor to get a bank loan.
이래서 사채를 쓰는 모양이다.	I understand why they turn to loan sharks.
보증인이 없이는 대출을 받을 수가 없단다.	They said I couldn't take out a loan without a co-signer.
누구한테 보증을 서달라고 하지?	Who will I ask to be my co-signer?
다행히 신용대출이 가능하단다.	I am grateful that they said I can get a credit loan. ★ credit loan 신용대출
신용대출을 받으니 절차가 간단해서 참 좋았다.	I was really happy that it was so easy to get a credit loan.
때마침 대출 이자가 많이 내렸단다.	They said that it just so happens that loan interest rates have gone down a lot. ★ it (just) so happens that 주어 + 동사 공교롭게도/때마침 ~하다
대출 이자가 어찌나 많이 나가던지!	What a huge loan interest payment I made!
저금 이자는 별로 주지도 않으면서.	Their savings interest rates are rather low.
은행이고 카드회사고 완전 도둑놈이다.	Financial institutions such as banks and credit card companies are total thieves.

대출을 받았다

대출을 받았다.	I took out a loan.
열심히 벌어서 빨리 대출금을 갚아야지!	I will work hard to repay the loan fast!
일단은 대출이라도 받아서 다행이긴 한데…	I am grateful that I could take out a loan, but...
매달 꼬박꼬박 이자 나갈 생각하니 속상하다.	I feel upset that I have to pay interest on the loan every month.

대출금 갚을 생각을 하니 갑갑하다.	I feel frustrated when thinking of repaying the loan.
그때 돈이 생겼을 때 대출금을 갚았어야 했는데.	I should have repaid the loan when I made that money.
대출금 상환일이 다가오고 있다.	My loan repayment due date is just around the corner.
올해도 대출금 상환을 연장해야만 한다.	I had to extend my loan repayment due date this year, too.
5년 만에 겨우 대출금을 다 갚았다.	It took me as long as five years to pay back the loan. ★ It take me + 시간 + to + 동사원형 ~하는 데 시간이 …걸리다

04 세금
utility bills & tax

시사 및 경제 이야기

매년 오르는 세금

이번 달 공과금이 왜 이렇게 많이 나왔지?	I don't understand why my utility bill is so high this month.
이번 달 도시가스 요금이 왜 이렇게 많이 나왔지?	I don't understand why my natural gas bill is so high this month.
전기세, 수도세 등 각종 공과금이 또 인상됐다.	Utility bills such as electricity and water have been raised once again.
의료보험료는 매년 꼬박꼬박 인상되는구나~ 에휴!	My health insurance premium is raised annually without fail. Ugh!
국민연금도 매년 꼬박꼬박 인상된다.	My national pension payment is also raised annually without fail.
국민연금 같은 건 선택 가입했으면 좋겠다.	I think it should be optional to enroll in the national pension plan.
물가도 인상됐는데, 월급만 동결이다.	Almost all of the prices of consumer goods have been raised whereas my wage has been frozen.
물가 및 각종 공과금은 계속 인상되는데, 월급은 되레 깎이다니! 이게 말이 되냐고?!	Almost all of the prices of consumer goods and my utility bills have been raised whereas my wage has been lowered! That's nonsense!
매년 버는 돈은 비슷한데 매년 내야 하는 세금은 점점 늘어간다.	I have to pay higher taxes every year, but every year, I earn the same wage.
어떻게 하면 1만원이라도 절세할 수 있을지 세법 공부 좀 해야겠다.	I have to study the tax laws to learn how to reduce my tax payments at least by a little.
가만 보면 직장인들만 벌면 버는 만큼 꼬박꼬박 세금 내는 것 같단 말야.	I've noticed that it is only wage earners that pay taxes honestly.

부자들은 번 만큼 세금을 다 내는 건 아닌 것 같은데.	I think that the rich don't always pay taxes honestly.
직장인이 봉이지 뭐!	Wage earners are always sitting ducks!

소득세 신고

연말정산 시기가 돌아왔다.	Tax time is approaching
올해는 연말정산 내역을 꼼꼼히 살펴야겠다.	I'll check my tax allowance lists before the year-end tax adjustment period this year.
한 푼이라도 더 환급받아야지.	I want to get a tax refund even if it's just a little bit of money.
소득세 신고를 하라는 통지서가 날아왔다.	I've got a notice that I have to file an income tax return.
장사를 시작하고 처음 하는 소득세 신고이다.	It is my first filing of my income tax return since starting my business.
뭐가 뭔지 하나도 모르겠다.	It's all Greek to me.
아무래도 올해는 세무사한테 소득세 신고를 맡겨야겠다.	I think I have to ask a tax accountant to prepare my income tax return this year.
국세청 사이트에 전자 납부할 수 있는 프로그램이 잘 되어 있어서 올해는 내가 직접 소득세 신고를 했다.	The National Tax Service's tax paying program is so good that I filed my income tax return by myself this year.
직접 해보니깐 별거 아니네 뭐! 세무사 비용 굳었다!	I found it no big deal to file my income tax return by myself. I was able to save the fee for a tax accountant.
매년 소득세 환급받을 때마다 공돈이 생기는 것 같아 기분이 좋다.	I am happy to get a tax refund every year; it's as if I came into some extra cash.
매년 소득세 환급금이 생활에 큰 보탬이 된다.	My tax refund is a great help to me every year.

세금의 혜택

의료보험 덕에 병원 진료비가 싸게 나와서 좋긴 하다.	I think it is good that medical bills are low thanks to the national health insurance plan.
나는 너무 건강해서 1년에 병원에 한 번 갈까 말까 하는데, 의료보험료 꼬박꼬박 내려니 손해 보는 느낌이다.	I think that I don't benefit from the national health insurance plan because I am so healthy that I hardly go to see the doctor once a year, but I have to pay health insurance premiums regularly.
해 바뀌기 전에 건강검진이라도 꼭 받자. 그래야 의료보험료 내는 보람이 있지.	I have to have a regular checkup before the end of this year, so I can have some benefits from the national health insurance plan.
우리 아버지는 올해부터 국민연금을 받으신다.	My father started receiving a monthly pension from the national pension plan this year.
아버지가 혜택을 받는 걸 보니깐 좋긴 한데 그래도 국민연금을 내는 건 싫다.	It is good to see my father receive a monthly pension, but I still hate to pay money into the pension fund.
내가 혜택을 받을 나이가 될 때쯤 국민연금이 바닥나면 어쩌지?	I am afraid that the national pension fund will be bankrupt by the time I am old enough to benefit from the pension plan.
실업급여를 신청했다.	I applied for unemployment benefits.
실업급여를 받은 지 석 달째이다.	I have been living off unemployment benefits for three months.
실업급여라도 못 받았으면 생활이 얼마나 비참했을까?	Without unemployment benefits, I would have led a miserable life.
재취업이 빨리 돼서 고용보험센터에서 조기 취업 수당을 받았다.	I got a job again sooner than expected and got an early reemployment allowance from the Unemployment Insurance Center.

05 사건 · 사고
incidents and accidents

우째 이런 일이?! ① 도둑이 들었다

어제 집에 도둑이 들었다.	A burglar broke into my house yesterday. ★ break into ~에 (도둑이) 들다
얼마나 무서웠는지 모른다.	I was dead scared.
요즘 매일 밤, 불을 켜놓고 잔다.	These days, I leave the light on when I go to sleep every night. ★ leave the light on 불을 켜두다
한동안은 충격에서 헤어나기 힘들 것 같다.	I think it will be difficult to get over the shock for a while.
다행히 돈이랑 캠코더만 들고 얌전히 사라졌다.	Fortunately, the burglar left only with some money and a camcorder without causing any other harm to my family. ★ leave only with A A만 가지고 자리를 뜨다
며칠 전에 회사 동료네 집에 도둑이 들었다고 한다.	I heard that a burglar broke into my colleague's house a few days ago.
칼을 들고 위협했다고 하는데 얼마나 무서웠을까?	I heard that the burglar threatened him/her with a knife. I understand how scared he/she was.
상상만 해도 끔찍하다.	Just imagining that is terrible. ★ Just imagining that 그것을 상상하는 것만으로
남의 일인 줄로만 알았는데.	I thought that kind of thing only happened to other people.
영화나 드라마 속에서나 일어나는 일인 줄 알았는데.	I thought that kind of thing only happened in movies or on TV dramas.
이런 일이 실제로 일어난다는 사실이 믿어지지 않는다.	I can't believe that kind of thing happens in real life.
우리 집에도 도둑이 들면 어떡하지?	What if a burglar broke into my house?

나도 조심해야겠다.	I have to take care of myself too.

우째 이런 일이?! ② 교통사고를 당했다

친구가 교통사고를 당했다.	My friend got in a traffic accident.
지난 주말에 내 절친이 교통사고가 났다.	My best friend had a car accident last weekend.
친구가 음주운전 차에 치였다.	My friend was hit by a drunk driver.
다행히 친구는 다친 데는 별로 없단다.	Fortunately he/she wasn't hurt badly.
오늘 친구 병문안을 갔다 왔다.	I went to see my friend in the hospital.
음주운전자도 사정이 있어서 운전을 하는 거겠지만…	Even though a person convicted of drunk driving might still need to drive, I don't think he/she should be allowed to. A person convicted of drunk driving might still need to drive, yet….
한 순간의 실수가 씻을 수 없는 상처를 남길 수 있다.	A mistake at one moment can cause permanent scars.
자기 자신뿐만 아니라 여러 사람에게 상처가 될 수 있다.	Not only the drunk driver but several other people can be hurt.
오늘 집에 오는 길에 오토바이랑 택시가 충돌하는 걸 봤다.	I saw a motorcycle and a taxi collide on the way home.
순간 얼마나 놀랐는지 움직일 수가 없었다.	I was too frightened to move at that moment.

우째 이런 일이?! ③ 딸 가진 부모는 불안해

(인터넷에) 오늘 또 성폭행 기사가 메인으로 떴다.	Today, as usual, a news article about a sexual attack was posted as the lead story on the news portal.
(인터넷에) 요즘 성폭행 기사가 왜 이리 많이 뜨는지 모르겠다.	I can't believe how many articles about sexual attacks are posted on the news portal these days.

사내새끼들은 완전 짐승이다.	All men are beasts.
나도 남자지만 그런 놈들은 진짜 XX들이다.	I am a man myself, but those guys are really bastards.
조심할 게 너무 많은 세상이다.	There are a lot of things to watch out for in this world.
귀신보다도 더 무서운 게 사람이다.	People are scarier than ghosts. I am more afraid of people than ghosts.
힘없는 여자로 태어난 게 죄란 말인가?	Is it a sin to be born as a weak woman?
호신술을 배워둬야겠다.	I will learn some self-defense techniques.
딸자식 가진 부모는 어디 불안해서 살겠는가?	How can parents with daughters feel safe for them?

우째 이런 일이?! ④ 친구가 자살했다

내 친구가 자살했다. 믿을 수가 없다!	My friend killed himself/herself. I can't believe it!
중학생 남자아이가 자살했다는 뉴스를 봤다.	I read the news that a middle school boy killed himself.
중학생 남자아이가 반 친구들의 폭력을 견디지 못해 자살했다는 뉴스를 봤다.	I read the news that a middle school boy killed himself because of a couple of his classmates' bullying.
무서운 십대!	What a horrible teenager!
생계가 막막해 자살했다는 어느 가정주부의 뉴스를 봤다.	I read the news that a housewife killed herself because her livelihood was in danger.
맘이 너무 안 좋았다. 힘들어도 어떻게든 살아보지!	I feel sorry for her. I wish she had adapted to that and carried on regardless.
남은 아이들은 어떡하라고!	What about the children who remain in this world?

어느 건설회사의 중견간부가 자살했다는 뉴스를 봤다.	I read the news that an executive in a construction company killed himself.
미국의 유명 아나운서가 자살했다는 뉴스를 봤다.	I read the news that a well-known American newscaster killed herself.
요즘 자살하는 사람들이 왜 이리 많을까?	I wonder why a lot of people commit suicide?
부와 명예를 다 가진 것 같은 사람들도 자살을 하는 걸 보면, 사는 게 만만한 사람은 아무도 없나 보다.	Even those who seem to have everything anyone could want—wealth, fame and so on—commit suicide. I think that life is not easy for anyone.
얼마나 힘들었으면 자살까지 했을까? 그래도 살아보지!	His suicide makes me think about how hard his life was. However, isn't it better to live on?
고인의 명복을 빈다. 하늘나라에선 평안하길…	I will pray for the soul of the deceased. May you have peace in heaven!
편히 잠들길…	Rest in peace.

우째 이런 일이?! ⑤ 사람들이 미쳐가나봐

여의도에서 어제 묻지 마 흉기 난동 사건이 일어났다는 뉴스를 봤다.	I read the news that there was a random stabbing in Yeouido yesterday.
요즘 들이 부쩍 아무에게나 이유 없이 폭력을 행사하거나 살인을 저지르는 '묻지 마 범죄'가 급증한 거 같다.	Unprovoked random violence including murder has been increasing recently.
너무 무서운 세상이다.	The world is really dangerous.
남녀노소 할 것 없이 사람들이 미쳐가는 것 같다.	Everybody seems to be going mad.
사회에 대한 분노가 쌓여가는 것 같다.	People's anger towards society seems to have been building up.
경쟁이 지나치게 가열되고, 상대적인 빈곤감과 박탈감이 심화되면서 이 사회에 분노가 쌓여가는 것 같다.	I think people's anger towards society seems to have been building up because of growing competition, relative poverty and other deprivations.

가정에서 사회에서 인정받지 못한다는 욕구 불만이 사람들 맘의 분노를 키우는 것 같기도 하다.	The frustration of those who feel unappreciated both by their family and society has been pent up for a long time and their anger seems to have been building up.
분노를 어쩌지 못해 폭력으로 해소하는 사람들이 많아지고 있다.	There is a growing number of people who relieve their anger by taking his frustrations out on other people violently.
화가 막 올라온다고 분노를 폭력으로 방출하면 또 다른 비극이 생기고 만다.	Venting one's anger violently has created another tragedy.
누가 누굴 탓하랴!	We can't blame anybody!
사회 전반에 걸쳐 힐링이 필요한 시대가 아닌가 한다.	I think that this society needs comprehensive healing.

우째 이런 일이?! ⑥ 자연의 힘 앞에 무력한 우리들

오늘 종로에 대형화재가 발생했다고 한다.	I heard that a big fire broke out in Jongno today.
날씨가 건조해서 그런지 요즘 화재가 많이 발생하는 것 같다.	It seems that fires break out frequently these days maybe because it is dry.
곳곳에서 태풍 피해 소식이 들렸다.	I heard that there was a lot of typhoon damage. ★ typhoon damage 태풍 피해
남편이 물에 떠내려가서 실종된 집의 이야기를 들었다.	I heard about a woman whose husband was carried away by a flood. ★ A is carried away by a flood A가 홍수로 물에 떠내려가다
곳곳에서 사람이 죽었다거나 실종되었다는 소식이 들렸다.	I heard that some people were killed or missing.
매년 이맘때만 되면 이게 무슨 난리인지?	I don't understand why this kind of tragedy is always happening at this time of year. ★ tragedy 비극 ǀ at this time of year 매년 이맘때(= at this time every year)
남의 일 같지 않게 너무 마음이 아프다.	I am really sorry for them. I feel as if it's my own tragedy. I was heartbroken. I feel as if it's my own tragedy.

수재민들을 어떻게 도와야 할까?	How can I help the flood victims?
여름만 되면 수해를 입는 사람들이 생겨서 참 안타깝다.	Every summer some people suffer from floods. I feel really sorry for them.

우째 이런 일이?! ⑦ 이권 다툼에 바쁜 사람들

오늘도 정치인들이 서로 헐뜯하는 기사가 떴다.	Today, as usual, an article about politicians attacking each other was in the news.
오늘도 구글에 정치인들이 서로 험담하는 기사가 떴다.	Today, as usual, an article about politicians attacking each other was posted as the lead story on google's news portal. ★ (verbally) attack each other 서로 욕하고 마구 헐뜯하다
정치인들은 대단한 기의 소유자들인 것 같다.	I think politicians are tremendously energetic.
어떻게 그렇게 허구한 날 싸우고도 힘이 남아도는 건지?	I can't believe how politicians don't run out of energy after fighting with each other so often.
의사들은 자신들의 이권을 위해 농성할 때는 환자도 안 본다.	Doctors don't take care of their own patients when they stage a sit-in to protect their vested interests. ★ vested interest 기득권
법정에서 판사들은 자신들의 권위가 도전받는 것을 굉장히 기분 나빠하는 것 같다.	I think judges in court don't like anyone challenging their authority.
판사들은 자신들의 권위에 도전하는 사람에게 보복 판결을 내리는 것 같다. 좀 찌질하지 않나?	I think judges pass retaliatory sentences on anyone challenging their authority. Disgusting!
대기업이 검사들의 스폰서라는 건 아는 사람은 다 아는 사실이다.	We all know that big businesses give prosecutors bribes regularly.
귀에 걸면 귀걸이, 코에 걸면 코걸이가 되는 게 바로 법의 해석이다.	They interpret the law as they please.

겉으로 드러나는 대의명분 같은 거 난 잘 모르겠다.	I don't give a damn about their pretext of a worthy cause. ★ I don't give a damn about A A에 대해서는 내가 상관할 바 아니다 ㅣ pretext of a worthy cause 겉으로 드러내는 대의명분
밥그릇 지키기 싸움에서는 힘 있는 자들이 유리하지.	When it comes to protecting their interests, powerful people have an advantage.
힘 있는 자들은 자기들의 기득권을 지키는 일이라면 무슨 일이든 하겠지.	When it comes to protecting their vested interests, powerful people will go to any length. ★ go to any length 목적을 달성하기 위해 필요한 일이라면 무슨 일이든 하다
있는 것들이 더 하다더니 맞는 말인 것 같다.	They say the haves are more anxious to have more and more. I agree with it. ★ the haves 있는 것들 ㅣ be anxious to + 동사원형 ~하려고 안달이다 ㅣ more and more 더욱 더 많이
원래 가진 게 많을수록 더 가지려고 하는 법인가 보다.	Basically, the more they have the more they want. ★ the more 주어 + 동사 ~ the more 주어 + 동사… 더 많이 ~할수록 더 많이 …하다
가진 게 많은 사람들 중에는 냉혈한이 많은 것 같다.	It seems to me that there are lots of cold-hearted people among the haves.
세상을 움직이는 건 소수의 권력자들일까, 다수의 보통사람들일까?	Who leads this world, a few powerful ones or many ordinary people?

우째 이런 일이?! ⑧ 유전무죄 무전유죄

모 대기업 회장이 불법 금융 거래 혐의로 체포됐다가 무죄 방면됐다는 뉴스를 봤다.	I read the news that the chairman of a big business group was charged but later acquitted of illegal financial transactions.
누가 봐도 유죄인 게 분명한데 역시 자본주의 사회에선 돈과 권력이 정의 위에 있구만!	It is obvious to everyone that he is guilty, but in a capitalist society money and power is above justice.
유전무죄 무전유죄라더니, 허참!	There's a saying, "All mighty is the dollar." It's an absurd world!

사람 나고 돈 났지, 돈 나고 사람 났나!	There's a Korean saying, "Humans existed before money, not the other way around."
정의란 무엇인가?	What is justice?
인간들의 세계에 정의란 없다!	There's no JUSTICE in the human world.
신은 세상에 없다.	There's no God in this world.
신이 있다면 세상이 지금 같지는 않을 거라고 생각한다.	If God existed, the world would be a different one.
세상에서 벌어지는 이 모든 문제들을 보면 우리가 말하는 신이 선의 신은 아니란 말이다.	All the problems in the world mean that the god we are speaking of is not a merciful god.
눈 똑바로 뜨고 세상을 보라. 돈과 권력이 곧 정의이고 선이다.	Open your eyes. Money and power are the same as justice and goodness.
거부할 수 없는 사실이다.	That's the fact we cannot resist.
진실은 재미있는 법이 거의 없지.	The truth's rarely fun.
진실은 아픈 법이지.	The truth hurts.

내일은 투표하는 날

내일은 국회의원 선거 투표 날이다.	Tomorrow is the parliamentary election day.
내일은 대통령 선거 투표 날이다.	Tomorrow is the presidential election day.
뽑고 싶은 사람이 없다. 도찐개찐 아닌가!	There is no one for whom I wish to vote. They are all alike to me.
투표해봐야 뭐 달라지는 거 있나?!	What difference does it make if I vote?
꼭 투표해야지. 지도자를 한 명 잘못 뽑으면 세상이 얼마나 끔찍해지는데…	I will certainly vote. If we vote for the wrong leader, our life will become terrible.
힘없는 내가 할 수 있는 건 투표밖에 없으니까 지금 할 수 있는 걸 하자!	I have no power but my vote. I have to do what I can do now.

달라지는 게 없다 해도 지금 내가 할 수 있는 일을 하자! 그게 바로 내가 사는 방식이니까!	Even though it doesn't make any difference, I will do what I can do now. That's the way I live.

살맛나는 소식

오늘 광화문 촛불시위에 참여했다.	I attended a candlelight vigil in Gwanghwamun today. ★ candlelight vigil 촛불시위
대학생이 한강에 빠진 아이를 구했다는 기사를 봤다.	I read an article about a college student who saved a child from drowning in the Han River.
어떤 아저씨가 지하철역에서 뛰어내리려고 하는 사람을 구했단다.	I heard that a man saved someone trying to jump off of a platform in a subway station.
정민이가 다른 사람에게 자기 콩팥을 떼어줬다는 소문을 들었다.	Rumor has it that Jungmin donated his kidney to someone.
내 친구 은남이는 버려진 강아지를 데려다 키운다.	My friend Eunnam is caring for a stray dog in her house.
이렇게 용감한 사람들도 있구나.	I didn't think there were any courageous people out there. ★ '세상에(out there) 용감한 사람이 있다는 것을 미처 생각하지 못했는데.'라는 말로 바꿔 표현하면 바로 전달하고자 하는 의미의 문장이 됩니다.
이렇게 훈훈한 사람들도 있구나.	I didn't know there were warm-hearted people out there. ★ 바로 위의 문장과 같은 맥락으로 표현된 문장이죠. 여기서 I didn't know (that) ~는 that 이하를 옛날에는 미처 알지 못했다는 어감이죠.
이런 사람들 때문에 세상이 살 만한 것 같다.	I think the world is a good place to live in thanks to these people.
나라면 그렇게 못 했을 텐데.	If I were him/her, I couldn't have done that.
정말 대단한 것 같다.	What an admirable person! ★ 여기서 대단하단 말은 존경할 만하다, 감탄할 만하다, 본받을 만하다란 뜻이니까, admirable를 이용해 보세요.

(인터넷에) 이런 기사가 매일 메인으로 뜨면 좋겠다.	I hope this kind of article is posted as a main article every day. ★ 신문의 메인 기사로 바꿔서 쓰고 싶다면, is posted as a main article을 makes the front page of papers(신문의 제 1면 기사로 실리다)로 바꿔 써주면 되겠어요.
월드컵 응원을 하러 시내에 나갔다.	I went downtown to root for the Korean team in the World Cup. ★ root for ~를 응원하다
응원 열기가 장난이 아니었다.	The supporters were cheering wildly.
월드컵 경기도 재미있지만 응원하는 사람들의 모습이 더 재미있다.	The World Cup games are interesting, but the look of people cheering is more interesting.
우리나라 사람들 맘먹고 뭉치면 그 저력이 보통이 아닌 것 같다.	If Korean people are willing to get together to do something, their potential is tremendous, I think.

시사 및 경제 이야기 06 연예계
show business

모모 군이랑 모모 양은 그렇고 그런 사이래

J군과 A양이 사귄대.	Rumor has it that Mr. J and Miss A are going out. ★ Rumor has it that 주어 + 동사 소문에 의하면 ~라고 한다 ǀ go out 사귀다
J군과 A양이 헤어졌대.	They say that Mr. J and Miss A have broken up. ★ break up 헤어지다
J군과 A양이 사귀든 말든 나랑 무슨 상관이람?!	I don't give a damn if Mr. J and Miss A are going out or not. ★ I don't give a damn if 주어 + 동사 ~하든 나랑 아무 상관없다
술자리에서 J군이 L군을 때렸대.	Rumor has it that Mr. J hit Mr. L while drinking.
A양과 L양은 방송에서는 사이 좋아 보여도 사실은 앙숙이래.	They say that Miss A and Miss L seem friendly on TV, but actually they hate each other. ★ friendly 다정한 ǀ each other 서로
L양은 다음 달에 재벌 2세랑 결혼한대. 완전 현대판 신데렐라지.	They say Miss L is going to get married to a tycoon's son. She is a perfect modern-day Cinderella. ★ tycoon 재벌
L양은 성격도 좋고 무지 알뜰하대.	They say Miss L is nice and very thrifty. ★ thrifty 알뜰한
C양은 남몰래 좋은 일을 많이 한대.	Miss C secretly does a lot of good things to help others. ★ secretly 남몰래
C군은 완전 바람둥이래.	Mr. C is a real lady-killer.
K군은 완전 사이코래.	Rumor has it that Mr. K is a total psycho.
J양 완전 호감이야!	I love Miss J.
K군 완전 비호감이야!	I hate Mr. K.

예술을 하든 장사를 하든

K군이 그 영화의 주연을 맡았단다.	They say Mr. K will be the star of that movie.

그 영화 무척 기대된다.	I am really looking forward to that movie. ★ be looking forward to + 명사 ~가 기대되다
그 영화 완전 대박이래.	They say that movie is a blockbuster/big box-office hit. ★ blockbuster 완전 대박 영화(= big box-office hit)
K군은 정말 연기를 잘한다.	Mr. K's acting is really good.
A양은 진짜 연기파 배우이다.	Miss A is really an actress who relies on her acting skills rather than on her good looks.
J군은 완전 실력파 가수이다.	Mr. J is really a singer who relies on his singing skills.
그 노래, 표절이라고 들었다.	Rumor has it that the song is plagiarized. ★ plagiarized [pléidʒəráiz] 표절된
립싱크가 뭐가 나빠?	What's wrong with lip-synching?
L양은 가수라기보다는 엔터테이너라고 해야 겠지.	I think Miss L is an entertainer rather than a singer.
사람들을 즐겁게 해준다는 면에서 립싱크를 한다면야 뭐 그리 나쁠 것도 없지 않나?	If she lip-synchs to entertain people, I don't think lip-synching is that bad.
요즘엔 진짜 노래를 사랑하는 가수는 드문 것 같다.	These days singers who really love singing are rare.
요즘엔 진짜 연기 자체를 사랑하는 배우는 드문 것 같다.	These days actors who really love acting itself are rare.
예술을 하고 싶은 사람은 예술을 하면 되지.	It is good that art-oriented entertainers seek art. ★ art-oriented 예술 지향적인
장사를 하고 싶은 사람은 장사를 하면 되지.	It is also good that business-oriented entertainers seek business. ★ business-oriented 사업 지향적인

스타 파워

오늘 K군의 팬클럽에 가입했다.	I joined K Fans' Club today.

K군이 한창 찍고 있는 드라마 촬영장에 우리 팬클럽에서 오늘 밥차를 보냈다.	K Fans' Club sent a catering team today to the set where K has been filming a TV drama.
K군이 어젯밤 음주운전으로 걸렸단다. 실망스럽기 그지없다.	To my great disappointment, K got arrested for DUI (Driving Under the Influence) last night.
어떤 팬들은 자기가 좋아하는 연예인이면 아무리 잘못해도 무조건 옹호하는 경향이 있는 것 같다. 그래서 그 연예인이 더 욕을 먹기도 한다.	Some fans of a particular entertainer tend to blindly defend him/her whatever wrongdoings he/she has done. Therefore, that entertainer gets accused even more.
한편으론 그 심정이 이해가 되기도 한다.	On the other hand, I understand them.
M양이 소아암 환자들을 위해 매년 1억 원을 기부해왔다는 기사를 봤다. 이래서 내가 M양을 좋아한다니까!	I read the news that Miss M has been giving one hundred million won to childhood cancer victims every year. That's why I love her!
탤런트 OOO의 트위터를 팔로잉했다. 유기견 보호센터에 봉사활동을 다녀온 사진이 올라와 있었다. 멋져부러~	I followed TV star OOO on Twitter and saw her photos taken at a stray dog shelter where she did some voluntary work for it. What a sweet girl!
영화배우 OOO의 트위터를 필로잉했다. 지금 영국 여행 중이란다. 영국에서 막 찍은 사진이 실시간으로 올라와 있었다. 역시 팔자 좋구만!	I followed movie star OOO. She is now traveling in the UK. I saw her real-time photos taken in the UK. What a lucky girl!
대부분의 연예인들은 자신의 일상을 트위터에 올린다.	Most of entertainers post their everyday lives on Twitter.
사회 문제에 관심을 갖고 트위터에 자신의 의견을 피력하는 연예인들도 있다.	Some entertainers who are concerned with social problems post their opinions on Twitter.
유명인들은 트위터에 글을 올릴 때 좀 겁나지 않을까? 말 한 번 잘못하면 네티즌들에게 무슨 질책을 받을지도 모르는데.	Aren't celebrities afraid to post their messages on Twitter? If they make a slip of the tongue, every Netizen blames them relentlessly.
스타라는 자리가 권력인 시대이다. 하지만 관리 한 번 잘못하면 한 순간에 깨져버리는 유리 같은 권력이다.	It is an era in which stars have power. However, that power is so fragile that one false move and it might shatter.

아마도 돈과 정재계의 권력, 그리고 섹스가 난잡하게 얽혀 돌아가는 곳이 연예계가 아닐까 싶다.	I think that it is in the entertainment world where money, political and business power and sex are messily entangled.

나도 스타가 되고 싶어

나는 액션배우가 되고 싶다.	I want to become an action star.
나는 탤런트/가수/연극배우/뮤지컬배우가 되고 싶다.	I want to become a TV star/singer/stage actor/musical actor.
나는 연예인이 되고 싶다.	I want to be an entertainer.
나는 영화배우로 이름을 날리고 싶다.	I want to be a famous movie star.
나는 유명해지고 싶다.	I want to be famous.
연예계 스타들은 무척 멋있어 보인다.	Stars in the entertainment industry look so fabulous to me. ★ entertainment industry 연예계(= show business)
연예인들의 화려한 생활이 부럽다.	I envy entertainers' glamourous lifestyles.
스타가 되면 불편한 점도 있겠지만 감수할 만한 것 같다.	It may be true that stars have some problems in leading their personal lives, but I think that is tolerable.
오늘 뮤지컬 오디션을 보러 갔다.	I went to audition for a musical.
오늘 기획사에 오디션을 보러 갔다.	I went to an entertainment agency to audition. ★ entertainment agency 연예 기획사
전부 다 잘됐으면 좋겠다.	I hope everything will be all right.
뜨기만 하면 하루아침에 인생이 달라질 텐데.	My life will be changed drastically overnight if I shoot to fame somehow. ★ drastically overnight 하루아침에 확 ｜ shoot to fame 뜨다

Part 13

깊은 밤에 나래를 펴는

나의 상념

01 나의 꿈
02 상상의 나래
03 전쟁에 대하여
04 세상에 대하여

01 나의 꿈
나의 상념
my dream

나에겐 꿈이 있어요

나에겐 꿈이 하나 있다.	I have a dream.
나에겐 소원이 하나 있다.	I have a wish.
나는 하고 싶은 것도, 되고 싶은 것도 많다.	There are lots of things I want to do and be.
인간은 꿈을 꾸지 않으면 행복할 수 없다.	You can't be happy if you don't dream a dream.
나는 평생 그림도 그리고 싶고, 사진도 찍고 싶다.	I want to lead my life painting and taking pictures. ★ lead one's life + -ing 평생 ~하며 살다
나는 평생 춤도 추고 싶고, 음악도 만들고 싶다.	I want to dance and write music all of my life. ★ all of one's life 평생
나는 노년에 그림을 그리면서 살고 싶다.	I want to be drawing and painting pictures when I am old.
나는 이집트의 피라미드를 보는 게 소원이다.	My wish is to see the pyramids in Egypt. ★ My wish is to + 동사원형 나의 소원은 ~하는 것이다
나는 액션배우가 되고 싶다.	I want to become an action star.
나는 텔런트/가수/연극배우/뮤지컬배우가 되고 싶다.	I want to become a TV star/singer/stage actor/musical actor.
나는 아이돌가수가 되고 싶다.	I want to become a pop idol.
나는 K팝스타 같은 오디션 프로그램에 나가고 싶다.	I want to enter a reality TV competition such as K-pop Star.
나는 연예인이 되고 싶다.	I want to be an entertainer.
나는 세계적인 피아니스트가 되고 싶다.	I want to be a world-famous pianist.
나는 빌 게이츠처럼 억만장자가 되고 싶다.	I want to be a billionaire like Bill Gates. ★ billionaire 억만장자. '백만장자'는 millionaire.
나는 스티븐 킹 같은 소설가가 되고 싶다.	I hope I will become a novelist like Stephen King.

나는 모차르트보다는 베토벤처럼 삶의 고뇌가 담긴 음악을 만들고 싶다.	I want to show the agony of life so I would rather write music like Beethoven's than Mozart's. ★ I would rather A than B B보다는 A를 하고 싶다 ｜ agony of life 삶의 고뇌
나는 피카소보다는 고흐처럼 거칠고 순진한 그림을 그리고 싶다.	I want to paint wild and naive pictures so I'd rather paint pictures like Van Gogh's than Picasso's. ★ naive 순진한
나도 아인슈타인처럼 천재면 좋을 텐데.	I wish I were a genius like Einstein.
나도 성룡처럼 무술을 잘하면 좋을 텐데.	I wish I were a martial arts expert like Jackie Chan. ★ martial arts expert 무술인
나도 모차르트처럼 천부적인 재능이 있었다면 좋을 텐데.	I wish I had natural-born talent like Mozart. ★ natural-born talent 천부적인 재능
유명해지고 싶어 죽겠다.	I am dying to be famous.
우리나라는 좁다. 나는 세계를 무대로 활동하고 싶다.	My country is small. I want to act on the world stage.
나는 유명해지고 싶은 생각은 없다. 다만…	I don't want to be famous, but ...
무언가 푹 빠질 수 있는 일을 찾고 싶다.	I want to find something to indulge myself in.
열정적으로 할 수 있는 일을 찾고 싶다.	I want to find something to devote myself to.
살면서 무언가 푹 빠질 수 있는 대상이 있다면 얼마나 행복할까?	It is a real blessing to have something to indulge oneself in. ★ It is a real blessing to + 동사원형 ~하는 것은 정말 축복이다
무언가를 정말 사랑해서 느끼는 희열을 알고 싶다.	I want to feel the delight that comes from really loving something.
나는 내가 정말 누구인지를 알고 싶다.	I want to know who I really am. I want to know what I am made of.
모든 것은 진정한 나를 알아가는 과정일 뿐이다.	All of these things are just a journey toward knowing who I truly am.
진정으로 하고 싶은 것은 이것 외에는 없다.	There is nothing else than this I truly want to do.
나는 밥만 먹고 살면 된다. 다른 건 더 바라는 게 없다.	All I want is to make just enough money to make ends meet. That's all.
나는 평등한 사회에서 살고 싶다.	I want to live in an equal society.

나는 탐욕 없는 사회에서 살고 싶다.	I want to live in a caring and compassionate society.
나는 인간을 포함해 모든 생명을 소중히 생각하는 사회에서 살고 싶다.	I want to live in a society that respects all living creatures including human beings.
우리가 꾸는 많은 꿈들 중엔 약한 생명을 짓밟아야 이룰 수 있는 꿈들이 있다.	Some of our many dreams could only be realized if we destroyed weak creatures.
그런 꿈이라면 꾸지 않는 편이 낫다.	It's much better not to dream such dreams.
그런 꿈이라면 과감히 포기해야 한다.	We should chuck away such dreams.
하지만 성공에 목마른 우리들에게 과연 그 꿈을 포기할 수 있는 용기가 있을까?	However, do we who crave success have the courage to chuck away such dreams?
내가 살기 위해 다른 생명을 짓밟아야 하는 사회에서 살고 싶지는 않다.	I don't want to live in a society in which people destroy other creatures to survive.
하지만 우리 사회의 시스템이 그런 식으로 돌아가는 것 같다.	However, I think our society has been evolving into such a society.
나는 일등 지상주의 사회가 싫다.	I hate our winner-take-all society.

다시 태어난다면

다시 태어난다면 춤꾼이 되고 싶다.	If I were born again, I would want to be a dancer.
다시 태어난다면 전기 기타리스트가 되고 싶다.	If I were born again, I would be an electric guitarist.
다시 태어난다면 무속인이 되고 싶다.	If I were born again, I would want to be a shaman.
인생을 다시 시작한다면 재벌 집 아들로 태어나고 싶다.	If I had to do it all over again, I would want to be born the son of a business tycoon. ★ business tycoon 재벌 집안
인생을 다시 시작한다면 르네상스 시대의 유럽에서 한번 살아보고 싶다.	If I had to do it all over again, I would want to live in Renaissance Europe.

인생을 다시 시작한다면 조선시대의 기생으로 태어나고 싶다.	If I had to do it all over again, I would want to be born as a *gisaeng*, a traditional female entertainer in the Joseon Dynasty. ★ Joseon Dynasty 조선왕조

어젯밤에 꿈을 꿨어요

어젯밤에 기분 좋은 꿈을 꿨다.	I dreamed a sweet dream last night. ★ dream a dream 꿈을 꾸다(= have a dream)
어젯밤에 황홀한 꿈을 꿨다.	I had an ecstatic dream last night.
어젯밤에 이상한 꿈을 꿨다.	I dreamed a strange dream last night.
며칠 전에 예지몽을 꿨다.	I had a prophetic dream a few days ago. ★ prophetic [prəfétik] 예언의
어젯밤에 악몽을 꿨다.	I had a nightmare last night.
어젯밤 꿈자리가 뒤숭숭한 게 무슨 일이 생기려나?	I had a very disturbing dream last night. Might it come true? ★ disturbing [distə́ːrbiŋ] 정신 사나운, 뒤숭숭한
돼지꿈을 꿨다. 복권을 사볼까?	I had a lucky dream. Should I buy a lottery ticket? ★ 영어에는 '돼지꿈'이란 말이 없고, lucky dream이란 말이 있어요.
어젯밤 꿈에서 하늘을 날았다.	I flew in the air in my dream last night.
어젯밤 꿈에서 피터팬이 되어 하늘을 날았다.	I was Peter Pan and flew in the air in my dream last night.
어젯밤 꿈에 나는 스타워즈의 주인공이 되었다.	I was the hero/heroin in Star Wars in my dream last night. ★ 영화 속 주인공을 말할 때 남자는 hero, 여자는 heroin이라고 하면 돼요.
어젯밤 꿈에 나는 싸이가 콘서트 준비하는 것을 도왔다.	I helped Psy get ready for his concert in my dream last night. ★ help + 사람 + (to) 동사원형 ~가 …하는 것을 돕다
어제 꿈에서 김태희랑 얘기를 했다.	I talked to Kim Taehee in my dream last night.
어제 꿈에서 좋아하는 애한테 고백을 했다.	I confessed my love to the girl I love in my dream last night.

아침에 눈을 뜨는 순간, 기분이 너무 황홀했다.	I felt ecstatic when I woke up from my dream in the morning.
어제 꿈에서 분명히 시험 문제를 봤는데…	I surely did see some exam problems in my dream last night, but ... ★ 여기서 did는 뒤에 나오는 본동사를 강조해요.
어제 꿈에 친구가 나타나서 힘들다고 말했다.	My friend appeared in my dream last night and said he was in trouble.
그 친구한테 무슨 일이 있나?	I wonder what happened to him?
어제 나는 드라큘라 성에서 빠져나오는 꿈을 꿨다.	I escaped from Dracula's castle in my dream last night.
어제 꿈에서 귀신을 봤다.	I saw a ghost in my dream last night.
어제 꿈에서 늑대인간을 봤다.	I saw a werewolf in my dream last night.
어찌나 긴장되던지!	Just imagine how nervous I was then!
자고 일어났더니 손에 땀이 났다.	My palms were sweating when I woke up from my dream.

필수어휘 따로보기

한 번쯤 꿈꿔보는 직업들

연예인	entertainer	사진작가, 사진기자	photographer
가수	singer	신문기자	journalist
아이돌 가수	pop idol	방송기자	reporter
배우	actor/actress	아나운서	announcer, newscaster
뮤지컬 배우	musical actor/actress	변호사	lawyer, attorney
영화감독	film director	검사	prosecutor
소설가	novelist	판사	judge
작가	writer	내과 의사	physician
시나리오 작가	screenwriter	외과 의사	surgeon
작곡가	composer	정신과 의사	psychiatrist
음악가	musician	상담사	counselor
피아니스트	pianist	정치인	politician
바이올리니스트	violinist	국회의원	congressman
화가	artist	대통령	president
큐레이터	curator		

나의 상념 02 상상의 나래
in my fantasy world

기분 좋~은 상상

나는 가끔 억만장자가 되는 상상을 한다.	Sometimes I imagine myself as a billionaire.
나는 가끔 연극배우가 되는 상상을 한다.	Sometimes I imagine myself as a stage actor.
나는 가끔 만화 속 주인공이 되는 상상을 한다.	Sometimes I imagine myself as a hero/heroine in comic books.
나는 가끔 내가 천재로 살아가는 모습을 상상한다.	Sometimes I imagine living the life of a genius.
내가 무지 예쁘다고 한번 상상해보자.	Try and imagine me as a real knockout. ★ knockout 뒤로 꺼뻑 넘어갈 정도로 예쁘고 매력적인 사람
하지원이랑 친구가 되면 좋을 텐데.	I wish I were friends with Ha Jiwon.
조인성이 내 남자친구면 좋을 텐데. 상상이라도 해볼까?	I wish Jo Insung were my boyfriend. Just imagine that!
김태희가 내 여자친구라면 어떨까? 이야~ 기분 죽이는데!	What if Kim Taehee were my girlfriend? Wow, that'd be fantastic!
복권에 당첨되면 어떡하지?	What if I won the lottery? What would I do?
복권에 당첨되면 즉시 이민 갈 거다.	I would emigrate to another country immediately if I won the lottery.
아~ 상상만 해도 기분 너무 좋다.	Just imagining that makes me feel great.
나는 지금 망상에 빠져 있다.	I am becoming delusional.
나는 행복한 망상에 빠져 산다.	I live in a happy delusion.
문득 잔인한 현실 속에서 사는 것보단 행복한 망상에 사로잡혀 사는 게 더 나을지도 모르겠다는 생각이 든다.	It occurs to me that living in a happy delusion is better than living in the grim reality of the world.

누군가가 말했지, "인간은 어느 정도의 망상 없이 행복할 수 없다. 망상은 현실만큼이나 우리의 행복에 필요하다"고.	As someone said, "No man is happy without a delusion of some kind. Delusions are as necessary to our happiness as realities."

엉뚱한 상상

나는 가끔 거울 속에 다른 세상이 있다는 상상을 한다.	Sometimes I imagine there is another world in the mirror.
나는 가끔 내가 외계인이 아닐까 하는 생각을 한다.	Sometimes I think I might be an alien.
나는 가끔 내가 기억상실증에 걸리는 상상을 한다.	Sometimes I imagine I suffer from amnesia. ★ suffer from (병 따위)를 앓다 ǀ amnesia [æmníːʒə] 기억상실증
나는 가끔 무인도에 표류한 상상을 한다.	Sometimes I imagine I have drifted to an uninhabited island. ★ drift to ~에 표류하다 ǀ uninhabited island 무인도
나는 가끔 동물들과 자유롭게 대화하는 상상을 한다.	Sometimes I imagine I can communicate freely with animals.
동물과 말이 통하면 좋을 텐데.	I wish I could communicate with animals.
동물들의 말을 알아들을 수 있으면 좋겠다.	I wish I could understand what animals say.
인어공주가 실제로 있다면, 한번 만나보고 싶다.	If mermaids were real, I would want to meet them. ★ be real 실제로 존재하다
산타클로스가 실제로 있다면 얼마나 좋을까?	If only Santa Claus were real. ★ If only 주어 + 과거동사 ~라면 좋을 텐데 (그렇지가 않구나)
날개 달린 천사가 현실에 존재한다면 얼마나 좋을까?	If only angels with wings were real.
나는 가끔 내 안에 악마가 사는 게 아닐까 하는 생각을 한다.	Sometimes I wonder if a devil lives inside me. ★ I wonder if 주어 + 동사 ~가 아닐까 의구심이 든다
내게 초능력이 있다면, 좋을까, 나쁠까?	What if I had supernatural powers? Would that be good or bad?

나에게도 초능력이 있으면 좋을 텐데.	I wish I had supernatural powers.
시간이 멈췄으면 좋겠다.	I wish time would stop!
공간 이동 능력이 있으면 좋겠다.	I wish I had teleportation ability.
하늘을 날 수 있으면 좋을 텐데.	I wish I could fly in the air.
나한테만 하늘을 나는 투명 자동차가 있으면 좋겠다.	I wish nobody but me had an invisible flying car. ★ invisible 눈에 보이지 않는, 투명한
손오공처럼 나도 구름을 타고 다니고 싶다.	I want to fly on the clouds like Sun Wukong.
언제쯤이면 우주여행을 할 수 있게 될까?	I wonder (about) when people will be able to travel in space.
드라큘라는 '왜 사나?'란 생각 안 하나 몰라?	I wonder if Dracula sometimes asks himself why he is alive.
귀신이 눈에 보였으면 좋겠다.	I wish I could see ghosts.
난 귀신이 눈에 보이는 건 싫다.	I don't like to see ghosts.
나는 가끔 방에서 귀신이 날 보고 있을 거란 생각을 한다.	Sometimes I feel as if ghosts were staring at me in my room.
뱀파이어가 지배하는 세상을 상상해본다.	Sometimes I imagine the world dominated by vampires.
뱀파이어가 지배하는 세상에서 인간은 지금 우리가 하찮게 여기는 다른 생명들과 다를 바가 없는 존재가 되지 않겠는가?	In a world dominated by vampires, human beings would be as insignificant as other creatures that we despise now.
생각만 해도 끔찍하다.	Just thinking about that is terrible.
허무맹랑한 생각인가?	Are these nonsensical ideas?

이런저런 상상

오늘이 내 인생의 마지막 날이라면?	What if today were the last day of my life?
3일 뒤에 지구가 멸망한다면 어떡할까?	What if the world ended in three days? What would I do?

내가 한 달밖에 살 수 없다면 한 달 동안 뭘 해야 할까?	**If I died in a month, what would I do for that period of time?** ★ in a month 한 달 후에. 현재를 기준으로 어떤 기간 '후에'라고 할 때는 전치사 in을 쓰죠.
내가 지금 살고 있는 세계가 가짜라면?	**What if the world I live in were fake?** ★ fake[feik] 거짓의, 날조된
내가 지금 옳다고 믿고 있는 것들이 모두 거짓이라면?	**What if all the things that I believe in were not true?**
조만간 전쟁이 일어나면 어떡하지? 지금 아무리 돈 모아봤자 소용없잖아.	**What if war breaks out sooner or later? What good would it be to save money now?** ★ sooner or later 조만간 ㅣ What good would it be to + 동사원형 ~ ? ~하는 게 무슨 소용이 있겠는가?
전쟁이 일어나면, 뭘 챙겨서 어디로 피난을 가야 할까?	**If war breaks out, what would I have to pack and where could I take refuge?** ★ take refuge 피난가다
도둑이 들면 어떡하지?	**What if a burglar breaks in?** ★ break in ~에 침입하다
도둑이 들면, 당황하지 말고 얘기로 상황을 잘 모면해야 할 텐데.	**If a burglar breaks in, I hope I won't panic and I can talk him into leaving the house without any harm done.** ★ panic[pǽnik] 당황하다 ㅣ talk A into + -ing A에게 ~하도록 설득하다
내가 대통령이라면 학교를 전부 없앨 텐데.	**If I were president of this country, I would abolish all schools.** ★ abolish[əbɑ́liʃ] 폐지하다, 없애다
세상에 시험이 없다면 어떻게 될까?	**What if there were no exams in the world?**

03 전쟁에 대하여
나의 상념 / about a war

전쟁을 왜 할까?

전쟁은 왜 일어나는 걸까?	Why do wars break out? ★ break out (전쟁 등이) 일어나다, 발발하다
도대체 전쟁을 왜 하는지 모르겠다.	I have no idea why the hell they make war. ★ I have no idea why 주어 + 동사 왜 ~하는지 모르겠다
대체 왜 군대는 만들어서 전쟁을 하는 거냐고?	Why the hell do we create militaries and wage war?
힘 있는 것들은 왜 그렇게 전쟁을 못 해서 안달일까?	Why on earth are powerful people so anxious to go to war? ★ be anxious to + 동사원형 ~하고 싶어 안달이다 ｜ go to war 전쟁을 일으키다
권력자들은 항상 전쟁할 거리만 찾는 것 같다.	The powerful always seem to seek excuses to go to war. ★ excuse 변명 거리, 핑계
아무리 그럴싸한 이유를 갖다 붙이지만, 전쟁은 전쟁일 뿐.	They make excuses that sound like rational reasons but, war is war. ★ sound like ~처럼 들리다 ｜ rational reason 합리적인 이유
전쟁은 결국 강자들의 이권을 지키기 위해서 하는 거 아냐?!	Isn't war, after all, waged by powerful people to protect their vested interests? ★ war is waged by ~에 의해 전쟁이 일어나다 ｜ vested interest 기득권
평화를 위해서 전쟁을 한다는 게 말이 되는 걸까?	Is there any sense in saying that they make war to keep peace? ★ Is there any sense in saying that 주어 + 동사 ~ ? ~한다는 게 말이 되는 건가?
진정 누구를 위한 전쟁인가?	Really, for whom do we go to war?
전쟁이 일어나면 죽어나가는 건 힘없는 사람들과 아이들이다.	When a war breaks out, it is the powerless and children who perish. ★ the powerless 힘없는 사람들 ｜ perish 죽어서 멸하다
하기야 전쟁영화 좋아하는 내가 이렇게 따지는 건 좀 그렇지만…	However, I don't think I am the right one to criticize war because I am a lover of war movies.

왕년에 전쟁놀이를 좋아하긴 했지만, 진짜 전쟁은 너무너무 싫다.	I used to like to play war, but I really hate real wars. ★ play war 전쟁놀이를 하다
참 모순된 현실이다.	What an ironic world we live in!
지금 이 순간에도 지구촌 어느 한 귀퉁이에선 전쟁이 일어나고 있겠지.	Right at this moment a war is taking place somewhere in the world. ★ take place (일이) 벌어지다
전쟁이 없는 세상에서 살고 싶다.	I want to live in a world without wars.
TV뉴스에 보도되는 전쟁의 참상을 보면 가슴이 아프다.	I feel heartbroken when I see the atrocities of war shown on TV. ★ atrocity [ətrásəti] 참상
군인들도 참 안됐다.	I feel really sorry for soldiers in war, too.
그 공포는 상상조차 할 수가 없다.	Their fears are beyond my imagination. ★ beyond my imagination 상상조차 할 수 없는
전쟁이 일어나지 않는 곳, 시대에 태어난 걸 감사해야 하는 걸까?	Do I have to be thankful that I was born and have lived when and where there is no war?
참 슬픈 현실이다.	This is a very sad reality.

전쟁이 일어나면?

조만간 전쟁이 일어나면 어떡하지?	What if war breaks out sooner or later?
전쟁이 일어나면, 뭘 챙겨서 어디로 피난을 가야 할까?	If war breaks out, what would I have to pack and where could I take refuge?
혹시 한반도에서 전쟁이 일어난다면 어떤 일이 일어날까?	What will happen if a war should break out on the Korean Peninsula?
핵 한 방 떨어지면 도망갈 틈은 있는 건가?	If one single nuke goes off, is there time to hide? ★ nuke [nju:k] 핵폭탄
핵 한 방이면 진짜 지구 전체가 없어지게 될까?	If one single nuke goes off, does the whole earth really disappear?
지구 종말의 날이 오긴 하는 걸까?	Will the day of the end of the world really come?

전쟁은 NO!

사람들이 서로 싸우지 않으면 좋을 텐데.	I wish people wouldn't fight with each other.
전쟁 같은 것은 안 일으키면 좋을 텐데.	I wish nations didn't go to war.
어떤 이유로든 전쟁은 하면 안 된다.	We must never wage war for any reason.
평화를 위한 전쟁이란 절대 있을 수 없다.	War is not a justification for peace. ★ A is not a justification for B. A가 B를 위한 정당한 수단은 아니다.
전 세계의 군대를 다 없애야 한다고 생각한다.	I think every military on earth should be abolished.
전쟁도 할 만하면 해야 된다.	If there is any good reason to make war, we must go to war.
어차피 자연계는 약육강식의 세계이다.	After all, the law of the jungle prevails in the world. ★ 우리가 말하는 '약육강식의 법칙', '약육강식의 세계'를 뜻하는 영어식 표현은 the law of the jungle(정글의 법칙)이에요. prevail은 '널리 퍼져 있다, 만연하다'란 의미.
힘이 없는 것들은 도태되기 마련이다.	The law of survival of the fittest prevails in the world. ★ the law of survival of the fittest 적자생존의 법칙
이 세계는 힘의 원리가 지배한다. 어쩔 수 없는 사실이다.	The world is dominated by the logic of power. That is the inescapable truth. ★ be dominated by ~에 의해 지배되다 ｜ the logic of power 힘의 원리 ｜ inescapable 어쩔 수 없는, 피할 수 없는

04 나의 상념

세상에 대하여
about our world

남과 여에 대하여

남자/여자란 참 이상한 동물이다.	Men/Women are really strange animals.
아무리 생각해도 남자/여자가 도무지 이해가 안 된다.	I can't understand men/women at all.
나는 남자/여자가 너무 좋다.	I love men/women dearly.
세상의 반은 남자고 세상의 반은 여자이다.	Half of the people in the world are men and the other half are women.
이 세상에 남자/여자가 없었더라면 무슨 재미로 살았을까 싶다.	Without men/women in the world, what fun would I have had in my life? ★ have fun 재미가 있다
남자가 여자 밝히고, 여자가 남자 밝히는 건 당연한 거 아닌가?	Isn't it quite natural for men to chase after women, and vice versa? ★ 남자가 여자를 밝히고, '역으로 여자가 남자를 밝히는 것'을 and vice versa(그 반대로, 역으로)로 표현하면 너무나 너무나 간단히 해결된답니다.
이 세상은 왜 남자와 여자로 이루어져 있는 걸까? 참 신기하다.	Why is the world made of men and women? It is nothing short of a wonder. ★ be nothing short of ~에서 조금도 모자르지 않는다
난 남자지만 남자가 좋다.	I am a man, but I love men.
남자가 꼭 여자만 좋아해야 한단 법은 누가 만들었냐고?!	Is there any rule that dictates men love only women? ★ Is there any rule that dictates 주어 + 동사 ~ ? 꼭 ~해야 한다는 법이 어디 있냐?
남자가 남자 좋아하는 게 뭐가 나쁜데?	What's wrong with a man loving another man?
누구 맘대로 그런 걸 정하는 거지?!	Nobody except me can pass judgement on that. ★ pass judgement on ~에 대해 판단하다, 판단을 내리다

사람들에 대하여

사람들은 모두 행복해지고 싶어 한다.	Every person in the world wants to be happy.
나도 행복해지고 싶어 안달한 사람 중의 하나이다.	I am also one of the people who are anxious to be happy.
하지만 정말 행복해지는 방법을 아는 사람은 별로 없는 것 같다.	However, I suspect that there are very few people who know how to be really happy.
사람들은 손해 보는 걸 참 두려워한다.	Some people are really afraid that they will suffer a loss.
손해를 보면서도 손해 본 줄 모르는 사람이 정말 행복한 사람인 것 같다.	Those who don't know they are suffering a loss when they are suffering one are really happy.
사람들은 자기도 모르는 사이에 자신을 남과 비교하는 것 같다.	People tend to compare themselves to others in spite of themselves. ★ compare A to B A를 B와 비교하다 ǀ in spite of oneself 자기도 모르는 사이에
사람들은 너나 할 것 없이 모두 똑같은 존재이다.	Each and every person, without exception, is the same being. ★ each and every person 사람들은 너나 할 것 없이 ǀ without exception 예외 없이
역사나 언론의 기록에 남겨져야만 진짜 영웅은 아니다.	True heroes are not the only people written about in history and the media.
사람들은 안정을 추구하는 것 같으면서도 변화를 열망하는 것 같다.	It seems that people are eager for change while they appear to seek stability. ★ be eager for ~을 열망하다
사람들이 항상 변화를 열망하는 것은 아니라는 것을 깨달았다.	I realized people aren't always eager for change.
약자에게 강하고 강자에게 약한 인간, 정말 혐오한다.	Those who are strong with the weak and weak with the strong, this kind of person always disgusts me. I absolutely hate those that are strong with the weak and weak with the strong. ★ the weak 약자 ǀ the strong 강자
사람들은 대부분 시대에 참 잘 순응해서 사는 것 같다.	It seems that most people have no problem in adapting to the times. ★ adapt to ~에 적응하다, 순응하다

| 난 왜 이리 세상살이에 적응이 안 될까? | How come it is so hard for me to adapt to worldly life? |
| 인간은 무슨 일이든 할 수 있다! 이것이 때로는 희망이 되기도, 때로는 절망이 되기도 한다! | It is both hope and despair for me that man can do anything he wants! |

삶과 죽음에 대하여

왜 사나?	Why am I living?
어떻게 살아야 하나?	How should I live my life?
어떻게 살면 잘 살았다고 할 수 있을까?	How should I live my life to fulfill myself? ★ '자신의 삶을 스스로 만족할 만하게 충족시키며 잘 산다'고 할 때는 fulfill oneself를 이용해 보세요.
어떻게 하면 행복하게 살 수 있을까?	How should I lead my life so that I am happy?
죽는다는 건 뭘까?	What does it mean to die?
사람이 죽으면 어떻게 될까?	What will become of us after we die? ★ What will become of A after ~?는 '~후에는 A가 어떻게 될까?'란 뜻으로, 자주 쓰이는 표현이니 꼭 알아두세요. '~라면 어떻게 될까?'는 after 자리에 if만 쓰면 되죠.
나이가 들어갈수록 죽음을 생각하면 기분이 묘해진다.	I feel odd thinking about death as I get older.
내가 하루아침에 세상에서 없어진다는 게 가능한 일인가?	Is it possible for me to disappear from this world overnight?
죽음에 대해서는 아직도 잘 이해가 안 된다.	I still don't understand death well.
새삼 죽음에 대해 다시 생각해보게 되었다.	I have gotten to think about death rather unexpectedly. ★ rather unexpectedly 상당히 뜻밖에
죽고 싶다는 생각은 정말로 나쁜 생각일까?	Is it really bad to have thoughts of suicide?
당연한 생각 아닌가?	Isn't it quite a natural thought?
너무 잘 살고 싶은 욕구 때문에 죽음을 동경하게 된다.	I have a longing for death because I am really eager to live well. ★ have a longing for ~를 갈구하다, 동경하다(= be eager to + 동사원형)

생명에 대하여

생명이란 무엇인가?	What is life?
어떤 사람들은 우리와 다른 생명은 무조건 하찮게 보고 업신여긴다.	Some people don't care about life forms different from us and despise them.
어떤 사람들은 생명의 가치는 모두 똑같다고 한다.	Some people think that the value of every life is the same.
어떤 사람들은 다른 생명에 대해선 별 관심 없다.	Some people are not interested in life forms different from us.
인간의 이기심으로 동물들의 삶의 터전이 거의 사라진 것 같다.	Wildlife habitats have almost disappeared due to man's selfishness.
다른 생명과 공존하며 살 순 없는 걸까?	Can't man live peacefully with other creatures?
옆집 아줌마가 고양이에게 밥 주지 말라고 한바탕 난리를 쳤다.	An middle-aged woman next door made a fuss and told me not to feed street cats.
열악한 환경에서도 어떻게든 살아가는 거리의 생명들을 보면 참 기특하게 느껴진다.	It is really wonderful to see animals in the street struggling to live in harsh conditions.
세상에서 가장 보잘것없고 나약한 생명들이 어떻게든 하루하루 살아가는 모습을 보면 마음이 아련하면서도 너무 아름다워 눈물이 난다.	To see the most vulnerable and weakest lives in the world struggling to live every day always brings tears to my eyes. They are the saddest but most beautiful creatures.
인간은 다른 생명의 피를 빨아 살아가는 존재일 뿐이다.	Man is nothing but the living thing that sucks blood from other creatures.
인간이 뱀파이어와 다른 게 뭐란 말인가?!	What's the difference between man and vampires?
인간은 만물의 영장도 뭐도 아니다!	Man is never the lord of all creatures!
살기 위해 다른 생명의 피를 빠는 건 어쩔 수 없는 우리의 숙명인가 보다.	It seems to be our inevitable fate to suck blood from other forms of life to survive.
그렇다고 해도 우리가 그래도 된다고 당연하게 생각해선 안 될 것이다.	However, we must not think that we have the right to suck blood from other forms of life.

뭇 생명을 경시해서는 안 될 것이다.	We must not despise other forms of life.
우리를 살게 해주는 뭇 생명들 앞에서 감사와 겸손의 태도를 보여야 할 것이다. 나는 그렇게 생각한다.	We must respect other forms of life that support us and behave humbly before them. I think that's true.
새삼 '먹는다'는 행위가 얼마나 씁쓸한지 모르겠다.	I feel very bitter about the act of 'eating.'

세상과 인생에 대하여

세상은 참 불공평한 것 같다.	I think the world is very unfair.
세상일이란 게 다 그렇지 뭐!	That's the way it goes!
이 얼마나 모순된 세상인가!	What an ironic world we live in!
세상 참 엿 같다!	The world sucks!
인생 참 엿 같다!	Life sucks!
세상에 아름다운 것만 있는 건 아니다.	In the real world there aren't always beautiful things.
세상엔 추잡한 일도 참 많다.	There are also a lot of nasty and disgusting things in the world.
세상은 참으로 추하고도 아름답다!	What a nasty but beautiful world!
세상이 참 각박해졌다.	The world has become really harsh. ★ harsh (인심이) 각박한
세상에 착한 사람만 있는 건 아니라지만…	They say there are not only nice people, but...
부와 명예와 지위, 그리고 권력이 곧 정의가 된 세상이다.	This is a world where fame, fortune, status and power have become the same as justice.
사실 세상은 원래부터 그랬다.	In fact, the way of the world has always been like that.
어차피 자연계는 약육강식의 세계이다.	After all, the law of the jungle prevails in the world.

이 세계는 힘의 원리가 지배한다.	The world is dominated by the logic of power.
어쩔 수 없는 현실이다.	That is the inescapable reality.
세상에는 모르고 사는 편이 나은 경우도 있는 것 같다.	There seems to be things in the world I would rather not know about.
우리는 거짓의 세계에서 살고 있는 것 같다.	I think we're living in a world of lies.
거짓 세상에서 사는 게 꼭 나쁜 것만은 아닌 것 같다.	I think it isn't always bad to live in a fake world.
우리가 사는 세상은 뭔가 좀 이상한 것 같다.	There seems to be something wrong with our world.
문득 산다는 게 참 신기하다는 생각이 들었다.	It suddenly occurred to me that life is really mysterious.
세상은 오늘따라 더 아름다워 보였다.	The world looked more beautiful than usual today.
《키노노타비》라는 소설에 이런 말이 나온다. "세상은 아름답지 않다. 그렇기 때문에 아름답다."	There is a passage in the novel Kinonotabi (The Beautiful World): "The world is not beautiful. Therefore, it is."

★ Kinonotabi 키노노타비. 애니메이션으로도 유명한 일본의 소설로, 우리말로 그대로 옮기면 '키노의 여행'이다. 영어 제목은 The Beautiful World.

성공과 실패에 대하여

세상은 성공하지 못해 안달한 사람들로 들끓는다.	There are a lot of people anxious to succeed in the world.
사람들은 소위 '성공'한 사람들을 동경한다.	People admire those who are successful.
사람들이 그토록 원하는 '성공'이란 과연 무엇인가?	I wonder what it is to be a successful person who is admired by a lot of people.
남들보다 더 높은 지위와 권력을 갖고, 남들보다 돈을 더 많이 버는 것, 그게 진정한 성공일까?	Is the person who has the highest sociopolitical status and makes the most money really the most successful man or woman?

우리 사회가 말하는 성공이란 합법적으로 약자의 노동을 착취할 수 있는 자리에 있다는 것이 아닐까?	Isn't it the person who has the power to legally exploit weak people's labor called successful in our society?
성공이란 내가 손해 보지 않고 남을 손해 보게 만들 수 있는 자리에 있다는 것이 아닐까?	Aren't successful people those who have the power to make other people suffer a loss whereas they don't lose anything?
가정에서도 학교에서도 심지어는 종교단체에서도 '일등'과 '성공'이 '정의'인양 우리 삶의 진정한 '가치'인양 사람들을 부끄기고 있다.	Families, schools and even religious establishments encourage people to believe that being at the top of anything and being a successful person are justice and bring meaning to our life.
나는 '성공' 병에 걸린 이 사회가 무섭다.	This society which is addicted to success scares me.
세상에 성공이 어디 있고, 실패가 어디 있단 말인가?	There's no such thing as success or failure.
모든 사람들의 인생은 그 자체로 가치 있고 소중한 것인데…	Every person has his/her own value and must be respected by others.
가난을 부끄러워하지 않으며 자기 자리에서 열심히 하루를 살아가는 사람들이 정말 멋진 사람들이라고 생각한다.	I think those who aren't ashamed of their poverty and live their own lives now and here are really nice people.
하루 세 끼 밥을 먹을 수 있고 편히 잠잘 공간만 있으면 더 이상 필요한 게 뭐란 말인가?	I am not starving and sleep in a comfortable bed. What more do I need?

| 다람쥐 쳇바퀴 도는 |

나의 일상

01 잠에서 깨어나니
02 화장실에서
03 아침밥을 대하며
04 집을 나서며
05 퇴근길에
06 하교길에
07 집으로 돌아오니
08 잠자기 전 나만의 시간

01 잠에서 깨어나니
나의 일상 | waking up

늦잠을 잤다

아침에 늦잠을 잤다.	I overslept this morning. I got up late in the morning.
아침에 늦잠을 자는 바람에 학교/회사에 지각했다.	I was late for school/work this morning because I overslept.
늦잠 자는 바람에 여자친구와의 약속시간에 늦었다.	I was late for a date with my girlfriend because I overslept.
늦잠을 자는 바람에 아침에 큰일을 못 봤다.	I didn't take a number two this morning because I overslept. ★ take a number two 큰일을 보다
늦잠을 자는 바람에 씻지도 않고 학교에 갔다.	I went to school without washing my face because I got up late this morning.
늦잠을 자는 바람에 출근해서 씻었다.	I washed my face after I arrived at work because I got up late this morning.
새벽까지 일본 드라마 보느라 늦게 잤더니 아침에 늦게 일어났다.	I got up late this morning because I stayed up late watching Japanese dramas until early in the morning. ★ stay up late + -ing ~하느라 늦게까지 안 자고 깨어 있다
새벽까지 보고서 쓰느라 늦게 잤더니 아침에 늦게 일어났다.	I overslept this morning because I stayed up late writing a report until early in the morning.
새벽까지 술 퍼마시느라 늦게 잤더니 아침에 늦게 일어났다.	I got up late this morning because I drank until early in the morning.
오전에 강의가 없어서 늦게 일어났다.	I slept in because I had no class in the morning. ★ 일찍 일어나야 하는데 나도 모르게 늦게까지 잔 것은 oversleep이라 하지만, 내가 늦게까지 자려고 해서 잔 것은 sleep in이라고 해야 하죠.

일요일/공휴일/쉬는 날이라 늦게까지 푹 잤다.	I slept in until late this morning because it was Sunday/a national holiday/my day off.
모처럼 늦게까지 푹 잤더니 온몸이 개운하다.	My whole body felt refreshed after I got some long-awaited sound sleep. ★ get some sound sleep 푹 잘 자다
나는 잠꾸러기다. 시계를 몇 개씩 맞춰놔도 못 일어나겠다.	I am a late riser. I just can't wake up early even though I set several alarm clocks. ★ late riser 잠꾸러기

일찍 일어났다

아침에 일찍 일어났다.	I got up early in the morning.
모처럼 아침에 일찍 일어났다.	I got up early this morning for the first time in many days.
난 보통 아침에 일찍 일어난다.	I usually get up early in the morning.
내일부터 아침에 일찍 일어나서 운동을 하기로 마음먹었다.	I have decided to get up early and work out from tomorrow.
우리 집 강아지가 짖는 소리에 일찍 잠이 깼다.	I woke up early in the morning because my dog barked.
새벽부터 동네에서 싸우는 소리 땜에 일찍 잠이 깼다.	I woke up early this morning because of a neighborhood brawl. ★ 거리나 술집에서 사람들이 '막 싸우는 것'을 두고 brawl이라고 하죠. 따라서 neighborhood brawl은 '동네 사람들이 막 싸우는 것'을 의미해요.
아침에 너무 일찍 일어났더니 하루 종일 피곤했다.	I felt tired all day long because I got up too early in the morning.
아침에 일찍 일어나서 운동을 했더니 하루 종일 피곤했다.	I felt tired all day long because I got up early in the morning and worked out.
아침에 일찍 일어나서 운동을 했더니 하루 종일 기분이 좋았다.	I felt good all day long because I got up early in the morning and worked out.

새벽같이 일어나서 도서관에 갔다.	I got up very early in the morning and went to the library.
일요일인 줄도 모르고 아침에 일찍 일어나 학교 갈 준비를 했다.	I got up early in the morning and prepared for school without realizing today's Sunday.
아버지는 일요일인 줄도 모르고 아침에 일찍 일어나 출근 준비를 했다.	My father got up early this morning and prepared for work without realizing today's Sunday.
평일인 줄 알고 아침에 허겁지겁 일어나 학교 갈 준비를 했다.	I got up quickly this morning and prepared for school falsely believing today is a weekday.
평일인 줄 알고 아침에 허겁지겁 일어나 출근 준비를 했다.	I got up quickly this morning and prepared for work falsely believing today is a weekday.

나도 모르게 눈을 떴다

새가 지저귀는 소리에 나도 모르게 스르르 눈을 떴다.	I woke up in response to the chirping of birds. ★ in response to ~에 반응해서
음악 소리에 나도 모르게 스르르 눈을 떴다.	I woke up in response to the music playing somewhere.
너무 긴장을 한 탓에 빨리 눈을 떴다.	I woke up quickly because I was so nervous.

일어나는 건 진짜 피곤해

아침에 잠자리에서 일어나는 건 진짜 피곤하다.	I usually feel very tired when I get up in the morning.
겨울 아침에는 일어나는 게 진짜 곤혹스럽다.	I find it very hard to get up on a winter's morning.
항상 일어나는 시간에 안 일어나면 하루 종일 몸이 아프다.	I feel sick all day long when I don't get up at my usual time.
항상 일어나는 시간에 안 일어나면 하루 종일 기분이 찝찝하다.	I don't feel refreshed all day long when I don't get up at my usual time.

아침에 눈을 떴을 때…

아침에 눈을 떴을 때 기분이 너무 좋았다.	I felt really great when I woke up this morning.
아침에 눈을 떴을 때 왠지 모르게 마음이 설랬다.	I don't know why, but I felt somewhat excited when I woke up this morning.
아침에 눈을 떴을 때 온몸이 두들겨 맞은 것처럼 아팠다.	I felt pain all over my body, as if I had been beaten severely, when I woke up this morning.
아침에 눈을 떴을 때 머리가 심하게 아팠다.	I had a terrible headache when I woke up this morning.
아침에 눈을 떴을 때 기분이 영 안 좋았다.	I felt simply awful when I woke up this morning.
아침에 눈을 떴을 때 오늘은 꼭 헬스클럽에 안 빠지고 가야겠다고 생각했는데…	I woke up this morning and decided to go to the health club no matter what, but…
아침에 눈을 떴을 때 오늘은 꼭 일을 다 끝내겠다고 생각했는데…	I woke up this morning and decided to finish the work no matter what, but…

아침에 하는 일들을 나타낼 때 유용하게 쓰이는 어휘들

일어나다	wake up / get up	이빨을 닦다	brush one's teeth
일찍/늦게 일어나다	get up early/late	머리를 감다	wash one's hair / shampoo one's hair
늦잠자다	oversleep ▶ 나도 모르게 늦잠잔 경우.	샤워하다	shower / take a shower
늦잠자다	sleep in ▶ 늦게까지 자야겠다고 생각해서 잔 경우.	면도하다	shave
		화장하다	put on one's make-up
화장실에 가다	go to the bathroom	아침밥을 먹다	have/eat breakfast
큰일/작은일을 보다	take a number two/one	아침밥을 거르다	skip/miss breakfast
세수하다	wash one's hands and face		

02 화장실에서
나의 일상
in the bathroom

큰일을 봤다

아침에 눈 뜨면 난 화장실부터 간다.	I go to the bathroom as soon as I wake up in the morning.
난 아침에 제일 먼저 화장실부터 간다.	I go to the bathroom first thing in the morning. ★ first thing in the morning 아침에 제일 먼저
아침에 눈 뜨면 난 큰일부터 본다.	I usually take a number two as soon as I wake up in the morning.
난 아침에 제일 먼저 큰일부터 본다.	I take a number two first thing in the morning.
모처럼 아침에 큰일을 봤다.	I emptied my bowels this morning for the first time in many days. ★ empty one's bowels는 직역하면 '창자를 비워낸다'는 뜻이에요. 즉, '배변을 한다'는 표현인 거죠.
아침에 설사를 했다.	I suffered from diarrhea this morning. ★ suffer from diarrhea[dàiərí(ː)ə] 설사를 하다
오늘 아침에 실사를 했는데, 지금까진 아무 이상 없다.	I have had no problem today even though I had a loose bowel movement this morning. ★ have a loose bowel movement 설사를 하다
아침에 큰일을 보는 데 애를 먹었다.	I had some trouble emptying my bowels this morning.
요즘 변비 때문에 아침에 볼일을 시원히 못 본다.	It is very hard for me to take a number two because of my constipation. ★ constipation[kɑ̀nstəpéiʃən] 변비
아침에 큰일을 보는데 피가 섞여 나왔다. 치질이면 어쩌지?	I had a bloody bowel movement this morning. What if I have got hemorrhoids? ★ hemorrhoids[hémərɔ̀idz] 치질

아침에 화장실에서 배를 쥐어짜며 20분이나 끙끙대다 겨우 큰일을 봤다.	I took a number two with extreme difficulty after agonizing cramps for twenty minutes. ★ agonizing cramps 배를 쥐어짜는 고통
다리에 쥐가 나서 죽는 줄 알았다.	My charley horse nearly killed me. ★ charley horse 다리에 나는 쥐
아침에 화장실에서 20분 만에 겨우 큰일을 봤다. 덕분에 학교/회사에 지각했다.	It took as long as twenty minutes for me to empty my bowels in the bathroom this morning. Thanks to that, I was late for school/work.
아침에 화장실에서 변을 보려고 무지하게 끙끙댔지만 결국 못 봤다.	I was in agony in the bathroom this morning trying to empty my bowels in vain. ★ be in agony는 '무지하게 용을 쓰며 끙끙대고 힘들어하다'는 의미이고, in vain은 '허사로 돌아갔다'는 의미.
이놈의 변비 때문에 진짜 미치겠다.	My constipation is killing me.

씻었다

아침에 이를 닦는데 피가 나왔다.	My teeth bled while I was brushing them this morning.
아침에 이를 닦는데 구역질이 났다.	I felt sick while brushing my teeth this morning.
이빨 닦는 건 진짜 귀찮다.	I really hate brushing my teeth.
난 이틀에 한 번씩 머리를 감는다.	I wash my hair every other day.
우리 언니는 매일 머리를 감는다.	My big sister washes her hair every day.
어릴 때는 1주일에 한 번씩 머리를 감아도 괜찮았는데.	It wasn't a problem even though I only washed my hair once a week when I was young.
머리 안 감은 날은 이상하게도 되는 일이 없다.	Everything mysteriously goes wrong whenever I don't wash my hair.
면도를 하다가 턱을 살짝 베었다.	I cut my chin slightly when shaving.

하루만 면도를 안 해도 수염이 덥수룩해진다.	I need to shave every day or my face has too much stubble. I need to shave every day or I have a lot of unsightly stubble on my face.
퇴근할 때가 되면 얼굴에 수염이 거뭇거뭇해진다.	By the end of work, I have a five-o'clock shadow on my face. ★ five-o'clock shadow란 아침에 면도를 해도 늦은 오후가 되면 즉 퇴근할 때쯤인 오후 5시가 되면 수염이 자라서 거뭇해진다는 뜻.
면도하기 귀찮은데 그냥 수염을 기를까 보다.	I hate shaving every day. I would rather grow a beard.
난 아침마다 샤워를 한다.	I shower every morning.
샤워기가 고장 나서 아침에 샤워를 못했더니 하루 종일 찝찝했다.	I didn't shower this morning because the shower wasn't working. I felt dirty all day long.

나의 일상 03 아침밥을 대하며
breakfast

아침밥을 걸렀다

나는 보통 아침밥을 먹지 않는다.	I usually don't eat breakfast.
요즘 난 살을 빼려고 아침밥을 먹지 않는다.	These days I skip breakfast because I am trying to lose weight.
아침을 몇 숟가락밖에 먹지 못했다.	I just grabbed a quick bite this morning. ★ grab a bite (끼에 기별도 안 갈 정도로) 조금 먹다
감기 때문인지 아침밥이 잘 먹히질 않았다.	I didn't have much of an appetite this morning maybe because I have a cold. ★ have an appetite는 '식욕이 있다'는 의미. 따라서 don't have much of an appetite는 '입맛이 당기지 않는다'는 얘기.
와이프가 아파서 오늘 아침은 걸렀다.	I skipped breakfast because my wife was sick.
아침밥을 못 먹고 출근했더니 하루 종일 기운이 없었다.	I had no energy and no interest in doing anything all day long because I had to go to work without breakfast.
오늘 회사에서 건강검진을 한다고 해서 아침밥을 거르고 출근했다.	I went to work skipping breakfast due to the physical I had to get at work. ★ physical 건강검진

아침밥을 잘 챙긴다

나는 아침밥을 꼬박꼬박 챙겨 먹는다.	I never miss breakfast.
결혼하고 나서부터 아침밥을 먹고 다닌다.	I started eating breakfast after I got married.
우리 집은 아침을 밥이랑 찌개로 제대로 챙겨 먹는다.	My family usually has a breakfast that includes rice and *jjigae*.
나는 회사/학교 구내식당에서 아침을 먹는다.	I usually eat breakfast at my company's/school's cafeteria.

나는 주로 회사/자취방 근처 분식점에서 아침을 먹는다.	I usually eat breakfast at a small restaurant near my company/apartment.
나는 하숙집에서 아침밥을 먹는다.	I usually have breakfast at my boarding house.
나는 기숙사 식당에서 아침밥을 먹는다.	I usually have breakfast at the dorm's dining room.
나는 아침에 김밥을 사가지고 회사에 간다.	I usually go to work with *gimbap* (that) I pick up on the way.
나는 편의점 삼각김밥으로 아침을 해결한다.	I usually have a triangle *gimbap* (that) I pick up at a convenience store for breakfast.
나는 아침에 지하철 역 앞에서 토스트를 주로 사먹는다.	I usually eat some toast at a stall in front of the subway station in the morning. ★ stall은 노점의 '좌판'을 말해요.
와이프가 아파서 오늘 아침은 내가 직접 챙겨 먹었다.	I fixed breakfast myself this morning because my wife was sick. ★ fix에는 음식을 '준비하다, 만들어 먹다'란 뜻도 있답니다.
오늘 아침에 엄마가 내가 좋아하는 계란말이를 해주셨다.	My mother cooked my favorite fried egg rolls for breakfast.
여자친구가 아침밥을 손수 싸가지고 갖다 주었다.	My girlfriend brought me breakfast (that) she had made herself.
오늘 아침은 학교에서 여자친구가 싸온 김밥을 먹었다.	I had *gimbap* (that) my girlfriend had made for breakfast this morning.
감기로 몸져누워 있는데 남자친구가 아침 일찍부터 죽을 싸가지고 왔다.	My boyfriend brought me some rice porridge early this morning as I was in bed with a cold. ★ porridge[pɔ́:ridʒ] 죽
아침부터 삼겹살을 먹었더니 하루 종일 속이 더부룩했다.	I felt bloated all day long after eating *samgyeopsal*, Korean-style bacon, for breakfast. ★ samgyeopsal이라고만 써도 되지만, 좀더 친절하게 삼겹살이 어떤 음식이라는 것을 Korean-style bacon과 같이 짤막하게 덧붙여 써주는 것도 좋겠지요.
아침을 너무 배불리 먹었더니 점심때까지 배가 안 고팠다.	I wasn't hungry until lunch time because I had eaten a very big breakfast.

아침밥을 잘 먹어야 살이 빠진다고 하던데.	They say you should eat breakfast if you want to lose weight.

아침밥을 먹으며…

난 아침밥을 먹으며 TV 뉴스를 본다.	I usually eat breakfast while watching the news on TV.
우리 엄마는 보통 아침밥을 먹으며 TV 드라마를 본다.	My mother usually eats breakfast while watching TV dramas.
우리 아버지는 보통 아침밥을 먹으며 신문을 본다.	My father usually has breakfast while reading the newspaper.
내 동생은 아침밥을 먹으면서도 스마트폰으로 계속 카톡을 한다.	My brother keeps chatting with KakaoTalk on his smartphone while eating breakfast.
우리 가족은 아침밥을 먹으며 이런저런 얘기를 나눈다.	My family usually talk to each other while eating breakfast.
우리 가족은 아침밥을 먹을 때 아무 말도 안 하는 편이다.	My family don't usually talk to each other while eating breakfast.

필수어휘 따로보기

병과 관련된 유용한 어휘들

감기	cold		요통	backache
유행성 독감	flu / influenza		치통	toothache
기침	cough		생리통	menstrual cramps
재채기	sneeze		식중독	food poisoning
열	fever		당뇨병	diabetes
오한	chill		심장마비	heart attack
콧물	runny nose		설사	diarrhea
코막힘	stuffy nose		변비	constipation
코피	bloody nose		치질	hemorrhoids
현기증	dizziness		불면증	insomnia
빈혈	anemia		몽유병	sleepwalking
두통	headache		건강검진	physical / checkup
복통	stomachache		속이 메스껍다	be sick

04 나의 일상 - 집을 나서며
leaving my place

출근길은 너무 피곤해

출근길 지하철은 언제나 콩나물시루 같다.	The subway on the way to work is always a sardine can. ★ 우리는 사람들이 빽빽하게 들어찬 모양을 '콩나물시루'에 비유하지만, 영어에서는 sardine can, 즉 '정어리 통조림'에 비유합니다.
등교길 버스는 항상 만원이다.	People on the bus on the way to school are always packed in like sardines.
오늘따라 지하철이 더욱 혼잡했다.	The subway was more crowded than usual today.
토요일이라 지하철이/버스가 한산했다.	The subway/bus was relatively empty since it was a Saturday.
매일 아침 출근길은 너무 피곤하다.	Going to work every day makes me really tired.
집을 나서면 또 하나의 문이 열린다. 바로 고생문!	As soon as I exit the door of my place, another one opens. That is the door to a hard life.
나는 매일같이 집을 나서 고생문으로 들어선다.	Every day I leave my place and enter the door of a hard life.
사고가 나서 지하철이 지체되었다.	The subway was delayed due to an accident. ★ be delayed 지체되다, 지연되다
아침에 타고 가던 지하철이 고장 나서 20분이나 지체되었다.	This morning, my subway was delayed for 20 minutes due to a mechanical problem.
아무리 기다려도 버스가 오지 않았다.	It seemed as if the bus would never come as I had waited for so long.
마을 버스는 시간이 너무 많이 걸려서 택시를 탔다.	The neighborhood bus was taking too long, so I took a taxi.

출근/수업 시간에 늦어서 택시를 탔다.	I took a cab because I was late for work/class.
어이없게도 반대편 지하철을 탔다.	I made a really dumb mistake by taking the subway in the wrong direction. ★ make a really dumb mistake by + -ing ~하는 정말 어이없는 실수를 저지르다 | in the wrong direction (가려고 했던 방향이 아닌) 다른 방향으로 잘못 가는
멍하게 서 있다가 얼결에 버스를 잘못 타고 말았다.	I stood absent-mindedly at the bus stop and accidentally took the wrong bus.
지하철에서 졸다가 세 정거장이나 지나쳤다.	I dozed off on the subway and missed my station by three stops.
책 읽는 데 푹 빠져서 내릴 정거장을 지나쳤다.	I was totally absorbed in my book on the subway and missed my station.
오늘 아침 지하철에서 핸드폰으로 시끄럽게 통화하는 사람이 있었다.	There were some people talking really loud on their cellphones on the subway this morning.
오늘 아침 출근길에 못돼먹은 인간이 내 차 앞에 끼어들었다. 열이 오르는 걸 억지로 참았다.	A bad driver cut in front of me on the way to work this morning. I was barely able to suppress my rising anger. ★ suppress one's rising anger 끓어오르는 화를 참다

출근길에 난…

출퇴근길에 난 보통 스마트폰으로 드라마나 영화를 본다.	I watch TV dramas or movies on my smartphone while going and coming to work.
출퇴근길에 난 보통 스마트폰으로 게임을 한다.	I play games on my smartphone while going and coming to work.
출근길에 난 보통 음악을 듣는다.	I usually listen to music on the way to work.
출근길에 난 보통 책/신문을 읽는다.	I usually read a book/the newspaper on the way to work.
출근길에 난 영어/일본어 mp3를 듣는다.	I listen to an English/a Japanese MP3 file on the way to work every morning.

출근길에 난 꾸벅꾸벅 조는 게 일이다.	I have a habit of dozing off on the way to work. ★ have a habit of + -ing 습관적으로 ~하다
출근길에 난 그냥 멍하게 있는다. 가끔 시간이 아깝다는 생각이 들기도 한다.	I just idle away my commuting time. Sometimes I feel bad about wasting my time like that. ★ just idle away 아무것도 안 하고 그냥 멍하게 ~시간을 허비하다

난 걸어서 출근한다

난 보통 걸어서 회사/학교에 간다.	I usually walk to work/school. I usually get to work/school on foot. ★ on foot 걸어서
오늘부터 운동 삼아 걸어서 출근하기로 했다.	I decided to walk to work from today for the exercise.
요즘 난 건강을 생각해서 자전거를 타고 회사/학교에 간다.	These days I bike to work/school for my health. These days I go to work/school by bike for my health. ★ bike는 동사로도 쓰이고, 명사로도 쓰여요.
난 보통 버스를 타고 회사/학교에 간다.	I usually take a bus to work/school. I usually get to work/school by bus. ★ by bus 버스로
난 보통 내 차로 회사/학교에 간다.	I usually drive to work/school.
난 아침에 남자친구 차를 타고 등교한다.	My boyfriend drives me to school every morning.
차가 많이 막히기 때문에 평일에는 주로 대중교통을 이용한다.	I usually use public transportation during the week due to heavy traffic. ★ heavy traffic 교통체증

나의 일상 05 퇴근길에
after work

퇴근길에 한잔했다

오늘 퇴근길에 회사 사람들이랑 한잔했다.	I had a few drinks with my co-workers on my way home from work.
오늘 퇴근길에 영화 동호회 모임에 참가했다.	I attended a movie club meeting on my way home from work.
퇴근길에 회사 동료랑 PC방에 들러 한 게임 했다.	I played an online game with a co-worker of mine at a cyber cafe on my way home from work.
퇴근길에 친구네 집에 들렀다.	I dropped by a friend's house on my way home from work. ★ drop by ~에 들르다
퇴근길에 혼자 영화를 보러 갔다.	I went to see a movie alone on my way home from work.
마음이 허해서 퇴근길에 혼자 포장마차에 갔다.	After work I dropped by a tent pub on the street alone to fill the void in my heart. ★ tent pub on the street 포장마차 ǀ fill the void in one's heart 마음의 허기를 채우다
퇴근길에 한잔 생각이 굴뚝같았지만, 같이 마실 사람이 없었다.	I was dying to have a drink on my way home from work, but I had no one to drink with.
퇴근 후에 난 항상 거리를 배회하다 집에 들어간다.	I usually wander about the streets on my way home from work. ★ wander about ~주위를 배회하다(= wander around)
퇴근길에 바로 집에 들어가기 싫어서 전철을 타고 종점까지 죽 가봤다.	I didn't want to go home directly from work, so I stayed on the subway until the end of the line.
이따금 집에 오는 길이 너무 멀게 느껴진다.	Sometimes the trip home from work seems too long.

퇴근길이 너무 멀게 느껴질 때는 공간이동 능력이 있었으면 좋겠다는 생각을 한다.	Whenever the trip home from work seems too long, I think how wonderful it would be to have the ability to be teleported.

퇴근길 남녀

퇴근 후에 선을 봤다.	I had a blind date after work.
나이가 나이니만큼, 요즘은 퇴근 후에 매일같이 선을 본다.	These days I have a blind date after work almost every day because of my age.
우리는 퇴근 후에 매일같이 만난다.	We see each other after work almost every day.
퇴근할 때쯤이면 남자친구가 매일같이 회사 앞으로 데리러 온다.	My boyfriend picks me up in front of my company after work almost every day.
남편은 퇴근 후에 바로 집에 들어오는 꼴을 못 봤다!	I have never seen my husband come home directly after work.
우리 집사람은 퇴근 후에 바로 집에 들어오는 법이 없다!	My wife never comes home directly after work.
퇴근길에 치킨이랑 맥주를 사가지고 들어왔는데 집에 아무도 없었다.	Nobody was home when I walked in with some fried chicken and beer (that) I had picked up on my way home from work.

퇴근길 진풍경

퇴근길에 바바리맨을 봤다.	I saw a man exposing himself on my way home from work.
퇴근길에 어떤 사람이 "도를 아십니까?"라고 물었다.	Somebody said to me on my way home from work, "Do you know the meaning of life?" ★ the meaning of life 도
야근을 하고 밤늦게 집에 들어가는데, 어떤 놈이 여자친구를 때리는 것을 보았다.	I saw a bastard hitting his girlfriend late at night on my way home from work. ★ bastard [bǽstərd] '남자'를 비하해서 부르는 말.

요즘 퇴근길에 지하철에서 구걸하는 사람들을 자주 보게 된다.	These days I often see people begging for money on the subway on my way home from work. ★ beg for money 돈을 구걸하다
요즘 퇴근길에 지하철에서 진상 떠는 사람들을 자주 보게 된다.	These days I often see people who make a fuss in the subway on my way home from work.
요즘 퇴근길에 지하철에서 정신이 좀 이상한 사람들을 자주 보게 된다.	These days I often see people who are a little psychotic.
퇴근길에 지하철에서 싸우는 사람들을 이따금 보게 된다.	I sometimes see people who fight with each other in the subway.
요즘 퇴근길에 지하철에서 키스하는 연인들을 보게 된다.	These days I see couples kissing on the subway on my way home from work.
오늘따라 지하철에서 키스하는 연놈들이 왜 이리 많은 거야?! 으, 역겨워!	Did you see how many couples were kissing on the subway today? That's so gross!
퇴근길 버스에서 졸다가 종점까지 가버렸다.	I dozed off on the bus on my way home from work and ended up at the terminal.

뭐라도 배워야지!

난 집이랑 회사밖에 모른다.	My life is barren and empty except for commuting to and from my home and office. ★ be barren and empty except for ~빼곤 아무것도 없다, 무미건조하다 | commute to and from A and B A와 B를 왔다 갔다 하다
내 생활은 너무 무미건조해서 내가 매일 하는 일 중에서 제일 신나는 일이라곤 집과 회사를 오가는 게 다다.	My life is so barren and empty that the most exciting thing I do every day is commuting to and from my home and office.
난 '땡'하면 퇴근해서 곧장 집으로 간다.	I always leave the office at the end of the workday and go directly home.

이렇게 집이랑 회사만 왔다 갔다 하다간 남자/여자 만나긴 글렀다.	I guess it is hard to find a boyfriend/girlfriend because I only go back and forth between my home and office every day. ★ go back and forth between A and B A와 B를 왔다 갔다 하다
집과 회사를 시계불알처럼 왔다 갔다 하는 내 인생이 진짜 한심하다.	I think my life is miserable because I only go back and forth between my home and office every day.
퇴근 후에 뭐라도 배워야지 이렇게 집이랑 회사만 왔다 갔다 하는 것도 진저리난다.	I'd like to take a class after work because I am sick and tired of only going back and forth between my home and office every day.
어제부터 퇴근 후에 헬스클럽에 나갔다.	I began working out at a health club yesterday.
내일부터 퇴근 후에 요가를 배울 작정이다.	I am going to start yoga classes after work from tomorrow.
다음 주부터는 퇴근 후에 영어학원에 다닐 예정이다.	I am going to start learning English at a language school after work from next week.
요즘 퇴근 후에 그림을 그린다.	I draw in my free time after work these days. ★ in one's free time 여가 시간에

필수어휘 바로보기

교통수단과 관련된 유용한 어휘들

걸어서	on foot	버스에서 내리다	get off a bus
자전거로	by bike/bicycle		▶ 버스, 기차, 비행기처럼 선 채로 올라타고 내릴 수 있는 경우에는 get on/off를 씀.
버스로	by bus		
지하철로	by subway	택시에 타다	get in a taxi
기차로	by train	택시에서 내리다	get out of a taxi
택시로	by taxi		▶ 자동차처럼 몸을 숙여서 타고 내리는 교통수단의 경우에는 get in/out of를 씀.
배로	by ship		
비행기로	by airplane	차를 몰고 ~까지 가다	drive to + 장소
비행기를 타다	fly	차로 ~를 마중가다	pick up
~를 타다	take + 교통수단	대중교통	public transportation
버스에 (올라)타다	get on a bus	대중교통을 이용하다	use public transportation
		~에 도착하다	arrive at / reach

06 하교길에
after school

놀았다

기분이 꿀꿀해서 연극을 한 편 보러 갔다.	I went to see a play because I felt a bit down.
수업 마치고 남자친구랑 영화를 보러 갔다.	I went to see a movie with my boyfriend after school.
저녁 내내 친구들이랑 만화방에 있었다.	I was in a comic-book cafe with my friends all evening. ★ comic-book cafe 만화방
동아리 사람들이랑 홍대 클럽에 가서 신나게 놀았다.	I had a fun time dancing with members of my college club at a nightclub near Hongik University.
수업 마치고 난 보통 동아리 방에 가서 논다.	I usually hang out in my college club room after my classes end.
준호는 수업 마치고 바로 집에 가는 법이 없다!	Junho never goes home directly after class.
수업 마치고 동문회 정기모임에 나갔다.	I went to my high school alumni meeting after school. ★ alumni[əlʌ́mnai] 동창, 동문
동문 사람들이랑 술 마시고 노래방에 갔다.	I went to a singing room with some friends from high school after we had a few drinks. ★ 영어에 '동문 사람들'이란 표현은 달리 없기 때문에, '고등학교때 친구들(some friends from high school)'이라고 풀어서 써주면 되겠어요.
학교를 마치고 단체 미팅을 했다.	I had a group blind date after school.
집에 오는 길에 친구들이랑 명숙이 소개팅하는 걸 잠깐 훔쳐봤다.	Some friends and I stole a glance at Myeongsuk's blind date on our way home.
수업 마치고 친구네 자취방에 놀러 갔다.	I hung out at a friend's place after school.

우리는 민수 하숙방에 들러서 고스톱을 쳤다.	We dropped by Minsu's boarding house room and played go-stop.
호식이가 휴가를 나와서 모처럼 한데 뭉쳤다.	Hosik is on leave from the military right now, and the whole gang got together for the first time in a long time. ★ gang 무리, 패거리
군대 친구를 만나러 갔다.	I went to see my army buddy.
집에 오는 길에 심심해서 타로 점을 봤다.	I was bored on my way home, so I had my fortune told by a tarot fortuneteller.
1, 2학년 때는 걸핏하면 밤새 퍼마셨는데.	In my first two years of university I would frequently drink heavily all night long.
군대 가기 전에는 학교는 놀러 가는 곳이었지.	The college served only as my hangout before I joined the military. ★ hangout 노는 곳

봤다

집에 오는 길에 바바리맨을 봤다.	I saw a man exposing himself on my way home from school.
집에 오는 길에 어떤 사람이 "도를 아십니까?"라고 물었다.	Somebody said to me on my way home from school, "Do you know the meaning of life?"
집에 오는 길에 우연히 초등학교 동창을 만났다. 세상 참 좁기도 하지!	I came across an old friend from elementary school on my way home from school. What a small world!
전철역에서 어떤 할머니가 껌을 팔고 있었다.	I saw an old woman selling gum at the subway station.
지하철에서 멀쩡하게 생긴 청년이 구걸을 하고 있었다.	I saw a decent-looking young man begging for money on the subway. ★ decent-looking 멀쩡하게 생긴, 그럴듯하게 생긴

오늘따라 지하철에서 키스하는 연놈들이 왜 이리 많은 거야?! 속 쓰리게!	Did you see how many couples were kissing on the subway today? I was so jealous!
집으로 오는 버스에서 졸다가 종점까지 가버렸다.	I dozed off on the bus on my way home from school and ended up at the terminal.
지하철을 타고 집에 오는데, 술 취한 아저씨가 뜬금없이 내게 마구 욕을 해댔다.	A drunk guy on the subway suddenly started to swear at me on my way home from school. ★ swear[swɛər] 욕을 하다

뭐 재미있는 일 없을까?

난 집이랑 학교밖에 모른다.	There is nothing in my life except for my home and school life.
난 집이랑 학교밖에 모르는 촌놈이다.	I have no social life outside of school. I feel like a country bumpkin. ★ country bumpkin 촌놈
집과 학교가 내 인생의 전부인 것 같아서 한심했다.	I find it really miserable to have nothing but my home and school life. ★ nothing but ~만(= only)
이렇게 집이랑 학교만 왔다 갔다 하다가 시간을 보내기엔 젊음이 너무 아깝다.	I think my youth is being wasted as I only go back and forth between my home and school every day.
뭐 재미있는 일 없을까? 이렇게 집이랑 학교만 왔다 갔다 하며 수업만 듣는 건 너무 답답한데.	There is nothing exciting going on in my life. I find it really stifling to go back and forth between my home and school every day. ★ stifling 숨막히는, 답답한
동아리라도 들 걸 그랬다.	I should have joined a club.
어제부터 방과 후에 검도를 배우러 갔다.	I began to learn kendo after school yesterday.
내일부터 방과 후에 우쿨렐레를 배울 작정이다.	I am going to learn how to play the ukulele after school from tomorrow.
앞으로는 닥치는 대로 미팅을 해야겠다.	I want to go on as many blind dates as possible.
요즘 방과 후에 재즈댄스를 배운다.	These days I am taking jazz dance classes after school.

나의 일상 07 집으로 돌아오니
coming back

집에 돌아왔다

아무도 없는 자취방에 돌아오니 쓸쓸했다.	I felt lonely when I got back to my place and found no one there.
아무도 없는 자취방에 돌아오니 그제서야 살 것 같았다.	I was not relieved until I got back to my own place.
모처럼 일찍 들어왔는데, 집에 아무도 없었다.	There was no one at home when I got back earlier than usual.
집에 오면 나를 반기는 건 우리 집 강아지뿐이다.	Only my dog welcomes me when I get home.
어쩐 일로 우리 가족이 모두 일찍 들어왔다.	Much to my surprise, all of my family got home early.
어쩐 일로 신랑이 일찍 들어왔다.	To my great surprise, my husband got home early.
집에 돌아오니 어쩐 일로 색시가 일찍 들어와 나를 반겨주었다.	Much to my surprise, my beautiful wife was home early and welcomed me when I got home.

집에 들어오면 일단…

난 집에 들어오면 컴퓨터/TV/라디오부터 켠다.	I turn on the computer/TV/radio as soon as I get home.
난 집에 들어오면 다운 받은 일본 드라마부터 본다.	The first thing I do when I get home is watch Japanese dramas (that) I have downloaded.
난 집에 들어오면 샤워부터 한다.	I shower as soon as I get home.

난 집에 들어오면 일단 드러눕는다.	The first thing I do when I get home is lie down on my bed.
난 집에 들어오면 일단 체육복으로 갈아입고, 꽃순이를 산책시킨다.	I change into my sweatsuit and walk my dog, Kkosuni, as soon as I get home.
난 집에 들어오면 앞치마부터 두른다.	The first thing I do when I get home is put on an apron.
난 집에 들어오면 우선 저녁부터 준비한다. 직장 다니면서 주부 노릇 하기 진짜 힘들다.	I make dinner as soon as I get home. It is really hard to be a working housewife.

집에 오자마자…

오늘은 들어오자마자 청소부터 했다.	I cleaned the house as soon as I got home.
들어오자마자 밀린 빨래를 다 했더니 기분이 개운하다.	The first thing I did after getting home was do all of the piled-up laundry. I feel much better now.
들어오자마자 룸메이트랑 고스톱을 쳤다.	I played go-stop with my roommate as soon as I got home.
들어오자마자 자장면을 시켜먹었다.	The first thing I did after getting home was order in some jajangmyeon.
들어오자마자 어제 읽다 만 만화책부터 읽었다.	I picked up my comic book and turned to the page I had left off yesterday as soon as I stepped into my room.
들어오자마자 미남이에게 절교편지를 썼다.	The first thing I did after getting home was write a Dear John letter to Minam. ★ Dear John letter 절교편지
들어오자마자 씻고, 책상에 앉았다.	I sat at my desk after showering as soon as I got home.
들어오자마자 오늘 회사에서 못 끝낸 일을 계속 했다.	I continued the work I should have finished at work today as soon as I stepped into my room.
어찌나 피곤했던지 들어오자마자 퍼져 잤다.	The first thing I did after getting home was throw myself down on my bed and fall asleep.

나의 일상 08 — 잠자기 전 나만의 시간
before sleeping

모두 잠든 밤에 난…

오늘도 자정이 넘도록 라디오를 들었다.	I listened to the radio until after midnight today, too.
모두 잠든 한밤중에 듣는 라디오는 진짜 일품이다.	It is really wonderful to listen to the radio in the middle of the night when everybody else is sleeping. ★ in the middle of the night 한밤중에
오늘도 자정이 넘도록 아무 생각 없이 TV만 봤다.	I just idled away the evening watching TV until after midnight today, too. ★ just idle away + 때 + -ing 별 생각 없이 늘어져서 ~때를 그저 …하면서 허비하다
이 시간까지 아무 생각 없이 인터넷 서핑을 했다.	I have just idled away the evening surfing the Internet up until now.
홈피/블로그 업데이트를 하다 보니 벌써 이 시간이 되었다.	Time has flown by while I have been updating my homepage/blog.
저녁때부터 친구랑 메신저로 이야기를 하다 보니 벌써 이 시간이 되었다.	Time has flown by since I have been chatting online with a friend.
오늘도 이 시간까지 소설책을 봤다.	I have been reading a novel up until now today too.
오늘도 이 시간까지 회사에서 싸들고 온 일을 했다. 내가 미쳤지.	I have been doing the work I brought home with me from the office up until now today too. I think I am crazy.
동생이 웬일로 이 시간까지 공부를 하고 있다. 내일 시험이라도 치나?	My brother has been studying up until now, much to my surprise. Does he have an exam tomorrow?
오늘도 밤 11시 넘어서 라면을 끓여 먹었다. 으~	I ate a bowl of *ramyeon* (Korean-style ramen) after 11 tonight, too. Oh my!

잠 잘 시간인데, 또 먹을 게 땡긴다. 뱃속에 거지가 들었나?	It's time to go to sleep, but I feel a strong urge to eat again. As the old Korean saying goes, I must have a beggar in my tummy. ★ ⟨feel a strong urge to + 동사원형⟩은 '~하고 싶은 충동이 강하게 든다'는 의미. '뱃속에 거지가 들었나?'란 말은 영어에는 없는 표현이기 때문에 As the old Korean saying goes와 같이 덧붙여 주어야만 의미 전달에 혼선이 없답니다.
마음이 허하니까 밤늦게 자꾸 먹을 게 당긴다.	I have this insatiable appetite late at night because my life is empty. ★ insatiable [inséiəbl] 지칠 줄 모르고 계속 갈구하는
좀 전에 치킨이랑 맥주 마셨는데, 바로 자도 괜찮을까? 안 되겠지?	I had some fried chicken and beer a little while ago. Is it OK to go to sleep right now? Probably not.
오늘같이 비 오는 날 밤이면, 음악 듣느라 시간 가는 줄 모르겠다.	I lose track of time while listening to music on nights like tonight when it is raining out. ★ lose track of time while + -ing ~하느라 시간 가는 줄 모르다
오늘같이 눈 오는 날 밤이면, 아침이 늦게 왔으면 좋겠다는 생각을 한다.	I wish morning would come slowly when it is snowing at night like tonight.
오늘같이 눈 오는 날 밤이면, 달콤한 상상에 빠져들고 만다.	I often indulge myself in my sweet imagination when it is snowing at night like tonight.

이제 그만 자야겠다

지금 자서 내일 일찍 일어날 수 있을까?	Can I get up early in the morning if I go to bed this late?
벌써 새벽 1시가 다 되어가네. 이제 그만 자야겠다.	It's almost one in the morning. I think I have to go to sleep now.
씻어야 되는데, 아~ 귀찮아!	I have to shower, but I really don't want to.
씻어야 되는데, 피곤하다. 그냥 자야겠다.	I have to shower, but I am dead tired. I think I'll just go to bed.
아침에 씻는 건 괜찮은데 자기 전에 씻는 건 왜 이렇게 귀찮을까?	How come showering before bed is so troublesome while showering in the morning is OK?

잠이 안 와

그 애 생각 땜에 잠을 이룰 수가 없다.	I can't get to sleep because I can't stop thinking of him/her. ★ can't stop + -ing ~하는 걸 멈출 수가 없다. 자꾸 ~하다
내일 은영이를 만날 생각을 하니 설레어서 잠이 안 온다.	I can't get to sleep because my heart keeps fluttering in anticipation of seeing Eunyeong tomorrow. ★ flutter (가슴이) 두근두근하다 | in anticipation of + -ing ~할 기대로
내일 고등학교 때 첫사랑을 만날 생각을 하니 잠이 안 온다.	I can't get to sleep because I am thinking of my high school first love who I am going to see tomorrow.
낮에 들은 얘기가 자꾸 생각나서 잠이 안 온다.	I can't sleep because what I heard during the day keeps coming back to me.
저녁 때 본 영화 속 귀신이 자꾸 떠올라서 잠이 안 온다.	I can't get to sleep because the ghost in the movie I saw this evening keeps coming back to my mind.
분해서 잠이 안 온다. 그 자식, 나한테 어떻게 그럴 수가 있지?!	I am so upset that I can't get to sleep. How dare that bastard treat me like that!
초저녁에 커피를 마셨더니 잠이 안 온다.	I can't get to sleep because of the coffee I drank earlier.
통증 때문에 잠을 잘 수가 없었다.	I couldn't sleep for the pain.
어지럽고 목도 아프고 코도 막히고… 온몸이 아프다. 독감에 걸렸나 보다. 아파서 잠을 잘 수가 없다.	I feel dizzy and I have a sore throat and stuffy nose. I feel achy all over. I feel I have the flu. I can't sleep for the pain.
피곤해 죽겠는데 왜 이렇게 잠이 안 오지? 미치겠네!	How come I can't sleep even though I am dead tired? This is crazy!
영어 소설책을 보면 잠이 올까?	Will I fall asleep if I read a novel written in English?
양을 세면 진짜 잠이 오나? 해봐야겠다.	Is it really true that one can fall asleep by counting sheep? I'll give it a try. ★ give it a try 시도하다, 해보다